国家社科基金后期资助项目
出版说明

后期资助项目是国家社科基金设立的一类重要项目,旨在鼓励广大社科研究者潜心治学,支持基础研究多出优秀成果。它是经过严格评审,从接近完成的科研成果中遴选立项的。为扩大后期资助项目的影响,更好地推动学术发展,促进成果转化,全国哲学社会科学工作办公室按照"统一设计、统一标识、统一版式、形成系列"的总体要求,组织出版国家社科基金后期资助项目成果。

全国哲学社会科学工作办公室

国家社科基金
GUOJIA SHEKE JIJIN HOUQI ZIZHU XIANGMU
后期资助项目

"两业"融合与
中国制造业高质量发展

"Two-Industries" Convergence and High-Quality
Development of Manufacturing Industry of China

李琳 著

上海三联书店

摘　要

　　进入 21 世纪,全球新一轮科技革命和产业变革蓬勃兴起,叠加世界经济形势风云突变所带来的新挑战和新机遇,主要发达国家纷纷推出"再工业化"战略,旨在通过推动制造业与新一代信息技术为代表的现代服务业深度融合,以抢占新一轮国际竞争的制高点。顺应世界范围内产业跨界融合发展新趋势,中央作出推动我国由制造大国向制造强国转变的重大战略部署。从党的十九大报告作出"我国经济已由高速增长阶段转向高质量发展阶段"的重要判断,至 2018 年中央经济工作会议将推动制造业高质量发展作为 2019 年七项重点工作任务之首,强调"要推动先进制造业和现代服务业深度融合,坚定不移建设制造强国";至 2019 年底国家发改委联合 15 部委出台《关于推动先进制造业与现代服务业深度融合发展的实施意见》,明确提出先进制造业与现代服务业融合发展目标、模式和保障措施;至 2020 年面对突如其来的新冠肺炎疫情,在习近平总书记亲自指挥统筹部署坚决打赢疫情防控与经济社会发展"双战双胜"过程中,多次强调要在做好常态化疫情防控前提下竭力打通堵点、连接断点,力促制造业产业链上下游企业之间、制造业与生产性服务业产供销环节之间的协同复工复产,尤为强调利用以互联网、大数据、人工智能等为支撑的高技术生产性服务业在助力制造业复工达产走出困境中的先锋作用;再至 2021 年国家发改委等 13 部门联合发布《关于加快推动制造服务业高质量发展的意见》,《意见》明确指出,制造服务业是面向制造业的生产性服务业,是提升制造业综合实力、促进制造业高质量发展的重要支撑。足见,中央在深刻洞察制造业发展客观规律,正确把握产业融合发展新趋势,聚焦我国制造业与生产性服务业融合不足严重制约制造业高质量发展"短板"的基础上,所作出的重大战略决策。这一重大决策为我国制造业高质量发展指明了方向、明晰了路径,同时,也为我国学术界提出了重大而紧迫的研究课题。如何从制造业与生产性服务业融合(简称"两业"融合,下同)视角探究中国制造业高质量发展论题,在科学测度、准确把握我国"两业"融合水平、制造业发展质量状况,揭示"两业"融合对制造发展质量的影响机制与影响效应的基础上,深入探析"两业"融合推动制造业高质量发展的模式选择、机制创新和政策支撑,是一项亟待学术界予以系统深入探索的崭新而紧迫课题。鉴于此,本课题从"两业"融合视角切入,对制造业高质量发展论题展开探索性的理论与实证研究,以期达到两个主要研究目标:一是尝试构建较为完善的"两业"融合视角下的制造业高质量发展理论研究框架,为弥补学术界在相关论题上研究的不足进而在促进产业融合理论、区域协同治理理论等相关理论的进一步发展方面作些努力;二是通过科学测度分析近 20 年我国"两业"融合度、制造业发展质量指数,以及实证探究"两业"融合对制造业发展质量影响,揭示我国"两业"融合度、制造业发展质量的动态演化特征和异质性"短板","两业"融合对制造业发展质量的影响效应以及不同区域的差异化影响路径,进而创造性提出我国"两业"融合推动制造业高质量发展的模式选择和支撑体系,为推动"两业"融合视角下的制造业高质量发展战略的有效实施,提供重要理论依据和决策参考。围绕以上研究目标,本课题展开了以下研究:

"两业"融合视角下的制造业高质量发展基础理论探析,为本课题研究提供理论支撑。从分工理论、产业组织理论、产业链理论、创新系统理论、产业融合理论等视角解析"两业"融合的理论基础,从基础动力、内生动力、外生动力三个维度探析"两业"融合的动力机制。从马克思的商品质量理论、产业升级理论、创新驱动发展理论等维度阐析制造业高质量发展的理论基础。重点探析"两业"融合对制造业高质量发展的影响机制,包括效率提升机制、结构优化机制、新技术创新促进机制、绿色化转型机制、价值链攀升机制等五个维度。

我国"两业"融合度的动态测度及异质性研究。从产业规模、产业结构、区位优势以及发展潜力四个维度构建"两业"融合的评价指标体系,利用耦联评价模型和熵权法,对我国 2003—2019 年 30 个省市(区)"两业"融合水平进行测度,并从"区域—行业"双重异质性视角对"两业"融合水平的动态演化特征进行分析,得出结论:(1)2003—2019 年我国"两业"融合水平呈上升趋势,但整体水平较低;30 省市(区)"两业"融合所处阶段呈现"拮抗阶段"与"融合阶段"两头小与"磨合阶段"中间大的"橄榄型结构"特征。(2)近17 年东、中、西、东北四大板块"两业"融合度均呈上升趋势,但板块间梯级差异明显,呈现由 2003 年的"东—中、西、东北"两阶梯级向 2019 年的"东—中—西、东北"三阶梯级转变。(3)东部是我国"两业"融合的"先行带",但内部省域间差异较明显;中部是"两业"融合的"追随带",带内省域差异相对较小;东北、西部是"两业"融合的"滞后带",且西部内部差异较明显。(4)对于制造业分行业与生产性服务业的融合度,在全国层面,高技术制造业与生产性服务业的融合度稳步上升,而传统制造业与生产性服务业的融合度呈现以 2011 年为拐点的"两阶段"上升特点,且高技术制造业与生产性服务业的融合度明显优于传统制造业与生产性服务业的融合度。在四大板块层面,两类制造业与生产性服务业的融合度总体均呈上升趋势,但高技术制造业与生产性服务业的融合度呈现明显的板块间差异特征。(5)对于生产性服务业分行业与制造业融合度,在全国层面和东、中、西部三大地区层面,两类生产性服务业与制造业的融合度均呈现以 2011 年为拐点的"两阶段"上升特征,西部地区两类生产性服务业与制造业的融合度提升速度明显滞后于其他两大板块;而东北制造业与生产性服务业分行业的融合度大体呈现横"S"型的波动趋势。

我国两业融合驱动机制的实证研究。首先,从耗散结构理论、协同学理论解析了制造业与生产性服务业融合的理论基础,探析了制造业与生产性服务业融合驱动机制的理论机理:"两业"融合驱动机制主要由三大动力要素构成,即基础动力、内生动力和外生动力,三大驱动力既独立作用于"两业"融合的动态演化过程,又相互作用、交互影响于"两业"融合的不同阶段,共同役使"两业"融合由低级向高级演化。其次,探究了"两业"融合驱动机制的哈肯模型构建原理与分析步骤,运用哈肯模型对 2003—2019 年我国制造业与生产性服务业融合的驱动机制进行分阶段研究,识别役使不同阶段我国"两业"融合的序参量,并对两阶段序参量识别结果进行比较,得出结论:①我国制造业与生产性服务业融合序参量由第一阶段(2003—2010 年)的内生动力转变为第二阶段(2011—2019 年)的外生动力,主驱动因子发生转变,但驱动因子间互促互长的交互作用机制尚未形成;②方程参数符号的转变意味着 17 年来我国制造业与生产性服务业融合程度有所增强,由"点对点"的表浅融合阶段逐渐过渡为"链对链"的新融合阶段。

我国制造业发展质量的动态评价及异质性研究。在界定制造业发展质量内涵、解析制造业发展质量构成要素维度的基础上,构建了由 1 个目标层、4 个一级指标层、11 个二级指标层、24 个具体指标构成的制造业发展质量评价指标体系,运用投影寻踪评价模型对 1998—2019 年我国 30 省市(区)制造业发展质量指数及支撑结构进行动态评估及区域异质性分析,得出以下结论:(1)近 22 年来,我国制造业发展质量呈明显上升趋势,要素支撑结构有所优化,具体表现为"单轮驱动型—双轮驱动型—三轮驱动型"的逐步优化特征,由最初的方式转换"单轮驱动"转变为结构优化、创新驱动、方式转换"三轮驱动",三大要素协同推动制造业发展质量的提升。但效率效益一直处于"短板"状态。(2)近22年来,四大板块制造业发展质量均呈上升趋势,但区域异质性明显,呈现出由1998年"东部—东北—中西部"三阶递减转变为2019年的"东—中—西—东北"四阶递减格局。四大板块要素支撑结构均有所优化,东部始终表现为"双轮驱动型",但核心支撑要素从结构优化、方式转换逐渐转变为结构优化、创新驱动;中西部均表现为"单轮驱动型—双轮驱动型"的动态变化,中部的核心支撑力最终转变为结构优化、创新驱动,而西部为结构优化、方式转换;东北则表现为"双轮驱动型—单轮驱动型—双轮驱动型"的转变,以结构优化和方式转换为主要支撑。效率效益表现不佳是四大板块的"通病",是共同面临的凸显"短板"。对于西部地区和东北地区而言,除了效率效益"短板",创新驱动也是显著的瓶颈制约,掣肘制造业发展质量的提升。(3)我国制造业发展质量区域差异明显,四大板块内部差异远大于板块间差异。四大板块间制造业发展质量差异主要由结构优化和创新驱动发展差异引致,且有进一步扩大的趋势。板块内省域间制造业发展质量差异以东部地区最为突出,结构优化和创新驱动的差异贡献率最大;其次是西部地区,同样源于结构优化和创新驱动的省际发展差异;中部地区省际差异主要源于创新驱动;东北地区制造业发展质量水平较低,省际差异较小,处于低水平均衡状态。

"两业"融合对制造业发展质量影响的实证研究。以2003—2019年我国30个省市面板数据为样本,综合采用系统GMM估计、动态面板门槛模型、Morans' I指数检验法和空间杜宾模型等实证方法,从区域异质性、行业异质性、阶段异质性(即门槛特征)以及空间相关性等多重视角,实证检验了"两业"融合对制造业发展质量的影响效应,得出结论:(1)"两业"融合对制造业发展质量综合影响的实证检验表明,"两业"融合对制造业发展质量具有显著促进效应,融合度提高1%,制造业发展质量相应提升0.095%。(2)区域异质性检验结果显示,由于不同地区"两业"融合发展水平存在差异,其对促进制造业发展质量提升的作用效果呈现区域异质性。从四大板块来看,存在东部(正效应)→中部(正效应)→西部(正效应)→东北(负效应)依次递减的空间分异格局。其中,东部地区"两业"融合对制造业发展质量存在显著促进效应,且在四大板块中作用效应最明显;中西部地区"两业"融合对制造业发展质量具有显著促进效应,但效应程度低于东部;而东北地区"两业"融合对制造业发展质量存在抑制效应,说明东北地区"两业"融合的经济效应未能充分发挥。(3)行业异质性检验结果表明,各细分行业之间的产业融合对制造业发展质量的影响呈现高技术制造业与生产性服务业融合效应(0.136)>制造业与新兴生产性服务业融合效应(0.072)>制造业与传统生产性服务业融合效应(0.053)＞传统制造业与生产性服务业融合效应(－0.014)的异质性特征。相较于传统制造业(或传统生产性服务业),高技术制造业(或新兴生产性服务业)与生产性服务业(或制造业)的融合更能促进制造业发展质量的提升。(4)阶段异质性检验(即门槛效应)的实证检验发现,无论是整体的"两业"融合,还是细分行业的高技术制造业与生产性服务业融合、传统制造业与生产性服务业、制造业与传统生产性服务业融合、制造业与新兴生产性服务业融合,都对制造业发展质量的影响效应呈现"先负后正"的"U型"作用关系,即各维度的产业融合对制造业发展质量的不利影响都会随着融合程度的提升而逐渐下降,当融合度跨过门槛值后,产业融合对制造业发展质量的提升效应会日益凸显,故此,唯有坚定不移地推动制造业与生产性服务业深度融合才能促进制造业高质量发展。(5)考虑空间因素后的实证结果表明,制造业整体与生产性服务业融合、高技术制造业与生产性服务业融合对制造业发展质量的直接效应、间接效应(即空间溢出效应)和总效应都至少在5%置信水平下显著为正,且溢出效应都大于直接效应,说明推动(高技术)制造业与生产性服务业深度融合不仅有利于本省市制造业发展质量的提升,更有利于相邻省市制造业发展质量的改进,在一定程度上也有利于促进区域经济收敛,实现协调发展。传统制造业与生产性服务业融合(或制造业与传统生产性服务业融合)对制造业发展质量的影响只有直接效应通过显著性检验且为正值,溢出效应虽为正值但不显著,而正由于溢出效应的不显著造成总效应也未通过检验。制造业与新兴生产性服务业融合对制造业发展质量的直接效应显著为正,表明二者融合程度越高,对本省市制造业发展质量提升越有利;溢出效应的系数虽未通过检验,但却显示为负值,表明制造业与新兴生产性服务业融合对邻近省市制造业发展质量的影响可能具有虹吸效应;而由于直接效应为正效应,溢出效应表现为虹吸效应,故其对制造业发展质量的总效应不显著。

"两业"融合推动制造业高质量发展的模式选择。解析"两业"融合的四大类基本模式,即基于价值链视角的融合模式、基于融合阶段视角的融合模式、基于融合过程视角的融合模式与基于产业链建构的融合模式。重点提出并探析了东、中、西、东北四大区域"两业"融合的差异化主导模式选择,即东部以行业性和区域性平台为牵引的"两业"双向深度融合模式,中部以高水平智能制造为引领、上下游双向发力的融合模式,西部以制造业绿色化集群化发展为支撑、下游端发力的"两业"互动模式,东北以智能制造为牵引、上游端与下游端双向发力的融合模式;解析了每一种模式选择的原因,模式实施的具体策略,并进行了典型案例分析。

推进"两业"深度融合的政策支撑。借鉴德国、美国、日本等主要发达国家推动"两业"融合发展的成功经验和有效模式,凝练总结我国"两业"融合、制造业发展质量以及"两业"融合对制造业发展质量影响等领域存在的主要问题和短板,前瞻性、针对性提出推进我国"两业"深度融合进而推动制造业高质量发展的政策支撑:创新"两业"融合体制机制,打造"两业"融合示范标杆,夯实融合要素保障,强化融合平台建设,优化融合生态环境,因地施策实施差异化融合举措。

目　　录

第一章 绪论

第一节 研究背景与意义

一、研究背景

制造业作为国民经济的根基,长期以来一直是国际经济竞争的主战场。18 世纪 60 年代人类社会开启工业文明以来,整部世界近现代史实际上就演变为工业社会发展史,其中以制造业的发展演进最为突出,制造业成为世界强国兴衰更替最为关键的显变量。至 20 世纪七八十年代,美国、欧盟、日本等主要经济体相继完成工业化,进入所谓知识经济或服务经济时代,制造业中生产、加工、组装等低附加值环节逐渐转移至发展中国家,在表象上呈现出"去工业化"特征,但是,这些国家的知识经济或服务经济的发展仍然主要围绕制造业展开,集中资源重点聚焦在产业链中的研发设计、新产品开发、关键零部件生产和品牌营销等高附加值环节,通过制造业服务化或者制造业与服务业融合发展的方式继续提升本国制造业国际竞争力。进入 21 世纪,全球新一轮科技革命和产业变革孕育兴起,以科技创新为核心的全面创新加速推进,大数据、云计算、人工智能、清洁能源、生物科技、新材料与先进制造等代表性、颠覆性技术层出不穷,新需求、新产业、新业态、新模式呈井喷式涌现,加上全球经济形势风云变幻,国际制造业贸易规则变化不定,给世界各国经济发展既带来新机遇也形成新挑战。面对新机遇新挑战,主要发达国家和新兴市场国家都在强化制造业前瞻性部署,纷纷实施"再工业化"战略,以抢占未来产业竞争制高点。如美国在 2009—2013 年连续五年先后推出《重振美国制造业框架》《美国制造业促进法案》《先进制造业伙伴关系计划》《先进制造业国家战略计划》《制造业创新网络计划》,到 2018 年又推出《先进制造业领导力战略》;法国在 2013 年推出《新工业法国》战略,2015 年进一步推出《新工业法国 2.0》战略;德国在 2013 年提出工业 4.0 战略后,在 2019 年出台《国家工业战略 2030》;此外,英国、韩国、日本等国也相继推出各种"再工业化"战略。"再工业化"战略的本质旨在通过推动制造业与新一代信息技术服务业的深度融合,以抢占新一轮国际竞争的制高点。

伴随着这一国际背景,我国工业化经历改革开放 40 余年的快速推进,一跃成为世界第一制造大国。但,制造业"大而不强"、效率偏低、核心竞争力不够等,仍然是基本国情。而引致我国制造业"大而不强"、效率低下的问题固然是由历史、经济、社会、资源、环境等多方因素综合作用的结果,但,其中制造业与生产性服务业融合表浅且尚存多面"短板"是制约制造业高质量发展亟待突破的现实瓶颈。具体表现为:一是经济主体对制造业与生产性服务业融合发展的内在规律及重要性认知滞后。目前,在全国层面"重制造业、轻服务业"的倾向未得到根本改善,在产业发展中尚未形成比较成熟的融合发展观,如制造业与互联网融合是推进工业转型升级的重要手段,但不少地区对"互联网+"还存在认识不清、认识不到位的问题。二是制造业与生产性服务业融合发展层次较低,融合发展机制不成熟。主要是共性化的浅层次融合,如电子商务应用、内部信息管理等,在应用工业互联网降低制造业综合成本、依托现代服务业优化信用评价体系解决融资难问题、加强科技创新与市场对接等方面仍需更大突破。现代服务业与先进制造业的互动关系基本还处于"点对点""点对群"的发展状态,离"群对群"(先进制造业集群与现代服务业集群)的互动发展最佳模式还存在较大差距。三是现代服务业发展滞后,融合发展推力不足。我国中西部地区生产性服务业以传统服务业为主导,企业规模小、服务产品类型较单一、服务水平不高、同质化严重等问题屡见不鲜,以研发设计、信息服务、检验检测、现代物流等为代表的知识密集型现代服务业发展滞后。四是复合型人才短缺,"短板"制约明显。制造业与生产性服务业融合发展涉及管理、技术、服务等领域人才,需要互联网、物联网、大数据等专业人才,尤其需要大量高层次复合型人才作支撑,而目前多数省份的技术技能人才主要集中在传统产业,跨行业、跨领域的耦合度不高,能够满足制造业与生产性服务业融合发展需求的复合型人才尤为匮乏。五是制造业与生产性服务业融合发展环境亟待优化。面对制造业与生产性服务业融合发展趋势,现有的一些制度和政策环境已表现出不相适应,甚至有可能阻碍融合发展。如适应服务型制造的标准体系、评价体系、动态监测体系等的制度还有待规范和加强;相较过去的实物型产品,软件程序、产品设计等技术和服务产品有相对完善的知识产权保护体系,制造业与生产性服务业融合发展过程中衍生的服务质量、服务模式、服务流程等涉及知识产权的内容也需给予足够保护与重视。六是突如其来的新冠肺炎疫情更是暴露了我国制造业与生产性服务业融合协同不够的"短板"。在疫情影响下的制造业复工复产,往往面临因供应链上下游企业复工复产的不协同性而导致复工不达产、达产不达效的矛盾,深层次的问题是疫情严控下的交通运输、物流业的供给受阻,无法与制造业全产业链复工复产的需求相匹配,进一步突显了我国制造业与生产性服务业融合较表浅的"短板";同时,疫情影响催生的智能机器人、"黑灯工厂""无人车间"等智能制造的新需求和新模式,倒逼制造业与新一代信息技术服务业深度融合的紧迫性和可预期性。

立足我国制造业"大而不强"这一国情,顺应世界范围内产业跨界融合发展新趋势,中央作出了推动我国由制造大国向制造强国转变的一系列重大战略部署。2015 年 5 月,国务院印发《中国制造 2025》,强调"打造具有国际竞争力的制造业,是我国提升综合国力、保障国家安全、建设世界强国的必由之路",并提出要"大力发展先进制造业","推动生产型制造向服务型制造转变"。随后,为贯彻落实《中国制造 2025》,2016 年 7 月,配套出台《发展服务型制造专项行动指南》,旨在通过三年发展,"制造与服务全方位、宽领域、深层次融合","基本实现与制造强国战略进程相适应的服务型制造发展格局"。同年 12 月,出台《制造业人才发展规划指南》,提出要"进一步提高制造业人才队伍素质,为实现制造强国的战略目标提供人才保证"。2017 年 6 月,国家发改委印发《服务业创新发展大纲(2017—2025 年)》,从服务业出发,提出要"推进服务业与农业、制造业及服务业不同领域之间的深度融合,形成有利于提升中国制造核心竞争力的服务能力和服务模式,发挥'中国服务＋中国制造'组合效应"。同年 10 月,党的十九大报告明确提出要"加快建设制造强国,加快发展先进制造业","促进我国产业迈向全球价值链中高端,培育若干世界级先进制造业集群"。2018 年 12 月,中央经济工作会议召开,明确将"推动制造业高质量发展"列为 2019 年七大重点工作任务之首,并强调"推动先进制造业和现代服务业深度融合,坚定不移建设制造强国"。2019 年底国家发改委联合 15 部委出台《关于推动先进制造业与现代服务业深度融合发展的实施意见》,明确提出先进制造业与现代服务业融合发展目标、模式和保障措施。面对非常不平常的 2020 年,政府工作报告再次强调要"推动制造业升级和新兴产业发展",加快"发展工业互联网,推进智能制造",大力发展"研发设计、现代物流、检验检测认证等生产性服务业"。2021 年国家发改委等 13 部门进一步发布《关于加快推动制造服务业高质量发展的意见》,明确提出,制造服务业是提升制造业产品竞争力和综合实力、促进制造业转型升级和高质量发展的重要支撑,并要求聚焦重点环节和领域加快推进制造服务业发展,以高质量服务供给引领制造业高质量发展。足见,中央决策层在深刻洞察制造业发展客观规律,正确把握产业融合发展新趋势,聚焦我国制造业与生产性服务业融合不足严重制约制造业高质量发展"短板"的基础上,所作出的重大战略决策。这一重大决策为我国制造业高质量发展指明了方向、明晰了思路,同时,也为我国学术界提出了重大而紧迫的研究课题。如何从制造业与生产性服务业融合(简称"两业"融合,下同)视角,探究中国制造业高质量发展论题,是一项亟待学术界予以系统深入探索的崭新而紧迫课题。

二、研究意义

整体而言,制造业高质量发展论题是近年才得到政府与学术界的高度关注,相关研究尚处于探索阶段。本课题从"两业"融合视角切入,对"两业"融合视角下的制造业高质量发展论题展开探索性的理论与实证研究,以期达到两个主要研究目标:一是尝试构建较为完善的"两业"融合视角下的制造业高质量发展理论分析框架,为促进产业融合理论、区域协同治理理论等相关理论进一步发展作些努力;二是通过科学测度分析近20年我国"两业"融合度、制造业发展质量指数,以及实证探究"两业"融合对制造业发展质量影响,揭示我国"两业"融合度、制造业发展质量的动态演化特征和异质性"短板","两业"融合对制造业发展质量的影响效应以及不同区域的差异化影响路径,进而创造性提出并研究我国"两业"融合推动制造业高质量发展的模式选择和政策支撑,为促进政府因地制宜制定"两业"深度融合发展的政策措施、进而推动制造业高质量发展战略的有效实施,提供重要理论实证依据和决策参考,具有重大现实意义。

(一)理论价值

本课题在综合考察和吸收国内外相关研究成果的基础上,围绕"两业"融合视角下的制造业高质量发展主题,遵循"提出问题—分析问题—解决问题"的研究思路和"区域异质性—行业异质性"的双重异质性分析视角,通过沿着以下逻辑对"两业"融合视角下的制造业高质量发展论题展开深入系统的理论探索:"两业"融合的理论基础与动力机制→"两业"融合对制造业发展质量的影响机制→"两业"融合度的评价标准和融合类型划分→制造业发展质量评价指标体系及评估方法→"两业"融合推动制造业高质量发展的模式选择→"两业"融合推动制造业高质量发展的政策支撑,来尝试构建"两业"融合下的制造业高质量发展理论分析框架。研究成果对于弥补学术界在"两业"融合视角下的制造业高质量发展论题上研究的严重不足,进而促进我国产业经济学、区域经济学、区域管理学等学科有关产业融合与制造业高质量发展的理论体系的完善,具有重要的学术价值。

(二)现实意义

本课题围绕"两业"融合视角下的制造业高质量发展论题,按照"问题导向＋学理导向"相结合的研究准则,在深入系统的理论探索的基础上,展开了以下实证研究:综合运用熵权法、耦联评价模型和投影寻踪法,定量测度和评价近20年来我国"两业"融合度和制造业发展质量,从区域异质性与行业异质性双重视角解析"两业"融合度和制造业发展质量的动态演化特征及凸显问题;运用哈肯模型对"两业"融合驱动机制的序参量进行识别,辨别我国"两业"融合不同阶段的差异化主导驱动因子;综合运用系统 GMM 方法、动态面板模型和空间计量模型,对"两业"融合对制造业发展质量的影响效应以及不同区域、不同行业的差异化影响程度进行实证研究;基于实证研究结论及揭示出来的问题,探析我国不同区域"两业"融合推动制造业高质量发展的差异化主导模式选择,创造性提出推进"两业"深度融合助力制造业高质量发展的政策支撑。研究成果为公众、企业、行业等不同主体科学了解我国"两业"融合状况与动态演化趋势、制造业发展质量状况与动态演化趋势,提高全社会对于"两业"融合发展的关注与认知,进而增强建设制造强国的信心,提供准确依据;为相关政府部门因地制宜、因类施策制订"两业"融合发展政策措施,以及推动政府加快实施"两业"融合视角下的制造业高质量发展战略,提供具有针对性、可操作性的决策参考,具有重大现实意义。

第二节　相关研究综述与不足

一、"两业"融合相关研究

国内外产业融合的研究脉络里,"两业"融合尚未被直接当作一个概念拿出来探讨,而是被置于更广义上的产业融合范畴里,既有研究涵盖了产业融合的概念、动因、模式与演进方式、融合效应等方面的理论研究,以及产业融合的识别、测度与空间集聚融合等方面的实证研究。整体而言,国外研究起步较早,成果产出较多,国内无论是理论研究还是实证分析都滞后于国外。本节将从理论研究和实证研究两大视角对产业融合的国内外研究进行梳理与述评,可为本课题关于"两业"融合的探索性研究提供有益启迪。

（一）产业融合的理论研究

1. 产业融合的内涵

目前，国内外学者对产业融合问题的研究还处于探索发展阶段，多数学者尝试从不同视角对产业融合的内涵进行界定，但暂未形成一个统一共识。

关于产业融合的思想，最早由 Rosenberg 在 20 世纪 60 年代提出，其将不同性质的产业采用相同技术的现象定义为技术融合。早期国外学者从技术角度对产业融合进行定义，提出产业融合是技术发生的产物。随着信息技术的快速发展和广泛应用，以信息服务为代表的服务要素逐步融入到制造业价值链的各个环节，国外学者开始从信息融合角度定义产业融合。美国麻省理工学院 Negreoponte 在 1987 年用三个圆圈分别指代印刷业、广播业和电子计算机，提出圆圈交叉重叠处将形成创新最多、成长最快的产业交汇领域，并预测会在 2000 年时几乎完全重合。Yoffie（1997）将产业融合定义为原本相互独立的产品在采用数字技术后的整合。欧洲委员会（1997）在《关于电信、媒体和信息融合的绿皮书》中将产业融合定义为技术融合、产业间融合以及市场和服务融合这三个方面的融合，其中单独某方面的融合不一定会促使其他方面产生相同程度的融合。澳大利亚信息办公室 2000 年发布的《融合报告》中将产业融合定义为由于数字化驱动的服务部门之间的重组，融合的本质是服务传递结构的改变，是物理技术向数字化技术的转变，是产品从大众化向定制化的变化。

也有国外学者从产业角度对产业融合进行定义，认为产业融合通常发生在原本相互独立的两产业的边界处。Vandermerwe（1988）认为制造业通过价值链的前后移动实现向服务业转型，使得制造业与生产性服务业的边界趋于模糊。Greenstein 和 Khanna（1997）认为产业融合是为适应产业增长而发生的产业边界收缩或模糊的经济现象，并将产业融合分为替代性融合和互补性融合。Malhotra（2001）认为如果两个或者两个以上原本相互独立产业，当其中的企业之间存在直接竞争关系时，就有可能出现来自需求方的功能融合和供给方的机构融合。植草益（2001）认为产业融合是由于技术革新而出现的替代性产品和服务，或是由于放宽限制，各行业企业间的竞争合作关系增强的过程。Stieglitz（2002）认为由于产业可以从需求和供给两个方面来定义，所以产业融合可以划分为需求方的产品融合和供给方的技术融合，并将产品融合定义为使用不同技术提供替代性或互补性产品，技术融合定义为使用相似技术能力生产不同产品和服务。Bally（2005）和 Lind（2005）均认为产业融合不仅仅发生在信息通讯业，产业融合的概念需要扩展到更为广泛的领域，其将产业融合定义为分离市场的再合并以及跨市场进入壁垒消除的过程。Hacklin(2010)认为产业融合是不同产业间的知识、技术、产品、市场由原本互不相关到不断交叉渗透,逐渐突破产业边界而形成新产业的动态发展过程,表现出产业间某种共生演化关系。

相对于国外研究,国内学者对于产业融合的研究开始较晚。周振华(2002)认为产业融合是从产业分立中逐步演变产生的,是产业边界由固化到模糊化的过程。厉无畏(2002)认为产业融合表现为不同产业间或者同一产业内不同行业相互渗透式发展,使得产业边界趋于模糊,最终导致新兴产业不断产生的动态发展过程。胡金星(2007)认为产业融合是自组织的过程,在开放的产业系统中,不同的产业构成要素由于技术的创新或新标准的设立而相互竞争与协同,进而形成新兴产业。严奇春(2013)从知识创新角度分析了产业融合的知识发展活动,认为产业融合是知识创造和知识扩散的过程,产业融合中的知识创造包括单一产业和不同产业融合发展中的知识创造,知识扩散包括创新知识在行业内和不同行业间的扩散。张维今(2015)提出装备制造业与生产性服务业的融合并不是简单生产链上的分工与合作状态的转换,而是装备制造业与生产性服务业在一定因素推动下形成的彼此交叉,呈现出具备两者特征更高级的新型产业形态,认为"两业"互动融合是通过技术渗透,产业间相互延伸,最后进行产业内部的重组过程。我国《发展服务型制造专项行动指南》(工信部联产业〔2016〕231号)将服务型制造定义为制造与服务融合发展的新型产业形态,这种新型产业形态的产生主要是通过制造业企业创新优化其生产组织形式、运营管理方式以及商业发展模式,不断增加服务要素在投入和产出中比重,从以加工组装为主向"制造＋服务"的转型,从单纯出售产品向出售"产品＋服务"的转变。李庆雪(2018)认为制造业与生产性服务业融合并不意味着原本两者中某一产业的消失,而是"两业"间相互延伸,结合两者特征,形成具有两者优势、特点的新型产业。綦良群(2018)认为装备制造业与生产性服务业融合是产业价值链分解和再整合的过程。倪鹏飞(2019)认为产业融合是借助于现代技术的蓬勃发展,农业、工业和服务业之间的物理界限日益模糊的过程。

尽管各学者在认知、表述上存在差异,学者们对产业融合的认知在以下三方面达成了相对一致的看法:第一,制造业与生产性服务业的融合是两大产业价值链分解再重组的过程;第二,产业融合是通过产业系统中各子系统的相互作用来实现的,主要表现在技术融合、产品融合及市场融合等方面;第三,产业融合是催生新型产业形成的动态发展过程,往往发生在产业边界和交叉处。

2. 产业融合动因

国内外许多学者从不同角度对产业融合发展的动因进行了研究。国外方面,Yoffie(1997)较早地对产业融合动因进行了探索,并认为信息产业融合的现象主要是由于信息技术的发展、政府放松规制和管理创新三者共同作用的结果。近些年,国外对产业融合动因的关注有所增多,如 Kim 等(2015)认为,由于技术生命周期的加快以及市场上技术的迅速饱和,企业不仅在加快技术创新的速度,而且通过结合其他市场的产品或服务功能来扩大其产品或服务的范围,最终导致产业融合;Caviggioli(2016)研究发现,如果技术领域密切相关,涵盖范围广泛并且源于公司间的合作,则产业间的技术更有可能实现融合;Yuan 等(2017)研究发现,制造业和生产性服务业的空间分布受集聚经济和城市地价的共同影响,进而会影响到二者的融合水平;Nathalie 等(2019)认为,产业融合的过程是由技术层面或者市场层面的发展所驱动的产物。相较于国外文献,国内对产业融合动因的研究成果更为丰富。植草益(2001)通过分析信息通讯业的融合现象,同样认为产业融合源于技术进步和规制的放松。厉无畏(2002)认为产业融合是社会生产力进步和产业结构升级的必然趋势,其内在动力表现为产业间的关联性和企业对效益最大化的追求,外在动力则表现为技术的不断创新和融合。朱瑞博(2003)认为技术创新是产业融合的内在动力,宽松的经济管制是产业融合的外在动力,价值模块是产业融合的载体。周振华(2003)认为信息化是产业融合的前提条件,随着信息化的发展,新技术在产业间得以快速扩散,为产业融合提供了技术基础。于刃刚(2006)认为产业融合主要是技术革新、管制放松、跨产业并购以及战略联盟四个因素相互作用的结果。杨仁发和刘纯彬(2011)认为制造业与生产性服务业融合的基础动力来源于产业间高度相关的价值链,内在动力来源于技术创新,而外在动力则来源于放松的政府规制,更为科学合理的放松性政府规制有助于解决"两业"融合的外部障碍。楚明钦(2014)认为政府规制、技术创新和扩散、商业模式等均能够对产业间互动融合起到推动作用,单一动力对产业融合所起到的作用有限,产业融合是多因素动力作用的结果。唐德淼(2015)认为在科技变革和互联网渗透下产业融合的主要驱动力由互联网和再生能源融合、互联网乘数效应以及技术创新构成。王小波(2016)对制造业与生产性服务业低水平融合的原因进行分析,发现过度的政府规制和行政垄断会抑制生产性服务业的发展、制约生产性服务业的有效供给,不利于制造业与生产性服务业进一步融合。綦良群和李庆雪(2017)从技术驱动、环境推动及运营需求三方面对互动融合动力进行分析,其中技术驱动包括技术差异影响、技术发展推动;环境推动包括市场环境和政策推动；运营需求包括决策支撑和收益动力。程广斌和杨春（2020）从力学角度出发对产业融合的动力机制进行了刻画，从融合动力、融合趋向、融合环境三个维度出发解析产业融合水平，认为市场需求、科技进步、人才资源、政策支持和行业竞争是共同影响产业融合水平的五大要素。

总之，现有文献多数认为产业融合是多种因素相互作用的结果，通过对现有文献的梳理，产业融合的动因基本可概括为内在因素和外在因素。外在因素主要有经济全球化、宽松的管制政策、消费需求变化等，内在因素主要有技术创新、管理创新或战略联盟等。外部因素是产业融合产生的前提，是产业融合产生的必要不充分条件；内部因素即企业创新互动行为才是产业融合产生的内生动力。

3. 产业融合模式及演进方式

国内外学者从不同的视角研究探讨了产业融合的模式。国外方面，Jergovic 和 Andrej 等（2011）认为制造业与生产性服务业的融合模式是两者通过组织架构变革、产品核心价值增值等方式进行融合发展，而不是通过扩大产品提供的附加服务。Kim 等（2015）将产业融合的模式划分为稳定的融合、稳定的独立、稳定的分化、演化的融合和演化的分化。Geum（2016）通过对产业集群特征的聚类分析，确定了四种行业融合类型：技术增强器、政策驱动的环境增强器、服务集成的社会业务生成器和技术驱动的新价值生成器。Nathalie（2019）认为产业融合的过程包括科技融合—市场融合—产业融合，其中产业融合这一完全融合过程的最后一步。国内方面，胡汉辉（2003）认为产业融合主要有三种模式：一是在高科技产业和传统产业的边界处发生的渗透式产业融合；二是通过产业间的功能互补和延伸形成的交叉式产业融合；三是在具有紧密联系的产业之间形成的重组式产业融合。刘明宇（2010）从价值链的视角，认为生产性服务业以关系性和结构性两种方式嵌入到制造业价值链中的基本活动和支持性活动，形成不同的网络关系结构。童洁和张旭梅等（2010）从实物产品与生产性服务业的内在关系角度，提出了基于共生性、内生性和互补性三种制造业与生产性服务业融合发展模式。李文秀和夏杰长（2012）从技术变革视角，结合价值链的相关理论，将制造业与生产性服务业的融合模式分为嵌入式融合、捆绑式融合和交叉式融合三类。张洁梅（2013）将制造业与生产性服务业的融合模式分为制造业服务活动外置的交互融合模式和服务工业化、制造服务化的互动融合模式。李新宁（2018）在分析了制造业与生产性服务业协同演进过程经历产业关联、产业互动、产业协调、产业融合四个阶段后，提出"两业"融合模式分为价值链下游融合型、价值链上游融合型、价值链上下游融合型、完全去制造融合型。綦良群和张庆楠(2018)认为随着装备制造业竞争力的提升和生产性服务业的快速发展,两大产业融合不再是单纯的横向拓展融合或纵向延伸融合,而是趋向于复杂形式的网式融合。郭朝先(2019)认为,先进制造业与现代服务业融合主要有三种模式,一是先进制造业服务化,包括投入服务化和产出服务化,二是现代服务业向制造业拓展延伸,三是先进制造业和现代服务业的双向深度融合,最终形成以平台企业为主导的新产业生态系统。

产业融合是一个动态演进的过程,且在不同的产业领域内,产业融合以不同的方式演进,最终将使得整个产业结构呈现出高度合理化,并形成新的融合型产业体系。Stieglitz(2002)将技术融合和产品融合分为三个阶段:第一阶段是由于外部因素导致供给与需求都不相关的产业发生融合;第二阶段是由于企业为了适应市场结构的变化而发生的产业融合;第三阶段是两个或两个以上产业由于存在高度相关的技术和产品市场而发生的产业融合。陈柳钦(2007)认为产业融合的演进方式主要有三种:一是高新技术及其相关产业向其他产业渗透、融合,并形成新的产业;二是通过产业间的互补和延伸来实现产业间的融合;三是通过产业内部的重组融合,由重组融合而产生的产品或服务往往是不同于原有产品或服务的新型产品或服务。施剑辉(2008)从动态视角提出制造业与生产性服务业互动发展关系可以分为形成阶段、融合阶段及国别分工阶段。綦良群和何宇(2017)认为装备制造业与生产性服务业互动融合演进发展过程主要以产业结构服务化、价值链高端化以及市场主导化呈现。叶云和汪发元(2018)认为信息技术产业与农村一二三产业融合的演进过程遵循从技术融合到产品和业务融合,再到市场融合三个阶段。此外,Heo和Lee(2019)还将产业融合划分为供应驱动(技术)的过程和需求驱动(市场)的过程。孙畅(2020)从产业动态匹配的视角将高端服务业和先进制造业的融合关系分为三个阶段:一是萌芽阶段,高端服务业和先进制造业通过生产要素的嵌入和转化形成互补链接关系,实现要素层次的匹配;二是拓展阶段,高端服务业和先进制造业通过市场和组织的相互渗透,基于利益导向创新产业关系,实现市场互动层次的匹配;三是成熟阶段,高端服务业和先进制造业通过技术互补及融合,促进技术能量在产业间交流,实现效率协调层次的匹配。

4. 产业融合效应

学者们从微观和宏观层面对产业融合的经济效应进行了研究:在微观层面上,国外学者较多通过案例分析进行探讨,其中以信息和通信技术产业为案例的分析较为多见。Hacklin等(2005)通过剖析手机运营商与网络设备制造商的案例,探究了产业融合所产生的影响,认为积累性技术融合可以产生颠覆性创新。Niedergasselr 等(2007)通过剖析化学产业及其相关产业的案例,发现随着产业融合程度的不断加深,化学产业中的多数企业表现出成本降低与生产效率提高的现象。Kohtamäki(2015)的研究也认为企业制定以服务为导向的企业战略对于制造业企业的经济效益十分重要。马健(2005)和余东华(2005)认为制造业与生产性服务业融合的经济效应在微观层面上表现为降低企业成本、提高生产效率和附加价值、改善企业绩效以及提供商业和管理创新动力。在宏观层面上,周振华(2003)认为产业融合带来了新的产品与服务,开拓了新的市场,进而提高了市场竞争性;同时随着产业融合的不断拓展深化,整个产业将在经济形态上发生根本性变化,传统产业管理体制也将由分管转为融合,进而带来巨大的增长效应。陈柳钦(2007)对产业融合效应进行了分析,认为产业融合具有推进产业结构升级的创新性优化效应;推动市场结构趋于合理的竞争性结构效应;促使企业组织内部结构创新的组织性结构效应;有助于产业竞争力提升的竞争性能力效应;有助于消费提升的消费性能力效应;有助于推动区域经济一体化的区域效应。沈桂龙(2008)认为产业融合对产业组织的影响主要体现为三个方面:对市场结构的影响、对市场行为影响以及对市场绩效的影响。李晓庆(2018)通过对美国制造业与生产性服务业融合现象的分析,得出"两业"融合能够通过降低生产成本、提升产品附加值和劳动生产率最终实现制造业产业结构转型升级,同时发现"两业"融合能够产生降低资源消耗、提升资源利用效率和降低环境污染的生态效益。李新宁(2018)认为制造业与生产性服务业的融合效应主要体现为技术效应、模式效应和组织效应。李琳和罗瑶(2019)认为,产业融合通过技术融入、知识传递和风险控制等机制来影响制造业创新效率。姜博和马胜利等(2019)分析认为产业融合通过需求效应、溢出效应、挤占效应和关联效应四条路径影响装备制造业创新效率。

(二) 产业融合的实证研究

1. 产业融合的识别

随着产业之间顺应市场经济规律走向融合发展,学者们逐渐对产业融合现象的识别产生兴趣,并提出了一系列识别产业是否发生融合的方法。Pennings 和 Puranam(2001)通过分析当前实行的国际产业分类标准(SIC)和国际专利分类(IPC)的变化,对产业融合的迹象进行识别,认为 SIC 代码的相互重叠与 IPC 代码的相互引用可以说明产业融合的发生。Curran 等(2010)提出了三种识别产业间是否发生融合的方法:第一种方法是通过梳理归纳各类学科论文的交叉引用来反映学科或者技术的融合趋势;第二种方法是通过各个产业或者企业的专利技术在空间坐标系中的位置来反映产业或企业之间相互渗透程度;第三种方法是通过各个产业或企业间项目的合作来识别产业间融合的现象。马健(2005)提出识别产业融合的三个基本原则:第一,产业之间是否存在着共同的技术基础或技术平台;第二,产业之间是否经历了技术融合到市场融合的整个过程,并最终达到市场融合的目标;第三,原有产业之间的界限是否被打破,从而导致了产业界限的模糊化。胡金星(2007)认为产业融合可以采取序参量判断法对其进行定性识别;采取NEGOPY网络分析法、赫芬达尔指数与熵指数对其进行定量识别,并以我国计算机、通信与广播电视产业为研究对象进行了相关的实证研究与案例分析。JUN(2016)利用2009—2013年中国27个制造业和3个生产者服务的面板数据,建立联立方程模型,检验制造业与生产性服务业之间是否存在技术创新的互动效应,实证结果表明劳动力或资本密集型制造业与生产者服务之间存在显著的技术创新互动关系,但技术密集型制造业与生产者服务业之间的相关性相对较弱。Jiang和Peng(2018)提出了一种能自动生成直接影响矩阵的决策模型——灰色DANP,利用2006—2015年物流与制造业的统计数据,确定了物流与制造业互动发展的关键因素。YangShi-wei(2018)利用向量自回归VAR模型,结合2011—2015年先进制造业和生产服务业的相关数据,对广州市先进制造业和生产性服务业互动融合的状态进行了实证分析。

2. 产业融合的测度

国内外学者对产业融合度的测度问题进行了较为丰富的研究,但目前还未形成一套权威性的产业融合测算方法,既有研究所用方法主要有专利系数法、赫芬达尔指数法、耦联评价模型法、投入产出法和综合评价法等。

(1)基于技术融合度、专利系数法和赫芬达尔指数法等的测度研究。早期学者们认为技术融合是产业融合的重要阶段,可以通过测算技术融合度来近似衡量产业融合度。Duysters(1998)实证研究了信息通信技术融合是否会导致新产业的产生,并从企业间战略性技术联盟的视角对企业融合的途径等方面进行了实证研究。Danowski(1998)通过对1981—1996年信息产业的网络结构变化对信息产业融合的影响进行了实证研究。还有学者采用专利系数法对产业融合度进行测算。Fai和Tunzelman(2001)利用产业间专利相关系数计算产业间技术融合程度,进而来衡量产业融合度。单元媛(2013)利用专利系数法对我国制造业与电子信息业的技术融合度进行了测算,运用灰色关联系数法分析了技术融合与产业结构优化升级的关联关系,得出我国制造业与电子信息产业的技术融合度处于中等融合程度、技术融合对产业结构优化升级有较大影响的结论。王智新（2017）利用科技服务业的专利运用于战略性新兴产业的程度来测算我国科技服务业与战略性新兴产业融合发展情况，并选择使用灰色关联分析方法来测算科技服务与战略性新兴产业融合发展对产业升级的影响。赵玉林和李丫丫（2017）运用N 指数、辛普森多样性指数和香农-维纳指数方法，依据专利数据测算了生物芯片产业技术融合宽度和深度，并依据 2001—2013 年间生物芯片产业 20个样本企业专利数据和财务数据，采用 GLS 回归方法实证分析了技术融合引发新型竞争协同关系最终提升战略性新兴产业绩效的机理。此外，也有学者采用赫芬达尔指数法来测算产业融合度。Gambardela 和 Torrisi（1998）采用赫芬达尔指数法研究了电子信息产业的技术融合状况，通过计算企业所涉及行业的专利数占社会专利数据总数的比重来衡量产业融合度，并从多元化视角对技术融合与产业融合之间的关系、技术融合与产业融合对企业绩效的影响等几个方面进行了实证研究。王巧玲（2015）应用赫芬达尔指数法对河南省 2008—2013 年一二三产业的业务融合度和市场融合度进行测度，得出河南省三次产业间的融合度属于中高度融合、市场融合度比业务融合度稍高的结论。

（2）利用耦联评价模型对产业融合进行相关研究。陶长琪（2015）根据信息产业与制造业间的耦联对我国产业结构优化升级的空间效应开展定量研究，并以此量化产业融合对产业结构优化升级的影响和细化产业耦联对产业结构优化升级的作用机理及作用力度。侯兵（2015）基于耦合度模型构建了产业融合模型，测算长江三角洲 16 个城市 2010—2014 年文化产业与旅游产业融合状况，研究发现两个产业的融合发展程度在各个城市的差异性较小，但整体的耦合协调度偏低，融合度较低是普遍现象。翁钢民（2016）以我国 31 个省市区 2005—2013 年旅游与文化产业的相关数据为依据，运用耦合协调度模型和探索性空间数据分析方法，分析中国旅游与文化产业融合发展的耦合协调度和空间相关性。傅为忠（2017）通过建立耦联评价模型对 2006—2015 年我国高技术服务业与装备制造业的产业融合度进行测度，实证结果表明两大产业融合发展状态良好，融合度呈波动上升趋势。李晓钟（2018）利用耦合协调度来估算和评价产业融合水平，实证研究了我国纺织产业与电子信息产业融合水平及其对纺织产业竞争力的影响。唐晓华和张欣珏（2018）基于耦合协调视角，分别从行业和区域层面测度 2001—2015 年制造业与生产性服务业间的总体发展水平及耦合协调程度，并基于优化视角通过对存增量系数的调节来模拟产业耦合协调的演化发展趋势。李琳和罗瑶（2019）利用耦联评价模型和随机前沿分析方法测度了我国

2006—2015 年制造业与信息业的融合水平及对制造业创新效率的影响,得出中国制造业与信息业融合水平上升且呈现出"东—中—西"梯级差异格局的结论。高智(2019)依据系统耦合理论构建耦合评价模型对我国 30 省市2007—2016 年装备制造业与高技术服务业融合发展水平进行测度,研究发现我国装备制造业与高技术服务业在各省市都表现出密切的产业联动性,融合发展趋势明显,但两大产业的耦合协调度位于可接受区间的省市较少,总体融合发展水平不高,并且两大产业的融合发展水平存在明显区域差异,表现出自东向西递减的阶梯式特点。汪永臻和曾刚(2020)构建耦合度模型实证分析了 2004—2016 年西北地区文化产业与旅游产业的融合程度。马书琴和李卓昇(2020)通过计算中国 31 个省级单元的信息化和工业化耦合协调度,探究信息化与工业化融合程度并对其进行空间分析,发现中国信息化和工业化系统总体上处于中低耦合阶段,东部省份及直辖市的耦合协调度相对较高,西部省份则相对较低。

(3)采用投入产出法对产业融合程度进行测度研究。徐盈之(2009)采用投入产出表,将制造业各行业生产过程中信息产业投入额占其总产出的比重作为衡量信息产业与制造业融合度的指标,以制造业信息化指数来近似表征制造业与信息产业的融合度。胡晓鹏和李庆科(2009)利用投入产出表,从投入和消耗角度分别采用投入率和需求率来度量制造业与生产性服务业融合程度,并通过动态关联分析了两者融合的内在本质。张莹(2012)在分析我国物流业信息化现状的基础上,利用历年的投入产出表,对我国物流业与信息业的融合度进行了计算,并对四类物流发展水平不同的地区选择代表省市进行了融合度的计算。杨仁发(2013)根据我国投入产出表,分行业测算了我国制造业 28 个细分行业与生产性服务业整体,以及与生产性服务业细分行业的融合程度,同时分地区测算了各地区生产性服务业与制造业之间的融合水平。贺正楚和吴艳等(2013)利用投入产出表,将中间投入率、中间需求率和融合均衡度作为评价产业融合发展状况的评价指标,依此测度并量化分析生产服务业与战略性新兴产业之间产业关系的内在运作状况。邱灵(2014)以经济合作与发展组织(OECD)时间序列投入产出表为样本数据,运用投入产出法,从服务业中间使用分配结构、制造业服务化增加值结构、制造业服务投入行业结构和服务业实物投入行业结构等方面分析了美国、英国、德国、日本等发达国家制造业与服务业的互动发展程度。Ciriaci(2016)使用子系统方法进行投入产出分析,评估了 1995—2005 年欧洲四个主要国家(法国,德国,意大利和英国)随时间推移知识密集型商业服务与制造业部门的垂直整合的结构变化过程,分析表明:知识密集型商业服务对满足制造业最终需求的贡献总体上被低估了;在除英国之外的所有调查国家中,知识密集型商业服务与制造业的垂直整合随着时间的推移而增加;制造业外包给知识密集型商业服务的程度受其技术强度的影响很大。赵玉林(2016)运用投入产出分析方法对湖北先进制造业与电子信息业、现代服务业的产业融合态势进行测算,采用区位熵对湖北先进制造业等产业集聚状态进行测度,利用多元线性回归模型实证分析了产业融合、产业集聚对先进制造业竞争优势提升的贡献,结果表明产业融合对提升产业竞争优势具有促进作用。汪芳(2016)利用投入产出法和面板数据回归方法分析了1998—2011年间产业融合的变化趋势,实证分析了产业融合对产业绩效的提升以及对制造业发展的促进作用,发现相对于劳动密集型和资本密集型行业,技术密集型行业更容易产生融合;融合对制造业发展的促进要显著于对制造业绩效提升方面的作用。董芝灵(2017)基于投入产出法测算生产性服务业与制造业的融合水平,并且利用灰色关联分析法研究产业融合与产业结构优化升级的关联性,发现我国生产性服务业与制造业融合度整体偏低,产业融合与工业结构度的关联度最大,与制造业结构度关联性最低。倪鹏飞(2019)基于世界投入产出表,利用正向融合度和反向融合度指标对国际范围内主要经济体的生产性服务业与传统制造业融合程度进行测量,得出结论:中国制造业与服务业正反向融合度都显著低于 OECD 国家,但服务融合指数与 OECD 国家差距逐渐缩小。高翔和袁凯华(2020)基于投入产出分析方法和企业贸易增加值核算方法测度了中国企业制造业服务化水平,发现整体上中国制造业服务化水平较为低下和制造业服务化转型进程较为迟滞。

(4)构建产业融合评价指标体系进行综合测评。马健(2005)将产业融合过程分为技术融合、业务融合和市场融合三个阶段,通过对产业融合各阶段的状况分别进行衡量,然后对各个分阶段指标进行整体考察来综合衡量产业融合程度。谢康等(2012)利用随机前沿分析中关于技术效率测度的思想和协调发展系数判断方法,构建了工业化与信息化融合系数,并以2000—2009年我国 31 个省市区面板数据探讨我国工业化与信息化融合质量,得出中国各省市区工业化和信息化融合质量整体上未达到最优的完全融合目标的结论。姜博(2015)围绕投入信息化、产出服务化、流程低碳化、组织网络化、融资多元化以及创新集成化六个维度构建了产业融合指标测度体系,并采取主成分测度方法对 2012 年中国 30 个省市区的产业融合程度进行了测度,得出结论:各地区产业融合度差异显著,多数地区融合度与理想状态差距较大,但产业融合度与区域经济发展水平存在较高的一致性。

王成东(2015)利用中间投入率和中间需求率指标构建了装备制造业与生产性服务业融合水平综合测度模型,并依据 SFA 方法和 Cobb-Douglas 生产函数构建装备制造业与生产性服务业融合影响因素的评价模型,通过对中国 30 个省市区的实证研究,揭示了融合影响因素的影响强度和影响方向。李璐(2016)提出了综合运用测量分析法和行为分析法对产业融合态势进行评估,以及产业融合度的直接测算法和间接测算法,并从微观层面对主营信息或文化业务 145 家上市公司 1997—2012 年数据进行信息资源产业与文化产业融合的实证分析,并得出我国信息资源产业与文化产业的融合水平普遍不高的结论。李芸(2017)依据农业产业融合的关键要素进行指标筛选,利用层次分析法构建评价指标体系,对北京市农业产业融合水平进行实证评估,结果表明,北京市农村产业融合发展已进入成长阶段。Xie JF(2018)建立了中国海洋装备制造业与沿海生产性服务业两大产业的综合发展指标体系,总结了两大产业的发展特点和互动发展体系,并通过计量模型,分析了两大产业的互动发展,结果表明两大产业的互动发展存在区域差异。程广斌和杨春(2020)从融合动力、融合趋向、融合环境三个维度出发解析产业融合水平,构建综合评价指标体系,运用改进的熵值法对长江经济带 11 个省市 2008—2017 年的区域产业融合水平进行了实证测度及影响因素研究。得出结论:长江经济带 11 省市产业融合整体处于较低水平,11 省市产业融合水平呈下游—中游—上游梯级下降分布格局,这种差距有缩小之势。

3. 产业融合效应

国外学者对于产业融合效应的实证研究较为关注产业融合所带来的生产效率、创新效率或结构升级等维度的影响效应。Gambardela&Torrisi(1998)运用 1984—1992 年美国和欧洲最大的 32 家电子信息企业进行案例分析,发现信息产业内部的融合现象出现较早,并且产业内的技术融合会对产业绩效产生影响。Lorian Englmaier&Markus Reisinger(2008)构建全局博弈模型研究工业化与信息化融合状况,得出适当的信息技术能促进工业生产过程的效率提升的结论。Sung K(2013)通过收集不同类型企业的专利数,构建基于云计算的融合评价体系,得出信息技术与制造技术的融合可推动制造业升级的结论。Shen G(2018)通过使用大型企业数据探讨计算机和信息技术在中国制造业结构调整中的作用,得出计算机和信息技术的应用能促使企业成长更快、效率更高,进而改善产业结构。Spiezia V(2011)以部分经合组织国家为研究对象分析信息通信产业与制造业的融合对制造业创新的影响,结果发现产业融合通过融入先进信息技术提高产品附加价值,提升制造业创新效率。Karvonen(2012)基于对企业12次半结构化访谈,对产业融合环境下的传统和新兴产业的动态演化特征进行分析,得出结论:产业融合会引致制造业产业结构的变革,行业技术轨迹的重叠为产业内部的创新活动提供新的驱动力。Paunov&Rollo(2016)基于对117个发展中国家2006—2011年50013个企业的观察,从知识外溢的角度研究信息技术对制造业创新效率影响,得出结论,信息技术通过消除知识传递的空间障碍,增强制造业产业知识储备向创新成果的转化能力,促进产业创新效率的提升。

国内学者对产业融合效应的实证研究聚焦于对产业绩效(包括结构升级)、产业创新等方面的影响。吴福象、马健等(2009)以上海六大支柱产业为例,通过统计分析和实证检验发现信息产业与这六大产业融合对产业结构升级具有明显的提升作用,这种提升效应是通过信息技术嵌入和改造传统产业来实现的。汪芳、潘毛毛(2015)利用投入产出法和面板数据回归方法分析我国1998—2001年间产业融合对产业绩效提升及制造业成长的影响效应,得出信息业与制造业的融合是制造业绩效和制造业成长的格兰杰原因,但具有一定的滞后性。张婕、陈田(2016)利用WIOD数据库及管件面板模型,分析我国1995—2001年服务业与制造业的双向融合对制造业绩效的影响,实证表明我国服务业与制造业的正向融合和反向融合均对制造业绩效产生显著促进作用,目前以正向融合的促进作用为主。李晓钟、陈涵乐、张小蒂(2017)利用投入产出法及面板模型,分析浙江2005—2012年信息业与制造业主要行业的融合对制造业绩效的影响,得出结论,产业融合度与制造业绩效呈正向关系,且2010—2012年的效应相较于2005—2007年正向效应更为明显。王晓晓、杨丽(2019)利用WIOD发布的2000—2014年的我国投入产出数据对产业融合对制造业升级的机制进行实证检验,结果发现,产业融合能显著促进制造业升级,成本和创新是这一过程中显著的中介机制。李琳、罗瑶(2019)利用耦联模对我国及东中西部三大地区2006—2015年信息业与制造业的融合度评价的基础上,构建面板回归模型实证检验产业融合对制造业创新效率影响的区域异质性,结果表明:全国及三大区域产业融合对制造业创新效率均产生显著正向影响,但产业融合对制造业创新效率的提升效应存在区域异质性,东部和中部表现为持续的正向效应,而西部的提升效应呈倒"U"型关系。姜博、马胜利、唐晓华(2019)利用面板回归模型对我国2006—2015年装备制造业的产业融合对创新效率影响进行实证研究,得出产业融合度与中国装备制造业创新效率呈倒"U"型关系的结论。高智、鲁志国(2019)以我国30省市区2006—2016年装备制造业为研究对象,利用空间杜宾模型对装备制造业与高技术服务业的融合对装备制造业创新效率影响进行实证研究,得出结论,与高技术服务业融合显著提升了装备制造业的创新效率,且这种提升效应在空间上主要表现为直接效应。

二、制造业发展质量的相关研究

检索国内外相关文献可知,迄今直接涉及制造业发展质量的研究成果不多,但制造业发展质量的概念是从经济发展质量与工业发展质量延伸而来,因此,有关经济发展质量与工业发展质量的研究内容与方法亦可为制造业高质量发展研究提供启示。

(一) 相关理论研究

1. 制造业发展质量的内涵

国外学者对制造业发展质量内涵的界定最早可以回溯到产业竞争力的要素构成,Michael E. Porter(1990)认为生产要素、市场需求、相关产业和支持产业的表现以及企业的战略、结构、竞争对手的表现是决定一国产业竞争力的四大要素,除此之外,机会是无法控制的,政府政策的影响是不可漠视的,由此提出了著名的"钻石模型"。托马斯(2001)认为经济发展质量应该在发展速度的基础上涵盖机会分配、环境可持续性以及全球性风险管理等因素。Barro(2002)从预期寿命、生育率、环境条件、收入公平性、政治制度以及宗教信仰等角度对经济发展质量进行了探讨。Mlachila 等(2016)认为对发展中国家而言,高质量的增长是指增长率更高、更持久的社会友好型增长。而今随着智能制造和工业 4.0 的到来,高质量的概念也在与时俱进,Illes 等(2017)认为制造业高质量发展表现为制造系统的复杂性,可以在批量生产的生产率和特定成本下实现间歇性生产以满足企业客户需求。

现阶段国内学者针对制造业发展质量内涵进行界定的文献较少,主要基于经济发展质量内涵、工业发展质量相关研究对制造业发展质量内涵进行了一定的探讨。首先,不同的学者从不同的维度对经济高质量发展的内涵进行了界定,认为经济高质量发展是一个综合性的概念,在量增加的基础上更加注重质的改善,涵盖经济、社会、生态、民生等诸多方面。任保平(2018)提出高质量发展是经济发展的高级状态和最优状态,是"创新、协调、绿色、开放、共享"五大新发展理念的体现。其中,创新发展解决的是高质量发展中的动力问题,协调发展解决的是高质量发展中的不平衡问题,绿色发展注重解决的是高质量发展中的人与自然和谐问题,共享发展解决的是高质量发展中的公平正义问题。金碚(2018)则认为系统性地创造发展优势,走符合实际和具有特色的道路,以各种有效和可持续方式满足人民不断增长的多方面需要,是高质量发展的本质性特征。要实现高质量发展,就必须缓解和遏制高速发展所带来的经济社会不良现象。就工业发展质量的内涵,学者们更多考虑了技术创新、两化融合、生态环境、人民福祉等因素,对其进行综合性界定。罗文和徐光瑞(2013)认为工业发展质量是指一定时期内一个国家或地区工业发展的优劣状态,是在保持合理增长速度的前提下,更加重视增长的效益,不仅包括规模扩张,还包括结构优化、技术创新、资源节约、环境改善、两化融合、惠及民生等诸多方面。工信部赛迪智库工业经济研究所"工业发展质量"课题组(2016)提出现阶段工业发展质量的内涵体现在以下六个方面:一是速度和效益有机统一,二是结构持续调整和优化,三是技术创新能力不断提高,四是资源节约和环境友好,五是两化融合不断深化,六是人力资源结构优化和待遇提升。近年少数学者对制造业高质量发展内涵进行了探讨,虽尚未达成共识,但较为一致的看法是制造业高质量发展不是单纯的绩效高速提升,高新化、智能化、绿色化、品牌化等也是重要的考察维度。黄群慧和贺俊(2015)认为在中国经济进入中高速增长的"新常态"后,制造业作为技术创新的"土壤",其主要功能不再是集聚资本和创造就业,而是通过技术的创新和传播,拉动生产性服务业发展,提高经济增长效率,制造业高质量发展的实质在于以创新驱动做强工业。余东华等(2017)定义了供给侧改革的背景下中国制造业"高新化"的内涵:"高"是指产业结构和价值链定位的高级化,对应着产业升级;"新"是指产业形态和技术工艺的新型化,对应着产业转型。主要包括要素集约化、技术绿色化、价值链攀升、生产智能化四个方面。林忠钦等(2017)紧扣供给侧结构性改革这一主线,从质量提升和品牌发展两个维度阐明要实现我国制造业的高质量发展必须解决两个问题:一是制造业质量与品牌需要适应经济新常态的新要求;二是制造业质量与品牌需要肩负起供给侧结构性改革的新使命。工业和信息化部副部长罗文(2018)指出在制造强国的进程中,必须紧扣高质量的发展要求,在创新驱动的大背景下凝神聚力加快推进先进制造业的发展,努力实现中国制造向中国创造转变,中国速度向中国质量转变,制造大国向制造强国转变。李廉水(2018)对改革开放以来中国制造业的发展历程进行回溯与展望,指出中国制造业大而不强,存在发展方式粗放、自主创新能力薄弱、关键核心技术与高端装备对外依存度高、缺少世界一流品牌和高端产品等短板,要推进中国制造向中国创造转变、中国速度向中国质量转变、制造大国向制造强国转变,关键是推动制造业向高质量转变。辛国斌(2018)提出推动制造业高质量发展是在深化机制体制改革的背景下,以创新驱动为指引,加快供给侧结构性改革,深化信息技术与制造业融合发展,着力建设高质量发展承载体,培育一批优质、高效的制造业企业。吕铁和刘丹(2019)从三个层面阐述了新形势下制造业的高质量发展的内涵:一是"供给侧与需求侧相匹配"的高质量发展;二是"制造业体系高效运转"的高质量发展;三是"区域协同"的高质量发展。叶芳羽和单汨源(2019)提出中国制造高质量发展的关键在于通过技术创新提质改造,促进供给侧结构优化升级,在确保高性价比的竞争优势的基础上,使中国制造由低质量转为高质量,扩大中高端消费市场,使中国制造在国际市场竞争中树立起高质量的新形象。余东华(2020)认为制造业高质量发展是指在新发展理念指导下,生产制造销售全过程实现生产要素投入低、资源配置效率高、品质提升实力强、生态环境质量优、经济社会效益好的高水平可持续发展。

2. 制造业高质量发展的评价标准

迄今,关于制造业高质量发展的评价指标体系尚较为稀少,相关研究集中于经济发展(增长)质量评价指标、工业发展质量评价标准,近年来少数学者对于制造业发展质量评价指标体系开始予以关注。

(1) 经济发展质量评价标准。钞小静、任保平(2011)从经济增长的结构、经济增长的稳定性、经济增长的福利变化与成果分配以及资源利用和生态环境代价4个维度出发构建由28个基础指标构成的指数来测度全国及区域层面的经济增长质量水平。何伟(2013)结合经济高质量发展的内涵,从经济发展的有效性、协调性、创新性、持续性、分享性、稳定性六个方面构建了由28个指标组成的综合评价指标体系,评估经济发展质量水平。宋明顺等(2015)从竞争质量、民生质量、生态质量三个维度选取8个观测指标构建了经济发展质量评价指标体系。魏敏和李书昊(2018)认为经济高质量发展水平不能由单一指标衡量,而需要不同子系统多重指标复合表征,综合考虑经济发展的经济结构优化、创新驱动发展、资源配置高效、市场机制完善、经济增长稳定、区域协调共享、产品服务优质、基础设施完善、生态文明建设和经济成果惠民等10个方面,构建了面向新时代的经济高质量发展水平测度体系。徐志向、丁任重(2019)从总量、创新、协调、绿色、开放、共享六个维度构建了6个一级指标、11个二级指标、16个具体指标的经济发展质量评价指标体系。马茹、罗辉等(2019)基于对经济高质量发展内涵分析,从高质量供给、高质量需求、发展效率、经济运行和对外开放五个维度构建区域经济高质量发展评价指标体系。李琳、曹璨(2019)在剖析经济高质量发展的内涵和特征的基础上,从经济发展的有效性、稳定性、创新性、协调性、绿色性、分享性六个维度构建经济发展质量评价指标体系。随着新发展理念的愈来愈深入人心,不少学者从"创新、协调、绿色、开放、共享"五个维度构建经济高质量发展评价标准（程翔、杨小娟[2020]；杨沫、朱美丽[2021]）。

（2）工业发展质量评价标准。魏后凯和吴利学（2002）认为工业竞争力是由市场影响力、工业增长力、资源配置力、结构转换力和工业创新力有机构成的综合体，并依此设计出一套指标体系。谢春和李健（2011）在以往工业化指标的基础上，特别突出了创新、技术进步和资源环境等问题在工业化进程中的地位，构建了由经济发展、创新环境、技术进步、结构变动、综合效益、资源利用、绿色制造和人力资源8大类、37个指标组成中国特色新型工业化评价指标体系。罗文和徐光瑞（2013）依据对工业发展质量内涵的理解和指标选取的基本原则，初步建立了由速度效益、结构调整、技术创新、资源环境、两化融合、人力资源共6大类、22项具体指标组成的评价指标体系。徐光瑞（2014）综合考虑工业发展质量所涉及的范围，结合近年来的跟踪研究，在六大分类不变的基础上对三级指标进行了调整，建立由18项具体指标组成的评价指标体系。Andreas等（2016）提出了一个经验基础的新模型，定义了9个维度并为其分配了62个项目，用于评估工业4.0的成熟度。其中"产品""客户""操作"和"技术"维度来评估基本的推动因素；此外，"战略""领导""治理""文化"和"人"等维度允许将组织方面纳入评估。张文会、韩力（2018）从创新、效益、速度三大维度构建装备制造业高质量发展评价标准。

（3）制造业发展质量评价标准。马珩和孙宁（2011）依据新型制造业的概念内涵，在强调经济创造能力、科技竞争能力和资源环境保护能力的均衡发展基础上，构建了中国制造业发展指数的评价指标体系。Karim等（2013）开发了一种简化的精益评估指标，其中包括制造性能的效率和有效性属性，用于持续评估精益制造。李廉水等（2015）从经济创造能力、科技创新能力、能源节约能力、环境保护能力和社会服务能力五个方面构建制造业"新型化"指标体系。陈文锋和刘薇（2016）根据战略性新兴产业的发展内涵，构建了产业导向性、产业带动性、产业市场化、产业创新性、产业效益性五个一级指标和17个二级指标的战略性新兴产业发展质量的综合评价体系。张文会（2018）将我国制造业分为电子信息制造业、消费品工业、原材料工业、装备制造业四大类，并从发展质量总指标、分类指标、细分行业三大维度构建指标体系对其进行评估。张文会和乔宝华（2018）借鉴国内外有关经济高质量发展指标体系的研究，聚焦于制造业领域，构建了涵盖创新驱动、结构优化、速度效益、要素效率、品质品牌、融合发展、绿色制造7大类27项指标的指标体系。张文会和韩力（2018）构建包括创新、效益、速度三大类八项具体量化指标的评价体系对我国装备制造业的发展质量进行评估。朱启贵(2018)依据高质量发展的内涵,提出推进高质量发展的指标体系可以从动力变革、产业升级、结构优化、质量变革、效率变革、民生发展六个方面进行考量。彭树涛和李鹏飞(2018)认为可从产品质量监管、国际市场竞争绩效、产业发展等维度考量中国制造业的发展质量。陈瑾和何宁(2018)从技术创新、资产配置、人才结构、产出结构、绿色发展、两化融合发展 6 个方面构建评价指标体系评价装备制造业产业升级。席枫(2019)认为在"质量追赶""创新驱动"的高质量发展新阶段,先进制造业的质量效益可以从四个方面进行衡量,即制造业质量竞争力指数、制造业增加值提高率、制造业全员劳动生产率增速、制造业贸易竞争力指数。许卫华(2019)以国家粮食主产区河南省为例,综合考虑协调一致、突出特色、易取易用、系统全面等因素,初步构建了涵盖转型发展、创新发展、融合发展、绿色发展和企业发展五大类共计 20 项指标的河南省制造业高质量发展指标体系。马宗国、曹璐(2020)从制造业企业微观视角出发,构建由制造企业效益增长、创新发展、绿色发展、开放合作、社会共享五个一级指标、14 个二级指标、21 个表征指标构成的制造企业高质量发展评价指标体系。许冰、聂云霞(2021)基于制造业高质量发展内涵,从经济效益、创新能力、智能制造、品牌质量、行业质量与绿色发展六个维度构建制造业高质量发展评价指标。

(二)相关实证研究

绩效、竞争优势、创新能力等是制造业发展质量的不同维度表现形式,国外学者主要由此展开制造业发展质量的相关研究。Maani 等(1994)以制造业为研究领域,利用实证数据,构建结构方程模型研究质量对运营绩效以及整个业务部门的影响,研究发现生产率、过程库存、准时交货和制造成本方面的改进有利于质的提升。Heiko 等(2011)探讨了制造企业在从纯商品提供商到服务提供商过渡的背景下,客户需求的复杂性、客户中心性、创新性、服务差异化和业务绩效之间的关系,通过对 332 家制造公司的调查数据进行实证分析,发现制造公司可以通过服务差异化获得竞争优势。Gunday 等(2011)在对土耳其 184 家制造企业实证研究的基础上,探讨组织、流程、产品和营销创新对企业绩效不同方面的影响,包括创新、生产、市场和财务绩效,结果揭示了创新对制造业企业绩效的积极影响。Stanislaus 等(2012)基于质量管理评估框架(QMAF)模型的概念,以信息通信技术作为推动因素,使用从一系列小型、中型和大型制造组织收集的调查数据,评估了澳大利亚新南威尔士州西悉尼地区制造业的质量管理能力,为参与组织的管理者改善业务流程,提升生产质量提供了有价值的指导方针。Gallego 等(2015)探讨了哥伦比亚服务业与制造业之间的创新-生产力关系,遵循 Crépon-Duguet-Mairesse 的经验方法,研究发现:哥伦比亚服务公司承担(技术和非技术)创新过程;无论行业如何,当研发(R&D)实验室和公司的投资都很大时,创新的可能性就会增加;创新投资越密集,创新实施的概率就越高;在引入创新后,劳动生产率得到提高。Kafetzopoulos 等(2015)使用了 233 家希腊制造公司的样本,通过因子分析和构建结构方程模型,实证研究创新对制造企业业绩的影响,发现"创新能力"直接有助于产品质量和运营绩效,其是提高整体公司业绩和可持续竞争力的重要因素。AstudilloDurán 等(2015)通过概率模型分析阿根廷和厄瓜多尔制造业中的微型、小型和中型企业创新的决定因素,研究结果表明研究和开发是决定产品创新的重要解释变量,而合格的人力资源和质量体系是关乎流程创新的主要相关变量。Gupta 等(2016)利用最佳最差多准则决策方法确定印度微小中型企业技术创新的推动因素,研究结果表明项目资源和能力、企业家和政府政策的技术诀窍是最重要的推动因素,对中小微企业的技术创新产生了重要影响。Arnold 等(2016)使用 1993—2005 年期间约 4 000 家印度公司的面板数据,对印度的服务政策改革与制造业公司的生产率之间的联系进行了研究,发现银行、电信、保险和运输改革都对制造企业的生产率产生了显著的积极影响。Kang 等(2018)采用非径向 DEA 模型对 2006—2014年我国制造业能源环境绩效进行了研究,结果发现大多数制造业的综合效率在样本区间内呈现出上升趋势,轻工业中大多数制造业的综合效率比重工业的综合效率价值略高,并且轻工业的投资效应大于重工业,而许多重工业行业在发展绿色增长方面投资潜力不大。Liu 等(2019)基于中国电子制造业数据集的经验证据研究发现,政府补贴可以促进企业技术创新,但是当补贴过多或过少时,政府补贴将会阻碍制造业企业创新。

国内学者基本是在构建发展质量评价指标体系的基础上进行实证研究,因此相关实证也是从经济发展质量、工业发展质量、制造业发展质量三个维度来展开。(1)经济发展质量维度。国内学者多采用熵权法、主成分分析法等对经济发展质量进行实证研究。钞小静和任保平(2011)构建测度经济增长质量的指数,采用主成分分析法确定各指标的权重,通过均值化方法对各指标数值进行无量纲化处理并以基础指标的协方差矩阵作为输入,对中国及各地区 1998—2007 年经济增长质量进行测度,实证结果表明:我国总体层面和区域层面的经济增长质量水平都获得了一定程度的提高,但是各地区之间的经济增长质量水平却存在很大差异。钞小静等(2016)采用主成分分析法测算中国 30 个省(市、自治区)1998—2012 年间经济增长质量指数,运用半参数个体时间异质模型对各地区经济增长质量的差距进行检验,并分东、中、西三大区域进行异质性研究。魏敏和李书昊(2018)构建了经济高质量发展水平测度体系,借助熵权 TOPSIS 法对 2016 年中国 30个省份经济高质量发展各子系统水平及综合水平进行测度,实证结果表明中国经济高质量发展综合水平整体上呈现明显的"东高、中平、西低"的空间分布格局。陈诗一和陈登科(2018)使用 2004—2013 年中国 286 个地级及以上城市层面 PM2.5 浓度这一独特的雾霾数据,选用劳动生产率作为经济发展质量的代理变量,考察雾霾污染对中国经济发展质量的影响及其传导机制,选取能够控制雾霾污染空间溢出效应的空气流动系数以及能够全面度量地方政府环境政策和治理力度的政府环境治理指标作为减缓雾霾污染内生性的两个工具变量,在 2SLS 的统一框架内估计政府环境治理的减霾效果和对经济发展质量的影响。李琳、曹璨(2019)在构建经济发展质量评价指标体系的基础上,运用投影寻踪法对 2001—2016 年湖南区域经济发展质量进行动态评估及多层次比较分析,得出结论:近 16 年湖南经济发展质量显著提升,但要素支撑存在分享性"一枝独秀"与有效性、稳定性、绿色性"三大短板"同时并存的非均衡结构特征,经济效率偏低、经济发展的稳定性不足、经济发展与环境保护之间的矛盾较凸显;13 地市经济发展质量及支撑要素结构演化明显呈现"领先型""比较优势型""滞后型"三种不同类型,"滞后型"经济发展质量与其他两大类地市的差距呈扩大之势,且"短板"制约尤为凸显。马茹、罗辉、王宏伟等(2019)在构建经济高质量发展评价指标体系的基础上,采用简单的线性加权法对中国 30 省市区经济高质量发展状况进行评估,得出中国经济高质量发展大致呈现东部、中部和东北、西部依次递减的非均衡态势的结论。杨耀武、张平(2021)通过分析中国经济高质量发展的理论逻辑,构建经济高质量发展测度指标,采取熵权法测度中国 1993—2018 年经济发展质量指数,得出自 1993 年来中国经济发展质量趋于提升、但经济增速变化与经济发展质量变迁不具趋同性的结论。

(2)工业发展质量维度。国内学者多采用主客观赋权法进行工业发展质量评价研究。魏后凯和吴利学(2002)构建指标体系,对 2000 年各省市区的数据进行评估,实证结果显示:我国工业竞争力水平呈现出明显的异质性,东部地区竞争力强,发展向好;而中西部地区绝大部分省区竞争力较弱,只有个别省区处于中游位置。徐光瑞(2014)采用主客观综合赋权法,构建中国工业发展质量时序指数和截面指数,并在此过程中计算速度效益、结构调整、技术创新等六方面的分类指数,即个体指数,实证研究全国及 30个省市区的工业发展质量,结果显示:2005—2012 年,全国工业发展质量呈明显上升趋势;东部发达地区工业发展质量较好,但增长速度相对较慢;中西部地区省市工业发展质量提升较快,但仍处于追赶上升期。工信部赛迪智库工业经济研究所"工业发展质量"课题组(2016)依据其建立的工业发展质量评价指标体系,采用主客观赋权法,得到 2005—2014 年全国 30 个省(区、市)工业发展质量截面指数,并分四大区域进行异质性分析,实证结果表明:东部地区工业发展质量始终处于领先地位;而东北地区发展质量相继被中部和西部地区赶超,跌落至末位;中部地区相对稳定;而西部地区发展势态良好。

(3)制造业发展质量维度。国内学者从"产品质量""新型化""高新化""研发能力"等分维度来定量测度分析我国制造业发展质量。刘伟丽和陈勇(2012)采用 Berry(1994)的离散选择模型刻画发展中国家消费者的选择偏好,并修改了 Grossman and Helpman(1991)与 Khandelwal(2009)的质量阶梯模型研究适合于发展中国家的产品质量模型,运用 2000—2008 年中国海关产品协调商品名称和编码制度八位码的海关进出口企业和产品月度数据进行实证分析发现:不同产业质量阶梯的长短与产业的全要素劳动生产率之间关系复杂,针对中国制造业产业质量的发展,短期内为打开市场应积极发展质量阶梯较短的产业;而长期则应发展质量阶梯较长的产业,实现高质量发展。张丹宁和陈阳(2014)通过构建装备制造业发展水平评价指标体系,在传统评价方法的基础上提出兼具"存量增量"和"均衡特长"双重发展特征的评价模型,并在对 2011 年我国装备制造业 7 个子产业发展水平进行测度的基础上,实证分析子产业不同的发展模式及特征。李廉水等(2015)构建制造业"新型化"指标体系,运用组合赋权法进行指标赋权,对中国制造业"新型化"程度进行了整体、区域和省域评估,结果显示:中国制造业整体"新型化"程度不断提高,发展态势良好;区域制造业"新型化"程度呈明显的梯度分布,东部地区最高,东北和中部地区次之,西部地区最低;省域之间制造业"新型化"发展不均衡,省域内部单项评价结果也存在显著差异,发展潜力巨大。杨汝岱(2015)对 1998—2009 年中国工业企业数据进行规整,基于 OP、LP 等方法计算企业层面全要素生产率,实证分析了中国制造业企业全要素生产率的动态变迁,并以企业全要素生产率为基础,从资源配置效率角度讨论技术升级与经济结构转型问题。陈文锋和刘薇(2016)构建战略性新兴产业发展质量的综合评价体系,并对全国 28 个省市区新一代信息技术产业发展质量进行了实证研究和异质性分析,结果表明:东部地区综合质量领跑,但产业创新"掉队";中部地区创新能力突出,但市场拓展"缺位";西部地区市场表现积极,但产业反映"冷淡"。余淼杰、张睿(2017)同时考虑了需求和供给两方面因素,基于 Freenstra and Romalis 企业内生化质量决策框架,提出新的适用于微观数据的企业产品层面出口质量测算办法,实证结果表明:2000—2006 年中国制造业出口质量水平总体上升 15%,并从不同角度全面刻画了出口质量的变化情况。余东华等(2017)运用中国省级数据和熵权法测算了 2003—2014 年各地区的制造业"高新化"水平,实证分析了制造业"高新化"的影响因素,并提出了制造业"高新化"的实现路径。贺正楚等(2018)认为制造业的质量是国内产业发展的反映,制造业国际竞争力是国外需求的反映,二者协调发展有利于制造业的高质量发展。通过构建互动评价指标体系,采用典型相关分析模型,实证研究制造业发展质量和国际竞争力系统之间、系统内部互动的影响因子及影响程度。张启龙(2019)以2016 年、2017 年我国制造业企业研发统计年报和创新调查数据为基础,借鉴 CDM 模型机理从微观层面对企业创新过程进行分解,构建从创新决策和投入到创新产出再到生产率提升的多阶段方程模型组合,进而分析了制造业企业创新的规律和特征,挖掘影响企业创新实现和效率提升的主要因素。江小国、何建波(2019)基于构建的制造业高质量发展评价指标,采用计算变异系数赋权法对我国 31 个省市区 2004—2017 年制造业发展质量进行测度,得出我国制造业发展质量指数整体呈上升之势、呈现"东强西弱、东北滞后"的差异化发展特征之结论。曲立、王璐(2021)运用德尔菲层次分析法对我国区域 2011—2020 年制造业高质量发展水平进行测度,得出结论:我国区域制造业高质量发展水平稳步提升,但四大板块制造业发展质量水平存在显著差异,区域内差异是导致区域总体差异的主因。

三、"两业"融合对制造业发展质量影响的研究

"两业"融合是深化供给侧结构性改革的重要内容,能够发挥"中国制造＋中国服务"组合效应,推动制造业高质量发展和制造强国建设(郭朝先,2019)。但是,学者们直接关注"两业"融合对制造业发展质量影响的相关研究甚为稀少,更多是从产业融合如何影响制造业绩效、产业结构、价值链等维度来展开研究。

(一)相关理论研究

1. 绩效改善效应。Banker 等(1998)、马健(2002)认为产业融合有利于减少企业成本,朱瑞博(2004)认为融合会降低市场集中度,都得出融合可以提升绩效的结论。Reinartz 和 Ulaga(2008)认为制造业服务化与企业绩效之间的关系是非线性的,只有在发展较为成熟的制造业行业中,服务化战略对企业绩效才有一定促进作用,因此服务化与绩效之间的关系应当是"U

型"曲线。Neely(2008)认为采取服务化的制造企业盈利性整体上优于仅仅从事制造活动的纯制造企业,企业的服务化程度越高,为顾客提供的服务数量和种类就越多,提供服务的质量就越高,从而提高顾客获得的感知价值和对企业的满意度,进而有助于提升企业的绩效和竞争优势。汪德华等(2010)认为生产性服务业与制造业融合能够促进制造业升级,提高绩效。肖挺等(2014)认为存在着"服务化-绩效"拐点,换言之,只有当企业的服务化程度超越这个点之后,所谓的规模或范围经济才能使得服务化战略对企业的绩效产生积极作用。Luca 等(2017)认为在制造业服务化过程为企业提供了许多优势,例如:提高产品的价值、加强产品定制、培养客户的忠诚度、在整个产品生命周期中创造利润等。

2. 产业结构升级效应。柳旭波(2006)认为产业融合使各产业间的边界模糊化,各产业间的联系更加紧密,产生新型的产业体系,必需从市场的角度,积极引导和培育健康市场环境,促进产业融合产品需求的增长,以适应产业融合规模扩大的需要,可以促使产业结构更加合理化。吴福象等(2009)认为"两业"融合通过信息技术嵌入和改造传统产业可以有效促进产业结构升级。杨仁发和刘纯冰(2011)认为生产性服务业与制造业价值链环节上活动的相互渗透、延伸和重组,是生产性服务业与制造业融合发展的反映,有利于提升产业竞争力,促进产业升级。吴福象和朱蕾(2011)认为产业边界由于产业融合而日趋模糊甚至消失,产业融合对产业结构升级的溢出和带动效应主要是通过信息技术改造传统产业来实现,产业生命周期缩短使得产业结构呈现技术集约化趋势,促进了产业结构由低级向高级转化。单元媛和罗威(2013)认为由于技术融合出现的"两业"融合打破了以固定化产业边界为特征的产业分立现象及产业运行的同质性原则,改变了以往的产业结构,优化了资源配置,因而进一步加速了产业结构的演进,促进了产业结构优化升级。王晓晓、杨丽(2019)分析了生产性创意服务业与制造业融合,通过成本降低效应和创新驱动效应双重作用机理,促进制造业转型升级。

3. 价值链攀升效应。如今中国经济进入新常态,经济步入中高速增长阶段,由要素驱动转为创新驱动。在下一阶段,应该坚持走资源节约型、环境友好型的可持续发展之路。中国不能一直充当世界的"生产车间",要加快产业结构调整、鼓励产业融合、发展优势产业,逐渐由微笑曲线的中间向着两端移动从而实现价值链的升级,制造业服务化的过程就是价值链重构的过程(连南杰,2015),是中国企业抢占全球价值链高端的有效途径。Vandermerwe(1988)认为制造业的服务化就是价值链的前后移动过程,运用服务提升自身产品竞争力,从而向服务转型,而服务是增加值的主要来源。Correa 等(2007)认为制造业分销服务化改变传统生产模式,从目标客户的需求出发满足其个性化需求,最终实现目标顾客的锁定和产品价值增值。杨东霞(2019)认为,通过投入国内外服务要素所实现的制造业服务化有助于我国制造业融入全球经济一体化,并且随着制造业服务化水平越高,我国制造业在全球价值链体系中的分工地位也会越来越高。沈飞和吴解生(2019)从知识创新、业务整合等角度剖析了知识密集型服务业(Knowledge-intensive Business Service,KIBS)推动制造业攀升全球价值链(Global Value Chain,GVC)的机理,并结合制造业创新过程中不同流程与 KIBS 的融合,分析了制造业攀链过程的 KIBS 参与。

(二)相关实证研究

1. 产业融合对制造业绩效的影响。徐盈之(2009)利用面板数据回归的方法分析了信息产业与制造业的融合对制造业产业绩效的影响,结果表明制造业的产业绩效与该产业融合度呈明显的正相关,产业融合成为提高制造业绩效新的切入点。汪芳和潘毛毛(2015)利用投入产出法和面板数据回归方法分析了 1998—2011 年间"两业"融合的变化趋势,实证分析了"两业"融合对制造业产业绩效的提升以及对制造业成长的促进作用。张捷和陈田(2016)从服务业与制造业双向融合的角度探析其对于制造业产业绩效的影响,实证结果表明:我国服务业与制造业的正向融合和反向融合均对制造业产业绩效的提升有显著促进作用,目前表现为正向融合的促进作用大于反向融合,随着产业结构的演变以及经济全球化的发展,正向融合度的促进作用降低,而反向融合度的促进作用趋于增强。制造业服务化是"两业"融合的主要表现形式,不少学者也从这个角度来探讨其对制造业绩效的影响。Cohen 等(2006)认为企业通过提供典型的售后服务(维修、零部件维护等)为企业带来的利润可达到 10% 以上,即制造业服务化能给企业带来新的价值增长点和利润空间。杜传忠等(2013)指出京津冀和长三角经济圈内的制造业与生产性服务业间的耦合协调发展有助于区域制造业经济效益和竞争力的提升。陈丽娴和沈鸿(2017)利用我国制造业上市公司的数据进行实证研究,发现制造业企业通过服务业务转型显著提高了绩效,整体和不同所有制企业样本中,服务化对绩效的正影响在时间上会经历"先下降、后上升"的动态变化趋势。綦良群、高文鞠(2019)在分析产业融合因素对装备制造业绩效影响机理的基础上,运用SFA 法和 C-D 生产函数法对产业融合因素对装备制造业绩效影响进行实证分析,得出结论:区域装备制造业与生产性服务业融合对装备制造业绩效具有显著提升效应,且区域产业融合水平与装备制造业绩效间呈高度一致性趋势。

2. 产业融合对制造业产业结构的影响。陶长琪和周璇(2015)测算发现,中国信息产业与制造业间的耦联协调度普遍不佳,区域产业耦联对产业结构优化升级具有促进作用。张晓梦(2016)运用投入产出法测得重庆市生产性服务业与制造业融合程度低,但二者融合与产业结构升级具有显著正向相关关系。陈玟洁(2016)基于长三角地区数据实证分析得出制造业与生产性服务业融合能够促进制造业升级。赵玉林和裴承晨(2019)利用投入产出法测算并分析了2000—2014年我国制造业与信息产业融合度,并在此基础上构造多元线性回归模型测度技术创新对制造业转型升级的直接效应,运用中介效应模型测度产业融合对制造业转型升级的中介效应,发现产业融合是我国技术创新驱动制造业转型升级的基本路径,技术创新通过产业融合驱动制造业转型升级。

3. 产业融合对制造业价值链的影响。刘斌等(2016)运用投入产出表、中国工业企业数据和海关进出口企业数据等合并数据,系统考察制造业服务化对企业价值链升级的影响,结果发现:首先,制造业服务化不仅提高了我国企业价值链的参与程度,而且显著提升了我国企业在价值链体系中的分工地位。从制造业服务投入异质性的视角,运输服务化、金融服务化、分销服务化的价值链提升效应作用明显,而电信服务化的价值链升级效应并不显著,电信服务化改革需要引起更多重视。陈秀英(2016)对制造业投入服务化影响制造业全球价值链地位攀升的作用机制进行了探讨,并利用我国行业面板数据进行了实证检验,结果表明:制造业投入服务化整体上有利于促进我国制造业全球价值链的攀升,对我国制造业价值链地位的影响存在行业异质性。刘玉荣和刘芳(2018)运用中国投入产出表和16个制造业部门的面板数据,实证考察了全球分工背景下"嵌入"与"内化"在制造业中的服务即制造业服务化与价值链提升之间的交互效应,研究发现:中国制造业部门参与全球价值链体系促进了制造业服务化水平的提高,但现阶段制造业服务化水平还未能对产业价值链提升形成强有力的支撑。罗军(2018)利用世界投入产出数据库等相关数据,实证检验中国制造业服务化与制造业全球价值链(GVC)地位关系,结果发现:制造业通过服务化转型促进了其GVC地位升级,但这种提升作用在不同要素密集度制造业之间存在差异;服务化通过资源配置和成本降低渠道促进了制造业GVC地位升级,服务化没有通过技术创新渠道促进劳动密集型制造业GVC地位升级。戴翔等

(2019)采用 WIOD 提供的基础数据,在有效区分服务投入的国内外来源差异基础上,定量分析了依托不同来源而实现的制造业服务化对价值链攀升的影响,认为凭借制造业服务化实现制造业的价值链攀升,不能只看"服务化"提升的整体结果,而要对服务投入的国内外来源差异加以区分,推动制造业服务化程度的提升,必须更加注重本国服务业尤其是高级生产性服务业的发展,从而夯实制造业攀升全球价值链的国内产业基础和可靠的产业支撑。

四、现有研究的不足

通过梳理相关文献发现,国内外学术界沿着产业融合——产业融合对制造业发展绩效(结构优化或产业升级)影响——制造业发展质量评价(近年)的研究脉络展开对相关论题的研究,在产业融合及产业融合对制造业发展绩效影响方面已取得较丰硕成果,近年对于制造业发展质量论题亦进行了尝试性探讨,这些无疑会给本课题的研究提供有价值的启迪与参考。但,聚焦到"'两业'融合视角下的制造业高质量发展"论题,相关研究尚存在明显不足。

首先,既有研究对制造业与生产性服务业融合的动力机制以及中国情景下的"两业"融合阶段性特征的研究还不够系统,对于如何突破"两业"融合发展的瓶颈未形成有价值的认识,特别是在目前我国经济进入高质量发展新阶段和制造业总体产能过剩的情境中,对于如何有效释放"两业"融合对制造业发展质量的促进效应缺乏深入探究;对于"两业"融合的测度分析多局限于静态视角,缺乏对中国各地区、分行业"两业"融合状况的"区域—行业"双重视角异质性特征的动态比较研究,难以深入揭示我国"两业"融合的"区域—行业"异质性特征及"两业"融合的差异化"短板"。

第二,对既有文献进行回顾发现,制造业发展质量作为国内近年才逐渐兴起的热点论题,学者们对其进行了积极探讨,但仍处于探索阶段。迄今,与制造业发展质量直接相关的文献仍然稀少,对于其内涵尚没有统一明确的界定;对于制造业发展质量评价指标体系,尽管少数学者对其进行了探讨,但已有的指标体系缺乏理论分析逻辑,有随意性之嫌,直接影响指标体系的科学性和解释力;对于制造业发展质量的实证评估,已有文献主要是从行业维度出发对电子信息制造业或装备制造业等进行定量评估,鲜有文献从地区维度出发定量评估与比较分析制造业发展质量的动态变化趋势及区域异质性,无法揭示我国制造业发展质量的动态演化特征及凸显矛盾以及不同区域的差异化"短板",进而无法因地制宜地对区域进行精准有效的政策引导,不利于我国制造强国战略的协同推进。

第三,对于"两业"融合对制造业发展质量影响的既有文献主要集中于"两业"融合对制造业发展质量某一维度的影响探讨,直接涉及"两业"融合对制造业发展质量影响的研究尚属空白,也少有文献深入剖析"两业"融合驱动制造业高质量发展的内在机制,进一步从阶段异质性、区域异质性以及行业异质性视角对"两业"融合作用于制造业发展质量的影响效应进行实证探究的则更为稀缺。

第四,多数研究都已表明制造业发展质量提升是个持续且缓慢的过程,当前发展水平可能会受到前期水平影响,但由此产生的滞后效应和累积效应问题却未能在这些文献中得以很好考虑,这对深入评价和实证检验制造业发展质量影响因素的具体影响效应会造成偏误,不利于形成对制造业发展质量的规律性认知。

第五,对于系统探析"两业"融合推动制造业高质量发展的模式选择,不同区域的差异化主导模式选择以及每一种模式的实施策略,"两业"融合推动制造业高质量发展的政策支撑的相关研究,甚为稀缺。

第三节 研究思路与主要内容

一、研究思路

本课题围绕"'两业'融合视角下的制造业高质量发展"论题展开探索性研究。研究框架分为四大模块:第一大块是相关理论研究,包括"两业"融合的理论基础,"两业"融合的驱动机制,"两业"融合对制造业高质量发展的影响机制,为本课题提供理论支撑;第二大块是实证研究,包括对我国"两业"融合度的动态测度及异质性分析,"两业"融合驱动机制的序参量识别,制造业发展质量的动态评估及异质性分析,以及"两业"融合对制造业发展质量影响效应的实证检验;第三大块是"两业"融合推动制造业高质量发展的模式选择,包括"两业"融合的一般模式选择,不同区域的差异化主导模式选择,每一种模式选择的原因及具体实施策略;第四大块是"两业"融合视角下的制造业高质量发展政策支撑研究。具体研究框架见图1.1。

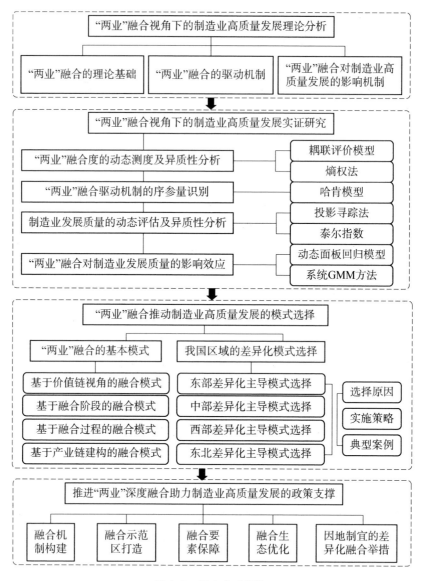

图 1.1　研究内容框架

二、研究内容

本课题共分为八章四大部分：第一部分，包含第一章绪论和第二章相关理论研究，是课题的理论支撑；第二部分，包含第三章、第四章、第五章、第六章，是课题的实证研究部分，也是课题的重点研究内容之一；第三部分，即第七章，"两业"融合推动制造业高质量发展的模式选择；第四部分，即第八章，推进"两业"深度融合发展的政策支撑。

第一章,绪论。简要介绍课题研究背景与意义,系统综述国内外研究现状并揭示现有研究不足,简介课题的研究思路、主要内容、研究方法与创新点。

第二章,相关理论研究。清晰界定"两业"融合的内涵、特征,制造业高质量发展的内涵、特征;重点探析"两业"融合的理论基础,"两业"融合的驱动机制,以及"两业"融合对制造业高质量发展的影响机制。

第三章,我国"两业"融合度的动态测度及异质性研究。从产业规模、产业结构、区位优势和发展潜力四个维度,构建"两业"融合度的测评标准;采用熵权法和耦联评价模型,对我国 30 个省市区 2003—2019 年的"两业"融合度进行动态测度,并进行"区域—行业"双重视角的异质性分析,以揭示我国近 17 年不同空间尺度、不同行业维度"两业"融合状况的动态演化特征与差异化凸显"短板"。

第四章,我国"两业"融合驱动机制研究。解析"两业"融合驱动机制的理论机理,构建"两业"融合驱动机制的哈肯模型,对我国 2003—2019 年"两业"融合驱动机制进行分阶段的序参量识别,揭示我国"两业"融合不同阶段的差异化关键驱动因子。

第五章,我国制造业发展质量的动态评价及异质性研究。从效率效益、结构优化、创新驱动和方式转换四个维度,构建制造业发展质量评价指标体系;采用投影寻踪模型对我国 30 个省市区 1998—2019 年的制造业发展质量进行动态评价,并从全国层面、四大板块间、四大板块内部等多空间尺度对制造业发展质量的区域异质性进行多层次分析,以揭示我国近 22 年不同空间尺度制造业发展质量的动态演化特征与差异化凸显问题。

第六章,"两业"融合对制造业发展质量影响的实证研究。根据第三章"两业"融合度的测度结果和第五章制造业发展质量的评估结果,构建动态面板回归模型,采用系统 GMM 方法对 2003—2019 年"两业"融合对制造业发展质量的影响效应进行全样本、分地区、分行业、分阶段(即门槛特征)的异质性分析,以揭示我国近 17 年"两业"融合对制造业发展质量的差异化影响效应、影响路径及凸显的差异化制约"短板",为针对性提出"两业"融合视角下制造业高质量发展的模式选择与政策支撑提供实证依据。

第七章,"两业"融合推动制造业高质量发展的模式选择。简析"两业"融合推动制造业高质量发展的四种基本模式,即基于价值链视角的融合模式、基于融合阶段视角的融合模式、基于融合过程视角的融合模式与基于产业链建构的融合模式。重点提出并探析不同区域的差异化主导模式选择,每种模式的选择原因、具体实施策略,并对每种模式进行典型案例分析。

第八章,推进"两业"深度融合的政策支撑。根据第三、四、五、六章实证研究揭示出的我国"两业"融合状况、制造业发展质量以及"两业"融合对制造业发展质量影响效应等领域存在的主要问题,创造性地提出推动我国"两业"深度融合进而推进制造强国战略的有效实施的机制构建、融合示范区打造、融合要素保障、融合生态优化以及因地制宜的差异化举措。

第四节 研究方法与创新点

一、研究方法

探究"两业"融合视角下的制造业高质量发展论题,涉及区域经济学、产业经济学、经济地理学、计量经济学等多学科领域,为确保研究的严谨性、科学性和创新性,本课题综合运用文献阅读法、实证研究法、动态比较法、跨学科研究法和实地调研法等系统地展开研究。

(一)**文献阅读法**。"两业"融合视角下的制造业高质量发展论题属于较前沿的研究课题,从相关文献的广泛研读中获得启迪显得尤为必要。本课题是在对相关研究成果进行广泛研读,准确把握相关研究动态与现有研究不足,进而批判性地从既有相关研究中获得启益的基础上,展开对本论题的系统性探索性研究。

(二)**实证研究法**。本课题综合运用熵权法、耦联模型、投影寻踪法等对我国2003—2019年"两业"融合度以及1998—2019年我国制造业发展质量进行测度评价,以准确把握我国"两业"融合状况及制造业发展质量的动态演化特征和异质性特征。同时,创造性地引入哈肯模型,对2003—2019年我国"两业"融合的驱动机制进行分阶段的序参量识别,以揭示我国"两业"融合不同阶段的差异化序参量。在探析"两业"融合对制造业发展质量的影响效应时,构建动态面板模型,采用系统GMM方法进行实证检验,以科学揭示我国"两业"融合对制造业发展质量的影响效应及不同区域的差异化影响路径与凸显的制约"短板"。

(三)**动态比较法**。动态比较方法贯穿于本课题实证研究全过程。首先,从区域异质性与行业异质性双重视角,对我国2003—2019年"两业"融合度进行动态测度与比较分析,以揭示近17年我国"两业"融合度的动态演化特征及异质性"短板"。其次,构建"两业"融合驱动机制的哈肯模型,分两阶段对我国"两业"融合驱动机制的序参量进行识别,以揭示我国不同阶段

"两业"融合驱动机制的差异化主导因子。再次,对我国 1998—2019 年制造业发展质量进行动态评价,从区域异质性视角对制造业发展质量的动态演变进行多层次的比较分析,以揭示我国近 22 年制造业发展质量的动态变化趋势及区域异质性特征与凸显问题。最后,构建动态面板模型,运用系统 GMM 方法,对 2003—2019 年"两业"融合对制造业发展质量影响效应进行分地区、分行业的异质性研究,以实证检验"两业"融合对制造业发展质量的动态影响效应的区域异质性与行业异质性特征及凸显问题。

(四)跨学科研究法。 本课题在研究"两业"融合的驱动机制时,将耗散结构理论与协同学理论运用至经济学分析,充分挖掘了我国"两业"融合发展过程中的耗散结构特征,并采用协同学理论中的哈肯模型对我国"两业"融合发展的驱动因素进行了分阶段序参量识别,以揭示我国不同阶段"两业"融合驱动机制的差异化主导因子,充分体现了多学科的相互借鉴与交叉渗透。

(五)实地调研法。 为了较全面摸清我国"两业"融合状况以及制造业高质量发展状况,课题组先后前往长沙、株洲、湘潭、广州、上海、武汉、成都等地进行实地调研,获得大量宝贵的第一手资料,为本课题开展深入系统研究提供了重要素材和数据支撑。

二、主要创新点

第一, 选题的前沿性与研究视角的创新性。一是选题的前沿性。从"两业"融合视角探究制造业高质量发展途径机制、模式选择及支撑体系,既契合了新时代背景下产业融合发展的新趋势与制造业高质量发展的内在规律,又聚焦了我国制造业高质量发展面临的与生产性服务业融合表浅引致转型升级动力不足的"短板"制约,选题具有显著的前沿性。二是动态性与异质性相结合的研究视角。本课题将动态性与异质性相结合的研究视角贯穿于课题研究的全过程,尤其是作为一条明晰的分析逻辑贯穿于实证研究的全过程。

第二, 尝试构建"两业"融合视角下的制造业高质量发展理论分析框架。本课题试图通过探析"两业"融合的理论基础与动力机制,"两业"融合度及制造业高质量发展指数的评价指标与评测方法,"两业"融合对制造业高质量发展的影响机制,"两业"融合推动制造业高质量发展的模式选择,"两业"融合推动制造业高质量发展的支撑体系,来构建"两业"融合视角下的制造业高质量发展理论分析框架。

第三, 多视角—多尺度揭示我国"两业"融合、"两业"融合驱动因子以及

制造业发展质量演化特征与异质性"短板"。首先,从"区域—行业"双重异质性视角动态测度分析了我国 30 个省市区 2003—2019 年"两业"融合度,揭示了"两业"融合度的"区域—行业"双重异质性演化特征及凸显问题;其次,从分阶段视角对我国 2003—2019 年"两业"融合驱动机制的序参量进行了识别,明晰了"两业"融合驱动机制的分阶段差异化关键因子;再次,从区域异质性视角动态评价分析我国 30 个省市区 1998—2019 年制造业发展质量指数及其支撑结构,揭示了我国制造业高质量发展指数及支撑结构的区域异质性演化特征与主要"短板"。

第四,多维度揭示了我国"两业"融合对制造业发展质量的影响程度与影响方向。本课题综合采用系统 GMM 估计、动态面板门槛模型、Morans' I 指数检验法和空间杜宾模型等实证方法,从"区域—行业—阶段"三重维度,实证探析了我国 30 个省市区 2003—2019 年"两业"融合对制造业发展质量的影响程度与影响方向,得出"两业"融合对制造业发展质量具有显著促进效应,促进效应呈现东部(正效应)→中部(正效应)→西部(正效应)→东北(负效应)递减的空间分异格局,各细分行业之间的产业融合对制造业发展质量的影响具有显著异质性特征,各细分行业之间的产业融合对制造业发展质量的门槛效应呈现"先负后正"的"U 型"关系等重要结论。

第五,"两业"融合度与制造业发展质量评价指标体系上的创新。一方面,在"两业"融合度评价指标体系构建上,针对目前研究多从产业或行业本身出发,对产业之间的融合性考虑不够,本课题尝试从产业规模、产业结构、区位优势和发展潜力四个维度构架"两业"融合评价标准,对制造业与生产性服务业分别设定相对应的 11 个细化指标进而构建出"两业"融合度评价指标体系,该指标体系较好地体现了"两业"之间规模上的适应性、结构上的配套性、空间上的协同性以及发展潜力上的匹配性。另一方面,在梳理总结现有相关研究的基础上,依据一定的理论分析逻辑,创造性构建由效率效益、结构优化、创新驱动、方式转换 4 个一级指标、11 个二级指标以及 24 个具体指标构成的制造业发展质量评价指标体系,该指标体系较好地体现了科学性与实用性的统一。

第六,实证研究方法的创新。一是本课题创造性地将协同学理论中的哈肯模型引入经济学分析,并对我国"两业"融合发展的关键驱动因子进行了分阶段序参量识别。二是采用基于遗传算法的投影寻踪聚类评价模型对我国制造业发展质量进行评价,一则可使评价目标值更加科学,二则应用此方法能清晰反映目标值的各构成要素的值,便于对评价目标进行深入分析与挖掘。三是在实证检验"两业"融合对制造业发展质量的影响效应时,对制造业发展质量影响过程中可能存在的滞后效应和累积效应问题考虑其中,构建动态面板模型,运用系统 GMM 方法和空间杜宾模型从区域异质性、行业异质性、阶段异质性(门槛效应)和空间溢出多重维度进行回归分析,以揭示我国"两业"融合与制造业发展质量之间的定量关联关系以及存在的差异化"短板"。

第七,旨在推动制造业高质量发展的"两业"融合模式选择与政策支撑的创新。依据本课题深入系统的实证研究揭示出来的"两业"融合度、制造业发展质量以及"两业"融合对制造业发展质量影响效应的异质性特征与差异化"短板",创造性提出并阐析不同区域"两业"融合的差异化主导模式选择,每一种模式选择的缘由、具体实施策略及典型案例;同时,本课题从体制机制创新、融合示范区打造、融合要素保障、融合人才队伍建设、融合生态优化以及因地制宜差异化举措等维度提出以"两业"深度融合为依托推动制造业高质量发展的前瞻性且可操作性的政策建议。

第二章　相关理论研究

第一节　"两业"融合的理论基础与动力机制

一、"两业"融合的内涵与特征

（一）"两业"融合的内涵界定

学术界关于"两业"融合研究整体尚处于初步探索阶段，对于其内涵还未达成一致。制造业与生产性服务业是两大主导产业，"两业"融合作为产业融合的具体表现形式之一，其融合内涵是在产业融合内涵基础上的衍生，与此同时也存在其独有的特征。生产性服务业与制造业融合是产业长期发展的结果，随着信息化程度的提高，制造业扩张引致生产性服务业需求，生产性服务业内嵌于制造业，利用自身技术产业优势，通过技术扩散服务于不同层次加工制造业。两大产业互动发展，产业边界模糊化，两大产业在多层面渗透融合，最终呈现的形式主要有两种：即制造业服务化和服务业制造化，两者共生于当下的经济发展过程之中。其中，制造业服务化是指在现代信息技术的支撑下，制造业企业的角色转变，从单纯的物品提供者转变为服务提供者，包括产品功能服务和产品扩展服务（White，1999；Reiskin et al.，2000）。企业不再以生产产品为中心，更多专注于以满足消费者个性化需求为中心，以产品服务和物理产品为载体，集数据化、网络化、智能化生产方式于一体，从而形成一种高级产业形态（徐振鑫等，2016）；服务业制造化是指服务业吸纳制造业，在此过程中服务业厂商将制造业的现代化生产方式、标准化产品引入到服务业，从而使服务业中具有越来越多制造业的元素（肖挺、刘华，2013）。郭朝先（2019）认为先进制造业与现代服务业融合有三种路径，一是先进制造业服务化，包括投入服务化和产出服务化，二是现代服务业向制造业拓展延伸，三是先进制造业和现代服务业的双向深度融合，最终形成以平台企业为主导的新产业生态系统。

由此可见，制造业与生产性服务业的融合是一种动态演进的过程，两大产业经历了技术、产品、市场及管理组织等多个层面的融合,最终实现了两个产业的融合。正如 Park and Chan(1989)、Francois(1990)、Hansen(1990)、Shugan(1994)、Bathla(2003)、王成东(2014)、李新宁(2018)等学者的观点,他们认为,随着制造业的生产水平不断提高,对生产性服务业的需求将急剧增加,从而促进生产性服务业的发展;同时,生产性服务业的发展,也将促进制造业生产效率和竞争力的提升。因此,"两业"融合的内涵可界定为:在新一代信息技术发展的支撑背景下,产业边界逐渐模糊,制造业与生产性服务业因产业发展的需要打破各自原来的产业界限而相互介入、相互渗透、彼此作用,并在此过程中逐步催生出新的产业形态:生产性服务业向制造业渗透,制造业的服务功能越来越突显而出现"制造业服务化"的现象;也有制造业向生产性服务业渗透,使生产性服务业在生产方式、市场推广和服务产品标准化等方面越来越像制造业而呈现出"服务业制造化"的现象。

(二)"两业"融合的特征

制造业与生产性服务业在融合的过程中主要呈现以下特征:

1. 动态性

制造业与生产性服务业融合过程表现出显著的动态阶段性:技术融合——产品融合——产业融合。在融合发生之前,两大产业之间相互独立,它们各自根据市场导向生产不同的产品,提供不同的服务。随着市场竞争加剧,一些单一化生产制造企业面临威胁,于是通过生产技术的全面升级、产品的创新、工艺流程的改进、专业技术人才的引进、研发资金的投入等生产行为实现转型升级、多元化生产成为其必然选择,由此制造业与生产性服务业展开良性互动。生产性服务业利用自身高技术产业优势,通过技术扩散服务于不同层次加工制造业的过程,也是生产性服务业渗透到制造业的过程,两大产业边界逐渐模糊并在技术、产品层面交叉融合。信息技术的日新月异更是为产业融合产品流通的市场体系的建立提供了便利条件,新型服务产品流通更为便捷。最终,制造业与生产性服务业完全融合,形成一种高效产业形态。

2. 多样性

制造业与生产性服务业融合其中一个突出的特征就是多样性,从融合过程和结果来看,主要体现在其要素的多样性与模式的多样性。任一个产业系统都是由技术、企业、产品、市场及制度等多种要素构成的。创新的出现与扩散促进不同产业共享相关的知识,促进产业系统中其他构成要素的演化。如技术创新与扩散,使得两大产业共享技术知识等,会推动企业进行产品创新与战略行为的变革等,从而促进产业系统的协调发展与共同演进。由于产业系统由不同的要素组成,从而促使"两业"融合从不同角度发生,融合程度也是深浅不一,最后就产生了不同的"两业"融合模式,例如基于技术角度的替补式融合与补充式融合(Greensteina,1997)、以实物产品和生产性服务的内在关联为切入点的共生性、内生性、互补性融合模式(童洁、张旭梅等,2010)。

3. 创新性

从"两业"融合的内涵来看,其创新性主要表现在以下几个方面:第一,融合本质是一种创新。第二,"两业"融合是一种新型的产业创新方式,它打破了产业孤立发展形态,实现了产业间资源的互流互通,其结果是形成一个新兴产业,它在秉承原有产业特性的基础之上迸发出其特有的产业效应。第三,激发商业模式、产业组织、制度等多维度协调创新机制形成。一是互联网加速了开放性模式逐渐成为商业模式创新的主流。价值网络的形成、平台网络的构建、商业生态系统的创新和完善,使得开放元素逐渐成为引领商业模式创新的潮流。二是产业组织方式加速转型。首先,工业互联网、大数据、人工智能等新型生产技术的运用使得小型化、智能化、专业化组织模式逐渐替代大规模流水线模式。同时,可重构生产系统逐渐取代刚性生产系统,满足居民个性化和多元化需求的大规模定制服务逐渐兴起。此外,制度创新成为推动"两业"融合的"催化剂"。一是企业营商环境不断优化。二是明确了重点发展新一代信息技术、现代生命科学技术、高端现代服务业等产业,着力打造创新开放高地的目标。三是地方区位优势得到进一步展现,加速了城市间在发展空间、产业对接、基础设施等方面的深度融合,逐步向实现政策共享、机制共建、要素融通的区域协同创新发展格局迈进。

4. 开放性

开放系统是产业融合产生的前提条件(胡金星,2007),对于"两业"融合来说,两大产业就是两个高度开放产业系统,不同企业在开放产业系统中的自由进入与退出,竞争与协作。两大产业之间的技术、产品、企业、市场与制度等系统要素的交流日益紧密,通过技术经济相互联系,彼此之间分工合作、交叉、循环、协同发展,实现要素、技术、产品、市场等多方面互联互通,为两大产业企业之间的互动与融合等创造条件。

5. 自组织性

如今大多数市场用户需求占主导地位即买方市场模式,用户需求从单纯的产品向"产品+服务"包或一揽子解决方案方向转变,要求制造业与生产性服务业也会随之出现适应性改变,由此两大产业间互动性加强。随着用户需求与市场规模的扩大,两大产业互动关系进一步强化,并逐步向融合阶段过渡。从这个过程来看,"两业"融合表现出鲜明的自组织性特征,融合系统要素的涨落首先体现在用户要素上,融合系统主体要素,即制造业与生产性服务业也会随之出现适应性涨落,系统偏离原始的状态,市场需求促使两大产业随机性的涨落耦合逐渐形成制度性的合作机制,在两大产业系统与外界进行能量、物质与信息交换的过程中,产业系统通过自组织过程适应环境而出现新的结构、状态或功能,融合即告完成。

6. 复杂性

"两业"融合的自组织性与多样性也体现了其过程的复杂性。第一,当系统内部主参量及参量间的作用关系随着时间而改变,导致产业系统内部结构发生变化。这种变化体现为两大产业融合系统的时间动态性与结构动态性,时间动态性与结构动态性进而决定两大产业相互关系的多维化、复杂化。第二,我国各区域在新动能方面不平衡、不充分的发展矛盾导致产业融合的外部环境依然严峻。我国中西部和东北地区的大部分城市仍然处于新动能的孕育期和起步期,与东部发达城市差距显著,映射出我国区域间的产业融合发展动力的深入挖掘仍然面临严峻的挑战性和复杂性。

二、"两业"融合的理论基础分析

本章对与产业融合的相关理论进行回顾和总结,为后文的研究奠定理论基础。本章将追踪分工理论、产业组织理论、产业链理论、创新理论、产业融合理论的相关研究成果,通过对比这些理论的贡献与不足,吸收已有研究成果的精髓,在此基础上为后文的研究提供框架和研究思路。

(一) 分工理论

1. 分工理论回顾

分工理论出自于 18 世纪亚当·斯密《国富论》一书,与社会生产方式和生产效率息息相关,主要用于解释社会经济关系现象。经马克思、马歇尔及不同学派学者的不断努力,历经几个世纪的发展,分工理论的内涵和方法得到丰富和完善。

亚当·斯密在《国富论》中第一次提出了劳动分工的观点,概述而言,其分工经济思想主要体现在三个方面:一是分工是提高劳动生产力,促进经济增长的源泉。二是分工起源于人们互通有无的倾向,因而分工受到市场范围的限制。三是资本是在各间接生产部门发展分工的工具。此外,亚当·斯密认为分工之所以能大幅度地提高生产效率,原因主要有三点:一是分工有利于增进劳动者熟练程度,势必增加他所能完成的工作量;二是分工使劳动者节省了由一种工作转到另一种工作损失的时间,从而受益;三是分工的结果往往导致许多机械的发明,从而简化和节省劳动。

在亚当·斯密之后,马克思于19世纪中后期对亚当·斯密的分工理论进行了进一步分析与拓展(苗长青,2008),主要概括如下:在肯定分工对于提升企业生产效率的重要作用基础之上,马克思以发展的视角,从以下三个维度进一步延伸了亚当·斯密分工理论的思路:(1)马克思认为分工之所以能够提高劳动生产率主要是因为分工组织能够产生协作力。(2)进一步揭示了社会分工与工厂手工业内部分工的联系和区别。二者的区别在于前者将现有的生产资料分散给多个互不依赖的商品生产者,而后者仅由资本家一人掌握一切生产资料"。二者的联系在于社会分工以工厂手工业内部分工为前提,且会反作用于后者,从而产生社会分工规模扩大的结果。(3)提出斯密定理:只有当对某一产品或者服务的需求随着市场范围的扩大增长到一定程度时,专业化的生产者才能实际出现和存在。

19世纪末,作为新古典经济学派的核心人物,英国经济学家马歇尔在《经济学原理》一书中从外部经济和内部经济两个方面,从工业布局、企业规模生产、企业经营职能三个层次分析了分工对报酬递增的积极作用。与马克思分工思想的关键区别在于:马克思认为分工之所以能够提高劳动生产力是因为分工组织能够产生协作力从而提高劳动生产率。而与之不同的是,马歇尔的分工思想构造出了一个报酬递增的组织演化路径,即组织间关系程度与组织内部分工精细程度呈正相关关系。

20世纪初,经济学家杨格第一次超越了斯密关于分工受市场范围限制的思想,对市场范围的决定进行了系统阐明。杨格定理第一次论证了市场规模与迂回生产、产业间分工的相互作用、自我演进的机制,认为分工受市场范围限制,同时市场范围也受分工的限制,两者关于分工与市场关系的论述存在根本性逻辑差异。

作为新兴古典经济学的集大成者,杨小凯在继承斯密和杨格的分工思想的基础上,打破了微观分工与社会分工的区别,提出了更具有微观性质的分工概念。即分工既可指同一生产单位中不同经济主体之间的协作关系,又可指全社会范围内不同生产单位的不同经济主体之间的协作关系,并将社会分工仅仅视为自由契约条件下微观分工在全社会范围内自发拓展的结果。

2. 分工理论对"两业"融合的启示

产业融合的过程就是打破原有产业或企业间的分工链条,形成一种分工链条网,然后通过产业分工链条的重新组合,建立起一种新的有序的产业内或企业内部的分工链条(郑明高,2010)。从整体层面看,分工理论对"两业"融合发展的理论指导主要有四个维度。

(1)社会分工的正外部性。分工能大幅度地提高生产效率,这一理论对于改变原有产业分工链条从而实现产业融合发展具有重要意义。产业融合带来的直接结果即为原有产业生产链条延长、规模复杂度提高。为快速适应产业融合变革带来的多重影响,原有企业、融合产业后的新企业内部变革就显得尤为重要,而企业变革的核心在于人的变革,实现方式在于企业内部多元化、精准化、特色化的分工模式。正如亚当·斯密分工理论对社会分工的肯定,合理的分工模式不仅能帮助融合前的单一产业及时清理融合障碍,而且可以促进融合后的产业通过精细化分工及时调整企业内部结构,最大效率提升融合企业生产力。

(2)产业协调发展的可塑性。与亚当·斯密不同,马克思和杨小凯认为分工之所以能够提高劳动生产率是因为分工组织能够产生协作力从而提高劳动生产率,这一论断对于从协作视角理解分工理论对产业融合后的企业的发展的影响具有重要指导意义。融合后的产业分工的根本目的应是提升原有产业与新产业的协调度,真正形成一条集具完整性、专业性、创新性的新型产业分工链条,而不应将企业分工单纯地看作是原有产业和新产业所涉及企业的内部单独分工,这将进一步固化产业边界,不利于产业融合发展。

(3)合作双赢的重要性。马歇尔从外部经济、内部经济两个方面强调企业在重视内部分工与协作的同时,也应关注外部环境对企业的影响,这对企业兼并融合发展具有重要指导意义。实际发展中,中、小规模企业在生产经营过程中普遍面临技术落后、资金短缺、生产成本高昂的发展瓶颈,而积极向大企业靠拢,及时调整分工模式,发展企业内部联合生产的新型产业链条,不仅有利于达到缓解中、小规模企业自身发展障碍的目的,也可节约大企业的生产成本,这种存在双赢的合作空间的发展模式不失为一种积极选择。企业间分工协作产生的行业规模经济的不断积累过程将对促进产业间融合分工协作进而产生规模经济具有正向推动作用,这将进一步促进产业融合的演化进程,形成分工与产业融合的良性循环机制。

(4)新市场的启示性。杨格定理的核心观点在于:市场规模引致分工深化,分工深化又引致市场规模的扩大。这一思想为产业融合提供了两种新的发展思路,即为①分工—产业融合—新的市场,②新的市场—产业融合—分工。两种发展思路互为补充,演进以不断积累、不断累进的方式进行自我繁殖,逐渐形成一个良性循环的动态机制。

（二）产业组织理论

1. 产业组织理论的演进

现代产业组织理论研究的三个基本范畴是：市场结构、市场行为和市场绩效。在研究产业组织理论的过程中产生了包括哈佛学派、芝加哥学派和新产业组织学派等不同流派，他们从不同的理论视角对产业组织理论展开了探讨。

20世纪30年代，哈佛大学的梅森和贝恩最早提出了产业组织理论，哈佛学派基本遵从了"市场结构—市场行为—市场绩效"分析框架即SCP范式。该学派的主要观点可概括为以下五个方面：(1)产业内的高市场集中度往往与高利润率呈正相关关系，这种高垄断利润是大企业行使市场势力或寡头合谋的结果。因此，高集中度会产生较差的市场绩效。(2)高集中度和高垄断利润的产生是因为市场存在诸如产品差别化、绝对成本优势和规模经济进入壁垒等原因。高市场进入壁垒会对市场绩效产生明显的负面影响。(3)企业之间的横向并购会增加市场集中度，提高企业的市场力量。(4)大企业的低价格驱逐对手行为和大零售店的折扣行为是非法的图谋垄断行为，应该被禁止。(5)过高的产品差别化程度并不能导致很好的市场绩效。

自20世纪60年代以来，在对哈佛学派的批判过程中，包括施蒂格勒、德姆塞兹、波斯纳等人倡导的芝加哥学派崛起，并逐渐取得了主流地位。芝加哥学派与哈佛学派的观点既有相同之处又存在明显差异。相同点在于不管是哈佛学派还是芝加哥学派，都把市场结构作为产业组织研究的前提，即首先确定产业内企业之间是一种什么样的关系结构。但不同点在于两者的学术立场又是存在差异的，在分析方法、理论结论和政策主张上都有很大的不同。哈佛学派强调了市场结构决定市场中的企业行为，企业的行为又决定了市场绩效，其影响方向是单方面的，即"结构—行为—绩效"的产业经济分析框架；而芝加哥学派认为市场结构与市场行为、市场绩效没有直接关系，强调了技术和进入自由这两个因素决定市场结构，特别是进入自由可以保证市场行为最优、市场绩效最好。

鉴于对哈佛学派和芝加哥学派的产业组织理论存在差异化观点，新产业组织理论于20世纪70年代应运而生。与哈佛学派和芝加哥学派关于产业组织理论的观点存在明显不同，新产业组织理论主要的特点是：其认为市场结构不再是单纯决定厂商行为和市场绩效的外生变量，而是与市场行为和市场绩效相互作用、相互联系、相互影响的变量，市场结构是需要在市场框架内进行解释的内生变量。也就是说，厂商参与竞争和发展的市场环境不再是外生的,厂商是完全可以通过战略性行为对市场环境进行改变的。因此主导厂商可以通过操纵市场环境进而影响竞争对手进入市场时对该市场所形成的预期判断,从而创造对自己有利的市场竞争环境,尽可能获取超额利润。

2. 产业组织理论对"两业"融合的启示

(1)"两业"融合中的政府干预的有效性。一个良性发展的市场环境的重要特征之一是维持一个公平竞争的市场氛围,保持企业发展的能动性和创新性。政府应通过政策、制度等手段破解垄断障碍,积极维持企业间公平竞争的市场环境,以公平完整的市场结构、规范的市场行为为平台,致力于在长期中实现卓越的市场绩效。而"两业"融合的发展同样要求在维持龙头企业模范带头作用的基础上追求各类规模企业共同发展,清除降低企业发展积极性和主动性的垄断障碍,因此需要在市场内建立有效的政府政策,为市场内各类规模企业积极寻求"两业"融合的发展机会、开展有序的分工合作提供有利条件,促进"两业"融合新模式生成带来的经济效益普惠更多企业。因此,有效的政府干预对于发挥企业主观能动性,打破城市间要素流动壁垒,建立区域间共同市场、实现市场经济资源有效与最大化配置,从而积极寻求"两业"融合发展机遇是很重要的。

(2)技术创新对于"两业"融合的关键支持。从内部来看,新模式、新业态、新产业的创新主要出现在代表当时技术、先进生产方向的部门之间,对应于当下,先进制造业和生产性服务业融合成为我国"两业"融合的重中之重。融合意味着制造业和服务业之间的界限趋于模糊,而支撑这一过程实现的正是技术创新。以网络信息技术产业为基础的互联网、大数据、人工智能等先进技术为制造业转型提供了重要契机。制造业应积极整合现有生产资源,推动行业内组织创新、行业间协同创新、激励方式创新等多种创新形式共同发展,促进制造业与服务业实现融合发展。

(3)融合主体内生动力培育的必要性。在产业融合发展的推进过程中,作为融合的微观主体,企业自身的主观能动性极为重要,它是驱动企业改革原有路径依赖、积极寻求新型发展机遇的重要因素。与传统产业组织理论不同的是,新产业组织理论恰好揭示了企业主观能动性对实现"两业"融合发展的重要意义。在企业利润作为"两业"融合基础动力之一的推动作用下,企业可从地理邻近、组织邻近、认知邻近等多维层面为融合发展铺路,为营造市场内更加专业化、规模化的生产环境以及开放化、包容化的市场氛围献力。因此,企业的内生动力的培育对于实现产业融合发展具有重要意义。

（三）产业链理论

1. 产业链理论的主要观点

1958年赫希曼在《经济发展战略》一书中首次提出了产业链的概念，主要解释了产品从原料采购、加工生产、销售服务等多个环节的相互关联。针对这一定义，学术界从不同生产环节的异质性维度展开了对产业链定义的讨论。吴金明和邵昶（2006）从供应链的角度出发，认为产业链是基于产业上游到下游等各环节的由供需链、企业链、空间链和价值链四个维度有机结合而形成的产业链条。与供应链相对的是，芮明杰和刘明宇（2006）从价值链的角度展开探讨，认为产业链涵盖了商品或服务在创造过程中所经历的从原材料到最终消费品的所有阶段，与厂商内部和厂商之间为生产最终交易的产品或服务所经历的增加价值的活动过程息息相关。然而，产业链的构建离不开相互关联的技术部门的引导和支撑，基于此，龚勤林（2004）认为基于一定的技术经济关联，各个产业部门之间依据特定的逻辑和时空布局关系形成的链条式关联形态即为产业链。另外，郁义鸿（2005）还从生产流程视角展开了对产业链定义的探讨。

综上可知，到目前为止，学术界并未对产业链的概念达成一个统一的界定。但基于各个维度的差异化定义都有共同观点：第一，产业链可以看作由原料、劳动、资本、技术、信息、供需等多个要素组成的复杂的网状布局系统，差异化的生产环节和生产主体之间可能存在既相互依赖又相互制约的关系，企业协作过程中需要相互配合和沟通协调。第二，产业链的布局为传统的单一生产环节增加了增值机会，扩大了不同协作主体的利益分配空间。

产业链与供应链和价值链两者之间都存在着显著的区别和联系。区别在于产业链常涉及第一二三产业部门的跨部门范畴，正如郁义鸿（2005）指出，产业链是处于微观经济和宏观经济之间的中间层次的研究。而供应链更加侧重于中间环节的单一生产主体（即企业）的研究，价值链则更多的是在产品的设计研发和销售阶段为产业链提供创新支持。但是，产业链和供应链的共同点在于它们共同包含了产品或服务从生产到销售环节的全过程，产业链与价值链的共同点在于它们都涉及产品的价值增值过程。综上，我们可以认为，供应链和价值链都是产业链的重要组成部分。

与三者的关系相对应，产业链理论也主要包括供应链理论和价值链理论两部分：①供应链理论：供应链是指围绕行业龙头企业，通过对信息、运输、资金的控制，上游企业提供原材料或产成品给下游企业，下游企业购买上游产品或者半成品作为原材料，后经中间产品、最终产品，最后运输和销售的过程，将产品销售到消费者手中的过程，供应链的存在，将供应商、制造商、分销商、零售商、最终用户连成一个整体的功能网络机构。通过构建完整的产业生产链条,为企业发展提供空间支持、资源集聚、要素配置等生产优势,进而推动企业实现规模经济。②价值链理论:价值链是产业链的重要组成部分,对产业链上产品剩余价值的追逐始终是产业链中的企业进行生产经营的根本目的。价值链上价值的形成可通过直接和间接两种方式实现,其中,企业的直接生产经营投入是价值链的重要组成部分,主要包括原材料、工资、生产设备等企业直接支出。企业的间接投入是价值链中的辅助部分,主要指相关组织管理部分通过生产和服务所间接创造的价值。

2. 产业链理论对"两业"融合的启示

(1)"四链"融合发展,夯实产业融合发展动力。供应链理论和价值链理论对完善产业链发展具有深刻指导意义。实际生产过程中,以产业技术研究院、工程技术中心、重点实验室等为支撑的平台服务技术链,将大数据、人工智能等新一代信息技术逐渐融入至原有制造业供应链,配之以孵化器—加速器——产业园区——融合示范区为一体的综合创新链,三链协同助推了产品生产效率提升、产品质量向中高端迈进,切实提升了产品价值链。以"围绕技术链,改善供应链、打造创新链、实现价值链"的"四链融合"发展目标已成为企业追求剩余价值、制造业实现转型升级、"两业"融合加速发展的风向标。

(2)契合"两业"发展层次,逐步扩大产业融合规模。产业融合是企业在保持原有产业链的基础上创造新的剩余价值的重要途径之一,同时,产业价值链延长是融合后产业发展的直接可能结果之一。然而,当前我国普遍面临"两业"融合发展层次较低,融合发展机制不成熟的制约瓶颈,如现代服务业与先进制造业的互动关系基本还处于"点对点""点对群"的发展状态,离"群对群"(先进制造业集群与现代服务业集群)的互动发展最佳模式仍有较大差距,导致部分企业试图通过延长产业链获取更多剩余价值的道路被割断。因此,如何改革生产资源的整合形式、如何改革组织管理的方式方法,以达成不断积累自身的生产层次和水平,进而向高水平产业融合要求的发展层次迈进的目标,应成为政府和企业下一步重点考量点之一。

(四) 创新理论

1. 创新理论的主要观点

(1) 熊彼特创新理论及其发展

自 1912 年熊彼特的《经济发展理论》出版以来,在 20 世纪 50 年代至 20 世纪 80 年代期间,创新理论先后经历了以索洛为代表的新古典增长模型创新理论,以曼斯费尔德(M. Mansfield)、弗里曼(C. Freeman)、纳尔逊(R.

Nelson)、西尔弗伯格(Silverberg)、阿瑟(W. B. Arthur)等经济学家为代表的新熊彼特学派创新理论以及以罗默、卢卡斯为代表的内生增长创新理论。

随着不同学派对创新理论的深入探讨和完善,创新观点也逐渐由制度创新向外生技术进步、内生技术创新等多领域扩展。首先,熊彼特的创新理论为资本主义和社会主义社会相结合的制度创新提供了理论指导,创造性地强调了企业家对经济增长的促进作用。但是,熊彼特的创新理论自提出以来并没有受到足够重视,直至传统的要素投入增长理论已不能恰当地解释一些发达国家20世纪50至70年代出现的20年的高速增长"黄金期",人们才将创新与经济增长关系的研究视角逐渐转移,新古典学派代表人物索洛的新古典增长模型将大众的关注视角逐渐引入要素增长和技术进步对经济增长的正向作用,社会将经济进步逐渐归因于技术进步和资本、劳动力等投入要素的增加。进入20世纪60年代,新熊彼特学派在熊彼特的基础上,完善了创新的起源、创新机制、创新方式等方面的内容,初步搭建起技术创新的理论研究框架。然而,进入20世纪80年代,部分发达国家在经历了20年的经济增长"黄金期"后,人们逐渐对高速发展的结果和内生动力机制进行探索。人们发现,同等的经济政策在差异化的既定技术条件下会导致分化的经济增长结果。由此,人们逐渐意识到将技术进步视为外生的经济增长动力已不合时宜,经济系统内部间技术创新要素与其余影响因素之间的内生作用结果是导致经济分化的内因。自此,人们逐渐将技术进步纳入生产函数,将其看作是经济增长的内生动力。

综上,可以看出,虽然不同学者分别从制度创新、外生技术进步、创新机制、内生技术进步等不同维度探索了创新与经济增长的关系,但是不同观点存在明显的共同特征,即以创新为基础,揭示了体制机制变革、创新要素、技术革新等成为社会经济增长的内生推动力的重要影响,为处于不同体制背景和发展阶段的各地区经济发展提供了关键的理论支持。

(2)创新系统理论

20世纪80年代,随着创新理论的不断延伸和完善,学术界初步展开了对系统创新理论的探索。一般认为,弗里曼(1997)最早提出"国家创新系统(NIS)"的概念,他主要从制度和产业结构两个方面论证了创新的系统性特征及国家机构网络对技术创新干预的有效性(Freeman,1987),提出国家创新系统是一国范围内与新技术的引进、吸收、研发、改造、利用和扩散相关联机构的相互作用组成的网络集合。后经Nelson(1993)、Lundvall(1992)等学者对国家创新系统这一概念的不断完善,分别提出了差异化国家间创新系统的存在,以及学习具有制度根植性的观点。

综合不同学者的关于国家创新系统的观点,可以初步归纳出国家创新系统的作用特点和作用机制。国家创新系统可以看作是由政府、企业、科研院所、金融服务机构等要素组成的多元网络综合体,既为区域、产业、职业等不同层次的生产流动提供横向部署,也为劳动力、技术、人才等不同维度的上升渠道提供纵向阶梯,多视角促进国家实现有效运转。

如果把国家创新系统作为一个大系统,那么区域创新系统则是子系统,是国家创新系统运行的前提和组成部分(黄鲁成,2000)。区域创新系统这一概念是由 Philip Cooke 首先提出的(Cooke,1992)。目前学术界并未形成对区域创新系统的统一定义(Doloreux and Parto,2004)。较为普遍接受的区域创新系统的定义是由 Cooke 提出的:即区域创新系统是企业及其他机构经由以根植性为特征的制度环境有系统地从事交互学习的场所(Cooke,Uranga and Etxebarria,1998)。

从微观层面上说,区域经济系统内部也包含了多层次、多类别的子系统,子系统之间同样也存在着复杂的相互作用关系。作为一个复杂的适应性系统,区域经济系统具备系统开放、系统处于非平衡状态、系统内部存在非线性相互作用以及存在"涨落"四方面的耗散结构特征(李琳,2016)。与国家创新系统相比,区域创新系统在制度变革、产业组织、技术创新等方面更具有专业性、特殊性和针对性特征。鉴于国家内不同区域间的差异化特征,区域创新系统将决策视角缩减至某一地区范围内,不仅是国家创新系统的重要组成支柱,也是国家创新系统的活力所在。

2. 创新理论对"两业"融合的理论启示

(1)强化复合型企业家队伍建设。熊彼特创新理论高度肯定了企业家对经济增长的正向作用。而从微观角度看,"两业"融合过程起关键作用的正是企业的核心主导者——企业家。因此,熊彼特创新理论对"两业"融合发展具有重要指导意义。"两业"融合发展涉及管理、技术、服务等领域创新人才,需要互联网、物联网、大数据等专业人才,尤其需要大量高层次复合型人才作支撑,但目前多数省份的技术技能人才主要集中在传统产业,跨行业、跨领域的耦合度不高,能够满足"两业"融合发展需求的复合型人才尤为匮乏。为此,各级区域及城市政府、企业应通过营造良好的政策制度环境等方式主动搜寻并尽力满足企业家发展的需求,努力造就企业家队伍,试图在多变的市场竞争环境中培育出特色化的企业家队伍,进而为产业融合发展培养出更多能够提升产业发展层次的高素质复合型人才,缓解当前我国产业融合面临的人才制约瓶颈。

(2)重视政府的宏观引导。索洛强调政府应通过宏观调控的手段弥补创新过程中产生的市场失灵。这对仍然存在市场失灵问题的中国市场来说具有重要指导意义。在我国,"两业"融合目前尚处于初级阶段,当前,我国仍存在税率不同、服务业土地供给较少、金融支持不足等产业融合发展阻碍,垄断竞争、寡头垄断现象在一些行业中仍然存在。譬如,一些地区的"两业"融合发展过程中普遍存在"龙头企业独占鳌头,中小企业名落孙山"的不平衡问题,在理性人假设下,市场会将优势资源源源不断配置给优势企业,造成企业间"两极分化"明显,这将减速"两业"融合的深度发展。对此,参考索洛治理市场失灵的思路,政府应积极发挥宏观调控的优势作用,在"两业"融合的顶层设计、发展路径、政策环境等方面制定详细的行动方案,以精准施策为着力点,全力解决企业发展失衡、中小企业改造难度大等瓶颈制约,加速推动制造业高质量发展。

(3)加强区域创新系统的联系和互动。区域创新系统担负着把技术创新内化为区域经济增长的自变量、促进区域内产业结构合理化、促进区域内产业升级和区域经济高质量发展的任务(黄鲁成,2000)。区域创新系统的这一特点对于激发各地区"两业"融合创新活力具有重要意义。各地区应立足现有的制造业和服务业的发展基础,以互联网、物联网等新一代信息技术为抓手,推动各创新主体逐渐形成联系紧密、复杂多元的网络关系,促进创新单元逐渐向创新网络演化,走区域协同创新道路,这将有助于整合创新资源,激发创新主体活力。

(4)促进开放融合。根据耗散结构理论可知,系统从无序走向有序的前提之一是系统具有开放性特征,这对制造业与服务业融合发展具有多方面的指导意义。首先,创新是一个系统的过程,需要多种创新要素协同发展,以此实现创新成果"从无到有"的过程,后经由市场竞争环境的融合和修正来完善创新成果。其次,作为创新的主体,企业本身处于开放的远离平衡的状态,在市场的激烈竞争中不断激发自身的创造性、改进创新成果、提升创新水平,以此实现企业的有序发展。然而,在企业通过创新实现"从无序到有序"的过程中,开放始终是企业创新的基石,以开放促融合是实现产业融合的根本路径和重要保障。

(五)产业融合理论

1. 产业融合理论的主要观点

(1)产业融合内涵的演变

产业融合概念最早起源于"技术融合",Rosenberg(1963)通过对通用工具技术的研究,将同一技术向不同产业扩散的现象定义为"技术融合"。二战后,伴随着第三次科技革命的兴起,信息技术的到来驱动 Mueller(1997)

等学者开始用"数字融合"替代技术融合来定义产业融合,他认为,产业融合是基于数字编码技术的不同产业间的信息互联互通。与此类似的是,一些学者基于产业边界的变化视角认为产业融合是以数字融合为基础,为适应产业发展而发生的产业边界的收缩或消失(Greenstein Shane,Khanna Tarun,1997;Choiand Valikangas,2001)。与上述研究不同的是,Bally(2005)等学者尝试从不同行业案例的角度阐述产业间技术融合的过程,经研究发现,技术融合在信息通讯、机械设备、数码产品等领域均存在。

20 世纪末,Greenstein 和 Khanna(1997)从产业视角定义产业融合,认为产业融合即为不同产业间的边界逐渐收缩或消失,这一结论也得到了国内学者周振华(2002)的认可。在此基础上,部分学者提出产业融合的前提是技术进步和放宽限制,其结果是导致各行业企业之间的竞争加剧(植草益,2001;Malhotra,2001;马健,2002;陈柳钦,2007)。

进入 21 世纪,随着学术界对产业融合研究的不断深入,一些学者开始基于其他研究视角定义产业融合的概念。朱瑞博(2003)从模块理论视角出发,认为价值模块是产业融合的重要载体。胡永佳(2007)从产业分工的角度定义产业融合,认为产业融合是产业间分工内部化,或是产业间分工变为产业内分工的结果。厉无畏(2002)从产业属性视角定义产业融合,认为产业融合是指不同产业或同一产业内的不同行业通过相互渗透、相互交叉、最终融为一体,逐步形成新产业的动态发展过程。Yoffie(1997)从产品视角切入,认为产业融合是采用数字技术后原本各自独立产品的整合。

综上所述,到目前为止,对产业融合的概念尚未有一个统一的界定,但对于产业融合的基本内涵已达成共识:第一,产业融合意味着传统产业边界模糊化和经济服务化趋势;第二,产业融合意味着产业间新型的竞争协同关系的建立;第三,产业融合意味着更大的经济效应的产生(詹浩勇,2015)。

(2)产业融合的类型

基于对产业融合内涵研究视角的不同,产业融合的分类状况也不尽相同。本课题参考前文对产业融合三种类型的分类方法,分别从技术视角、产业视角及其他视角对产业融合的类型进行归纳概括。

基于技术视角,Greenstein 和 Khanna(1997)从技术替代和互补的作用关系角度,将产业融合分为替代性融合和互补性融合,前者指两种技术可以相互取代,后者指两种技术共同作用的效果较其中一种单独使用时更佳。此后,一些学者将不同产业间采用同一技术基础和知识的过程定义为技术融合(Athreye and Keeble,2000;Fai and Tunzelmann,2001;Lind,2004)。Stieglitz(2004)在此基础上从产品的角度进一步将产业融合的类型拓展,除技术替代型、技术互补型产业融合外,还包括产品替代型和产品互补型产业融合。

基于产品视角,厉无畏(2002)认为产业融合表现为产业间的渗透融合,并将产业融合分为高新技术的渗透融合、产业间的延伸融合、产业内部的重组融合三种类型。胡汉辉等(2003)认为产业融合主要表现为产业渗透、产业交叉、产业重组三种形式。吴颖等(2005)在植草益对产业融合内涵界定的基础上,认为产业融合的结果是促成整个产业结构的高度化、合理化,并构架出融合型的产业新体系,该体系主要包括以下四种类型:高科技产业间的交叉融合、传统三次产业之间的延伸融合、传统产业内部的重组融合以及高科技产业对传统产业的渗透融合。Wirtz(2001)、Haeklinand Marxt(2003)根据生产的不同阶段,将产业融合分为生产融合、采购融合和分销融合。

除技术视角和产品视角外,基于其他视角下,Pennings 和 Puranam(2001)以市场为背景,从供给和需求视角将产业融合分为供给替代型融合、供给互补型融合、需求替代型融合、需求互补型融合。其中,前两者侧重于描述技术融合,后两者侧重于描述产品融合。马健(2005)根据产业融合的程度和市场效果,将产业融合分为完全融合、部分融合、虚假融合三种类型。

(3) 产业融合的动因

从宏观视角看,以物理、数字和生物领域之间的界限模糊技术为核心的第四次工业革命是基于电子和信息技术自动化生产的数字革命,而这一革命的核心在于新一代信息技术的快速发展和渗透融合。这对传统的制造业发展层次提出了个性化、专业化、灵活化的更高要求。在这一背景下,传统的制造业面临着动能转换和转型升级的外在压力,对此,政府对经济管制的放松和制度创新将为产业融合创造合宜的制度环境,为企业快速适应新的竞争环境提供外生动力支持。

与此同时,从中观视角看,随着我国步入工业化后期发展阶段,工业增速放缓、工业结构趋优的特征逐渐将传统的工业经济引入"新常态"发展轨道,这对企业的社会网络构建和商业模式创新提出了新的要求。如何通过构建更加有效的社会网络获取更多研发知识、工艺流程知识、营销管理知识等信息,强化企业价值创造、效率改进、价值传递等方面的功能效用,从而推动企业生产经营的模式创新将是数字革命背景下生产企业面临的新的生存挑战。

若将研究视角深入到微观企业内部,可以发现,利润最大化动力追求下的企业的技术创新将是作为主导企业迎接新一轮工业浪潮的内生动力。企业通过技术创新开发出了替代性或关联性的技术、工艺和产品,并将之逐步渗透到其他行业中,使行业界限逐渐趋于模糊,从而开发出一种新的市场需求;或是新技术的出现帮助原有产业实现转型升级,改变原有产品的内容和形式。两种方式都正向促进了产业融合的出现。

2. 产业融合理论对"两业"融合发展的理论启示

(1) 统筹新型基础设施、新型通用技术、新业态、新模式和新型监管方式,构建全方位、多层次、宽领域的良好创新生态。产业融合理论指出,技术创新是产业融合的关键内因,而良好的创新生态正是应用新一代技术创新、进而实现融合发展的关键平台。如何以配套的监管体制改革,将5G、互联网、物联网等新型基础设施和大数据、人工智能、云计算等新型培育技术更好结合,进而培育出网络化异地协同制造、个性化定制、柔性化生产、数字化生产、智能化生产,云制造、云服务等新业态和新模式是构建良好创新生态、推进产业融合工作的重中之重。

(2) 以复合型人才培育和应用为核心,不断推动"两业"深度融合。人才是"两业"融合的第一支持。但我国的人才队伍尚不能满足制造业和服务业深度融合的需要。从总量上看,大数据、人工智能、智能制造等新兴领域和跨学科领域的人才较少,能够掌握制造业和新一代信息技术双重学科知识的人才更是少之又少;从结构上看,我国的复合型人才占比仍然处于低位。人才供需"两张皮"的矛盾突出(熊丙奇,2018)。据统计,目前我国高技能人才占就业人员的比重只有6%左右,而发达国家普遍高于35%(苗圩,2019)。因此,下一步,改革现有的人才培养模式,深入推进复合型人才培养体系建设,着力弥补我国创新型人才缺失短板应作为推进"两业"融合工作的持久动力。

(3) 放松管制,促进优势资源互联互通。作为产业融合的重要外因之一,产业融合理论高度评价政府放松管制对促进产业融合的重要影响,而这恰恰也是"两业"融合的重要推动力之一。政府放松管制可以表现在技术、人才、资本等诸多方面。应以创新的人才培养制度、适当宽松的资本管制、关键的核心共性技术及"卡脖子"技术攻关能力联合促进优势资源互联互通,多层次激发市场内部"两业"融合活力。

三、"两业"融合的动力机制

制造业和生产性服务业融合强调系统间打破各自原来的产业界限而相互介入、相互渗透、彼此作用,并在此过程中逐步催生出新的产业形态,其本质是新一代信息技术驱动下的技术、要素、制度、产业等的融合。充分了解把握推动"两业"融合的动因,才能更好地刻画"两业"融合的动力机制。

将国内外有关"两业"融合动因的相关观点进行梳理列于表2.1,可以发现,不少学者对制造业与生产性服务业融合动因予以了关注和探讨,可为本课题的研究提供有益参考。但制造业和生产性服务业的融合是一个动态演化的过程,具有阶段性特征,相关研究没有考量,相关观点缺乏一定的层次性。本课题认为制造业和生产性服务业的融合要在两大产业发展到一定程度的基础上,受内部驱动力和外部推动力的共同作用逐步实现两大产业的互动融合,由此对"两业"融合的动力机制探析可从基础动力、内生动力、外生动力三个维度进行。

表2.1 制造业与生产性服务业融合动因文献梳理

学者	影响因素
Yoffie(1997)	技术、管理创新、管制放松
Sun(2010)	融合能力、环境因素
周扬(2011)	政府层面、经济环境、市场需求、劳动力资源、信息技术、创新能力
Lin(2012)	产业间存在的研发联盟的形式
綦良群等(2013)	基础因素(从业人员结构、技术发展水平、行业发展模式)、条件因素(服务外部化、中间需求)、环境因素(经济环境、政府政策)
王成东等(2015)	市场需求、技术创新、自身竞争力提升
宁进(2015)	产业竞争强度、社会经济发展水平、资源环境因素、政府政策与制度
綦良群(2015)	市场需求、竞争驱动和技术创新
闻乃获(2016)	基础因素(技术创新能力、高素质人才储备、资金投入)、条件因素(服务外部化、中间需求)、环境因素(政策环境、市场环境)
桂黄宝等(2017)	政府政策、市场需求、技术水平、行业竞争压力
王燕玲(2017)	经济发展驱动、市场驱动、创新驱动、政策驱动和集聚驱动
宋罡等(2018)	国家及区域政策、同异质性、利润驱动性以及区域竞争
綦良群(2018)	装备制造业竞争力水平、生产性服务业动态匹配性、创新驱动、网络能力

(一)基础动力

"两业"融合的基础动力主要包括三个维度,即"两业"价值链的相关性,"两业"空间形态上的协同集聚,以及产业发展支持度。

1. 价值链的高度相关

价值链的高度相关是指产业或企业在价值链上存在通用性,发展过程存在同化的现象。在此背景下,行业与行业以及企业与企业之间的竞争也就不可避免,而企业竞争的实质即为生产效率的竞争(Porter,1980;

Porter，1985；Krugman，1993)，效率是反映竞争力强弱的极为重要的指标（Hayes，1984；Hayes and Wheelwright，1985)。众多的企业为了避免破产或被兼并的后果，则会主动地寻求企业间的合作与创新，以突出企业的比较优势，把握效率提升机会。可以发现，这类合作更多属于生产性服务业与制造业这种跨产业的合作性质，此时企业必须实现经营目标、价值观和战略行动上的一致性，主要体现为认知上的邻近，这样才有长期合作的可能性。在企业间不断合作的过程中，各种人力、物力和财力等生产要素开始彼此渗透与流动，合作的范围在不断的扩大，由产业内再到产业间，由单一产品和服务扩展到多产品全服务，合作的网络因此逐渐形成并维持良好的发展态势。跨产业的合作与融合是众多生产性服务业与制造业企业发展的新路径，行业壁垒的打破使得交易成本降低、交易对象的选择大大增加，增加了企业发展的积极性，此外，这种价值链上的业务重合也促进了分工的产生，企业合作方式更加自由和密切。因此，价值链上的高度相关是融合的基础动力之一。

2. 产业集聚

一套完整的产业价值链趋向于将各环节相关的行业企业集中起来，以降低生产交易成本、增强竞争效应、实现协同发展（陈如洁、张鹏等，2019)，这一过程加速了不同产业在空间上的协同集聚，而"两业"协同集聚正是"两业"融合在空间形态上的表现。从产业角度看，产业集聚是市场经济活动的自然产物，制造业企业在社会分工背景下，需要市场上的生产性服务企业的服务作为支撑，如生产性服务业的金融和物流部门直接参与到制造业的相关生产环节，通过外部化优势有效降低了制造业企业的融资及运输成本；新兴的高端生产性服务业能在技术服务、法律咨询、信息服务对制造业创新产生支撑作用。由此可知，制造业与生产性服务业存在联动效应。在这种模式下，企业既提供可以满足客户一定需求的实物产品，也提供可以满足客户一定需求的生产性服务，然而当二者结合出售，将会产生更多的价值，产生$1+1>2$的效用（童洁等，2010)。其实，产业联动可看作是集聚分工的一种特殊形式（基于某种共同利益或目的而产生的一种动态行为过程)，也是产业协同集聚的基本前提。新型化制造业发展对于原本的生产性服务业提出了更高的需求，促使生产性服务业向高端化和专业化方向发展，最后形成与制造业相匹配的生产性服务业集聚，制造业与生产性服务业在这种协同集聚互动的过程中载体边界相对模糊，由此产生融合效应。

3. 产业发展支持度

"两业"融合的基础在于融合后的新业态为原有产业带来"互惠共生、合作共赢"的发展空间。这主要体现在制造业服务化和服务业制造化两个方

55

面。其中,制造业服务化使得制造业企业不再主要以生产产品为中心,更多专注于以满足消费者个性化、专业化、特殊化的消费需求为标准,从而形成一种高级产业形态(徐振鑫等,2016)。而服务业制造化的过程将制造业的现代化生产方式、标准化产品引入到服务业,从而使服务业中具有越来越多制造业的元素(肖挺、刘华,2013),拓宽了传统服务业的盈利空间。正如Cohen and Zysman(1987)、Goe(1991)、Rowthorn and Ramaswamy(1999)、Klodt(2000)、Guerrieri and Meliciani(2003)等部分"需求主导论"学者的观点,他们认为制造业是服务业(生产性服务业)发展的前提和基础,而服务业(生产性服务业)是制造业的补充。而如Daniels(1989)、O'Farrelland Hitchens(1990)、Pappas and Sheehan(1998)、Karaomerlioglu and Carlaaon(1999)、Eswaran and Kotwal(2001)等"供给主导论"学者的观点,他们认为服务业特别是生产性服务业处于供给主导地位,是提升制造业竞争力的基础和前提,制造业的竞争力取决于生产性服务业的发达程度。无论是需求主导论还是供给主导论的观点,都支持了制造业和生产性服务业的有效互动融合为原有单一产业的价值链增值和转型升级提供了新的契机。由此可以看出,制造业与生产性服务业的"互惠双赢"产业支持格局使得二者存在融合基础,并进而作为加速"两业"融合的基础动力。

(二) 内生动力

"两业"融合的内生动力主要包括四个维度:即技术创新、产品开发、企业(产业)组织创新以及商业模式创新与管理创新。

1. 技术创新

"两业"融合首先发生在技术领域,可以说技术创新是"两业"融合的源泉所在,是产业中的企业能够得以互相融合发展的精髓。20世纪90年代以来,具有渗透性、带动性、倍增性和交互性特征的信息通讯技术不断取得突破并在制造业和服务业中迅速推广应用,为技术创新的溢出效应提供有利条件,打破了产业间有形或无形的壁垒,催生了两大产业的融合。技术创新主要从以下两个维度来推进制造业与生产性服务业融合的进程:第一,制造业企业通过技术创新开发出与以前技术或产品截然不同的技术或产品,这些产品往往可以替代以往的产品通过技术扩散渗透到行业中,从而改变产业制造的技术路线;与此同时,生产性服务业技术创新通过渗透到制造业中改变其作用方式,两大产业间相互技术渗透扩散推进了二者的互动融合。第二,技术创新催生了新的市场需求,在市场需求的驱动下,企业可以获得更高的利润和升值空间,从而为两大产业的互动融合提供新的利益空间。

技术创新在两大产业中的扩散导致两大产业之间的技术融合,这种技术上的融合降低了两大产业间的壁垒,形成公有的技术形态,消除了产业边界,最终促成二者的融合渗透。

2. 产品开发

产品开发是促进"两业"融合的又一内生动力。当今企业激烈竞争的环境下,大多数企业面临着产品生命周期越来越短的压力。企业要在同行业中保持竞争力并能够占有市场份额,就必须不断地开发出新产品,并快速推向市场,满足多变的市场需求。制造业进行新产品的研发、制造、销售、运输、售后、法律等市场开发的过程中,需要考虑运营成本和效率问题,多样、细致化的生产性服务业在这个过程中进行层层渗透,减少制造产业因运营产生的一系列费用,促进制造业的低成本扩张,后者对前者的依赖性增强,而随着生产性服务业通过渗入到制造业的各个环节,不断演进的管理、金融等中间投入在制造业中所占比重越来越多,其与生产性服务业的融合趋势愈加明显,形成密不可分的行业体系,从而实现了两大产业的互动融合。

3. 企业(产业)组织创新

随着"互联网+"创新模式普及,消费者角色发生转变,他们既是产品的"使用者",同时也是产品生产的"参与者",其能够依托互联网技术,参与到产品的生产与企业的价值创造活动中,而企业价值链的主导权也逐渐掌握在消费者的手中。这意味着企业在产品设计开发、战略制定、营销策略推广等方面都必须以客户为导向,通过产品的定制化、柔性生产,来实现产品服务的个性化,以此来满足客户的多样化需求(张祺、蔡伟,2015)。制造企业围绕服务开展一系列价值创造活动,既提供基于制造的服务,又提供基于服务的制造。同时也是制造企业以满足客户多样化需求为根本出发点,以创造企业经济价值、赢得市场差异化优势为根本目标,实现企业业务价值链朝着服务化方向发展的动态过程。其本质是一种企业和组织的资源、能力和行为的创新,即将制造企业所拥有的资源和能力,通过价值活动行为和服务价值流程的再造转化为价值实现过程中的支持要素。在这个过程中,服务要素在制造企业生产环节中所占比重持续加大,这为制造业与生产性服务业的高度融合以及协调发展创造了可能。

4. 商业模式创新与管理创新

在新一代信息技术的快速发展及推广应用下,催生出商业模式创新、管理创新等等,他们也有力推动了制造业与生产性服务业的融合发展。面临激烈的市场竞争环境,制造企业要获得竞争优势,不单单要满足客户对产品的差异化需求,相应的商业模式创新、管理创新也是有效途径:一方面,企业借助信息技术,开发精准化供应链管理新模式,通过对产品研发、制造、销售、运输、售后等环节进行链条式管理,保证了企业运营的有序性和高效性;另一方面,在制造业转型升级过程中,电子商务平台的发展,优化了产品的交易流程,提升了产品的销售量,从而为企业带来更具优势的竞争力,创造更多的经济价值。这些过程衍生了制造业一体化服务生态系统,制造业各环节对生产服务性要素依赖性日益增强,融合趋势明显。

(三) 外生动力

"两业"融合的外生动力包括三个维度,即市场需求、政府政策,以及行业竞争。

1. 市场需求

随着经济水平的快速发展,人们的消费水平大幅度提高,满足其日常需求不再是他们的追求,其更多关注的是终端消费市场上产品的便利性、个性化等特征。制造业与生产性服务业要想赢得市场,一方面就必须随时不断调整产品与服务的生产计划,加强产品的研发与设计能力,开发新型的产品,提高产品的多样性以满足市场上多元化的产品需求;另一方面,制造企业在产品生产的基础上,加强对产品售后的运输、保障等一体化服务,满足市场上"产品+服务"一揽子解决方案等定制化产品需求。因此,市场上消费者对于个性化产品需求的增加有效促进了制造业对研发、设计、物流及售后服务等生产性服务环节的投入,推动了两大产业的融合。

2. 政府政策

从国家层面看,我国长期以来"重制造、轻服务"的传统实践导致生产性服务的供给严重不足,生产性服务的市场规模较小,趋向垄断。而服务品市场缺乏必要的竞争氛围又使得仅有的生产性服务供给缺乏应有的行业规范和标准,进而导致服务质量以及服务效率提高缺乏必要的市场激励与约束,制造业企业将内置的生产业务外部化动机不强烈。长期以来生产性服务专业化水平不高、收费不透明以及服务的"缺斤少两"等问题的存在,严重影响到生产性服务供给方和需求方之间的相互信任,这也致使制造业母体对生产性服务的市场需求自然减少,较小的市场规模或市场容量反过来又进一步制约了生产性服务专业化和规模化程度的提高,引致制造业效率提升的路径受阻。对于生产性服务业来说,Miller(1985)等指出,政策和制度是最为重要的因素,没有它们,新的技术创新无法被应用在产业生产中,各个产业进入市场的高壁垒阻碍产业之间的融合发展。积极的政府政策和宽松的管制环境,可以降低产业进入壁垒,增强相关生产性企业的竞争性,促进资源和要素在产业间的合理配置,支持制造企业与生产服务企业间融合发展,从而提高融合的深度和水平。

3. 行业竞争压力

在市场开放、全球化价值链不断深入的环境下,我国制造业的产品仍处于制造产业链的中低端,劳动密集型产品仍是产业比较优势的主要来源,高技术型产品的竞争力较弱(夏明等,2018)。所以,突破现有发展困境,增强产业的竞争力,产业融合是必然选择,"两业"融合一方面促进技术创新与扩散,提高制造产品的附加值,另一方面,两大产业间关联增强,促使形成合理、有效的需求,刺激发展,进一步增强产业的竞争优势。具体可从研发优势、生产制造优势、市场营运优势等三个方面说明竞争压力对"两业"融合的驱动力。首先,对于企业来说,产品研发是企业创新活动的核心,企业可以通过研发新产品满足消费者需求从而获得回报。为了达到研发设计的竞争优势,制造业需要在研发、设计及应用等多个环节加强与具备高效的研发设计能动性的科研技术服务业的协作;其次,为了追求加工生产的竞争优势,制造业在提高制造产品的质量及完善产品的相关服务的过程中促使制造业与运输、物流及设备维修维护等服务的融合;接着,为了追逐市场营运的竞争优势,制造业需要加强与金融、批零业等服务业的市场化交流,构造产品与服务一体化平台,进一步推动两大产业融合。

第二节　制造业高质量发展的理论基础

一、马克思关于商品质量的研究理论

1. 马克思关于商品质量的理论观点

中国现已进入新阶段,中国经济由高速增长阶段转向高质量发展阶段,质量的重要性逐渐显现。研究高质量发展问题,有必要再回到马克思的商品二重性,即认定商品具有使用价值和交换价值的二重性(金碚,2018)。本课题参考钞小静等(2018)对马克思主义理论的总结,认为经济发展质量从微观层面可理解为产品质量;从中观层面可理解为结构质量;从宏观层面可理解为生产力质量。

首先,从微观层面分析。马克思认为"产品质量的好坏程度以及它实际所具有和包括的使用价值(它在劳动过程中应当获得这种使用价值)的程度取决于劳动的质量,取决于完善程度以及劳动合乎自身目的的性质"(任保平,2018)。在产品数量相同的情况下,产品的质量越高,产品实现的社会价

值越大。

其次,从中观层面分析。马克思认为社会再生产的核心问题是如何实现社会总产品,而社会再生产的实现应保持两大部类内部之间的构成比例平衡。生产资料与消费资料保持必要的比例关系是必要的(刘诗白,2008)。

最后,从宏观层面分析。马克思对经济增长质量的把控主要体现在其扩大再生产理论中。扩大再生产分为外延扩大的再生产和内涵扩大的再生产两种类型,通过增加生产要素的投入从而实现生产规模扩大的生产方式叫作"外延扩大再生产",而通过提高生产效率和生产质量来实现的再生产叫作"内涵扩大再生产"(任保平,2018)。相比之下,内涵扩大再生产更加重视技术和创新对经济发展质量的作用。因此,高质量的发展必然是内涵式发展,以创新和技术作为驱动经济发展的关键因素,提升全要素生产率。

2. 对制造业高质量发展的理论启示

马克思关于高质量发展的经济学理论主要集中在分工和技术创新两个方面,而制造业高质量发展呼唤良好的创新生态和多维高层次的生产效率,包括要素生产率、资源利用率、全要素生产率等多个维度。因此,基于马克思的高质量发展的经济学理论对制造业高质量发展的指导意义主要有以下三点。

(1)技术创新的必要性

技术创新是产品生产过程中的重要一环,它对提高要素的结合效率以及剩余价值转化为资本的使用效率从而提升生产效率和产品质量具有重要作用。正如马克思指出,产品质量提升是劳动生产率提高的必然结果,并通过创造性地提出以技术和创新提高劳动生产率为主要特征的内涵扩大再生产过程,强调了技术创新对经济质量提高的突出贡献。展望高质量发展,其微观实现主体是市场竞争机制下的各类企业,而支撑企业在市场竞争中保持长久竞争力的根本要素正是创新。

(2)供给侧结构性改革的紧迫性

供给侧结构性改革强调从产品的供给侧出发,用改革的办法矫正要素配置扭曲,扩大产品的有效供给,提升商品的使用价值,这一思路恰好与马克思认为的"产品质量的好坏程度以及它实际所具有和包括的使用价值(它在劳动过程中应当获得这种使用价值)的程度取决于劳动的质量,取决于完善程度以及劳动合乎自身目的的性质"观点具有异曲同工之处。党的十九大报告指出,我国的基本矛盾已经转为人民日益增长的物质文化需求同落后的社会生产力之间的矛盾,而高质量发展阶段对供给侧结构性改革的重视恰恰是将专注于经济产出即产品和服务的供给量不足的目标逐渐向提升供给"质量"过渡。在以新一代信息技术应用为背景的工业 4.0 时代,应坚持"三去一降一补"的改革目标不动摇,逐步加快我国向集约型经济发展模式转变,引导资本、技术等生产要素逐渐流向先进制造业和现代服务业,从而推动传统制造业加速升级、现代服务业分工体系加速完善、产品和服务的供给量和效率逐步提高。

二、产业升级理论

1. 产业升级理论回顾

关于产业升级的理论,本小节主要从产业结构演进理论、全球价值链理论和模块化理论三个维度展开论述。

（1）产业结构演进理论

经济发展与产业结构变迁的关系,众多学者从多维视角对此展开了研究。17 世纪,威廉·配第通过考察市场现象得出结论:商业、工业、农业的收入水平依次递减,率先提出了产业结构的差异对各国的经济发展水平和发展阶段具有重要影响的观点,掀起了从产业结构维度研究经济增长的学术浪潮。随着研究的进一步深入,科林·克拉克的"配第-克拉克定理"、西蒙·库兹涅茨的"库兹涅茨法则"、霍夫曼的"霍夫曼定理"等理论相继出现。这些代表性理论共同揭示了"产业结构变化与经济增长是相辅相成的作用关系"的结论(芮明杰,2005)。

随着产业结构演进理论的不断完善,人们在重视产业结构对经济增长的重要影响的同时,也逐渐开始了解到产业结构的演变是有规律的,认识到产业结构的演变是一个不断地从低级向高级转变的过程,是经济发展历史和逻辑序列顺向演变的过程。一国的经济发展,各产业间结构的演进一般都按这一规律进行着。在这一过程中,各国一般都通过产业结构的规划,直接或间接地指导着一国产业结构优化的过程(芮明杰,2005),进而引导着经济增长沿着正确的轨道和方向前进。

（2）全球价值链理论

美国学者迈克尔·波特最先引入了"价值链分析法",由此引起了众多学者对价值链理论的探讨。此后,经窦伽特、克鲁格曼、阿尔恩特和凯尔科斯等人对价值链理论的进一步完善,在此基础上,格里芬将价值链理论进一步深化,提出了"全球价值链理论",后经 Schmiz、Humphrey 等学者的补充,现已形成较为成熟的全球价值链理论。

不同学者对价值链理论的观点存在差异:第一,波特将企业生产价值增加的活动分为基本活动和支持性活动两类,并认为两种活动共同构成了企业的价值链(范剑平、向书坚,1994)。第二,寇伽特将价值链描述为"技术、原材料和劳动融合在一起,投入到企业经营的环节中,最终形成商品并通过市场交换和消费所完成的价值循环"(郑新立,1999)。第三,随着价值链理论研究的不断深入,价值链的"片段化"和空间配置引起了学者研究的兴趣。克鲁格曼开创性地提出"新经济地理学"理论,研究价值链上各个生产环节在不同地理空间的配置能力。阿尔恩特和凯尔科斯使用了"片段化"(姜明,1999)这一词来描述生产的分割现象。第四,格里芬从跨国公司视角研究了国家间全球价值链的合作模式。这一观点呼应了当今世界各国布局全球产业链的动态趋势。

通过对不同学者关于全球价值链理论的观点的梳理,可以发现以下三个特点:一是全球价值链理论从诞生到完善,研究范围逐渐从企业层面逐渐扩展到区域和国家层面;二是研究视角沿"整体—部分—整体"方向过渡,逐渐意识到"片段化"的完善对整体价值链条的决定作用;三是积极探索价值链合作新模式,从跨国公司视角引导世界各国完善部署全球产业链的动态格局,为本国产业附加值提升提供关键思路。

(3) 模块化视角下的产业升级

青木昌彦对模块化研究做出了突出贡献。他指出,模块化系统包含系统信息同化和个体信息包裹化两大特征(Aoki,2011)。模块化的生产可以使复杂系统的控制简单化,通过模块化,复杂产品系统内统一的联系规则保证了模块之间的兼容性,不需事先集中系统便可以自行演化(Ethiraj,2010;曹虹剑等,2016)。模块化的作业方式将整个生产链条分为不同的生产模块,每一模块具备独立的功能,创新集中于各个独立生产模块的内部,大大减轻了创新对整个生产过程带来的不稳定性。此外,创新范围的缩小在降低创新成本的同时,也大大减少了创新风险。

模块化生产对产业升级的意义主要有以下几点:第一,模块化生产能够有效降低生产交易费用。模块化生产组织体系更多地通过网络信息平台进行信息知识的交流(董科,2011),有助于解决产业链条上下游不同企业间的信息不对称问题,信息的及时交流有助于降低企业的生产交易费用,提升企业利润。第二,模块化生产能够有效提升企业的核心竞争力。主要表现在企业内部创新水平的提高和企业外部分工协作网络的扩大。在企业内部,罗珉(2005)、田敏(2007)等学者认为,各个模块内部的厂商更加专注于自身核心技术的开发,有助于产品核心竞争力的提升。而在企业外,Caehon 等(1999)认为各个模块间的知识技术的流动速度大大加快,有利于加强不同产业间的分工协作,提升企业创新活力和生产效率。第三,模块化生产能够有效地促进社会分工。胡晓鹏(2004)、范爱军等(2006)认为模块化促进了社会分工的细化和分化,使得系统内部的互补性分工演变为独立的单元模块分工。

2. 产业升级理论对制造业高质量发展的理论启示

(1)坚守制造业强国之基的根本地位不动摇,规避产业结构升级误区

配第-克拉克定理指出,随着经济发展,产业重心将逐渐从有形产品生产转向无形服务生产;当工业部门收益超过农业部门时,劳动力必然从农业转向工业;当商业部门收益超过工业部门时,劳动力会从工业再转向商业。因此,不少人可能会因此陷入"增加地区产业结构中第三产业比重是推动经济高质量发展的第一要务"的误区。对此,党的十九大报告指出,着力推动先进制造业与现代服务业融合发展是推动经济高质量发展的重要环节。在加快新一代信息技术与制造业深度融合以推动制造业模式和企业形态发生根本性变革的目标基础上,大力推动制造业生产向信息化、数字化、智能化转型。从这一政策目标可以看出,"两业"融合的根本目的是通过推动制造业转型升级进而促进经济高质量发展,而非盲目追求第三产业比重增加。因此,应充分认识制造业立国之本、兴国之器、强国之基的重要地位,规避产业结构演进误区。

(2)以创新型人才培养为主线,提升人才供给的质量和数量

罗斯托在"主导产业论"中指出,经济发展的各个阶段都存在能够通过扩散效应带动其他产业发展的一个或几个主导部门产业,且这些主导部门产业普遍具有高创新率、高增长能力、高扩散效应的特点。而这一特点恰好与经济高质量发展的内涵相对应。经济高质量发展内涵主要包含两点:一是培育新技术、新业态、新模式;二是优化传统产业结构。而新技术、新业态的培育应以技术创新为基础,以培育人才为根本要务。而目前我国的人才水平无论在总量还是结构上都难以适应经济高质量发展的要求,突出表现在既掌握信息技术又懂得制造业知识的复合型人才数量严重不足。因此,加强复合型人才培养力度,提高创新型人才供给的质量和数量,应成为下一步加速经济实现高质量发展工作的重要内容。

(3)明确我国在全球价值链竞争中的优势和短板,推动我国制造业全球价值链地位由中低端向高端迈进

我国在全球价值链竞争中的优势明显,一方面,巨大的消费市场和需求市场可推动我国建立市场驱动型全球价值链;另一方面,巨大的人才培养和输出市场及具有自主知识产权和品牌的创新型产品可推动我国建立生产者驱动型全球价值链。然而,值得关注的是,我国在全球价值链中的短板制约依然显著,突出表现为我国的大部分生产水平依然处于全球价值链中低端,

这主要与"卡脖子"技术攻关不力、分工协作网络不完善、配套化创新资源不健全、战略协调能力不够高、组织创新能力不够强等因素相关。下一步,应在明确竞争优势的基础上努力克服我国在全球价值链中的竞争短板,逐步将优势生产环节向"微笑曲线"两端延伸,助力我国制造业水平向全球价值链高端迈进。

（4）以制度创新激励模块化系统发展,刺激新技术不断涌现

鉴于模块化的生产方式能够显著降低交易费用、提升企业核心竞争力及促进社会分工等优点,可以看出,产业模块化对于促进我国制造业转型升级、推动经济高质量发展具有重要意义,这也对政府宏观把握模块系统的生产和发展提出了更高的要求,突出表现在如何以制度创新破除企业发展不平衡障碍、如何帮助企业集聚创新要素等问题。唯有从制度层面宏观调控企业模块化发展的问题和节奏,才能从政府的角度及时为企业模块化创新补齐短板,从而进一步鼓励企业内部创新活力,刺激新企业、新产品、新技术在市场不断涌现。

三、产业组织理论

1. 产业组织理论的主要观点及演进

产业组织理论既是"两业"融合的理论基础,又为制造业高质量发展提供了理论视角。现代产业组织理论研究的三个基本范畴是市场结构、市场行为和市场绩效。产业组织理论包括哈佛学派、芝加哥学派、新奥地利学派、新产业组织理论等流派,他们从不同的视角对产业组织理论展开探讨。

1933 年,张伯伦和罗宾逊分别提出利用垄断竞争理论来解释市场结构的变化如何影响整个经济的运作效率,为产业组织奠定了基础。20 世纪 30 年代,张伯伦和梅森在哈佛大学开设产业组织课程,较多哈佛学者对市场竞争中的结构、行为、绩效进行研究,逐步形成产业组织理论,这一时期的产业组织理论也被称为哈佛学派,即结构主义学派,其代表人物有梅森、贝恩和谢勒。哈佛学派的产业组织理论构造了一个市场结构—市场行为—市场绩效—公共政策分析框架,即 SCP 分析框架,其核心是"集中度—利润率"假说。其核心观点是认为企业的市场结构、市场行为和市场绩效之间存在因果关系,市场结构决定市场行为和市场绩效。行业集中度高的企业可能会通过限制产出,提升价格来获得垄断利润,从而降低了资源配置效率。市场无序的情况下,为了获得理想的市场绩效,需要通过公共政策来调整和改善不合理的市场结构,保持市场适度竞争。

20 世纪 60 年代后期,芝加哥大学的学者对哈佛学派发起了批判,逐步

形成了芝加哥学派,即绩效主义学派,其代表人物有施蒂格勒、德姆塞茨、波斯纳。芝加哥学派的产业组织理论包括了经济自由主义、绩效主义、政府管制俘虏理论和可竞争市场理论。主要思想有四点:一是肯定市场在经济竞争机制的作用,认为市场竞争的过程是"生存检验"的过程,政府应尽量减少对竞争过程的干预;二是注重是否提高市场效率,反对哈佛学派"结构—行为—绩效"的单向因果关系,认为集中度高的市场,企业通过合谋等行为获得垄断利润率只是非均衡状态下的短期现象,会因新企业的进入而消失,因此,政府没有必要采取严格的监控政策;三是认为政府管制并没有带来高效率和低价格,反而可能会降低经济效率,因此应该放松政府管制;四是认为要存在充分的竞争压力,排除一切人为的进入和退出壁垒,发现企业会通过研究新技术、新工艺来减少沉没成本。

20世纪70年代后期,新奥地利学派也对哈佛学派提出批判,其代表人物有米瑟斯、哈耶克、熊彼特、里奇、阿门塔诺、罗斯巴德。其主要观点有三:一是通过剖析市场过程认为自由进入和充满创业精神的市场能形成充分的竞争压力,且新技术和新产品的出现能够提高人类福利;二是否定反垄断政策和政府管制政策,认为市场竞争的过程是排除行政干预,垄断企业是在竞争中生存下来的最有效率的企业;三是重视创新和企业家精神在市场过程中的作用,认为企业家不断试错能带来良好的经济绩效,但政府的干预会损害经济绩效。

虽然哈佛学派、芝加哥学派和新奥地利学派分析的重点、对分析框架的解释均不相同,但是并没有改变SCP范式中的主要元素,都是在新古典经济学的假设基础上利用传统的新古典方法分析组织问题,其目的都是为了提高市场绩效。

20世纪70年代以后,新产业组织理论使用博弈论、信息经济学等方法展开相应分析与研究,其代表人物有考林、威廉姆森、沃特森、鲍莫尔。新产业组织理论认为市场结构不是外生的,市场结构和市场绩效是企业进行博弈的结果;提倡加强对大企业策略行为的反托拉斯管制,建立激励性管制机制,激励企业通过技术创新提高效率,降低成本;主张政府采取企业分割、禁止兼并等公共政策,以形成完全的市场结构。面对强大的国际竞争,不同于传统产业组织理论,新产业组织理论将政策着眼点放在产业的国际竞争力上。

2. 产业组织理论对制造业高质量发展的启示

(1)垂直一体化和横向产业组织提高制造业绩效。制造业企业通过兼并重组上下游相关企业,打造垂直一体化企业,从而实现联合经济,节约制造业企业发展的交易成本,提高制造业发展绩效。同时,"两业"融合打破了原有的产业组织形态,推动不同行业的企业之间产生横向关联,形成横向产业组织,进而推动制造业和服务业间的信息、知识、技术、资本等资源能进行跨越时空的共享和结合,实现复合经济效应,提高制造业生产绩效。企业间的横向联系也能推动制造业企业与其余企业进行联合研发和协同创新,提高企业的技术水平和创新能力,为制造业高质量发展提供技术支持。

(2)技术创新支撑制造业高质量发展。创新是推动制造业高质量发展的核心动力。随着社会信息技术的不断进步和发展,工业互联网、云计算、人工智能、大数据等新一代信息技术引导制造业企业通过创新提高国际竞争力。把握智能制造和数字经济的发展契机,利用新一代信息技术改造制造业的研发、生产、服务等环节,支持企业开展技术创新掌握核心关键技术,推动制造业向数字化、网络化、智能化发展,提高制造业高质量发展水平。建立健全科技创新服务平台、科技成果信息共享平台等科技创新平台,构建完整的技术产业化服务业体系,推动科技创新成果转化运用,切实提高制造业高质量发展水平。

(3)合理的政府干预促进制造业高质量发展。哈佛学派认为政府实行公共政策可以优化市场无序下的市场结构,从而获得理想的市场绩效,但芝加哥学派则主张减少政府干预,因此综合考虑需要明确政府和市场的界限,使其在资源配置中的作用不重合。正确处理政府与市场的关系需要打造有为政府,提高政府进行服务的水平和质量,推动政府为制造业高质量发展提供优质高效的营商环境、法制环境等。同时,目前我国还存在税收、土地、金融的政策制度制约"两业"深度融合,政府应该积极发挥作用,逐步改变以往政策制定中"重制造、轻服务"的倾向,强化政府对"两业"深度融合的支持与引导,破除"两业"深度融合发展中的体制机制障碍,进而推动制造业高质量发展。

(4)培育大型集团和跨国公司,实现规模经济。支持和鼓励制造业龙头企业通过开展兼并、重组、外延式收购等多种方式提高市场集中度,壮大实力,逐步打造具有国际竞争力和融资能力的大型制造业集团和跨国公司,从而实现规模经济,提升企业竞争力。大型企业集团和跨国公司充分利用在技术创新等方面的优势,整合国际资源,增加制造业的国际竞争力,推动制造业价值链攀升,进而实现制造业高质量发展。

四、创新驱动发展理论

1. 中国特色社会主义创新驱动思想回顾

党的十九大报告明确指出,我国的社会主要矛盾已转为"人民日益增长的美好生活需要和不平衡不充分的发展之间的矛盾"。而这一矛盾的解决对经济工作的要求,必然是从追求高速增长模式向高质量发展模式转化。对此,党的十九大报告为经济发展质量明确了"质量变革、效率变革、动力变革"三大改革方向,同时,这三大改革都反映出了"模式变革"的整体布局。

自新中国成立以来,历代领导人对"创新"高度重视,中国的创新思想体现在历届国家领导人毛泽东、邓小平、江泽民、胡锦涛、习近平的执政理念中,创新驱动思想务实深刻。毛泽东的科学思想主要体现在以世界先进科技来武装我国的工业、农业和国防,主张建设中国人自己的原子弹、核潜艇、人造卫星等。在毛泽东看来,先进的科学技术是抵抗外来侵略的关键武器。邓小平高举"科学技术是第一生产力"旗帜,提出具有跨时代意义的改革开放发展战略,将中国对外开放、开放创新的大门逐渐打开。江泽民在 1995 年 5 月召开的全国科学技术大会上发表了"创新是一个民族进步的灵魂,是国家兴旺发达的不竭动力","一个没有创新能力的民族,难以屹立于世界民族之林"的重要讲话。进一步重申了创新的重要性。在 2004 年的中央经济工作会议上,胡锦涛首次明确提出了"自主创新是推进经济结构调整的中心环节",并于 2006 年提出"到 2020 年进入创新型国家行列"的总体目标,并在党的十七大报告提出"提高自主创新能力,建设创新型国家"的战略思想,将自主创新提升到新的高度。以习近平为核心的党中央在中国共产党第十八次全国代表大会上首次提出"创新驱动战略"。党的十八届三中全会提出加快深化体制机制改革,建立健全鼓励原始创新、集成创新、引进消化吸收再创新的体制机制。党的十九大报告指出,我国的创新型国家建设成果丰硕,天宫、蛟龙、天眼、墨子、大飞机等重大科技成果相继问世。而丰硕成果背后的重要支撑力量离不开中央始终坚定不移的大力支持创新驱动战略的实施。此外,党的十九大报告在贯彻新发展理论的篇章中关注了创新驱动制造业高质量发展的重要作用,提出加快建设制造强国,加快发展先进制造业,推动互联网、大数据、人工智能和实体经济深度融合的目标,同时强调建设知识型、技能型、创新型劳动者大军。并将加快建设创新型国家目标作为建设现代化经济体系,实现高质量发展目标的战略支撑点之一。这充分体现了党中央对制造业与生产性服务业融合发展新业态,以及创新人才队伍建设的高度重视。在此基础上,习近平总书记进一步提出了 2035 年实现中国跻身创新型国家前列的宏伟目标。

可以看出,中央的每一届领导班子都高度重视创新对国家治理和发展的重要意义,创新驱动思想代代相传。

2. 创新驱动发展理论对制造业高质量发展的理论启示

（1）重视发挥企业家的重要作用,筑牢企业高质量发展基石

在熊彼特看来,企业家是实现"要素重新组合",进而实现创新和经济质量动态变化的基石,而这一论断也恰好符合我国企业发展的现实情况。2018年11月,习近平总书记召开"民营企业座谈会",为企业减税降费、颁布《优化营商环境条例》、放宽市场准入门槛、印发《关于促进中小企业健康发展的指导意见》等政策红利为企业家增信心、谋福利,企业的经营环境得到了大幅改善。但是,需要看到的是,企业产品的供给质量仍然存在参差不齐的现象,企业的供给侧改革任务依然严峻,突出表现为知识和技术密集型产业体系尚不健全,与发达国家价值链高端产品依然存在显著差距。因此,如何在改善企业生存环境的同时,使得企业家在重视科学技术的应用和推广、重视产品质量的改善和提升、重视满足市场多样化的需求和期待等方面更加从容依然是下一步我国各级政府和市场下一步改革工作的重点。

（2）抓住新一代信息技术契机,以创新优势引领产业高质量变革

新中国成立以来,历届领导人高度重视科学技术对经济增长的驱动作用。在新一轮科技革命和产业变革的背景下,如何把握变革大势、在新一代信息技术、生物技术、新能源技术、新材料技术、智能制造技术等领域取得突破是决定我国实现动力变革的"风向标"。为此,企业应积极利用大数据、人工智能、区块链等技术探索经济模式创新,为打造便捷、高效的营商环境提供动力,为实现全面的供给侧结构性改革提供服务,为推动我国产业从要素驱动、投资驱动向创新驱动转换提供支撑,从而让企业的创新发展成为推动我国经济高质量增长动力变革的持久优势。

（3）政务与商业模式协同变革,为企业创新提供制度保障

由计划经济模式向市场经济模式的转变带来的一系列丰硕成果从宏观上印证了我国始终走在正确的制度轨道上。党的十八大以后,伴随着要素驱动向创新驱动的转变,新一代信息技术的出现加速了传统制造业的转型升级,促使制造业与服务业融合发展的创新模式逐渐成为促进我国经济实现高质量增长的"主力军",而实现这一切的微观主体仍在于企业。互联网背景下的企业的商业模式变革需要以"互联网＋政务服务"的制度变革模式为其保驾护航。因此,顺应时代的发展模式,及时调整政务与商业模式协同变革的节奏,是促使企业创新、产业融合、经济高质量发展的制度保障。

第三节 "两业"融合对制造业发展质量的影响机制

"两业"融合对制造业发展质量的影响机制主要有两种,即基本影响机制和非线性影响机制,以下分别对其进行探讨。

一、基本影响机制

"两业"融合对制造业发展质量的基本影响机制主要体现在效率提升、结构优化、新技术创新促进、绿色化转型、价值链攀升等五个维度。

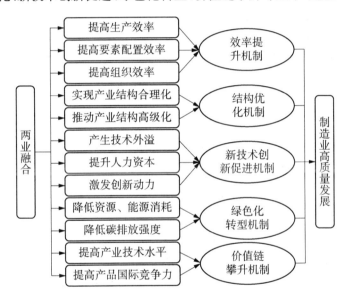

图2.1 "两业"融合对制造业高质量发展的基本影响机制

(一) 效率提升机制

当制造业与生产性服务业融合时,会通过降低制造业生产成本,提高生产效率;突破产业壁垒,提高配置效率;促进产业创新,提高产业组织效率三大途径机制来促进制造业效率提升。第一,降低制造业成本,提高生产效率。分工逐渐深化,原有的价值链在分工深化的过程中逐渐断裂,逐步形成分工更加专业化的部门,其中一些部门替代了原先制造业内部的服务部门,咨询、财务、广告、物流等内部服务不再是制造业自给自足,而是由逐步形成并成长起来的更加专业化的服务行业提供。这种"服务外包"会产生两个方面的影响。首先,专业化分工使得制造业企业将一些原本自给自足的服务环节外包出去,形成一定规模的市场需求,由于需求端的拉动,使得外部提供这些服务的企业逐渐壮大起来,形成规模效益,进而可以提供更加多样、标准、专业的生产者服务,最终使得其在数量、规模、质量上激增,由于其是外部提供的,较制造业企业自给自足更易实现规模经济,从而引致更高的生产力,促使生产成本降低。其次,由于外部提供的服务替代了原先制造业的内部供给,使得制造业可以将资源配置在产品增值的关键环节,降低制造业的中间投入,通过这样的外包可以节省对于服务体系的投资,降低沉没成本。从这个角度来说,其可以通过减少产品创造成本来提高效率。第二,突破产业间壁垒,提高要素配置效率。制造业与生产性服务业融合可以有效打破产业间的既有壁垒,拓宽融合产业既有的生存和发展空间,为产业融合的实现提供前提保障,进而促进人才、知识、资本、技术以及信息等各类要素实现自由流动,提高传递和共享效率,高效地把各类要素资源的使用价值发挥到最大水平,从而增加融合产业产出,提高效率。同时,"两业"融合打破了原有的产业组织形态,推动不同行业的企业之间产生横向关联,形成横向产业组织,进而推动制造业和生产性服务业间的信息、知识、技术、资本等要素资源进行跨越时空的共享和结合,实现复合经济效应,提高制造业要素配置效率。第三,促进制造业创新,提高产业组织效率。制造业与生产性服务业融合发展必然伴随着产业创新的诞生。产业融合的发展会促进新兴产业的出现,除此之外,产业融合还会带来技术创新、产品创新、产业链创新以及服务创新,这些创新的发展一方面会改革传统制造业的发展模式,促使产业结构优化升级,淘汰落后产能,进而提高传统产业效率。另一方面会产生产业、企业间新的组织联系,进而改变所处市场竞争的环境和范围,打破垄断,提高企业竞争力和产业竞争力并逐步走向完全竞争,进而提高产业经济运行效率。"两业"融合的效率提升效应已被国内外相关学者实证研究所佐证(Niedergasselr,2007;刘志彪,2007;冯泰文,2009)。

(二)结构优化机制

"两业"融合主要从合理化和高级化两方面推动产业结构优化,实现产业结构与资源供给结构、技术结构、需求结构相适应。首先,"两业"融合可以更好地实现产业结构合理化发展。各产业内部保持着符合产业发展规律和内在联系的比率,保证各产业持续、协调发展,同时各产业之间协调发展。依据熊彼特的技术创新理论,高增长部门处于相对优势地位是由于其距离技术创新群相比于其他部门更近。互联网技术的普及和运用,会促使各产业与创新起源点的距离基本相同,差不多的距离导致技术进步周期的步调基本一致,技术在不同产业间的流动和共享使得原有产业发生了技术融合。

这种通用的融合的技术将制造业和服务业的边界更加模糊化,降低了产业之间相互进入的壁垒。服务业为制造业的生产和日常活动提供技术支持,制造业在获得了更加专业化的外部服务之后,自身的技术水平和潜在的发展能力得以提高,而服务业借此分享制造业服务化的益处,市场需求得到扩大。由此可见,产业之间产业增长率上升的差距在逐渐减小,从而产业增长的速度差异缩小,产业替代的动力大大减弱,产业原本的低增长速度通过融合获得提高。因此,"两业"融合为多产业并行发展提供了可能,未来的经济增长将表现为多元新兴部门并行发展、相互促进的特征(唐昭霞,2008)。其次,"两业"融合推动产业结构向高级化发展。它遵循产业结构演化规律,使产业结构整体素质和效率向更高层次不断演进,实现资源优化配置,从而推进产业结构的高级化发展。第一阶段,"两业"融合可以开辟出新的市场和需求,原本没有相互关系的产业在融合后会形成相互合作相互替代的关系,企业间可以共享双方的资源和技术,大大地降低了企业的研发和生产成本,在促进了新兴产业的发展的同时促使产业结构的升级。此外,新兴产业的出现会增加传统产业的危机感,企业为了加强在市场中的竞争力,会通过改善产品质量、降低生产成本等方式来提高产品的竞争力,一旦企业的竞争力提高,社会资源必然会流向该部门,带动企业整体的产业能力和人才素质,促进企业产业化发展。而产业化作为衡量产业结构升级的标准,也是产业融合的基本条件,产业融合在调整传统产业结构的同时,现代高新技术产业会和传统产业发生渗透融合,促进新兴技术成果的产业化,为产业结构的升级提供动力。第二阶段,这一过程中要素自由流动,要素的结构逐渐适应新的产业环境和经济环境,劳动力、资本和技术,这三者如果可以在放松的客观环境中达到充分的流动和共享,那么要素结构会达到最优,最优的要素结构决定了最优的产业结构。"两业"融合的结构优化机制效应已在相关学者的实证检验中被佐证(Nystrom,2007;Julia,2008;单元媛等,2013;周春波,2018)。

(三) 新技术创新促进机制

一般而言,生产性服务业具有非常高的专业性,拥有高端的知识储备、前沿的技术,在各相关领域有大量先进技术人才,例如具备高技术含量的信息技术服务业、技术勘察业等;或是拥有多元化的资本来源渠道,例如资本实力的金融业、保险业:可见生产性服务业具有知识密集性、技术密集性和资本密集性的特征。当其与制造业发生产业融合时将这些要素特征为制造业所用,从而可以促进制造业新技术创新,推动制造业高质量发展(陈玟洁,2016)。在这一过程中,主要从以下四方面影响制造业新技术创新。第一,产生技术外溢。当今世界正面临着新一轮的技术革命，即在信息技术革命的基础上向更广更深拓展，涌现出了人工智能、机器人技术、量子信息、生物科技等众多高新技术，并在各产业间广泛应用与扩散。在这一趋势下，一些制造业生产经营环节的技术密集度越来越高，需要的技术组合越来越多样化和复杂化，对外部技术的需求也越来越大，这推动了制造业与服务业之间的技术融合。在产业融合过程中，高技术服务业的先进技术通过嵌入制造业价值链等多种方式不断向制造业渗透，进而产生技术外溢，制造业可通过学习进行再创造并融入产品或服务中去，最终拓展自身的技术创新深度并提升自身的创新效率（高智、鲁志国，2019）。第二，提供创新人才。制造业企业的生产活动由多个生产环节构成，就单个制造企业而言，他的资源、人力资本与知识资本是有限的，不可能在各个生产环节都具有优势，只能将资源集中在优势环节的生产上，管理人才与技术创新人才相对不足。服务业如咨询、培训等行业通过为制造业培训各种管理人才和专业技术人才，将专业化的人力资本与知识资本投入到制造企业的生产过程中去，有助于解决制造业发展过程中的人才缺失问题，能为制造业提高技术创新能力提供所需的高素质与高专业化的研发人才与创新资本。第三，激发创新动力。由于服务业为制造业提供全面高效的专业化服务，一定程度上降低了制造业的进入机制，加大了制造业的竞争压力，在这种潜在进入者竞争压力的迫使下，制造业企业为提高自己的竞争力，并为潜在进入竞争者创造进入壁垒，不断加大研发投入、进行科研开发与技术创新。例如随着服务行业加入到电子制造业中，电子制造业的进入机制降低，电子制造业为了提升自己的竞争力，为潜在进入者设置进入壁垒，就需要不断研发与进行技术创新，降低成本并提升自己的技术水平（陈玟洁，2016）。第四，降低创新风险。制造业与生产性服务业尤其是信息服务业的融合，为制造企业控制创新风险提供有效手段。首先，信息服务业通过嵌入制造业价值链，助力制造业龙头企业建立行业研发平台和成果转化平台，通过信息平台的搭建沟通了创新链上的不同环节节点，促进信息共享，提高制造业企业对创新风险的预警能力。同时，信息技术的应用为企业新产品的中试提供有效的技术平台，通过试用和数据模拟，可以对创新过程出现偏离创新标准的行为进行调整，降低创新失败的风险。

（四）绿色化转型机制

经济新常态背景下，传统经济发展模式已难以为继，必须转向实现经济与环境保护协调发展的绿色发展模式。作为一种依附型知识经济模式，绿色经济需要通过高新技术推动生产、流通、分配、消费等多环节的绿色化发展。绿色发展视域下的内在要求与丰富内涵,在于保护生态环境推动可持续发展。客观而言,绿色发展的形式多样化,要减少资源消耗,降低排放,促进低碳发展,促进资源循环发展,维护生态系统的稳定性、可持续发展等。

"两业"融合的绿色转型机制效应具体表现为:第一,基于服务化竞争战略转变的需要,制造业企业的生产过程将投入更多的研发设计、信息技术支持、金融和分销服务等生产性服务,与这些生产性服务相伴的是大量专业的人力资本、知识、技术和管理诀窍进入制造环节,因此投入服务化事实上为制造业生产注入了高质量的中间投入品,并通过制造业和服务业的产业关联产生技术溢出效应,从而提高企业的运行效率和对其他生产要素的使用效率(Arnold等,2011;吕越等,2017)。第二,服务要素投入部分替代了能源要素投入,降低了制造过程对能源的消耗。同时,随着分工的深化,越来越多的制造业企业将服务外包给外部专业服务商(戴翔,2016),外部专业服务商为制造商输入的服务往往效率更高,能以更低的能源消耗实现同等功效的服务功能。第三,有关产业结构优化与碳排放强度下降的关系也得到了部分学者的证实(周银香、吕徐莹,2017),投入服务化是制造业内部结构优化的表现,因此由投入服务化带来的制造业结构优化将有助于降低碳排放强度。第四,"两业"融合通过产品租赁与共享效应可降低制造企业的碳排放,促进绿色发展。随着共享经济的发展,制造业将租赁环节内化会催生制造业产品的租赁与共享模式,这种产品的租赁与共享提高了单位产品的使用频率、服务功能与经济效益,节约了制造产品生产资源的投入,因而会减少生产中的碳排放。而且,制造产品租赁与共享模式的诞生,催生制造厂商生产更耐用的产品以降低产品淘汰率,进而降低原材料和能源的消耗,促进"绿色"环境效益的形成。

(五)价值链攀升机制

针对攀升全球价值链影响因素的研究文献,可谓浩如烟海,但是针对"两业"融合影响全球价值链升级的直接研究还比较鲜见。综合来看,聚焦于生产性服务业与制造业国际竞争力之间关系的研究,以及制造业服务化对企业绩效影响的研究所取得的丰富成果,对本研究具有一定启发意义。

"两业"融合主要从以下三个维度影响制造业全球价值链升级。第一,"两业"融合能促进产业技术水平提升。处在价值链低端的制造业,为了提升分工地位,增加生产性服务要素投入,将原本内置的服务部门剥离,外包给效率更高、成本更低的专业服务企业,专注于核心环节,大大提高了制造业内部资源配置效率,企业资源配置效率的提高进一步促进了制造业技术的提升。同时,大数据、云计算和物联网等信息技术服务要素推动了制造业的智能化和生产方式的创新发展,极大地提高企业的生产经营效率和技术创新能力,保证了企业技术创新能力提升的稳定化和持续化,提高制造业全球价值链地位。第二,"两业"融合能有效提高产品国际竞争力。"两业"融合下,生产性服务业专业化提供服务产品促进了生产性服务部门规模的扩大,一方面降低了制造业服务要素投入成本,另一方面提升了服务要素投入品质。就制造业而言,专注于核心生产环节,把有限资源配置到效率最大化的部门,节约了企业生产成本。内部生产成本的降低和外包服务要素投入成本的降低,使得制造业企业单位产品成本不断减少,利润不断提高,能够将更多资金投入到研发设计等技术创新活动中,促进产品功能的高端化和综合化,提高产品国际竞争力。"两业"融合对制造业价值链攀升效应已在相关学者的实证研究中得以验证(江静等,2007;高觉民等,2011;顾乃华等,2006;黄永春等,2013;谭洪波,2015;周大鹏,2013)。第三,"两业"融合通过制造业服务化和服务业制造化两大路径促进制造业价值链攀升。制造业与生产性服务业融合的主导方向有两大路径,即制造业服务化和服务业制造化,无论是制造业服务化还是服务业制造化,都会促进制造业转型升级和由价值链低端向高端滑动。不同制造业行业企业应根据自己所处领域和实际状况,选择适宜的与生产性服务业融合路径和融合模式,才能实现"两业"融合的价值链攀升效应。对于装备制造业企业来说,制造业服务化的可行路径是实现由提供设备向提供系统集成总承包服务转变,由提供产品向提供整体解决方案转变;对于消费品工业企业来说,与服务业融合的主要方向是更好满足个性化、高端化需求,通过个性化定制、全链式智能生态服务实现转型升级;对于现代物流企业来说,服务业制造化的路径是,加快融入制造业采购、生产、仓储、分销、配送等环节,从而达到降本增效的目的;对于研发设计服务企业来说,服务业制造化的主要方向是,引导研发设计企业深度嵌入制造业转型升级的关键环节,提升制造业创新水平和制造业基础能力,促进制造业价值链向高端提升。

二、非线性影响机制

制造业与生产性服务业两系统融合是一个动态演化的复杂过程,"两业"融合对制造业高质量发展的影响并不是长期固定的简单线性关系。在"两业"融合的不同阶段对制造业发展质量的影响将呈现不同的特征。在"两业"融合初期阶段,制造业本身大而全的经营理念可能使得生产性服务业尚且没有从制造业中分离出来,享受不到分工带来的规模效应等好处,同时,制造业的技术生产路线、业务流程等方面在不断调整更新以满足融合战略要求,这一过程必然消耗巨额的管理成本和财务投入(谭清美等,2016)。新增利润赶不上融合成本增加的速度,在此基础上制造业企业将会为"两业"融合承担风险成本。再者是生产性服务业本身的服务能力在初期达不到制造业的需求,导致服务业的供给质量的不足,从而无法提高制造业的效率。制造能力与服务能力的矛盾,造成整体制造业的发展缓慢甚至下降,不利于制造业高质量发展。这与许和连等(2017)、陈丽娴等(2017)的结论相似,制造业投入服务化对企业的创新效应、成本效应等并非都是促进作用。在"两业"融合逐渐产生成效时,生产性服务业如其中的信息业能为制造业发展提供信息技术、拓宽知识获取渠道和帮助企业控制风险,获得创新红利。制造行业内龙头企业开始向附加值更高的服务端延伸,实施服务化战略,将先进的生产方式和知识引入生产,对生产物资和产品作更细致的流程管理,生产专业化程度提升,劳动分工更精细。众多追随企业均通过实施服务化战略提升技术效率,这种大规模的深入融合下,促使整体制造业发展质量改进显著(李琳、刘凯,2018)。综上,"两业"融合对制造业高质量发展的影响将呈现"U"型特征。

根据这一推论,中国东、中、西、东北地区制造业发展呈现明显差异化特征以及生产性服务业发展的不均衡化,"两业"融合对制造业高质量发展的影响可能在省际层面上将呈现出非均衡特征,进而可认为并非所有地区制造业都能与生产性服务业实现深度融合并持续从中受益(李琳、罗瑶,2019)。在东部沿海制造业发达地区,其生产性服务业产业层次和技术含量高,产业融合和产业创新政策较为完善,具有人才、科创、市场等优势,使得先进制造业与现代服务业的融合能够通过效率提升、结构优化、新技术创新促进、绿色化转型、价值链攀升等机制促进制造业高质量发展,处于"U"型曲线右侧;在相对不发达地区,首先,除了受本身经济规模和发展程度差异限制外,一方面,缺乏柔性的技术路径对高度专业化的生产性服务依赖性较弱(李琳、罗瑶,2019),需求的不足制约了对产业融合的拉动作用。另一方面,技术、人才、资本等要素滞后,信息基础设施建设不完善,造成"两业"融合的推力欠缺。其次,推进产业融合需要大量成本投入,对于制造业欠发达地区而言,将会面临一段转型时期,若是忽略地区产业基础与融合质量,盲目追求高阶融合,融合后期有可能存在"拔苗助长"的风险(李琳、罗瑶,2019)。这些地区可能尚处于"U"型曲线左侧,这种较低层次的融合还无法促进制造业高质量发展。

第四节　本章小结

本章首先界定了"两业"融合的内涵,从分工理论、产业组织理论、产业链理论、创新系统理论、产业融合理论等视角分析了"两业"融合的理论基础与理论借鉴;从基础动力、内生动力和外生动力三维视角探析了"两业"融合的动力机制。其次,从马克思关于商品质量理论、产业升级理论和创新驱动发展理论等视角简析了制造业高质量发展的理论基础,重点从基本影响机制和非线性影响机制维度探析了"两业"融合对制造业发展质量的影响机制。旨在为整个课题研究提供理论支撑。

第三章　我国"两业"融合度的动态测度及异质性研究

本章之目的,在于动态测度我国"两业"融合水平,从"区域—行业"双重视角动态分析我国"两业"融合度的异质性演化特征,揭示我国"两业"融合度的动态演化趋势、异质性特征及凸显"短板";同时,为后文探究"两业"融合对制造业发展质量影响效应以及因地制宜选择"两业"差异化融合模式提供依据。

第一节　"两业"融合度的测度方法

一、测度方法的选取:耦联评价模型

虽然学术界对产业融合的研究已取得重要进展,但对于融合测度的方法尚未达成统一的结论。当前用于测度产业融合的方法主要有专利系数法、赫芬达尔指数法、投入产出法、耦联评价模型和综合评价法等几种。

(一)专利系数法

专利系数法是较早被用于测度产业融合的方法之一,该方法以产业的专利授予情况为载体来计算产业之间的技术融合度。具体测算方法为:如需测度 X、Y 两个产业间的融合度,则应首先选择大量具有代表性的企业作为研究对象,考察所选企业的专利授予情况,并将所有企业被授予的专利活动分为 X 与 Y 产业,分别计算出两个产业的专利授权活动所占份额,再算出各产业专利授予活动份额之间的关联度,以此衡量两个产业的技术融合度。

(二)赫芬达尔指数

赫芬达尔指数法也是应用较为广泛且使用较早的产业融合测度方法之一。赫芬达尔指数法最初被用于测度产业集中度,后来由于技术融合被视

为产业融合的关键,该方法被用于测量产业间的技术融合度以衡量产业融合水平。赫芬达尔指数的计算方法为:

$$HI = \sum_{i=1}^{N}(X_i/X)^2 = \sum_{i=1}^{N}S_i^{\,2} \qquad (3-1)$$

其中,HI 为赫芬达尔指数,表示产业之间的技术融合度,N 为行业数量,X_i 表示第 i 个行业拥有的专利数量,X 表示所有行业拥有的专利数量总和,S_i 表示第 i 个行业的专利占有比例,可以代表 i 行业的专利垄断程度。可以看出,HI 指数越大,则各个行业拥有的专利集中度越高,专利的垄断程度越深,产业间的技术融合度越低;反之,HI 指数越小,不同行业拥有的专利集中度低,专利的垄断程度越浅,产业间的技术融合度越高。

(三)投入产出法

由于专利系数法与赫芬达尔指数法的计算均需要产业专利授权数据且该数据较难获取,而制造业与生产性服务业的融合主要为互补型融合,因此有学者使用投入产出法计算制造业与生产性服务业的融合水平。

投入产出法基于投入产出表的数据,计算出产业之间的中间投入率、中间需求率、后向关联效应、前向关联效应等重要指标来反映产业融合的实际程度。其中,中间投入率=某产业对其他产业的中间投入/其他产业总投入,可用于衡量该产业对其他产业的带动作用,该指标越大,则该产业对其他产业的带动作用越强;中间需求率=其他产业对某产业的中间需求/该产业的总需求,可用于衡量该产业对其他产业的依赖程度,该指标越大,则该产业对其他产业的依赖程度越深;后向关联效应指产业的发展变化引起其后向关联部门变化的大小;前向关联效应则是指产业的发展变化引起其下游产业的变化,关联效应的大小可以用感应系数来衡量。以上指标均为正向指标,指标的数值越大,表示产业之间的关联程度越大,产业间的融合水平也越高。

(四)耦联评价模型

耦联评价模型是借鉴物理学中耦合系统概念建立的系统关联度评价模型,主要用于度量不同行业或不同综合体系之间的关联度。耦联评价模型通过构建系统综合评价指标体系,计算两个系统之间的耦联协调度来衡量其融合程度。行业之间的耦联协调度数值越大,则融合水平越高,反之,耦联协调度数值越小,则融合水平越低。

专利系数法与赫芬达尔指数法在测度融合水平时均需行业的专利授权数据,但生产性服务业分行业专利数据难以获取,因此该测度方法难以应用于制造业与生产性服务业融合水平的测度;投入产出法是目前使用较多且理论上较为合理的测度方法,但投入产出表每5年更新一次,各省份的投入产出表扩展表更新情况不统一,因此样本量过少难以客观反映制造业与生产性服务业融合的现实情况,也不能反映"两业"融合随时间推移呈现出的动态变化特征,无法满足本章动态测度的研究要求。耦联评价模型是以物理学耦合系统概念为基础构建的模型,能够反映产业之间相互依赖、相互促进、相互协调的关联关系,因此课题借鉴相关文献(贺正楚,2015;张虎,2019等)对产业融合的研究,采用耦联评价模型对制造业与生产性服务业的融合水平进行测度。

二、耦联评价模型构建

耦联评价模型主要用于测度两个复杂系统之间的关联关系,制造业与生产性服务业都包含较多细分行业,是较为庞大的产业体系,因此耦联评价模型适用于测度制造业与生产性服务业的融合水平。具体模型构建如下:

(一)功效函数和指标标准化

设 z 为制造业子系统的系统序参量,z_{ij} 为制造业子系统中第 i 个指标的第 j 个变量,对应的值为 $x_{ij}(i=1,2,3\cdots n,j=1,2,3\cdots m)$,$n$ 为制造业系统子指标的个数,m 为 i 指标变量参数的个数;同理,s 为生产性服务业子系统中的系统序参量,s_{ij} 为生产性服务业子系统中第 i 个指标的第 j 个变量,对应的值为 $y_{ij}(i=1,2,3\cdots n,j=1,2,3\cdots m)$,$n$ 为生产性服务业系统子指标的个数,m 为 i 指标变量参数的个数。根据最大最小值法对数据进行标准化后,制造业子系统和生产性服务业子系统的功效函数模型分别表示为:

$$z_{ij}=(x_{ij}-x_{ij\,min})/(x_{ij\,max}-x_{ij\,min})\times C \qquad (3-2)$$

$$s_{ij}=(y_{ij}-y_{ij\,min})/(y_{ij\,max}-y_{ij\,min})\times C \qquad (3-3)$$

其中,$x_{ij\,max}$ 与 $x_{ij\,min}$ 是制造业子系统中第 i 个指标中第 j 个变量的最大值与最小值,$y_{ij\,max}$ 与 $y_{ij\,min}$ 是生产性服务业子系统中第 i 个指标中第 j 个变量的最大值与最小值,C 为常数,此过程是对 z_{ij} 和 s_{ij} 进行标准化处理。

(二)子系统贡献值

制造业与生产性服务业子系统的贡献值如下所示:

$$MC=\sum \lambda_{ij}z_{ij} \qquad (3-4)$$

$$SC = \sum \mu_{ij} s_{ij} \tag{3-5}$$

其中，MC，SC 分别为制造业子系统与生产性服务业子系统的贡献值，λ_{ij} 为制造业子系统的权重，z_{ij} 为制造业子系统第 i 个指标第 j 个变量值（标准化后），μ_{ij} 为生产性服务业子系统的权重，s_{ij} 为生产性服务业子系统第 i 个指标第 j 个变量值（标准化后），指标权重的赋值采用熵权法计算得出。

从子系统贡献值的结果来看，MC 数值越大，表明制造业发展水平越高；SC 数值越大，说明生产性服务业发展水平越高。当 $MC > SC$ 时，表明制造业的发展水平高于生产性服务业的发展水平；当 $SC > MC$，表明生产性服务业发展水平高于制造业的发展水平。

在熵权法中，假设评价对象包括 n 个地区，共 m 个评价指标，设 a_{ij} 为第 j 个地区的第 i 个指标数据标准化后的结果，则第 i 个指标的熵 H_i 的计算方法为：

$$H_i = -h \sum_{j=1}^{n} k_{ij} \ln k_{ij} \tag{3-6}$$

其中，$k_{ij} = \dfrac{a_{ij}}{\sum\limits_{j=1}^{n} a_{ij}}$，$h = \dfrac{1}{\ln n}$（假定：当 $k_{ij} = 0$ 时，$k_{ij} \ln k_{ij} = 0$）。

将指标的熵值确定后就可以计算出该指标的熵权值 ω_i：

$$\omega_i = \dfrac{1 - H_i}{m - \sum\limits_{i=1}^{m} H_i} \tag{3-7}$$

得到的 ω_i 即为第 i 个指标的权重，由公式可知，相对于同一个指标，地区间该指标的差值越大，则该指标的熵值越小，最终得到的熵权值越大，说明该指标在评价过程中的贡献度越大。

（三）耦联度与耦联协调度模型

制造业与生产性服务业子系统在演化过程中具有各自的演变状态，也具有一定的相互关联，当整个系统在不断演化的过程中达到稳态时，可以计算出系统耦联度 C。系统耦联度 C 可以在一定程度上反映制造业与生产性服务业的耦联关系，但是由于制造业与生产性服务业子系统在演变过程中的演化基础、演化环境都存在一定差异，系统耦联度 C 对"两业"融合关系的反映相对片面，因此计算出系统的耦联协调度 D 以客观全面地反映制造业与生产性服务业的融合水平。具体计算方法如下所示：

$$C = \sqrt{\frac{MC \times SC}{(MC + SC)^2}} \qquad (3-8)$$

$$T = \alpha \times MC + \beta \times SC \qquad (3-9)$$

$$D = \sqrt{C \times T} \qquad (3-10)$$

其中,C 为制造业与生产性服务业的系统耦联度,T 为制造业与生产性服务业融合发展的综合协调指数,α 和 β 分别为制造业与生产性服务业的行业贡献度,其大小由两个行业的重要程度决定,$\alpha + \beta = 1$,D 为制造业与生产性服务业的耦联协调度,能够较为清晰全面地反映制造业与生产性服务业的融合水平。

借鉴学术界已有的划分标准,本课题对制造业与生产性服务业的耦联协调度进行了阶段划分,详见表3.1。当耦联协调度处于0～0.4时,制造业与生产性服务业处于低水平融合阶段,行业之间的边界和壁垒较为明显,两个行业之间的关联度极低;当耦联协调度处于0.4～0.7时,耦联协调度处于中等水平,制造业与生产性服务业的融合处于磨合阶段,两个行业之间的边界开始变得相对模糊,行业之间的关联性较强,但融合水平仍不够高;当耦联协调度处于0.7～1时,耦联协调度较高,制造业与生产性服务业处于高度融合阶段,两个行业之间的边界变得更为模糊,行业之间联系非常紧密,融合程度达到较高水平。

表 3.1　制造业与生产性服务业耦联协调度划分

耦联协调度	融合程度	融合阶段
$0 < D \leqslant 0.4$	低水平融合度	拮抗阶段
$0.4 < D \leqslant 0.7$	中等水平融合度	磨合阶段
$0.7 < D \leqslant 1$	高水平融合度	融合阶段

第二节　"两业"融合度的动态测度

一、测度指标选取

本课题认为,制造业与生产性服务业的融合具体应体现在两个产业在规模上的适应性、结构上的配套性、空间上的协同性与发展潜力上的匹配性,因此可分别从产业规模、产业结构、区位优势和发展潜力四个维度构架"两业"融合评价标准,再下设具体细化指标构建评价指标体系。

指标选取遵循如下原则:①科学性。选取指标时应以客观科学为原则,选取的指标应具有较强的代表性,能够客观真实地反映制造业与生产性服务业的实际发展水平。②可操作性。选取的指标应具有充分的可行性,能够直接获取或通过间接计算得到,制造业与生产性服务业对应指标之间的度量和计算方法应尽量保持统一,确保实际可操作性。③突出产业特点和重点贡献值。制造业与生产性服务业具有各自的产业特征,在演化过程中的发展优势与产业的发展重点必然存在差异,所选指标应能够客观反映两个产业各自的重点和优势特征。遵循以上指标选取原则,并参照相关文献(杜传忠,2013;贺正楚,2015;丁洪福和赵丽洲,2018)对产业融合的研究,本课题构建了制造业与生产性服务业融合的耦联评价模型指标体系,一级指标包括产业规模、产业结构、区位优势、发展潜力,每个一级指标下设相应具体指标。评价指标及其计算方法见表 3.2、3.3。

表 3.2　制造业发展水平评价指标

一级指标	二级指标	计算方法
产业规模	就业人数	制造业就业人数
	固定资产投资额	制造业固定资产投资额
	产业增加值	制造业增加值
产业结构	产值比重	制造业产值/第二产业总产值
	就业人数比例	制造业就业人数/第二产业就业人数
	固定资产比重	制造业资产额/第二产业固定资产投资额
区位优势	区位商	(地区制造业从业人员/地区所有产业从业人员)/(全国制造业从业人员/全国所有产业从业人员)
	比较利税率	(地区制造业利税总额/地区制造业总产值)/(全国制造业利税总额/全国制造业总产值)(**区域层面**) (子行业制造业利税总额/子行业总产值)/(制造业利税总额/制造业总产值)(**行业层面**)
发展潜力	产值增长率	(制造业增加值－前一年制造业增加值)/前一年制造业增加值
	资产增长率	(资产总计－前一年资产总计)/前一年资产总计
	利润增长率	(利润总额－前一年利润总额)/前一年利润总额

表 3.3　生产性服务业发展水平评价指标

一级指标	二级指标	计算方法
产业规模	法人单位数	法人单位数
	产业增加值	生产性服务业增加值
	固定资产投资额	生产性服务业固定资产投资额
产业结构	产值比重	生产性服务业增加值/第三产业增加值
	就业人数比例	生产性服务业就业人数/第三产业就业人数
	固定资产比重	生产性服务业固定资产投资额/第三产业固定资产投资额
区位优势	区位商	(地区生产性服务业从业人员/地区所有产业从业人员)/(全国生产性服务业从业人员/全国所有产业从业人员)
	相对劳动报酬率	(地区生产性服务业就业人员工资总额/地区就业人员工资总额)/(全国生产性服务业就业人员工资总额/全国就业人员工资总额)(**区域层面**) (子行业生产性服务业就业人员工资总额/生产性服务业就业人员工资总额)/(生产性服务业就业人员工资总额/就业人员工资总额)(**行业层面**)
发展潜力	就业人数增长率	(从业人员数−去年从业人员数)/去年从业人员数
	增加值的增长率	(行业增加值−去年行业增加值)/去年行业增加值
	固定资产投资增长率	(固定资产投资额−去年固定资产投资额)/去年固定资产投资额

产业规模:产业规模指标着重从产业的经济规模角度出发对制造业与生产性服务业的发展水平进行评价,反映的是产业的现有规模大小。生产性服务业是随着产业分工的不断深化从制造业中剥离出来的行业,主要服务于制造业,制造业也始终是生产性服务业蓬勃发展的重要支撑和需求来源,两者联系非常紧密且通常会在地理上形成集聚。生产性服务业与制造业融合是两个产业长期发展的结果,随着信息化程度的提高,制造业扩张引致生产性服务业需求的增加,生产性服务业内嵌于制造业,利用自身技术产业优势,通过技术扩散服务于不同层次的加工制造业,两大产业在互动发展的过程中产业边界逐渐模糊,实现了两大产业在多层面的相互渗透融合。因此,在"两业"融合过程中,生产性服务业与制造业必然在产业规模方面相互适应、相互匹配。对产业规模的衡量通常从人力资本存量规模、固定资产规模、行业产值规模以及行业增加值占 GDP 的比重等视角进行考察,综合

考虑数据的可得性和指标的合理性,课题选取产业就业人数、固定资产投资额度及产业增加值三个指标来衡量产业规模。

产业结构:产业结构指标着重从制造业和生产性服务业在第二、第三产业的内部结构中所处的地位对两个产业进行评价,可分别从产值、人力资本吸纳能力和固定资产投资三个方面分别对第二、三产业作出的贡献大小进行考察。制造业与生产性服务业的融合本质上是价值链的重组,是一个打破原有产业或企业间的分工链条,并对其进行重新整合形成一条新的价值链的过程。制造业与生产性服务业在多层面渗透融合过程中,最终呈现的形式主要有两种:即制造业服务化和服务业制造化,两者共生于当下的经济发展过程之中。其中,制造业服务化是指在现代信息技术的支撑下,制造业产品服务环节回归制造企业,企业不再以生产产品为中心,更多专注于以满足消费者个性化需求为中心,以产品服务和物理产品为载体,集数据化、网络化、智能化生产方式于一体,从而形成一种高级产业形态(徐振鑫等,2016);服务业制造化是指服务业吸纳制造业,在此过程中服务业厂商将制造业的现代化生产方式、标准化产品引入到服务业,从而使服务业中具有越来越多制造业的元素(肖挺、刘华,2013)。无论是制造业服务化还是服务业制造化,均会对当地的产业结构产生影响,这种影响也体现在两个行业分别对二三产业的贡献率的变化上。因此,随着制造业与生产性服务业融合的不断深化,两个产业必然会实现在产业结构上的配套性。综合考虑数据的可得性,课题选取行业的产值比重、就业人数占比、固定资产比重三个指标来衡量产业结构。

区位优势:区位优势指标主要用于衡量产业在产业规模、经济利润等方面与当地其他产业相比是否处于优势地位。随着制造业与生产性服务业融合程度的不断加深,两者在空间上的协调性会随之提高,逐步实现在空间上的高度协调,促进制造业与生产性服务业产业规模的扩大,成为区域内的优势产业。这种空间协调和产业规模变化在地理上主要体现为制造业与生产性服务业的协同集聚,产业协同集聚通过为两个产业带来资源集聚、基础设施共享、交易成本降低和相邻企业之间的知识溢出促进产业的深度融合,与此同时,产业融合也会为产业集聚创造更多的机会和新的生产合作模式,从而巩固产业集聚的成果。制造业与生产性服务业的融合与两者的协同集聚是相辅相成、相互促进的,在衡量制造业与生产性服务业的融合程度和空间优势时,两者在空间上的集聚现状是不容忽视的因素之一。随着"两业"融合程度的加深及"两业"在融合区域的协同集聚,会逐步实现两个行业在区位优势上的匹配性和适应性,课题采用区位熵和比较利税率两个指标表征产业区位优势,其中,区位熵可以用于衡量产业的集聚程度,一个产业区位熵越大,其集聚水平就越高,反之,则集聚水平越低;比较利税率可以反映产业在当地是否处于优势地位,比较利税率越高,则说明产业在当地属于高收益率的行业,在所有产业中占优势地位。

发展潜力:发展潜力指标着重从行业的未来发展趋势方面进行评价,大多用增长率指标进行衡量。制造业与生产性服务业的高度融合能够促进制造业进行产业结构升级、效率提升和交易成本的降低,使制造业焕发新的活力,获得更大的发展空间;同时,"两业"融合也会增强制造业对生产性服务业的支撑作用,使生产性服务业获得更好的发展前景。本课题主要采用人力资本、行业增加值和固定资产投资增加值的增长率对行业的发展潜力进行评价。

二、数据来源

本课题所用制造业数据由《国民经济行业分类 2017》中 31 个制造业细分行业的数据加总得到,参照统计局官网的划分标准,高技术制造业的数据由化学原料及化学制品制造业、医药制造业、通用设备制造业、专用设备制造业、交通运输设备制造业、电气机械及器材制造业、通信设备、计算机及其他电子设备制造业、仪器仪表及文化、办公用机械制造业八个细分行业的数据加总得到,传统制造业数据由其余制造业细分行业的数据加总得到。依据《生产性服务业分类》(2015)并兼顾分析的可行性和数据的可得性,生产性服务业的数据由交通运输仓储邮政业、批发零售业、房地产业、金融业、租赁和商务服务业、科学研究与技术服务业、信息传输计算机软件业七个细分行业的数据加总得到,其中,租赁和商务服务业、科学研究与技术服务业、信息传输计算机软件业为新兴生产性服务业,其余行业为传统生产性服务业。

课题各评价指标数据来源于《中国工业经济统计年鉴》(2004—2020)、《中国第三产业统计年鉴》(2004—2020)、各省区统计年鉴(2004—2020)以及国家统计局官网数据库。个别年份缺失数据采用插值法和线性趋势法计算近似值补足。

三、动态测度

根据上述耦联评价模型及制造业与生产性服务业融合的指标体系,利用 Excel 软件对全国 30 个省级行政区(西藏自治区和港澳台地区数据缺失暂不考虑)的制造业与生产性服务业融合度进行了测度,并且将全国区域划分为东、中、西、东北四大板块,其中东部地区包括北京、天津、河北、上海、江苏、浙江、福建、山东、广东、海南 10 个省(市),中部地区包括山西、安徽、江西、河南、湖北、湖南 6 个省份,西部地区包括内蒙古、广西、重庆、四川、贵州、云南、陕西、甘肃、青海、宁夏、新疆 11 个省(市区),东北地区包括辽宁、吉林和黑龙江 3 个省份,从区域异质性的视角比较制造业与生产性服务业的融合状况;同时,将制造业划分为高技术制造业与传统制造业,从制造业细分行业的视角探究"两业"融合的特征,再将生产性服务业划分为新兴生产性服务业与传统生产性服务业,探析制造业与生产性服务业细分行业的融合状况,这样,从区域异质性与行业异质性双重维度充分探究我国制造业与生产性服务业融合状况与动态演化特征。具体结果见表 3.4。

第三节 "两业"融合的异质性分析

一、"两业"融合度的区域异质性

(一) 全国层面"两业"融合度的动态演化

从"两业"融合度的均值及变化趋势看。由表 3.4 可看出,2003—2019 年,近 17 年 30 个省市区"两业"融合度平均值为 0.508 3,制造业与生产性服务业仍然处于磨合阶段。2003 年全国"两业"融合度的平均值为 0.454 9,2019 年增长至 0.585 6,增长了 28.73%。并且,从图 3.1 中可以明显看出"两业"融合度的演变趋势在 2011 年呈现明显的拐点,2012 年后尤其是党的十八大召开以来,"两业"融合提速明显。总体来看 2003—2019 年我国"两业"融合度呈上升趋势,但整体水平仍较低。

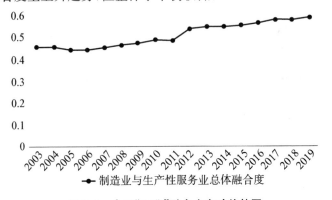

图 3.1 全国"两业"融合度变动趋势图

表 3.4 我国 30 个省(市区)2003—2019 年"两业"融合度

地区	2003	2004	2005	2006	2007	2008	2009	2010	2011	2012	2013	2014	2015	2016	2017	2018	2019	均值
北京	0.5902	0.5724	0.5844	0.6469	0.5967	0.6464	0.6781	0.6212	0.5618	0.6418	0.7006	0.6793	0.6922	0.7058	0.6918	0.6966	0.6975	0.6473
天津	0.5227	0.5488	0.5291	0.4819	0.5065	0.4957	0.4982	0.4980	0.5013	0.6528	0.6716	0.6393	0.6319	0.6398	0.6406	0.6262	0.6200	0.5708
河北	0.4604	0.4572	0.4461	0.4511	0.4525	0.4610	0.4786	0.4988	0.5130	0.5919	0.5997	0.6101	0.6159	0.6349	0.6792	0.6831	0.7015	0.5491
山西	0.3973	0.4033	0.3896	0.3899	0.3926	0.3742	0.3686	0.3768	0.3698	0.3694	0.3559	0.3450	0.3366	0.3543	0.4100	0.3956	0.4074	0.3786
内蒙古	0.3567	0.3612	0.3541	0.3613	0.3701	0.3657	0.3646	0.3994	0.4034	0.4267	0.4443	0.4335	0.4276	0.4262	0.4341	0.4248	0.4221	0.3986
辽宁	0.5115	0.5047	0.4848	0.4909	0.5183	0.5395	0.5624	0.5762	0.5683	0.6114	0.6073	0.5670	0.5334	0.5786	0.5499	0.5363	0.5260	0.5451
吉林	0.4567	0.4229	0.3767	0.3797	0.3952	0.4041	0.4269	0.4263	0.4314	0.4461	0.4404	0.4383	0.4378	0.4437	0.4461	0.4404	0.4383	0.4133
黑龙江	0.3715	0.3681	0.3187	0.3072	0.3107	0.3300	0.3297	0.3425	0.3428	0.3833	0.3713	0.3751	0.3715	0.3583	0.3493	0.3469	0.3408	0.3481
上海	0.6236	0.6661	0.6483	0.6530	0.6695	0.6820	0.6947	0.7168	0.7016	0.7438	0.7648	0.7784	0.8176	0.8279	0.8241	0.8530	0.8698	0.7374
江苏	0.6062	0.6723	0.6520	0.6765	0.7059	0.7708	0.7618	0.7889	0.7997	0.8858	0.8920	0.9134	0.9344	0.9614	0.9868	0.9917	0.9967	0.8233
浙江	0.6064	0.6584	0.6388	0.6537	0.6725	0.6821	0.6853	0.7252	0.6607	0.7168	0.7372	0.7470	0.7565	0.7749	0.7943	0.8046	0.8188	0.7137
安徽	0.3937	0.3823	0.3644	0.3599	0.3700	0.3920	0.4157	0.4451	0.4490	0.5150	0.5368	0.5597	0.5562	0.5802	0.5929	0.6050	0.6182	0.4786
福建	0.4551	0.5119	0.4615	0.4759	0.4882	0.4854	0.4870	0.5070	0.5053	0.6029	0.6178	0.6280	0.6280	0.6336	0.6385	0.6433	0.6480	0.5540
江西	0.3601	0.3404	0.3368	0.3325	0.3527	0.3964	0.3958	0.4206	0.4281	0.4890	0.5069	0.5229	0.5334	0.5472	0.5614	0.5744	0.5877	0.4521
山东	0.5476	0.5771	0.5922	0.6015	0.6322	0.6675	0.6871	0.7030	0.7025	0.7787	0.8041	0.8251	0.8392	0.8525	0.8687	0.8849	0.9006	0.7332
河南	0.4555	0.4455	0.4394	0.4414	0.4520	0.4762	0.4831	0.5097	0.5492	0.6139	0.6479	0.6725	0.6917	0.7077	0.7269	0.7473	0.7666	0.5780

（续　表）

地区	2003	2004	2005	2006	2007	2008	2009	2010	2011	2012	2013	2014	2015	2016	2017	2018	2019	均值
湖北	0.4448	0.4327	0.4412	0.4227	0.4434	0.4656	0.4808	0.4947	0.4894	0.5580	0.5840	0.5791	0.5836	0.5940	0.6023	0.6041	0.6092	0.5194
湖南	0.4307	0.4106	0.3970	0.3886	0.4029	0.4268	0.4315	0.4551	0.4745	0.5284	0.5452	0.5502	0.5613	0.5752	0.5896	0.5984	0.6098	0.4927
广东	0.6198	0.7213	0.7119	0.7310	0.7772	0.8096	0.8090	0.8451	0.8286	0.9128	0.9246	0.9311	0.9370	0.9480	0.9649	0.9704	0.9801	0.8484
广西	0.3727	0.3832	0.3636	0.3476	0.3435	0.3478	0.3558	0.3943	0.3950	0.4432	0.4438	0.4483	0.4556	0.4452	0.4748	0.4812	0.4891	0.4120
海南	0.3804	0.3569	0.3512	0.3477	0.4239	0.3948	0.3960	0.3828	0.3399	0.3720	0.3578	0.3190	0.3274	0.3446	0.3537	0.3457	0.3475	0.3613
重庆	0.4272	0.4074	0.3872	0.3898	0.3816	0.3979	0.3923	0.4068	0.4036	0.4198	0.4477	0.4605	0.4656	0.5101	0.5220	0.5406	0.5605	0.4424
四川	0.4395	0.4139	0.4110	0.4097	0.4241	0.4448	0.4541	0.4800	0.5027	0.5463	0.5454	0.5536	0.5391	0.5568	0.5605	0.5611	0.5644	0.4945
贵州	0.4078	0.3811	0.3782	0.3739	0.3536	0.3496	0.3474	0.3491	0.3361	0.4076	0.4360	0.4352	0.4496	0.4335	0.4485	0.4476	0.4499	0.3991
云南	0.4752	0.4347	0.4140	0.3992	0.3871	0.3693	0.3662	0.3686	0.3713	0.4211	0.4264	0.4294	0.4272	0.4201	0.4196	0.4177	0.4154	0.4096
陕西	0.4364	0.4010	0.3921	0.3824	0.3820	0.3863	0.3868	0.4167	0.4365	0.4406	0.4300	0.4452	0.4463	0.4557	0.4653	0.4728	0.4809	0.4269
甘肃	0.4100	0.3868	0.3642	0.3799	0.3554	0.3441	0.3464	0.3392	0.3218	0.3346	0.3311	0.3247	0.3044	0.3312	0.4142	0.3929	0.4102	0.3583
青海	0.3510	0.3411	0.3579	0.3507	0.3630	0.3731	0.3634	0.3603	0.3498	0.3623	0.3249	0.3292	0.3183	0.3125	0.3285	0.3198	0.3189	0.3426
宁夏	0.3436	0.3203	0.3278	0.3110	0.3141	0.2980	0.3240	0.3280	0.3399	0.3572	0.3670	0.3381	0.3369	0.3653	0.3761	0.3703	0.3748	0.3407
新疆	0.3937	0.3749	0.3500	0.3348	0.3772	0.3524	0.3840	0.4005	0.3851	0.4346	0.4579	0.4576	0.4679	0.4343	0.4622	0.4516	0.4501	0.4099
均值	0.4549	0.4553	0.4421	0.4424	0.4538	0.4643	0.4718	0.4859	0.4821	0.5366	0.5477	0.5482	0.5513	0.5631	0.5769	0.5789	0.5856	0.5083
东部	0.5412	0.5742	0.5616	0.5719	0.5925	0.6095	0.6176	0.6287	0.6114	0.6899	0.7070	0.7071	0.7180	0.7323	0.7443	0.7500	0.7580	0.6538

（续 表）

地区	2003	2004	2005	2006	2007	2008	2009	2010	2011	2012	2013	2014	2015	2016	2017	2018	2019	均值
中部	0.4137	0.4025	0.3947	0.3892	0.4023	0.4219	0.4293	0.4503	0.4600	0.5123	0.5295	0.5382	0.5438	0.5598	0.5805	0.5875	0.5998	0.4832
西部	0.4013	0.3823	0.3727	0.3673	0.3683	0.3663	0.3714	0.3857	0.3859	0.4176	0.4231	0.4232	0.4217	0.4283	0.4460	0.4437	0.4488	0.4032
东北	0.4466	0.4319	0.3934	0.3926	0.4081	0.4245	0.4397	0.4483	0.4475	0.4974	0.4893	0.4711	0.4525	0.4685	0.4496	0.4416	0.4334	0.4433

从"两业"融合度均值排名看。从表 3.4 中各省份的融合度对比可知，考察期间我国省域"两业"融合度的前五名依次是广东、江苏、上海、山东、浙江，平均融合度分别为 0.8484、0.8233、0.7374、0.7332、0.7137，平均融合水平较低的有黑龙江、青海、宁夏。表 3.4 总体反映了我国制造业与生产性服务业融合度明显的区域不平衡特征。结合上文的"两业"融合度所处阶段评价标准，可以将我国 30 个省市区分为拮抗区域、磨合区域、融合区域，具体结果如表 3.5 所示。目前处于"拮抗阶段"的有贵州、内蒙古、山西、海南、甘肃、黑龙江、青海、宁夏共 8 个省份，其中西部省域占据了 5 个；处于"磨合阶段"的共有 17 个省份，分布较为分散；处于"融合阶段"的有广东、江苏、上海、山东、浙江 5 个省份，且均集中于东部。

从"两业"融合度的最高值与最低值的差距看。2003—2019 年 17 年间"两业"融合度均值最高的广东（0.8484），目前已进入融合阶段，最低的是宁夏（0.3407），二者之间的相对差距为 2.4902（均值比，下同），2019 年的相对差距较 2003 年总体上升了 45 个百分点，这也证明了 17 年间我国"两业"融合度最高省份和最低省份之间的差距呈明显扩大之势。

从"两业"融合度所处阶段看。近 17 年我国"两业"融合度呈逐年上升趋势，但整体融合水平低，尚处于"磨合"阶段，且省域间的融合水平差异呈扩大之势；"两业"融合所处阶段的空间分布呈现"拮抗阶段"与"融合阶段"两头小与"磨合阶段"中间大的"橄榄型"结构特征。

表 3.5　30 个省(市区)"两业"融合阶段划分①

拮抗阶段 (0—0.4)	磨合阶段 (0.4—0.7)	融合阶段 (0.7—1)
贵州(0.3991)、内蒙古(0.3986)、山西(0.3786)、海南(0.3613)、甘肃(0.3583)、黑龙江(0.3481)、青海(0.3426)、宁夏(0.3407) (8 省份)	北京(0.6473)、河南(0.5780)、天津(0.5708)、福建(0.5540)、河北(0.5491)、辽宁(0.5451)、湖北(0.5194)、四川(0.4945)、湖南(0.4927)、安徽(0.4786)、江西(0.4521)、重庆(0.4424)、陕西(0.4269)、吉林(0.4133)、广西(0.4120)、新疆(0.4099)、云南(0.4096) (17 省份)	广东(0.8484)、江苏(0.8233)、上海(0.7374)、山东(0.7332)、浙江(0.7137) (5 省份)

---

① 注:根据 30 个省市区 2003—2019 年"两业"融合度的平均值进行划分。

（二）四大板块层面"两业"融合度的动态演化

从"两业"融合度的均值及变化趋势看。为了探析不同区域"两业"融合度的异质性,本课题根据测算结果绘制了四大板块"两业"融合变动趋势图（见图3.2）。从平均值来看,东、中、西、东北四大板块"两业"融合度均值分别从2003年的0.541 2、0.413 7、0.401 3、0.446 6变化为2019年的0.758 0、0.599 8、0.448 8、0.433 4,均呈上升趋势,东部始终处于遥遥领先地位,其他三大板块"两业"融合度均值均落后于全国平均水平,但中部地区有超越之势。

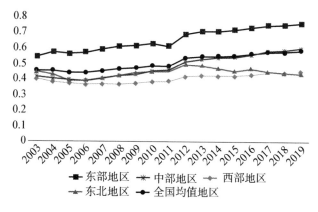

图3.2 四大板块"两业"融合度变动趋势图

从"两业"融合度的板块间差异看。中部、西部、东北地区"两业"融合度平均值占东部地区"两业"融合度平均值的比重从2003年的76.43%、74.14%、82.51%变动至2019年的79.13%、59.20%、57.17%,中部地区所占比重提升了近3个百分点,西部、东北地区所占比重分别下降了15个百分点和25个百分点。由此可见,我国区域间"两业"融合发展水平的差异正在逐步拉大,东部地区发展较快,中部地区稳步跟进,西部地区与东北地区滞后。总之,近17年四大板块"两业"融合度均呈上升趋势但板块间呈现明显梯级差异,且由2003年的"东—中、西、东北"两阶梯级向2019年的"东—中—西、东北"三阶梯级转变。

（三）四大板块内部"两业"融合度的动态演化

从东部10省市"两业"融合度看,2003—2019年,东部9个省份融合度上升,仅海南省份下降,广东稳居前列,17年间融合度提高了58.13%,由"磨合阶段"跃迁至"融合阶段",海南为融合度垫底省份,17年间融合度下降了8.66%,逐渐逼近"拮抗阶段"区间;从最高省份与最低省份的差异看,海南"两业"融合度平均值占广东"两业"融合度平均值的比重由2003年的

61.37%变动至2019年的35.45%,占比下降了26个百分点;从"两业"融合度地区排名来看,17年间,广东、江苏、上海、山东、浙江从"磨合阶段"进化至"融合阶段",发展最为迅速。值得注意的是,北京"两业"融合度从2015年来发展较为缓慢,甚至在2016年出现了负增长,而与北京紧邻的河北自2015年来"两业"融合度的提升速度不断提高,这是与中央出台关于疏解北京非首都功能政策,引导北京制造业向外转移有关。自2015年来,北京市制造业、建筑业、批发和零售行业等禁限行业新增市场供给同比大幅下降,一些非科技创新型企业和一些科技创新成果转化型企业从北京搬迁至周边省份,河北积极承接北京非首都功能疏解和京津产业转移,推进"两业"深度融合。而且这一测度结果与相关研究结果高度一致(苏永康,2020;路丽,陈玉玲,2021;马蓉,罗晓甜,2020)。

总之,近17年除海南外,东部"两业"融合度快速提升,成为我国"两业"融合的"先行带",部分省份已完成从"磨合阶段"至"融合阶段"的跃升,辐射带动整个东部地区。

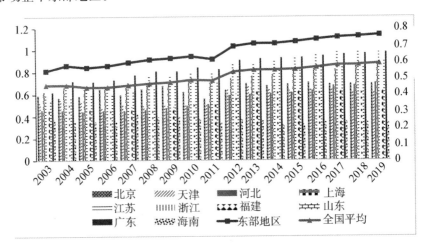

图3.3 东部地区"两业"融合度变动趋势图

从中部6省"两业"融合度看,2003—2019年,中部6个省份"两业"融合度均有上升,其中河南提升最为明显,提升了68个百分点,由"磨合阶段"升至"融合阶段",滞后的山西只提升了3个百分点,刚刚到达"磨合阶段"。从最高省份与最低省份的差异看,山西"两业"融合度平均值占河南"两业"融合度平均值的比重由2003年的87.22%变动至2019年的53.14%,所占比重降低了34个百分点。从"两业"融合度地区排名来看,2003年的排名从高至低依次为河南—山西—湖南—湖北—安徽—江西,2019年排名变动为河南—安徽—湖南—湖北—江西—山西。值得注意的是,山西从第二名降至最后一名,而安徽在 17 年间升至第二名,实质上,除山西走下坡路外,其余五省在 2006 年后都出现了逐步提升现象。2006 年,国家出台的中部崛起计划为中部六省带来了机遇,安徽抓住中部崛起战略机遇,并主动融合长三角一体化战略,积极承接发达地区产业转移,区域制造业有蓬勃发展之势,整体综合实力显著提高,而山西由于多年的环保欠账和对煤炭产业的过度依赖,产业融合发展"步履维艰"。

　　总之,中部地区"两业"融合发展水平较低,省际之间差距较小;从 2006 年始,得益于中部崛起战略,融合提升速度加快,其中以河南、安徽表现最亮眼。

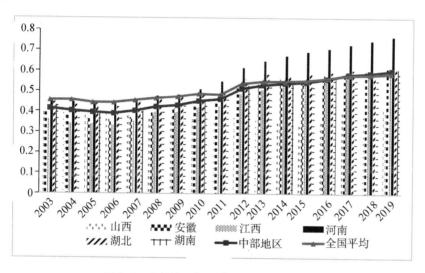

图3.4　中部地区"两业"融合度变动趋势图

　　从西部 11 省市区"两业"融合度看,2003—2019 年,西部有 9 个省份"两业"融合度上升,云南、青海 2 个省份下降,其中广西"两业"融合度增长相对较快,提高了 31 个百分点,但目前仍处于"磨合阶段",云南在西部地区中发展最为缓慢,17 年间下降了 13 个百分点,目前青海是西部地区"两业"融合度最低的省份。从最高省份四川与最低省份青海的差异看,青海"两业"融合度占四川"两业"融合度的比重由 2003 年的 79.86% 变动至 2019 年的 56.49%,所占比重降低了 23 个百分点。从"两业"融合度地区排名来看,四川、重庆一直是西部地区"两业"融合发展的"高地",现处于融合的"磨合阶段",甘肃、青海、宁夏集中片区一直是"两业"融合的"洼地",处于融合的"拮抗阶段"。2003—2008 年,西部地区"两业"融合度提升较为平缓,这也说明在这段期间,西部地区更多的是将人力物力财力投入到基础设施、生态环境、科技教育等基础建设之中,为建设完善市场机制夯实基础。2008 年经济危机后,由于发达地区工资成本大幅增加,一些劳动密集型企业开始向西部地区转移,大部分西部省份"两业"融合度开始出现一定幅度增长。

总之,西部省份"两业"融合度最低,甚至出现负增长,省际之间的差距较大,既有四川、重庆"两业"融合度的"平原",又有甘肃、青海、宁夏"两业"融合度的"洼地",可喜的是自 2008 年金融危机后,西部地区凭借产业转移的东风,融合度有所上升。

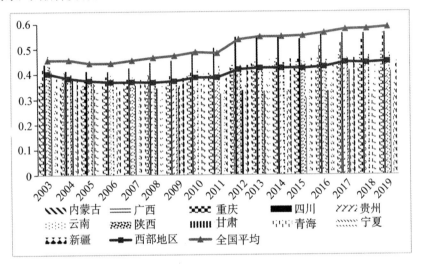

图 3.5 西部地区"两业"融合度变动趋势图

从东北 3 省"两业"融合度看。2003—2019 年,东北有 1 个省份"两业"融合度上升,2 个省份下降,其中辽宁"两业"融合度呈增长趋势,提高了 2.82%,但目前仍处于"磨合阶段",黑龙江和吉林发展相对缓慢,17 年间分别下降了 8.27% 和 4.03%,目前黑龙江是东北"两业"融合度最低的省份。从最高省份与最低省份的差异看,黑龙江"两业"融合度平均值占辽宁"两业"融合度平均值的比重由 2003 年的 72.63% 变动至 2019 年的 64.79%,所占比重降低了 7.84%。从"两业"融合度地区排名看,17 年间整体排名稳定,均为辽宁—吉林—黑龙江的排序。

总之,东北地区曾是制造业发展重地,自十八大以来,政府大力支持东北老工业基地振兴,力图解决经济发展中的体制、机制、结构问题,东北地区"两业"融合度得以提升,但提升幅度较为滞后。

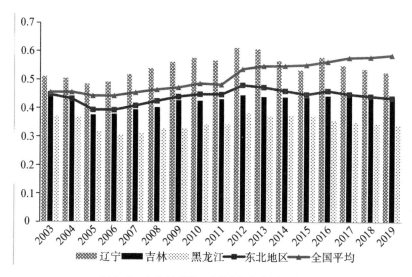

图 3.6 东北地区"两业"融合度变动趋势图

(四)"两业"融合区域异质性演化特征总结

本小节从全国及东、中、西、东北四大板块对 2003—2019 年"两业"融合的区域异质性进行分析,得出以下结论。

(1) 近 17 年我国"两业"融合水平呈上升趋势,但整体水平尚较低;30个省市(区)中 8 个省(区)尚处于"拮抗阶段",17 个省市区处于"磨合阶段",仅 5 个省市区达到"融合阶段","两业"融合所处阶段的空间分布呈现"拮抗阶段"与"融合阶段"两头小与"磨合阶段"中间大的"橄榄型结构"特征。

(2) 近 17 年东、中、西、东北四大板块"两业"融合度均呈上升趋势,但板块间梯级差异明显,呈现由 2003 年的"东—中、西、东北"两阶梯级向 2019年的"东—中—西、东北"三阶梯级转变。

(3) 东部是我国"两业"融合的"先行带",但内部省域间差异较明显;中部是"两业"融合的"追赶带",带内省域差异相对较小;东北、西部是"两业"融合的"滞后带",且西部内部差异较明显。

二、"两业"融合度的行业异质性

(一)基于制造业分类的"两业"融合度动态演化

在全国层面。从两类制造业与生产性服务业的融合趋势看,由图 3.7可看出,两类制造业与生产性服务业融合度均呈上升趋势。其中,高技术制造业与生产性服务业融合度呈持续稳步上升趋势,传统制造业与生产性服务业融合度呈现以 2011 年为拐点的"两阶段"上升趋势,且高技术制造业与生产性服务业的融合度明显高于传统制造业与生产性服务业融合度。从两类制造业与生产性服务业融合度的具体变化特征看,高技术制造业与生产性服务业的融合度由 2003 年的 0.500 3 提升至 2019 年的 0.714 1,提升了 43 个百分点,年均以 2.26% 速度增长;传统制造业与生产性服务业的融合度由 2003 年的 0.405 0 缓慢变化至 2011 年的 0.466 5,2012 年跃升为 0.532 1,直到 2019 年的 0.601 8,17 年间提升了 49 个百分点,其中 2003—2011 年均增长率仅为 1.80%,2011—2019 年均增长率达 8.34%,"两阶段"特征明显。传统制造业与生产性服务业融合度"拐点"的形成,与国家工信部 2011 年 4 月联合出台《关于加快推进信息化与工业化深度融合的若干意见》给传统制造业的信息化改造进而推动传统制造业与生产性服务业的融合发展注入好的动力源息息相关。

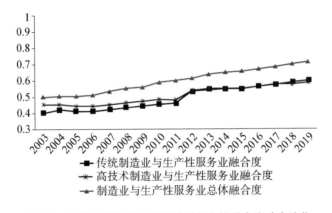

图 3.7 制造业分行业与生产性服务业的融合度动态演化

总之,从全国层面看,两类制造业与生产性服务业的融合度均呈上升趋势,高技术制造业与生产性服务业的融合度稳步上升,而传统制造业与生产性服务业的融合度呈现以 2011 年为拐点的"两阶段"上升特点,且高技术制造业与生产性服务业的融合度明显优于传统制造业与生产性服务业的融合度。

在四大板块层面。从两类制造业与生产性服务业的融合趋势看,由图 3.8、3.9、3.10、3.11 可看出,东部两类制造业与生产性服务业融合度均呈上升趋势,高技术制造业与生产性服务业的融合度稳步上升,而传统制造业与生产性服务业的融合度呈现以 2011 年为拐点的"两阶段"上升趋势,且高技术制造业与生产性服务业的融合度明显高于传统制造业与生产性服务业融合度;中部两类制造业与生产性服务业融合度均呈持续稳步上升趋势,且高技术制造业与生产性服务业的融合度上升的速度明显高于传统制造业与生产性服务业融合度;西部两类制造业与生产性服务业融合度均呈缓慢上升趋势,且高技术制造业与生产性服务业的融合度高于传统制造业与生产性服务业融合度;东北两类制造业与生产性服务业融合度呈平稳发展态势,高技术制造业与生产性服务业融合度高于传统制造业与生产性服务业融合度。

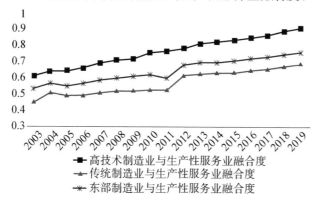

图 3.8 东部制造业分行业与生产性服务业的融合度动态演化

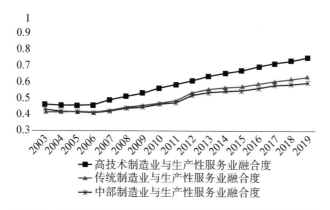

图 3.9 中部制造业分行业与生产性服务业的融合度动态演化

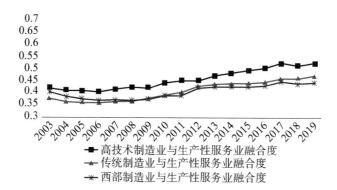

图 3.10 西部制造业分行业与生产性服务业的融合度动态演化

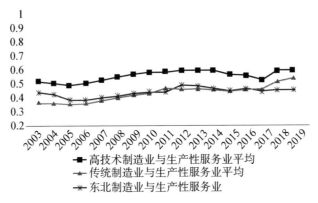

图 3.11　东北制造业分行业与生产性服务业的融合度动态演化

　　从两类制造业与生产性服务业融合度的具体变化特征看,东部高技术制造业与生产性服务业的融合度由 2003 年的 0.621 1 提升至 2011 年的 0.779 5,2012 年跃升为 0.799 0,直到 2019 年的 0.927 6,17 年间提升了 49 个百分点,年均以 2.55% 的速度增长;传统制造业与生产性服务业融合度由 2003 年 0.454 7 变化至 2011 年的 0.532 2,2012 年跃升为 0.624 3,直到 2019 年的 0.699 1,提升了 54 个百分点,年均以 2.84% 的速度增长,两类制造业与生产性服务业融合度呈现以 2011 年为拐点的"两阶段"上升趋势。中部高技术制造业与生产性服务业的融合度由 2003 年的 0.444 8 提升至 2019 年的 0.771 8,提升了 74 个百分点,年均以 3.53% 的速度增长,传统制造业与生产性服务业融合度由 2003 年的 0.396 8 提升至 2019 年的 0.639 4,提升了 61 个百分点,年均以 3.07% 的速度增长,高技术制造业融合度的领先地位明显且潜力更大。西部高技术制造业与生产性服务业的融合度由 2003 年的 0.415 5 提升至 2019 年的 0.519 4,提升了 25 个百分点,年均以 1.43% 的速度增长,传统制造业与生产性服务业融合度由 2003 年的 0.374 4 提升至 2019 年的 0.468 0,提升了 25 个百分点,年均以 1.43% 的速度增长,高技术制造业融合度与传统制造业融合度差距较小,且 17 年来增幅不大。东北高技术制造业与生产性服务业的融合度由 2003 年的 0.519 2 提升至 2019 年的 0.601 4,提升了 16 个百分点,传统制造业与生产性服务业融合度由 2003 年的 0.368 5 提升至 2019 年的 0.543 0,提升了 47 个百分点,传统制造业融合度的提升幅度较明显,两者均呈现缓慢提升之势。

　　总之,从四大板块层面看,东部两类制造业与生产性服务业融合度均呈明显上升,且高技术制造业与生产性服务业的融合度显著高于传统制造业与生产性服务业融合度;中部两类制造业与生产性服务业融合度均呈明显上升,且以高技术制造业与生产性服务业的融合度快速大幅提升为突出特征;西部两类制造业与生产性服务业融合度均呈缓慢提升特征;东北传统制造业与生产性服务业融合度、高技术制造业与生产性服务业融合度均呈现缓慢提升之势。

(二) 基于生产性服务业分类的"两业"融合度动态演化

在全国层面。从两类生产性服务业与制造业的融合趋势看,由图 3.12 可看出,两类生产性服务业与制造业的融合度均呈上升趋势。其中,两类生产性服务业与制造业融合度均呈现以 2011 年为拐点的"两阶段"上升趋势,且传统生产性服务业与制造业融合度明显高于新兴生产性服务业与制造业融合度。从两类生产性服务业与制造业的融合度的具体变化特征看,传统生产性服务业与制造业融合度由 2003 年的 0.468 2 缓慢变化至 2011 年的 0.492 8,2012 年跃升为 0.557 0,直到 2019 年的 0.608 8,提升了 30 个百分点,年均以 1.70% 速度增长;新兴生产性服务业与制造业融合度由 2003 年的 0.453 1 缓慢变化至 2011 年的 0.466 7,2012 年跃升为 0.530 2,直到 2019 年的 0.591 3,17 年间提升了 30 个百分点,其中 2003—2011 年均增长率仅为 0.38%,2011—2019 年均增长率达 3.08%,两类生产性服务业与制造业融合度均呈现"两阶段"特征。两类生产性服务业与制造业融合度"拐点"的形成,也与国家工信部 2011 年 4 月联合出台《关于加快推进信息化与工业化深度融合的若干意见》相关。

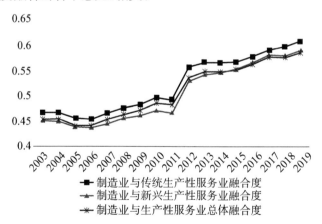

图 3.12 制造业与生产性服务业分行业的融合度动态演化

总之,从全国层面看,两类生产性服务业与制造业的融合度均呈上升趋势,均呈现以 2011 年为拐点的"两阶段"上升特征,且传统生产性服务业与制造业的融合度明显优于新兴生产性服务业与制造业的融合度。

在四大板块层面。从两类生产性服务业与制造业的融合趋势看,由图

3.13、3.14、3.15、3.16 可看出,东部两类生产性服务业与制造业融合度均呈现以 2011 年为拐点的"两阶段"上升趋势,且传统生产性服务业与制造业的融合度明显优于新兴生产性服务业与制造业的融合度;中部两类生产性服务业与制造业融合度均呈持续稳步上升趋势,且在 2014 年前,传统生产性服务业与制造业的融合度明显优于新兴生产性服务业与制造业的融合度,但两者差距逐渐减小,2014 年后,新兴生产性服务业与制造业的融合度优于传统生产性服务业与制造业的融合度;西部两类生产性服务业与制造业融合度均呈现以 2011 年为拐点的"两阶段"上升趋势,且传统生产性服务业与制造业的融合度明显优于新兴生产性服务业与制造业的融合度;东北两类生产性服务业与制造业融合度均呈现以 2005 年和 2012 年为两拐点的"三阶段"趋势,2005 年前和 2012 年后均呈下降趋势,在 2005—2012 年间呈上升趋势。

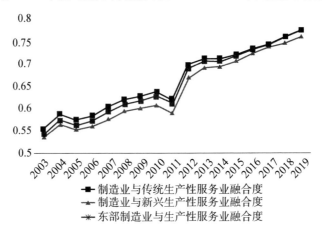

图 3.13　东部制造业与生产性服务业分行业的融合度动态演化

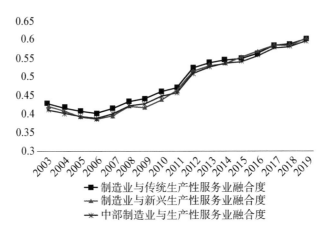

图 3.14　中部制造业与生产性服务业分行业的融合度动态演化

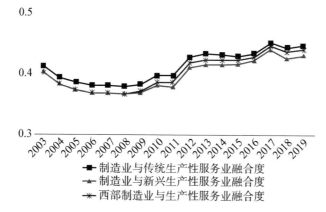

图 3.15 西部制造业与生产性服务业分行业的融合度动态演化

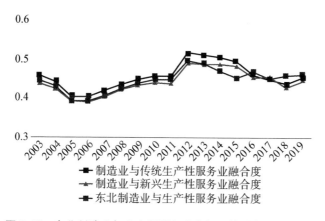

图 3.16 东北制造业与生产性服务业分行业的融合度动态演化

从两类生产性服务业与制造业融合度的具体变化特征看,东部传统生产性服务业与制造业的融合度由 2003 年的 0.555 8 提升至 2011 年的 0.620 7,2012 年跃升为 0.699 8,直到 2019 年的 0.775 4,17 年间提升了 40 个百分点,年均以 2.16% 的速度增长;新兴生产性服务业与制造业融合度由 2003 年的 0.535 7 变化至 2011 年的 0.589 6,2012 年跃升为 0.668 4,直到 2019 年的 0.761 2,提升了 42 个百分点,年均以 2.28% 的速度增长,两类生产性服务业与制造业融合度呈现以 2011 年为拐点的"两阶段"上升趋势;中部传统生产性服务业与制造业的融合度由 2003 年的 0.430 7 提升至 2019 年的 0.605 5,提升了 41 个百分点,年均以 2.20% 的速度增长,新兴生产性服务业与制造业融合度由 2003 年的 0.422 4 提升至 2019 年的 0.606 3,提升了 44 个百分点,年均以 2.35% 的速度增长,新兴生产性服务业与制造业融合度在 2014 年后逐渐呈现出潜力;西部传统生产性服务业与制造业的融合度由 2003 年的 0.411 4 提升至 2011 年的 0.397 1，2012 年跃升为 0.427 5，直到 2019 年的 0.446 5，17 年间提升了 9 个百分点，年均以 0.55％ 的速度增长；新兴生产性服务业与制造业融合度由 2003 年的 0.405 0 变化至 2011 年的 0.378 4，2012 年跃升为 0.410 2，直到 2019 年的 0.429 8，提升了 6 个百分点，年均以 0.42％ 的速度增长，两类生产性服务业与制造业融合度呈现以 2011 年为拐点的"两阶段"上升趋势，年均增长速度相比于其他三大板块明显较低；东北传统生产性服务业与制造业的融合度由 2003 年的 0.459 3 变化至 2011 年的 0.456 8，2012 年跃升为 0.517 8，之后下降到 2019 年的 0.454 7，17 年间降低了 1 个百分点，年均以 0.06％ 的速度增长；新兴生产性服务业与制造业融合度由 2003 年的 0.438 9 变化至 2011 年的 0.438 2，2012 年跃升为 0.491 4，2019 年下降为 0.446 4，17 年间仅提升 1.7 个百分点，年均以 0.21％ 的速度增长，两类生产性服务业与制造业融合度在 17 年间均大体呈现横"S"型波动趋势。

综之，东、中、西部三大地区制造业与生产性服务业分行业的融合度均大体呈现以 2011 年为拐点的"两阶段"上升特征，西部制造业与生产性服务业分行业的融合度上升速度明显缓慢；而东北制造业与生产性服务业分行业的融合度大体呈现横"S"型的波动趋势。

（三）"两业"融合的行业异质性演化特征总结

本小节对制造业与生产性服务业分别进行分类，对 2003—2019 年两类制造业与生产性服务业的融合度、两类生产性服务业与制造业的融合度进行行业异质性分析，得出以下结论。

（1）对于制造业分行业与生产性服务业的融合度，在全国层面，高技术制造业与生产性服务业的融合度稳步上升，而传统制造业与生产性服务业的融合度呈现以 2011 年为拐点的"两阶段"上升特点，且高技术制造业与生产性服务业的融合度明显优于传统制造业与生产性服务业的融合度。在四大板块层面，两类制造业与生产性服务业的融合度总体均呈上升趋势，东部以高技术制造业与生产性服务业的融合度明显高于传统制造业与生产性服务业融合度为主要特征，中部以高技术制造业与生产性服务业的融合度快速大幅提升为突出特点，西部和东北两类制造业与生产性服务业融合度均呈缓慢提升之势。

（2）对于生产性服务业分行业与制造业融合度，在全国层面，两类生产性服务业与制造业的融合度均呈现以 2011 年为拐点的"两阶段"上升特征，且传统生产性服务业与制造业的融合度明显优于新兴生产性服务业与制造业的融合度。在四大板块层面，东、中、西部三大地区制造业与生产性服务业分行业的融合度均大体呈现以 2011 年为拐点的"两阶段"上升特征,西部制造业与生产性服务业分行业的融合度上升速度明显缓慢;而东北制造业与生产性服务业分行业的融合度大体呈现横"S"型的波动趋势。

第四节　本章小结

本章从产业规模、产业结构、区位优势以及发展潜力四个维度构建了"两业"融合的评价指标体系,利用耦联评价模型和熵权法,对我国 2003—2019 年 30 个省市(区)的"两业"融合水平进行测度,并从区域异质性与行业异质性双重视角对"两业"融合水平的动态演化特征进行分析,得出以下结论:

(1) 近 17 年我国"两业"融合水平呈上升趋势,但整体水平较低;30 个省市(区)"两业"融合所处阶段呈现"拮抗阶段"与"融合阶段"两头小与"磨合阶段"中间大的"橄榄型结构"特征。

(2) 近 17 年东、中、西、东北四大板块"两业"融合度均呈上升趋势,但板块间梯级差异明显,呈现由 2003 年的"东—中、西、东北"两阶梯级向 2019 年的"东—中—西、东北"三阶梯级转变。

(3) 东部是我国"两业"融合的"先行带",但内部省域间差异较明显;中部是"两业"融合的"追随带",带内省域差异相对较小;东北、西部是"两业"融合的"滞后带",且西部内部差异较明显。

(4) 对于制造业分行业与生产性服务业的融合度,在全国层面,高技术制造业与生产性服务业的融合度稳步上升,而传统制造业与生产性服务业的融合度呈现以 2011 年为拐点的"两阶段"上升特点,且高技术制造业与生产性服务业的融合度明显优于传统制造业与生产性服务业的融合度。在四大板块层面,两类制造业与生产性服务业的融合度总体均呈上升趋势,但高技术制造业与生产性服务业的融合度呈现明显的板块间差异特征。

(5) 对于生产性服务业分行业与制造业融合度,在全国层面和东、中、西部三大地区层面,两类生产性服务业与制造业的融合度均呈现以 2011 年为拐点的"两阶段"上升特征,西部地区两类生产性服务业与制造业的融合度提升速度明显滞后于其他两大板块;而东北制造业与生产性服务业分行业的融合度大体呈现横"S"型的波动趋势。

第四章 我国"两业"融合驱动机制的实证研究

本章之研究目的,旨在第三章测度分析我国"两业"融合度及异质性演化特征的基础上,进一步深入探索"两业"融合驱动机制的理论机理,重点构建哈肯模型识别分析我国"两业"融合不同阶段的差异化序参量,以期为第八章针对性提出推进我国"两业"深度融合的制度创新与政策体系提供理论与实证支撑。

第一节 "两业"融合驱动机制的机理分析

一、"两业"融合驱动机制的理论基础

(一)耗散结构理论

耗散结构理论是由比利时物理化学家和理论物理学家普里戈金为首的布鲁塞尔学派于20世纪70年代创立和发展的,在耗散结构理论中首次将自然科学体系中诞生的理论方法应用于社会科学体系中,揭示了社会系统整体性改变的方法。耗散结构理论的核心思想是指处于非平衡状态的非线性开放系统,由于与外界不断进行物质能量交换,经过能量耗散和内部非线性动力学机制的作用,该系统内部的某个参量值发生变化,在参量值达到一定阈值时,该系统可能会在某个时空或者功能上由无序状态演变为有序状态。概括来说一个复杂系统属于耗散结构需要满足四个条件:①系统处于开放状态。开放系统是指系统与环境有物质、能量和信息交换,只有开放系统方具备自我补偿和自我修复功能,才能通过与外部环境进行物质、能量和信息的交换,瓦解系统的旧结构,形成进化有序的新结构。可以说,系统开放是系统有序的前提。②系统处于非平衡状态。只有当系统处于远离平衡态时,涨落才会被放大,从而影响到整个系统,强迫役使系统朝着新的有序方向演化。可见,"非平衡是有序之源",系统必须足够地远离平衡态,才能

保持对涨落的敏感性,在临界点上产生突变,从而不断组织起来,形成新的稳定有序结构。③系统内部参量间存在非线性相互作用。当系统内部有正反馈和负反馈同时作用时,系统会先达到稳定态,随后呈现周期性的回复,最终演变成敏感依赖于内部环境的混沌状态,即非平衡状态(Thietart & Forgues,1995),唯有非线性系统才能产生相干效应和协调一致的动作,产生突变和分叉,是系统宏观有序的保证。④系统内"涨落"现象的存在。涨落是耗散结构的触发器,从一个状态引向另一个状态的涨落不会在一步之内就把初始状态压倒,先要在有限的区域内把自己建立起来,再侵入整个空间(任佩瑜等,2001);系统从无序向有序的演化是通过随机的涨落来实现的,涨落会因为非线性作用而放大,形成巨涨落,只有当涨落高于某个临界值时,它才会影响到整个空间。

耗散结构理论对于研究制造业与生产性服务业融合提供较好的理论基础。由耗散结构理论可知,在一个孤立系统内,其系统熵必然会随着时间而增大,所以孤立的系统必然不存在耗散结构。但"两业"融合的复杂系统并非孤立系统,其与经济、社会、环境、文化等系统都存在相互作用关系,彼此形成一种相互依托、相互平衡、相互联系的复杂关系,故作为复杂的适应性系统,制造业和生产性服务业之间存在着一定程度的交流。即便无法实现完全无障碍的开放,但是"两业"之间一定程度的交流保证了系统内各子系统的协同作用,在此交流程度上,制造业与生产性服务业均处于开放状态。其次,"两业"融合发展的整体系统内分别包含不同的子系统,由于每个子系统中所有变量均处于不断变化的状态,所以若某子系统处于均衡状态,必定会受到其他处于非均衡状态子系统的影响,使得整个系统进入演化的下一阶段,此时整个系统处于长期非均衡状态。值得注意的是,一般均衡理论是在理想化的假设前提下得出的均衡解,由于系统的复杂性决定了系统的非均衡状态,故在实际经济活动中无法实现绝对意义上的均衡。在制造业与生产性服务业系统处于非均衡状态下时,许多子系统会组成"两业"融合整体系统,由于每个子系统又由不同的要素构成,故制造业与生产性服务业系统内部的复杂性使得组成整体系统要素之间的相互作用关系绝非简单的线性关系。同时制造业与生产性服务业系统附近的子系统被处于不稳定状态的整体系统放大,系统内"涨落"的存在促使系统整体从原有状态演变为新有序状态,故制造业与生产性服务业系统内各子系统之间存在非线性关系,这种非线性输入输出和非线性变化发展即为"两业"融合的重要特征。同理,"两业"融合各子系统中偏离阈值的变量的变化促使了"两业"融合整个系统的协同演进,"涨落"的存在正是系统实现由无序至有序的内生驱动;

"两业"融合过程中的"涨落"都将被子系统间的非线性相互作用关系进一步放大成整个控制系统演化的"巨涨落",此即"两业"融合系统内的驱动型特征,对实现"两业"融合有序结构起决定性作用。

自然科学体系中诞生的理论方法也逐步成为社会科学领域中新兴的研究范式,其中 Charles、Perrings(1986)将耗散结构理论应用到经济与环境系统的分析,指出经济环境系统是一个具有耗散结构性质的复杂系统。Ahn、HyeonHyo(1998)通过分析金融系统投机活动的耗散结构特征,利用非平衡热力学分析了投机对金融系统活力的内在驱动作用。John Foster(2005)较为全面地将复杂系统理论应用至经济分析中,指出复杂系统理论所具有的耗散结构特征正是经济系统的主要研究对象。Zhang Zhi feng(2007)运用耗散结构理论研究了企业系统耗散结构形式的过程和条件,通过驱动币流建立企业系统的熵变模型,利用可操作性的企业系统的熵变模型显示了企业系统的综合实际状况。Liang、Xuedong(2018)基于耗散结构理论认为水资源的可持续发展系统是一个复杂而庞大的耗散系统,采用信息熵的方法构建了水资源系统的计量模型,并对其内部熵流变化进行了分析。赵凯莉(2019)将耗散结构理论研究应用至企业创新系统,对熵变分析的知识探讨,分析结果表明企业创新的演化过程是一个由系统内部的正熵值到不断从环境中引入负熵流的过程。严建援(2019)结合自然生态系统和耗散结构理论,梳理分析自创区创新生态系统的耗散结构特征和要素,将创新生态系统耗散结构与自创区创新绩效相结合。

(二)协同学理论

协同学作为一门研究协同作用的学科,主要探讨远离平衡状态的开放系统在与外界物质或能量交换的情形下,如何相互竞争、相互合作形成一定的有序结构或者某种有组织性的功能。协同学是德国科学家赫尔曼-哈肯于20世纪70年代创建的一门交叉性学科,深度剖析在自组织系统中,子系统实际上以某种有组织有秩序的方式进行集体运动,形成一定的有序结构或某种有组织性的功能。该理论的核心是自组织理论,所有系统的结构、特征和行为都不是其子系统的结构、特征和行为的简单或机械的总和,在一定条件下子系统之间往往是协同作用的;在自组织过程中子系统以似乎乱但实际上却是有组织有秩序的方式进行着集体运动,完成协同一致的动作,形成一定的有序结构或某种有组织性的功能。协同学强调了系统自组织能力的主导作用,即存在一只无形的手使各个子系统实现有条不紊地运转,这只无形的手叫作序参量。序参量是描述系统宏观有序度或宏观模式的参量,它旨在描述系统在时间的进程中会处于什么样的有序状态,具有什么样的有序结构和性能,序参量的大小代表了系统在宏观上的有序程度。然而,要得到在系统演化过程中起主导作用的序参量,就必须把次要的、暂时起作用的但不影响系统演化整个进程的那些参数消去。哈肯提出了慢变量和快变量,慢变量称为慢弛豫参数,快变量称为快弛豫参数(哈肯,1987;宁存政、李应刚,1987),这是协同学中又一个重要的基本概念。根据协同学理论的伺服(slaving)原理,快变量服从慢变量,序参数支配系统的行为,因此,可通过重点把握少数慢变量的变化来认识和控制系统整体的演化(吴彤,2001)。按照协同学理论的观点,子系统产生协同作用至少要满足如下条件:一是系统内状态或结构的演化自始至终都受到序参量影响,且序参量作为主变量引导系统内部各子系统的行为;二是系统内各子系统之间的有机联系和协调合作是实现有序发展的重要条件,只有系统内各组分间的关联作用发挥主导作用且各子系统之间形成协同时,系统才会呈现有序结构;三是外部环境所提供的控制变量也为系统自组织结构的形成和有序演化提供保障;四是系统需保持其稳定性,系统运行的调节作用都需构建良好的反馈机制以确保其运行轨迹的准确性和完整性。

协同学理论为研究制造业与生产性服务业融合提供了较好的理论支撑。首先,若子系统内不存在竞争与合作的相互作用,不满足子系统产生协同作用条件,则不利于有序结构的形成,导致系统实现破裂和无序。若系统本身具备无序持续运动特性,系统内子系统及相应状态在即使没有外力作用的情况下也会自发性地进行无序变化。类比至制造业与生产性服务业融合的系统中,即便"两业"系统内没有产生核心价值链的重新整合与科技创新投入产出的内力和政府宏观调控等外力,各经济主体源于系统内部的非平衡性,也会自发、持续的进行系统与生俱来的无序运动。其次,在系统变量存在的非线性相互作用下,引起关联子系统之间的协调有序运动,即由序参量带动其他变量进行关联有序运动,使系统自发进行有序运动。在现实经济所有影响我国制造业与生产性服务业融合的驱动因素中,要素变量之间存在确定某种非线性协同作用,一项经济指标的变动将带动一连串的系统内部经济作用,同时凸显的经济特征又反作用于微观层面的经济活动,二者相互影响、相互作用形成有序的关联运动,这种系统动态演变的驱动机制将有力带动制造业与生产性服务业的网络融合。

在协同学发展过程中,国内外学者基于协同学理论逐渐将物理中的哈肯模型运用到能源、经济与环境研究领域。XuQR、Xie Z S(2004)基于

Haken 提出的创新理论和协同效应,对中国领先的中兴通讯公司长达 17
年的创新与发展进行考察,通过系统动力学建模研究了企业的创新协同
作用及其动态过程。Wu、Weiwei(2014)采用 Haken 模型构建分析模型,
用 1991 年至 2010 年中国电信行业的数据,确定了该行业的订单参数,并
测试了 T 技术能力和技术管理之间的关系。Li Yaya(2014)使用自组织
方法和 Haken 模型建立协同演化方程,选择技术进步和产业融合作为产
业演化系统的关键变量,研究了基于行业融合和技术进步的行业协同演
化机制。

二、"两业"融合驱动机制的理论机理分析

上文对"两业"融合的耗散结构理论和协同学理论基础分析表明,制造
业与生产性服务业融合要求系统内部各子系统间相互协作并有机地整合成
有序演变状态,始终保持各阶段驱动因素差异化的辩证统一关系。根据本
课题第二章第二节"两业融合驱动机制"的分析可知,"两业"融合驱动机制
主要由三大动力要素构成,即基础动力、内生动力和外生动力,三大驱动力
既独立作用于"两业"融合的动态演化过程,又相互作用、交互影响于"两业"
融合的不同阶段,共同役使"两业"融合由低级向高级演化。在第二章"'两
业'融合驱动机制"理论分析的基础上,借鉴相关研究成果,同时考虑后文实
证分析数据的可获得性,本课题进一步定义,基础动力主要由代表产业间价
值链环节的制造业和生产性服务业的就业人数与固定资产投资额两项具体
要素构成,内生动力主要包括制造业和生产性服务业的研发人员与新产品
销售额,外生动力由制造业和生产性服务业的法人单位数与政府投资占比
构成。

(一)"两业"融合驱动因素的作用机理

1. 基础动力

制造业与生产性服务业融合的本质即在经济发展过程中,产业内核心
价值环节在经济、社会、文化、环境等外生因素影响下进行无序整合形成系
统网络。由于产业融合可以有效增强融合产业的竞争优势,故市场上"制造
＋服务"产业一体化需求和融合型产品供给的不断增加,使得融合型产品在
制造业与生产性服务业原有市场中的比重不断上升,制造业与生产性服务
业必然通过各种方式加强自身研发和设计环节,促进核心价值环节的整合,
不断提高"两业"融合水平,其作用机理如图 4.1 所示。

在制造业和生产性服务业发展的基础上,市场供求双方已逐渐形成稳
定的交易模式和规则,市场交易机制也趋于成熟和完善,这为制造业与生产

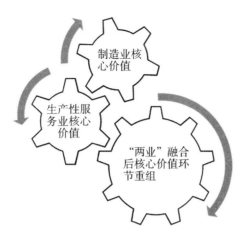

图 4.1　基础动力对制造业与生产性服务业融合的作用机理

性服务业逐步实现市场融合打下了基础。一方面,大多生产性服务业具有知识密集属性,知识创新及技术创新成为其发展的核心力量,与制造业相配套的生产性服务业不断提高制造业的研发创新能力和市场开发能力,从而促进其价值链的分解扩散;同时价值链的分解也取决于制造业发展程度的差异,发展程度高的制造业内部分工精细化,拥有多个独立的价值环节,其能够从其价值链中分离且独立存在。另一方面,价值环节从价值链中分离的关键也取决于其对制造业的重要性,即是否为核心价值环节;由于各个价值环节的增值能力与竞争优势各不相同,那些增值能力强的即价值链核心竞争的价值环节会被保留,相反,增值能力弱的则从价值链中退化分离。我国全面深化改革促使大量产业"助力器"的出现,促进生产性服务业的升级,提高创新发展产业新模式的发展。产业间核心价值在价值链间整合的实质是创新要素的整合,整合后的整体价值链降低了市场交易成本及双方市场的进入壁垒,彼此间利益趋向统一,产业边界逐渐模糊。

2. 内生动力

制造业与生产性服务业融合的内生动力,不仅概括了"两业"融合发展所必备的创新推动特征,更体现了技术创新和产品创新的融合导致了制造业与生产性服务业之间的产业边界模糊,最终促使两大产业融合,因而成为影响"两业"融合发展的关键驱动因素之一,其作用机理如图 4.2所示。

大多生产性服务业作为知识、技术密集型产业,在新一代信息技术的快速发展和加速应用的背景下,技术创新能力的高低决定了制造业与生产性

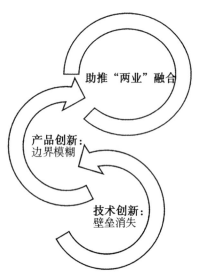

图 4.2　内生动力对制造业与生产性服务业融合的作用机理

服务业在产业边界处创新的难易程度,从而直接影响两大产业的边界创新融合进程。随着工业化过程的推进,制造业的成本优势、规模优势在慢慢减弱,故制造业作为国民经济增长的主要支柱,必然需要进行高质量研发设计与制造方式获得竞争优势。同时,我国生产性服务业在年发展过程中,产业平均规模较小、产业效率较低以及依附性较强造成国际竞争能力明显不足等问题显露,因此只有通过技术创新,才能突破现有产业发展的局限性和专用性,形成两大产业间的技术融合,进而促进产业整体的产品、市场融合,最终实现制造业与生产性服务业的完全融合。在融合过程中,研发人员作为技术创新的"助力器"积极研发设计具有市场价值的新技术新产品,实现新产品的批量化生产;而技术创新能力结果则体现在新产品的设计、生产和销售等方面。因此,制造业与生产性服务业的创新能力首先表现为科技创新投入能力,投入能力越强,一般情形下则产业的新产品创新能力越强。制造业与生产性服务业彼此通过技术创新开发出新技术,从而改变产业的技术路线和生产函数,为两大产业的技术融合提供了动力;在融合过程中,新技术和新产品实现了两产业的共性技术和知识,促使制造业与生产性服务业之间的壁垒消失及产业边界模糊,最终促使两大产业融合。其次,制造业与生产性服务业的创新能力还体现为科技创新产出能力,显然产业创新产出总量越大、质量越高,则产业新产品实现能力就越强;当制造业与生产性服务业具有目的性趋同的产品能力时,其可根据市场需求适时地进行融合型产品的设计、开发和实现,从而推动两大产业的融合发展。

3. 外生动力

制造业与生产性服务业融合是一个涉及两大不同产业消除壁垒、协同共进至共生一体的漫长的复杂过程,遵循"两业"融合的内在规律,充分发挥企业的创新驱动作用固然非常重要,与此同时,行业竞争、政府政策支持、制度环境优化等外生动力的驱动不可小觑。尤其是在全球价值链背景下,制造业与生产性服务业融合发展的结构受到较大影响,一方面,企业的科技创新和自主研发对传统制造业行业带来较大冲击,规模以上工业企业数的增加造成市场供给发生变化,即优先适应市场需求者将领先占领市场份额,在内部激烈竞争下,制造业与生产性服务业需加强彼此间合作关系,利益目标趋向一致,产业协同不断加强,使得产业间关系由关联互动向全面融合过渡。另一方面,政府在制定制造业与生产性服务业的相关政策时,在一定程度上决定了融合整体内的核心发展要素;同时政府对产业的投资额度直接影响两产业融合时的进入壁垒和融合程度。由此可见,产业内企业竞争压力和外部政府投资环境均对促进"两业"融合起到了推动作用。

(二)不同动力组合对"两业"融合的作用机理

三大驱动力不仅独立作用于"两业"融合的动态演化过程,而且相互作用、交互影响"两业"融合的不同阶段,共同役使"两业"融合由低级向高级动态演化。

1. 基础动力与内生动力的交互机制

基础动力与内生动力存在着相互促进的联系机制。基础动力覆盖了产业内价值链中核心价值环节的整合、产业集聚程度、就业人数和固定投资额等要素作为融合对象通过嵌入制造业与生产性服务业的价值链促进"两业"融合,而价值链的关联程度是促进制造业与生产性服务业融合的基础,因而也决定了产业内各核心价值环节的组成。在制造业与生产性服务业进行融合时,产业内各核心价值环节进行融合与组配,各产业的比较优势通过要素流动优势互补形成融合系统。依据比较优势理论,产业凭借自身具备的比较优势通过要素流动形成内在联系,无论是具备绝对比较优势的产业环节还是具备相对比较优势的产业环节都将从中受益,通过剥离自身不具备比较优势的部分以及组配自身具备比较优势的部分实现双赢,最根本的利益驱动役使两大产业加强核心价值环节的自由组成。在融合初期,制造业与生产性服务业的发展均依托各自产业内相对比较优势,核心层基本为现有资源,而信息、技术、管理等体现产业核心竞争力和绝对比较优势的要素作用尚未体现,产业内比较优势仅集中于以自然资源和通用技术为依托的低级、静态状态,尚未充分开发挖掘新技术和核心产品,提升空间较大,此时

"两业"融合状况仍处于初级融合阶段。在发展过程中,通过新技术和新产品研发的促进,各产业在经济联系过程中通过价值链的重新整合能弥补各自不足,实现由相对比较优势转化至绝对比较优势的成功突变,进一步促进制造业与生产性服务业融合。可见,基础动力与内生动力间存在相互促进的联系机制。

2. 基础动力与外生动力的交互机制

以价值链整合为根本的基础动力是促进制造业与生产性服务业融合的依据,而集中于行业内竞争压力和行业外政府投资的外生动力则是使得基础动力得以发挥的有力保障。高水平的政府投资建立在各产业依托自身比较优势参与产业分工的基础上,只有各产业充分发挥比较优势才能保证融合在整个系统内发挥最高效的节点作用,保证各个节点的稳定性才是实现制造业与生产性服务业高度融合的关键所在。而以价值链重新整合为主的基础动力,正是对各价值节点进行合理规划的指导模式,使得各产业比较优势的充分发挥同样依赖于行业内的激烈竞争挤压与外部支持,二者互为基础,相互依托。在融合中期,各产业依托自身比较优势参与社会大环境的运作中,通过与产业系统外部其他系统进行信息、资源、技术等要素交换调整系统内部结构,信息、技术、投资、管理等核心高级要素优化制造业与生产性服务业的融合发展状况,进而驱动"两业"融合整体上升为中级融合阶段。

3. 内生动力与外生动力的交互机制

以科技创新投入和产出为基础的内生动力与行业内竞争压力和行业外政府投资的外生动力存在相互引导的交互作用。通过融合过程中不断循环的信息交流,内生动力与外生动力彼此分工明确,相互引导共同实现从无序、不规则的状态至有序高效高阶阶段的动态演变。较高水平的内生动力表明产业科技创新研发能力较强,创新过程中能够实现要素的自由流动,通过各层次、各等级、各类别子系统间的要素交流,以及大量的信息反馈,子系统间的交流方式和层次不断优化,从原始的无序杂乱融合逐步转变为高效有序的融合,分工合作模式趋于合理,形成了更为高级的融合。同时,每一次行业内部竞争和外部支撑都将更高效有序的要素流动反馈给子系统,影响子系统融合状态发生改变的信息进行反馈,在其指导下,子系统间的要素流动将在初始基础上进行改变与完善,如此进行循环,制造业与生产性服务业在融合过程中都将实现转型升级。在融合后期,大环境役使各子系统对内部所有要素进行随时适应性规划,以顺应当前经济环境的融合环境为主,在各产业间竞争的外部压力和政府对产业投资额度的支持下,制造业与生产性服务业"两业"的核心价值环节实现"点对点"到"点对链"到"面对面"的重新整合,最终形成融合网络系统,制造业与生产性服务业间的协同作用得以加强,"两业"融合发展状况最终实现网络高级融合。

(三)各驱动因素之间的动态作用效应

根据前文分析,基础动力、内生动力和外生动力是影响我国制造业与生产性服务业融合的主要驱动力,三者分别作用于制造业与生产性服务业的融合过程的同时还存在交互作用的运作机制:基础动力与内生动力相互促进,基础动力与外生动力相互依托,内生动力与外生动力相互引导,由此产生了驱动因素之间的动态驱动效应,使得我国"两业"融合由无序至有序、由初级至高级的动态演变,此即制造业与生产性服务业融合驱动机制的基本内涵。耗散结构理论认为,处于非平衡状态的非线性开放系统,由于与外界不断进行物质能量交换,经过能量耗散和内部非线性动力学机制的作用,使得该系统内部的某个参量值发生变化,在参量值达到一定阈值时,该系统可能会在时间、空间或者功能上的无序状态演变为有序状态;同时根据理论可知,一个复杂系统属于耗散结构需满足的四个条件是:系统处于开放状态、系统处于非平衡状态、系统内部参量间存在非线性相互作用以及涨落现象的存在。协同学理论在后续研究发展中进一步指出,系统的协同演变取决于系统序参量,即描述系统宏观有序度或宏观模式的参量,可理解为最关键的驱动因素,在其作用下,其他参量通过一定的非线性相互作用实现运转,从而强化驱动因素的连贯驱动效应。故整体而言,基础动力、内生动力、外生动力都有可能成为系统序参量,但系统序参量也随着"两业"融合发展不同阶段而发生动态转变。相关研究表明(李新宁,2018;王小波,2016;李宁,2018),制造业与生产性服务业协同演化的基点是"两业"的产业关联性,即制造业与生产性服务业在价值链上的关联性是"两业"协同动态演化的初始条件,亦被认为是"两业"融合发展的初级阶段。满足这一条件下,制造业与生产性服务业一般沿着"技术融合——产品融合——市场融合"的路径动态演进(Rosenberg,1963;李琳、罗瑶,2015;王成东,2015)。也就是说,具有相互关联性的制造业与生产性服务业,首先通过技术创新突破两个产业的行业壁垒。如有学者(王成东,2015)以装备制造业作为研究对象,研究制造业与生产性服务业融合影响因素时发现,装备制造业作为技术和知识密集型产业,技术创新引导其发展,而技术创新若发生在装备制造业与生产性服务业产业的边界处,则有利于打破由产业技术专用性所形成的产业刚性发展轨道,最终形成扩散型的装备制造业与生产性服务业技术融合。其次技术创新推动产品创新,制造业利用新技术生产适应市场需求的新产品,实现"制造服务融合型"新产品,从而实现两大产业的融合;另一方面生产性服务业借助制造业的广泛市场,同样将"服务制造融合型"产品推向市场,由此可见制造业与生产性服务业的融合受到两大产业融合型产品的影响,新产品能力越强则越促进融合程度。当技术融合和产品融合上升到一定程度后,制造业与生产性服务业相较于原有市场比重提升,双方逐渐适应这种融合型发展模式,此时市场交易模式和机制也较为成熟,两产业逐渐实现市场融合。基于此,本课题认为在遵循产业融合发展一般规律下,驱动制造业与生产性服务业动态融合的序参量应遵循"基础动力——内生动力——外生动力"规律的演变。需强调的是,如上文所述,三大驱动力在"两业"融合的不同阶段分别独立发挥关键驱动作用,同时驱动因子之间又交互作用共同役使"两业"融合由低级阶段向高级阶段演进。而且,作为一个协同有效的驱动因子子系统,驱动因子之间的联动机制的建立与交互作用效应的发挥往往对于"两业"融合的有序高效推进尤为重要。

第二节 "两业"融合驱动机制的哈肯模型构建

根据上节对制造业与生产性服务业融合驱动机制的作用机理分析可知,识别主控系统在不同融合阶段的主要驱动因素并求解参量之间的相互作用关系成为研究"两业"融合驱动机制的关键点。哈肯在协同学理论的基础上,为衡量系统的有序度构建了哈肯模型,用以描述宏观有序度的参量即序参量,并得到参量间非线性相互作用方程,从而识别系统在不同阶段的演化状态,本节将主要探讨哈肯模型对于研究影响"两业"融合驱动因素的实际应用。

一、哈肯模型简介

在协同学理论中,哈肯模型用来描述在外部条件既定的情况下,由系统内部各子系统、参量或因素间的相互竞争与协同作用而使得系统发生质变的过程。当外参量的变化使系统整体达到某个临界点时,系统原来的状态或结构就会失稳,此时出现系统的线性失衡点,利用绝热消去法消去快变量,进而得到在整个系统中起支配作用的序参量,即描述系统宏观有序度或宏观模式的参量,它决定着系统的演化方向和路径。哈肯对系统参量做了数学处理,并提出了绝热消去法,即构建演化方程后判断方程各项参数是否满足绝热近似假设,进而求解势函数。

哈肯模型将进行自组织演化的系统抽象为仅由一个作用力和一个子系

统组成的系统,若子系统的状态变量和作用力分别用 q_1 和 q_2 表示,则哈肯模型表达式如下:

$$\dot{q}_1 = -\lambda_1 q_1 - a q_1 q_2 + \gamma$$
$$\dot{q}_2 = -\lambda_2 q_2 - b q_1^2 + \gamma \qquad (4-1)$$

其中,λ_1、λ_2、a、b 均为控制变量,λ_1、λ_2 定义为复杂系统的阻尼系数,a 和 b 是描述两个状态变量 q_1 与 q_2 之间的作用强度系数。

根据哈肯模型中的绝热近似原理:由于系统对外力响应具有瞬时性,整个过程进行迅速,以至于来不及发生能量交换,故将该响应过程称为绝热过程;同时,模型假设系统的行为效果随时间的衰减比外力随时间的衰减快得多,即系统的阻尼远远大于外力的阻尼,这一假设是使用绝热消去法对快变量进行消除的前提假设。假设子系统 q_1 不存在且绝热近似条件成立,则有 $\lambda_2 \geqslant \lambda_1$ 和 $\lambda_2 > 0$,在绝热近似原理基础上,采用绝热消去法,令 $\dot{q}_2 \approx 0$,代入式 q_2 可得:

$$q_2(t) \approx \frac{b}{\lambda_2} q_1^2(t) \qquad (4-2)$$

上式表明子系统和参量 q_2 受作为内力的子系统及参量 q_1 的控制,子系统 q_2 必须跟随控制力 q_1 的指令而采取行动;另外,子系统及参量 q_1 决定着另一个子系统及参量 q_2 的行为,从而决定整个系统的秩序和有序度的变化,因此 q_1 就是前文中提到的序参量,将表达式联立最终解得系统演化的序参量方程和演化趋势函数,如下所示:

$$\dot{q}_1 = -\lambda_1 q_1 - \frac{ab}{\lambda_2} q_1^3$$
$$V = 0.5\lambda_1 q_1^2 + \frac{ab}{4\lambda_2} q_1^4 \qquad (4-3)$$

在物理中,对于任何物理系统或生物系统,所有物体都会因系统位置的移动产生不同的势能,如将某重物提升到某高度,此时物体便获得了一定的重力势能,下落则表示其重力势能对外做功。同理,势函数能有效的判断整个系统是否处在稳定状态,因此哈肯通过对系统运动方程以及序参量的探讨求出系统的势函数,从而进一步来判断系统所处状态。通过运算,由上式求解 q_1,将其将结果代入解出 q_2;由此是 q_1 决定了 q_2 代表着系统的演化,将其定义为序参量,在进行实际应用时将哈肯模型进行离散化处理,具体方程如下:

$$q_1(k+1)=(1-\lambda_1)q_1(k)-aq_1(k)q_2(k)$$
$$q_2(k+1)=(1-\lambda_2)q_2(k)-aq_1(k)q_1(k) \qquad (4-4)$$

二、哈肯模型的建模机理

哈肯模型作为协同学的一种微观方法,一般用来描述在外部条件既定的情况下,由系统内部各子系统、参量或因素间的相互竞争与协同作用而使系统发生质变的过程,由于系统内各子系统和参量的性质对系统整体的影响是不同的,各子系统间既存在复杂无序的运动又与其他子系统相互联系和相互协调作用,可对参量进行有目的的改变使其达到线性失稳点,以此研究系统内部不同因素和变量之间相互作用使系统发生演变的过程。

(一)哈肯模型的经济应用

作为研究系统演化的自组织模型,哈肯模型基于确定序参量来研究系统演化机制的自组织演化模型,是1971年由哈肯教授创立协同学理论用来探究许多子系统相互作用、相互联系构成一个复杂的复合系统的微观方法,哈肯模型理论的应用性使得其广泛应用于区域经济研究领域和产业演进机制研究以及经济-能源系统演化等领域,且越来越受到广大学者的关注。

Xu和Xie(2004)基于哈肯提出的创新理论和协同效应,通过对中国领先的中兴通讯公司长达17年的创新与发展进行考察,通过系统动力学建模研究了企业的创新协同作用及其动态过程。Wu Weiwei(2014)通过研究技术能力和技术管理对中国电信业发展的影响,寻求中国电信业的秩序参数。首先,分析了技术能力和技术管理对行业的影响,并尝试探索订单参数。其次,分析了技术能力与技术管理之间的相互作用。然后,采用哈肯模型构建分析模型,用1991年至2010年中国电信行业的数据,确定了该行业的订单参数,并测试了T技术能力和技术管理之间的关系。Li Yaya(2014)使用自组织方法和哈肯模型建立协同演化方程,并选择技术进步和产业融合作为产业演化系统的关键变量,以研究基于行业融合和技术进步的行业协同演化机制,发现技术进步是一个有序的参数,它主导着行业系统的发展,而且产业融合是一个控制参数,受技术进步的影响。

李柏洲和罗小芳(2014)运用哈肯模型建立企业产学研合作原始创新系统的演化方程,通过实证分析得出了系统演化中的关键变量是反映企业原始创新能力的企业研究人员,并进一步分析了系统的演化机制。李琳和刘莹(2014)从区域比较优势、区域经济联系和区域产业分工三个方面分析了区域经济协同发展的驱动因素;运用协同学中的哈肯模型对中国29个省市区经济协同发展驱动因素进行了分阶段序参量识别。李琳和戴娆兰(2016)在城市群协同创新的理论基础上,运用协同学的哈肯模型,对中三角城市群协同创新驱动因素进行序参量识别。结果表明创新比较优势是 2003—2012 年中三角城市群协同创新系统演化的序参量,中三角城市群协同创新系统演化尚处于初级阶段。马永红和苏鑫(2018)在对区域创新系统自组织特征予以描述的基础上,通过构建区域创新系统协同演化的哈肯模型对区域创新系统协同演化机制进行研究,发现基础共性技术创新是区域创新系统动态演化的序参量,同时基础共性技术创新与制度创新在区域创新系统演化过程中具有较弱的协同效应。郑玉雯和薛伟贤(2019)基于区域比较优势的空间关联及其内在扩散作用机理,从比较优势、经济联系和价值链分割三个维度构建理论模型,运用哈肯模型分两阶段实证分析了影响丝绸之路经济带沿线 42 个主要国家协同发展的驱动因素。

朱永达和张涛(2001)运用自组织理论的哈肯模型,建立产业系统演化方程,通过实证分析了产业系统演化的序参量是反映创新和科技进步的劳动生产率。郭莉和苏敬勤(2005)运用自组织理论中的哈肯模型,通过建立产业生态系统演化方程,对中国产业生态系统演化机制进行了实证研究,结果表明反映环境科技进步的环保生产率是产业生态系统演化的序参量。赵玉林和魏芳(2007)运用自组织理论和方法,通过哈肯模型建立了高技术产业化过程的演化方程,以中国各省市为样本进行了定量化的实证研究,得出高技术产业化过程中的序参量是研究开发投入强度。夏青(2013)运用哈肯模型以及绝热消去法研究现代服务业的演化,建立了现代服务业演化模型,通过实证得出现代服务业演化中起主导作用的序参量是劳动生产率,同时发现劳动生产率与投资率之间存在相互作用关系,现代服务业演化存在系统演化的反馈机制。何向武和周文泳(2019)在分析医药制造业创新生态系统内涵和特性的基础上运用哈肯模型构建了医药制造业创新生态系统演化模型,发现创新人力投入强度是医药制造业创新生态系统的序参量,创新人力投入强度与技术创新能力之间存在显著协同关系。

张子龙和薛冰(2015)基于协同学理论,运用哈肯模型建立了能源-经济-环境系统的演化方程,并以中国的 30 个省份为样本,分别对该系统演化机制进行两阶段分析。Guangwen Hu 和 Xianzhong Mu(2018)改进了生态网络分析方法,考虑了系统的动态性和协同性,以确定主导城市能量代谢演化的关键因素。针对系统的动态和协同特性,观察了直接和间接能量消耗流的变化,并结合哈肯模型确定了代谢过程的主导因素。Weichen Zhong 和 Junnian Song(2019)尝试从协同学的角度将哈肯模型应用于能源经济领域,探讨了京津冀地区经济增长与能源消耗之间的演化关系。将经济增长和能源消耗定义为两个子系统,构成一个整体系统,经济增长为快变量,能源消耗为慢变量。通过基于协同理论的哈肯模型,阐述了这两个子系统与整个系统之间的演化相互作用。Chen Yang 和 Shulin Lan(2019)定量研究了城市经济与物流之间的关系和相互作用。通过确定的城市物流与经济发展评价指标,首先建立了基于大数据分析、熵值法和最大偏差法的城市经济与物流发展评价过程模型。在此基础上,采用哈肯模型对我国 5 个城市的经济与物流的动态协同演化规律进行了分析,对上述静态评价进行了补充。Zhengda Li 和 Wanping Yang(2019)通过研究我国绿色发展的协调机制,探讨了我国绿色发展的原因和路径。建立了协同进化的研究框架,应用哈肯模型分析了高质量发展对资源和环境驱动机制的不同影响。

由此可见,哈肯模型已被较广泛应用于区域(产业)经济协同发展(或协同创新)系统以及经济-能源系统协同演化的相关研究中,这些研究无疑为本课题应用哈肯模型探析"两业"融合驱动机制提供有益启示。

(二)哈肯模型内涵与分析步骤

1. 哈肯模型内涵

从上节理论分析可知,哈肯模型能在两个参量间识别出系统序参量,进而判断系统所处状态,将该理论应用至制造业与生产性服务业融合驱动因素进行分析,借鉴相关研究成果,通过和哈肯模型间各变量的关系,利用哈肯模型对"两业"融合驱动因素确定主要作用参量;根据上节理论机理分析,"两业"融合驱动因素定义为:基础动力、内生动力和外生动力,每个动力因素又细分为两个相关因素,同时将传统哈肯模型的指标数量由两个扩展至三个,构造两两间的运动方程,求解后识别出"两业"融合在不同阶段的驱动因素序参量,并根据序参量及势函数评估该阶段中主要的驱动因素。为统一定义生产性服务业标准及保证时间跨度平稳且一致,将研究期 2003—2017 年划分为 2003—2009 年以及 2010—2017 年两个阶段,首先分两阶段动态探究不同阶段的序参量转变,其次比较分析两阶段序参量特征及其役使我国"两业"融合的差异化矛盾。

2. 模型分析步骤

模型将 2003—2017 年划分成 2003—2009 年以及 2010—2017 年两个跨度为八年的两阶段,分阶段对基础动力、内生动力和外生动力三个参量进行序参量识别,根据得分值对各省份的驱动机制以及我国整体的驱动机制进行划分,最后将两阶段进行对比分析,具体识别框架图如下:

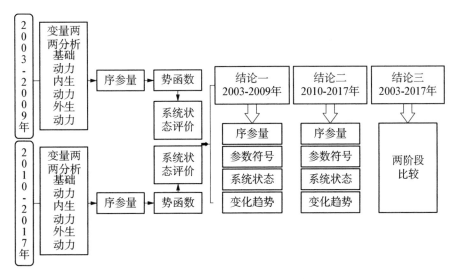

图 4.3　基于哈肯模型的实证分析框架图

(三) 指标选取与数据来源

　　制造业与生产性服务业的融合发展受市场需求转变、科学技术创新、产品竞争力提升及制造业价值攀升等多层次因素的共同驱动。大多生产性服务业作为知识密集型产业,技术创新是其发展的重要基础,而处于制造业与生产性服务业产业边界处的技术创新,有利于突破现有产业发展的局限性和专用性,形成两大产业间的技术融合,进而促进产业整体的产品、市场融合,最终实现制造业与生产性服务业的完全融合。Alfonso 和 Salvatore 认为产业融合过程由技术融合、产品融合和市场融合 3 个过程顺序构成;綦良群(2015)在研究制造业与生产性服务业互动作用与效率评价作用时,分析了"两业"间互动影响因素,指出从业人员数和资产合计对制造业拉动和引导生产性服务业的过程产生相应的影响。王成东(2015)进行制造业与生产性服务业融合影响因素研究时,通过新产品的开发数量从投入角度予以衡量,新产品开发数量越多,科技创新设计和开发能力越强,同时用产业新产品的产值衡量科技创新的产出实现能力。王成东(2015)进行制造业与生产性服务业融合动因探讨时,利用行业集中度测度产业竞争压力,提出企业数量越多,产业竞争越激烈,产业竞争压力越大,越有利于两大产业融合发展。因此,在借鉴已有研究成果的基础上,本课题提出制造业与生产性服务业的融合动力概括表现为基础动力、内生动力和外生动力三大动力,根据现有文献和理论依据将三方面再细分为两个解释力同等的具体衡量指标。考虑到指标的同等性和可比较性，按照产业划分标准将二级指标变量进行两两分析，以提高指标的解释力。具体表现为：产业就业人数促进产品生产和企业活动，固定投资额衡量产业重视和投入程度，两者作为影响制造业与生产性服务业的生产环节因素之二，通过影响企业生产活动进而影响产业内部价值环节的生产，进而影响融合，故利用制造业和生产性服务业的就业人数和固定资产投资额分别代表产业间价值链关联和产业间核心价值环节重组。利用制造业和生产性服务业的研发人员和新产品销售额分别衡量科技创新投入和产出。利用制造业和生产性服务业的法人单位数代表行业竞争压力，用政府投资占行业投资比重衡量行业内投资额度。鉴于西藏数据缺失和港澳台地区数据获得困难，予以剔除，统计样本共 30 个省份，数据来源于 2003 年至 2017 年的中国统计年鉴和中国工业统计年鉴。

第三节 "两业"融合驱动机制的分阶段序参量识别

前文对我国"两业"融合驱动机制的理论机理及哈肯模型的构建进行了阐述，综合分析概括得到基础动力、内生动力和外生动力三个模型变量，并列出了分阶段实证分析思路框架，本章将依据该实证研究框架对我国"两业"融合的驱动机制进行分阶段实证研究。鉴于哈肯模型是针对两个变量的序参量识别，因此需进行两两分析，基本步骤为：①提出模型假设；②构造运动方程并判断方程是否成立；③求解方程参数并判断其是否满足绝热近似假设；④判断模型假设是否成立，得出系统序参量。模型方程利用 Matlab 软件对面板数据进行回归求得，限于篇幅，具体步骤略去。

针对所选取的 6 组变量对变量两两进行分析，共有 30 组计算结果。限于篇幅，将求解的具体步骤和回归结果的筛选过程从略，仅列出满足模型假设成立、运动方程成立、满足绝热近似假设成立的 10 种结果（如表 4.1 所示）；不满足条件的状态变量，即不能与其他状态变量建立支配或被支配关系的状态变量不做分析。哈肯模型中，$|\lambda_2|$ 需要远大于 $|\lambda_1|$ 才可满足运动系统的"绝热近似假设"，同时在实际运用中要求二者相差至少大于一个数量级，一般选取 10 倍为数量级差，在满足绝热近似假设条件下对结果进行分析统计。

一、第一阶段(2003—2009 年)序参量识别

(一) 第一阶段序参量识别

表 4.1　2003—2009 年变量间两两分析结果

模型变量假设	λ_1	λ_2	a	b	结论
q1 = 就业人数 q2=工业企业数	−1.818	0.061 43	5.20E−08	−0.000 853 3	1) 运动方程成立 2) 不满足绝热近似假设
q1=固定投资额 q2=规上企业数	0.183 9	0.417 3	−5.26E−09	−5.74E−13	1) 运动方程成立 2) 不满足绝热近似假设
q1=固定投资额 q2=政府投资占比	0.009 782	0.490 9	−0.000 400 2	−4.89E−19	1) 运动方程成立 2) 不满足绝热近似假设
q1=总研发人员 q2=规上工业企业	0.036 34	0.241 7	−1.03E−09	−9.78E−16	1) 运动方程成立 2) 不满足绝热近似假设
q1=总研发人员 q2=政府投资占比	−0.017 56	0.942 1	0.000 716 2	−2.76E−21	1)运动方程成立 2)满足绝热近似假设 3)是系统序参量
q1=新产品销售额 q2=政府投资占比	−0.061 98	10.04	0.002 54	−3.83E−18	1) 运动方程成立 2) 不满足绝热近似假设
q1=规上企业数 q2=政府投资占比	−0.018 34	0.647 7	0.000 838	−1.33E−14	1) 运动方程成立 2) 不满足绝热近似假设
q1=政府投资占比 q2 = 就业人数	−0.109 8	−0.013 9	2.13E−06	1.28E+00	1) 运动方程成立 2) 不满足绝热近似假设

（续　表）

模型变量假设	λ_1	λ_2	a	b	结论
q1＝规上企业数 q2＝就业人数	0.049 17	0.490 9	−9.49E−07	−1.96E−11	1) 运动方程成立 2) 不满足绝热近似假设
q1＝新产品销售额 q2＝就业人数	0.148 3	0.942 1	−2.99E−06	−7.06E−16	1) 运动方程成立 2) 不满足绝热近似假设
q1＝总研发人员 q2＝固定投资额	−9.425	−0.067 3	1.87E−09	3.94E−14	1) 运动方程成立 2) 不满足绝热近似假设

（二）第一阶段系统状态评价函数

利用表4.1中符合哈肯模型和绝热近似假设原理的变量运动方程为：

$$q_1(t) = 1.017 56 q_1(t-1) - 0.000 7 q_1(t-1) q_2(t-1)$$
$$q_2(t) = 0.057 9 q_2(t-1) - (2.76e+21) q_1^2(t-1)$$

则系统演化方程为：$\dot{q} = 0.017 56 q_1 - 0.021 178 q_1^3$

系统势函数为：$v = -0.008 78 q_1^2 + 0.005 29 q_1^4$

令演化方程式为0，解得势函数的三个解为：

$$q_1^* = 0, \quad q_2^* = 0.910 7, \quad q_3^* = -0.910 7$$

势函数图像如下：

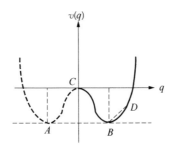

图 4.4　2003—2009 年我国"两业"融合的势函数曲线

在我国"两业"融合驱动因素中，内生动力的值均大于零，因而势函数图像仅考虑 $q > 0$ 的部分。依据势函数的三个解可得，系统的稳定点为 B （0.910 7，−0.003 64 1）。

任意一点 D 与稳定点 B 的距离决定了其所处的状态,即系统状态评价函数为:

$$d = \sqrt{(q - 0.9107)^2 + (v(q) + 0.003641)^2}$$

d 值越大,表明系统越不稳定融合驱动效果越小,因而对 d 值进行正向化处理,将其转换为$(0,1)$区间的正向指标,即系统状态得分值,简称"得分值"(score):

$$S = \frac{d_{max} - d}{d_{max} - d_{min}}$$

(三)第一阶段序参量识别结果分析

由此实证结果可得,在科技创新推动和融合需求拉动下,制造业与生产性服务业的产业进入壁垒减小,融合边界处开始出现符合双方产业共用性的技术合作产品,由于生产性服务业和先进制造业均为知识技术密集型产业,同时科技创新技术具有降低规模生产成本和生产适用领域广的优点,故在"两业"进行融合的初始阶段,科技创新促使制造业与生产性服务业边界处的技术创新逐渐转变为有意识、有目的创新活动,并逐渐趋于常态化。另一方面随着经济发展,研发人员数的大量增加促使制造业与生产性服务业对产业内各自现有技术进行二次研发和升级,以提高技术在两大产业间的通用性,从而最终形成发散性的制造业与生产性服务业技术融合。显然,制造业与生产性服务业的融合受到两大产业技术创新能力投入和产出能力的影响,具体表现为:产业技术创新投入产出能力越高,产业内相同共用性越丰富,则产业融合过程越容易实现。

首先,制造业与生产性服务业融合的创新效应体现在投入层面。大多生产性服务业具有知识密集度高的显著特点,技术创新能力投入的高低决定了生产性服务业与制造业在产业边界处创新的难易程度,从而直接影响两大产业的边界创新融合进程。研发人员作为技术创新的主体积极研发设计具有市场价值的新技术新产品,实现新产品的批量化生产,只有通过技术创新,来突破现有产业发展的局限性和专用性,形成两大产业间的技术融合。在此背景下,制造业与生产性服务业彼此通过技术创新开发出新技术,在融合过程中,新技术和新产品实现了两产业的共性技术和知识,促使制造业与生产性服务业之间的壁垒逐渐弱化和产业边界模糊,最终促使两大产业融合。制造业必然在两大产业的融合过程中积极利用科技研发设计和管理能力较为领先的生产性服务价值环节,实现产业的技术创新及扩散;同时,制造业对生产性服务业多元化的需求反过来又推动了生产性服务业的技术创新。其次,制造业与生产性服务业的创新能力还体现为科技创新产出能力,"两业"融合碰撞必然带来局部或全新创新的产业形态,而新形态的出现要求制造业和生产性服务业适应市场新需求,即要求更高的技术能力和产品能力。因此,2003年至2009年我国"两业"融合虽然处于初级阶段,但融合已经开始以产业内生的比较优势为基础,主要表现为依托龙头企业的创新比较优势,在"点对点"融合的过程中逐渐破除融合壁垒,推动制造业行业内专业化分工深化,以及生产性服务业嵌入到制造业的某个关键环节,"两业"初步形成互动互促。

二、第二阶段(2010—2017年)序参量识别

(一)第二阶段序参量识别

表4.2表明,利用哈肯模型对我国2010—2017年驱动制造业与生产性服务业融合的序量进行两两识别的结果显示,在两两识别的11个方式中,仅有模型9同时满足运动方程、绝热近似原理($|\lambda_2|$需要远大于$|\lambda_1|$)成立,由此可得2010至2017年,在影响我国"两业"融合的驱动因素的内生动力、基础动力和外生动力中,外生动力是我国"两业"融合发展的序参量,单一的序参量驱动机制调控我国"两业"进行融合发展,在整个系统演化过程中起支配作用,通过与其他参量的协同共生,共同促进我国"两业"融合发展实现从部分面融合进入到系统网络融合、从无序至有序的融合演进。在该阶段中,控制参量$a=1.17\mathrm{e}-09$,说明行业竞争压力对序参量的组合在一定程度上起到了抑制作用;控制参量$b=-8.93\mathrm{e}-08$,其值为负,表明序参量组合在某种程度上会抑制制造业与生产性服务业融合的行业竞争压力,可见,行业竞争压力与"两业"融合的驱动因素序参量组合之间并没有完全融合驱动。控制参量$\lambda_1=-0.023\,17$,表明驱动因素系统内部已经建立起了序参量组合的负反馈机制,但此时λ_1的绝对值并不大,说明该系统的有序度并不是高;控制参量$\lambda_2=0.976\,2$,说明"两业"融合系统内部已建立起行业竞争压力子系统的正反馈机制。

表4.2　2010—2017年变量间两两分析结果

模型变量假设	λ_1	λ_2	a	b	结论
q1＝就业人数 q2＝政府投资占比	−0.054 62	0.019 45	0.002 256	−2.53E−10	1) 运动方程成立 2) 不满足绝热近似假设

模型变量假设	λ_1	λ_2	a	b	结论
q1＝固定投资额 q2＝新产品销售额	0.350 7	0.875 9	−4.44E−11	−2.71E−10	1) 运动方程成立 2) 不满足绝热近似假设
q1＝固定投资额 q2＝政府投资占比	0.168 5	0.844 3	−0.006 643	−8.52E−19	1) 运动方程成立 2) 不满足绝热近似假设
q1＝总研发人员 q2＝政府投资占比	−0.022 96	0.438 9	0.000 931 5	−1.35E−21	1) 运动方程成立 2) 不满足绝热近似假设
q1＝新产品销售额 q2＝规上企业数	0.258 1	0.753 1	−7.47E−09	−4.03E−13	1) 运动方程成立 2) 不满足绝热近似假设
q1＝新产品销售额 q2＝政府投资占比	−0.027 39	10.22	0.001 176	−4.16E−18	1) 运动方程成立 2) 不满足绝热近似假设
q1＝规上企业数 q2＝政府投资占比	−0.210 3	0.424 2	0.008 351	−9.46E−15	1) 运动方程成立 2) 不满足绝热近似假设
q1＝政府投资占比 q2＝固定投资额	−0.068 43	0.134 4	1.29E−11	−1.05E+06	1) 运动方程成立 2) 不满足绝热近似假设
q1＝规上企业数 q2＝新产品销售额	−0.023 17	0.976 2	1.17E−09	−8.93E−08	1) 运动方程成立 2) 满足绝热近似假设 3) 是系统序参量
q1＝规上企业数 q2＝固定投资额	−9.343	−0.045 34	1.85E−09	1.85E−07	1) 运动方程成立 2) 满足绝热近似假设 3) 是系统序参量
q1＝总研发人员 q2＝就业人数	0.022 9	0.119	−4.54E−07	−6.55E−19	1) 运动方程成立 2) 不满足绝热近似假设

（二）第二阶段系统状态评价函数

利用表 4.1 中符合哈肯模型和绝热近似假设原理的变量运动方程为：

$$q_1(t) = 1.02317q_1(t-1) - (1.17e-09)q_1(t-1)q_2(t-1)$$
$$q_2(t) = 0.0238q_2(t-1) - (8.93E+08)q_1^2(t-1)$$

则系统演化方程为：$\dot{q} = 0.02317q_1 - 0.03251q_1^3$

系统势函数为：$v = -0.01608q_1^2 + 0.008128q_1^4$

令演化方程式为 0，解得势函数的三个解为：

$$q_1^* = 0, \quad q_2^* = 1.1845, \quad q_3^* = -1.1845$$

势函数图像如下：

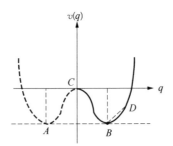

图 4.5　2010—2017 年我国"两业"融合的势函数曲线

在我国"两业"融合驱动因素中，内生动力的值均大于零，因而势函数图像仅考虑 $q > 0$ 的部分。依据势函数的三个解可得，系统的稳定点为 B (1.1845，−0.006561)

任意一点 D 与稳定点 B 的距离决定了其所处的状态，即系统状态评价函数为：

$$d = \sqrt{(q-1.1845)^2 + (v(q)+0.006561)^2}$$

（三）第二阶段序参量识别结果分析

首先，正如上文所述，行业竞争压力外生动力是促进我国 2010—2017 年生产性服务业和制造业融合的主推力，各省份在现有的区域位置基础上，大力构建以优势主导产业为核心、以关联产业相配套的融合模式演化系统，制造业与生产性服务业加速发展，增加值占 GDP 比重较大，随着科技创新和自主研发对传统制造业行业带来较大冲击，规模以上工业企业数的增加造成市场供给发生变化，即优先适应市场需求者将领先占领市场份额，在内部激烈竞争下，规模以上工业企业数呈现下降趋势，无法适应和融入科技创新时代的企业将逐渐退出市场,领先占领及"踏浪潮头"适应新时代的制造业与生产性服务业加强彼此间合作关系,利益目标趋向一致,产业协同不断加强,使得产业间关系由关联互动向全面融合过渡。从价值链角度来看,制造业与生产性服务业融合本身就是一个对融合系统价值环节进行"互补"的过程,只有高附加值或具有良好发展前景的价值环节才能被筛选吸纳进产业融合后的价值链体系,从而形成新的融合型产业。可见,新的融合型产业集中了制造业和生产性服务业的优势价值环节,可在多个价值链环节形成相对竞争优势,进而提升整个价值链的竞争力。

三、两阶段序参量识别结果对比分析

(一) 我国"两业"融合进入新阶段

上述两阶段序参量识别结果明示,我国制造业与生产性服务业融合的主驱动因子已由内生驱动转变为外生驱动,主驱动因子发生动态转变表明,序参量驱动效应明显提升,实现了从初级阶段至中级阶段的融合转变。整体而言,从第一阶段至第二阶段,融合从行业内传统的点对点融合过渡到面对面融合,表明我国制造业与生产性服务业的融合状况明显提升,进一步验证了第三章我国制造业与生产性服务业融合水平的阶段性结论。但从两阶段驱动因素影响状况来看,呈现出控制参量系数较低,驱动因子间均未形成互促互长的交互机制,序参量组合之间并未完全形成融合驱动合力,且系统有序度较低,因此,高程度的融合应注重提高产业专业化分工与资源协作利用程度,着眼于大区域内的要素自由流动和合理的不同产业专业化分工。综上,2002 至 2017 年我国制造业与生产性服务业融合水平改善明显,正逐渐由科技创新推动转变为行业内外竞争驱动,摒弃了传统融合观念中的依赖产业比较优势进行各自发展,更加注重产业转移和产业相互依赖以及一体化程度,我国"两业"融合发展进入新阶段。

(二) 我国"两业"融合矛盾发生新变化

表 4.1 显示,2003—2009 年我国"两业"融合尚处于初级阶段,融合以产业内的比较优势为基础,依托行业龙头企业的技术创新优势的溢出渗透,驱动"两业"在技术层面突破壁垒,但此阶段"两业"尚处于"点对点"的表浅融合环节,区域和产业等市场环境限制了融合的范围,要素无法充分地在不同产业间进行自由流动。随着"两业"融合阶段的演进,表 4.2 显示,进入2010—2017 年阶段,合理的行业内竞争促进资源的优化配置,此时经过价值链"筛选"后,高附加值和发展前景良好的价值环节在不同产业内自由交叉融合,形成新的优势价值环节,但随着传统制造业向高技术制造业转变过

程中生产能力可能出现急剧膨胀,实际生产可能出现过剩现象,新产品容易被行业内其他企业模仿,行业内竞争和趋同越发频繁,故产品差异性和市场适应性的作用也日益凸显,又将循环至第一阶段中科技创新对制造业与生产性服务业融合的推动作用。

第四节　本章小结

首先,本章从耗散结构理论、协同学理论解析了制造业与生产性服务业融合的理论基础,探析了制造业与生产性服务业融合驱动机制的理论机理:"两业"融合驱动机制主要由三大动力要素构成,即基础动力、内生动力和外生动力,三大驱动力既独立作用于"两业"融合的动态演化过程,又相互作用、交互影响于"两业"融合的不同阶段,共同役使"两业"融合由低级向高级演化。

其次,探究了"两业"融合驱动机制的哈肯模型构建原理与分析步骤,运用哈肯模型对 2003—2017 年我国制造业与生产性服务业融合的驱动机制进行分阶段研究,识别役使不同阶段我国"两业"融合的序参量,并对两阶段序参量识别结果进行比较,得出结论:①我国制造业与生产性服务业融合序参量由第一阶段(2003—2009 年)的内生动力转变为第二阶段(2010—2017 年)的外生动力,主驱动因子发生转变,但驱动因子间互促互长的交互作用机制尚未形成;②方程参数符号的转变意味着 15 年来我国制造业与生产性服务业融合程度有所增强,由"点对点"的表浅融合阶段逐渐过渡为"链对链"的新融合阶段。

第五章 我国制造业发展质量的动态评价及异质性分析

本章研究之目的,旨在依据一定的理论分析逻辑构建制造业发展质量评价指标体系,运用投影寻踪法对我国 30 个省份 1998—2019 年制造业发展质量指数及支撑结构进行动态评估和异质性分析,以揭示我国制造业发展质量的动态演化趋势、异质性特征与凸显"短板",同时,为第六章的实证研究提供依据。

第一节 制造业发展质量评价指标体系构建

一、评价指标体系构建的理论分析思路

(一)制造业发展质量的内涵界定

目前,学术界对于制造业发展质量内涵尚未达成共识。针对制造业发展质量内涵的专门研究尚较稀缺,相关研究集中于经济增长(发展)质量、工业增长(发展)质量、新型制造业等视角。在梳理与借鉴相关研究成果的基础上,提出本课题对于制造业发展质量内涵的界定。

关于经济发展质量,学者们基于研究内容、研究视角和研究方法的不同对其内涵有不同的理解与诠释,但较为一致的看法是经济发展质量与经济增长数量有所区别,一味追求经济增长数量并不意味着经济发展质量的提升。传统的经济增长质量通常被定义为经济增长效率的提高(卡马耶夫,1983)。但随着经济社会的发展,生态环境破坏和收入分配不公平等问题越来越突出,学者们也越来越重视对经济发展质量的研究。相对而言,"发展"的内涵比"增长"的内涵更加丰富,范围也更加宽泛,系统涵盖了经济、社会和环境等诸多因素。托马斯(2001)认为经济发展质量应该在发展速度的基础上涵盖机会分配、环境可持续性以及全球性风险管理等因素。何伟

(2013)认为经济发展质量是经济增长过程中国民经济在有效性、协调性、创新性、持续性、分享性和稳定性等方面的优劣程度。Mlachila 等(2016)认为对发展中国家而言,高质量的增长是指增长率更高、更持久的社会友好型增长。金碚(2018)认为高质量发展是能够更好满足人民不断增长的真实需要的经济发展方式、结构和动力状态。任保平(2018)则指出经济高质量发展是经济发展的有效性、充分性、协调性、创新性、持续性、分享性和稳定性的综合,是生产要素投入低、资源配置效率高、资源环境成本低、经济社会效益好的质量型发展水平。从目前的研究成果可看出,经济高质量发展是一种注重要素投入产出效率、减少发展的负外部性、重视社会效益的质量型发展模式(王雄飞、李香菊,2018);强调发展的充分性、协调性、创新性、持续性,其最终评判标准是经济发展能否满足人民日益增长的美好生活需要(钞小静、惠康,2009);作为对经济发展规律认识的集中反映,"创新、协调、绿色、开放、共享"五大发展理念能够集中概括经济高质量发展的这些特征(任保平、文丰安,2018);进一步,张军扩等(2019)认为高质量发展是以满足人民日益增长的美好生活需要为目标的高效率、公平和绿色可持续的发展,是经济建设、政治建设、文化建设、社会建设、生态文明建设"五位一体"的协调发展。

工业增长(发展)质量方面,相关研究从效率、效益、结构、产品质量水平以及出口竞争力等多个角度考量工业增长质量。如吕正(1995)认为,工业增长质量应包含几个方面的含义,即增长过程的相对稳定,增长结构的协调性,增长方式以内涵式扩大再生产为主导,增长的可持续性,以及增长成果的共享性。郭克莎(1996)指出,工业增长质量应包括工业增长的效率和效益(投入产出效果),增长的结果状况,工业增长中的产品质量水平,以及工业增长中的出口增长和竞争力变化四个方面。与郭克莎关于工业增长质量内涵相似,魏后凯(1997)认为,工业增长质量主要体现在工业加工层次、增值程度、投入产出效果、产品质量及市场竞争力。罗文和徐光瑞(2013)认为工业发展质量是一定时期内一个国家或地区工业发展的优劣状态,综合反应速度、效益、结构、创新、资源、环境及信息化等方面关系的协调程度。史丹、李鹏(2019)从经济发展不同阶段对工业发展质量不同需求视角,认为工业发展质量的内涵是对经济发展的贡献与作用,随着经济发展阶段的演变,工业发展质量的内涵与水平也随之不断丰富与提高,最终达到高质量发展阶段。

新型制造业方面,李廉水和杜占元(2005)将新型制造业的内涵表述为以人为本、科技创新、环境友好和面向未来。他们认为新型制造业是依靠科技创新,提高经济效益、提升竞争实力、降低能源消耗、减少环境污染、增加就业和税收,能够实现可持续发展的制造业。李廉水和周勇(2005)从经济创造能力、科技竞争能力、环境资源保护能力角度阐述了新型制造业的三维内涵,他们认为,经济创造能力是发展新型制造业的基础,科技竞争能力是提升竞争实力和发展新型制造业的核心,环境资源保护能力是发展新型制造业的关键。唐德才等(2007)进一步将环境资源保护能力分解成能源指标和环境指标,从经济、能源、环境和科技角度阐述了新型制造业的四维内涵。李廉水、程中华等(2015)在以上三维内涵、四维内涵的基础上,增加了制造业社会服务能力,将新型制造业内涵扩展到五维,即经济创造能力、科技创新能力、能源节约能力、环境保护能力和社会服务能力。

近年,少数学者对制造业发展质量内涵进行了探讨。贺正楚等(2018)将制造业发展质量内涵论述为以供给侧结构性改革为视角,在保持国内经济一定发展速度的前提下,以高质量和效益为发展核心,具备优化的产业结构和创新的动力发展系统。李春梅(2019)认为制造业发展质量是紧密围绕制造业产业发展,以经济期望为中心,同时包括社会期望和环境期望,由行业发展质量、企业发展质量、产品和服务发展质量的三维对立统一体构成的。吕明元等(2019)从新型经济发展模式视角阐述制造业高质量发展内涵,认为制造业高质量发展是产业结构不断优化、资源配置效率高、创新驱动、生态环境成本低、经济效应和社会效益相协调的新发展模式,高质量的供给体系是其主要目标。余东华(2020)认为,制造业高质量发展是以新发展理念为引领,生产制造销售全过程多维度的高水平可持续发展,这些维度包括生产要素投入低、资源配置效率高、生态环境质量优、品质提升实力强、经济社会效益好等。叶圣、查笑梅(2021)认为,制造业高质量发展的内涵包括五个方面,一是高效运转的制造业体系,二是制造业体量与质量的协调发展,三是供给侧与需求侧相互匹配,四是创新驱动制造业转型升级,五是推动制造业绿色可持续发展。

受以上相关研究启迪,本课题认为制造业高质量发展是经济高质量发展的基础和支撑,是伴随着中国经济进入新阶段制造业发展驶入新阶段的基本要求。制造业高质量发展是一个多维度的综合概念,随着经济社会的发展,其内涵将不断丰富以满足时代所需。当前,我国制造业面临发达国家"制造业回归"和发展中国家制造业低成本挤压的双重挑战,推动制造业效率变革、动力变革和质量变革是实现制造业高质量发展的必然选择。正如党的十九大报告明确指出的那样,制造业高质量发展要以供给侧结构性改革为主线,以增强制造业创新能力为核心驱动,推动制造业质量变革、效率变革和动力变革。因此,制造业高质量发展内涵应突出效率、动力和质量这三个方面。同时,制造业发展的最终目标是满足市场需求、获取最大收益、推动整个经济高质量发展。这就必不可少要考量制造业在市场上的绩效表现,具体为特定经济结构下,制造业要素市场上的效率表现和产品市场上的效益表现。另一方面,对制造业高质量发展不仅仅要考虑发展的经济效益,还要关注发展的生态效益和社会效益,以及新时代下制造业智能化、绿色化、服务化等新型发展方式的转换,这样,方能多维度刻画制造业高质量发展的实质内涵。

总之,本课题将制造业发展质量内涵界定为:以新发展理念为指引,以形成高效协调运转的制造业产业体系为目标,以创新为根本驱动,通过要素配置效率升级、产业结构优化、发展方式智能化绿色化服务化转换等途径,形成高质量的制造业供给体系。在微观上,制造业高质量发展强调要素效率和全要素生产率的提升,不断提高微观主体的经济效益;在中观上,重视制造业产业结构、产品结构、出口结构等的结构优化与协调升级;在宏观上,注重内涵式发展和可持续发展,强调经济效益与社会效益、生态效益的和谐统一。

(二) 评价指标选取的基本原则

评价指标体系是由一系列相互关联与制约的影响因素,共同构成的科学、完整的体系,任何指标体系的设计都服务于某一特定目标、以一定的理论为指导、符合客观实际,指标体系中所有的指标形成了一个具备层次性和关联性两种特性的系统。本课题在指标选取过程中主要遵循以下原则:

一是理论与实践相结合的原则。本课题评价指标体系中指标选取以产业竞争力理论、产业升级理论、创新驱动理论等相关理论为基础,结合我国制造业发展现状及发展趋势,在上文制造业发展质量内涵分析的基础之上进行选择。选取具体指标时,充分考虑指标的代表性、综合性和可获取性,选择能够充分涵盖各构成要素经济意义的指标。

二是可比性与针对性相结合的原则。制造业发展质量评价指标体系构建的重要意义在于形成一个统一合理的评价标准,实现不同区域间制造业发展质量的比较,与此同时,能够对不同区域制造业发展质量进行针对性评价。因此,本课题在构建指标体系时,充分考虑横向和纵向两个维度的比较,着重考量指标的可比性,同时根据我国不同省域制造业发展水平及工业化所处阶段差异化较明显的国情实况,适当考量针对性的指标设计,以及尽量采取相对指标而非绝对指标。

三是整体性与层次性相结合的原则。本课题整体上从效率效益、结构优化、创新驱动和方式转换四个维度对制造业发展质量水平进行衡量。在选择各维度具体指标时,则从行业、企业和产品三个层次入手。既要考虑指标体系是否能实现整体评价目标,也要考量各个子系统对整体评价目标实现的贡献度,以及指标体系各个子系统之间的内部平衡和合理的逻辑联系。本课题的评价指标体系分为目标层、一级指标层、二级指标层和具体指标层四个层次。

四是动态性与静态性相结合的原则。评价指标体系分为时期和时点两个设计维度,分别对应指标体系的动态性和静态性。从时期维度看,制造业发展质量评价指标的设计应当考虑制造业发展质量在一定期间内的时空演变,客观反映制造业发展质量的未来趋势。从时点维度看,制造业发展质量评价指标的选取应当客观反映制造业发展质量的发展现状,保持一定的稳定性。因此,指标体系的设计应当实现动态性与静态性相结合。

（三）评价指标体系构建的框架维度

科学合理的评价指标体系框架维度的构建,一方面应依托对制造业发展质量内涵的深刻理解,并遵循一定的指标选择原则,同时,又有赖于对现有相关研究成果的把握和借鉴。由第一章第二节相关研究综述可知,现有关于制造业发展质量评价指标体系的相关研究,大体沿着经济发展质量评价标准——工业发展质量评价标准——制造业发展质量评价标准的路径展开,不少学者对于经济发展质量的评价指标(何伟,2013;宋明顺,2015;任保平、李禹墨,2018;任保平、文丰安,2018;魏敏、李书昊,2018;张丽洋、田应奎,2019)和工业发展质量评价标准(魏后凯,1997;谢春、李健,2011;罗文、徐光瑞,2013;李玲、陶锋,2013;史丹、李鹏,2019)进行了有益探讨,近年少数学者对制造业发展质量评价指标进行了积极探索(张文会,2018;张文会、乔宝华,2018;吕明元、苗效东,2019;江小国、何建波,2019)。虽迄今对于制造业发展质量评价指标尚处于探索阶段,但是对于指标体系框架的关键考量原则必须体现多维性、综合性、动态性和创新性等认知已达成共识,这为本课题提供有益启示。

根据上文对于制造业发展质量内涵的理解,同时,受益于相关研究成果的启迪,本课题认为制造业发展质量的评价框架应从四个大的维度来考量,即效率效益维度、结构优化维度、创新驱动维度和方式转换维度。

第一,效率效益维度。效率效益提升既是制造业发展的目标,也是保障制造业持续发展的基础。改革开放以来,我国制造业发展的效率和效益大幅提升,对国民经济增长的贡献率保持在40%左右,是国民经济的核心支撑,但我国制造业劳动生产率、科研投入产出比率、能源利用效率等仍落后于美国、德国和日本等制造强国。要素效率的落后拉低了效益水平，降低国际竞争力，不利于在全球产业链中占据有利地位。因此，提升制造业劳动、资金、技术和能源等要素生产效率，不仅是实现新阶段下我国经济换挡不失速的关键，也是提高制造业国际竞争力和攀升全球产业链的关键。

第二，结构优化维度。我国制造业"大而不强"最突出的体现就在于制造业结构还存在大量低端低效高耗能环节，高技术产业占比较小、出口产品附加值较低等特征明显。结构主义发展理论认为经济增长是生产结构转变的一个方面，生产要素从生产率低的部门转向生产率高的部门，能够促进经济有质量的增长。制造业结构反映了生产要素在不同部门之间的配置状况，从要素配置的角度展现制造业发展质量。而且应综合考虑制造业产业结构、企业结构、产品结构和出口结构，以便更全面地考量生产要素在不同行业、企业和产品之间的配置状况以及优化趋势。

第三，创新驱动维度。创新是提升制造业发展质量的"牛鼻子"，是推动制造业高质量发展的核心支撑。我国制造业早期走的是一条要素驱动之路，依托劳动力、土地、资本等要素的大规模投入获得快速发展。但近些年增速放缓，要素成本增加，低成本优势减弱，依靠要素驱动发展已很难适应经济发展新常态的要求。要改变这一状况，最根本的出路是动力变革，走创新驱动发展之路。依靠科技创新、劳动者素质提高、制度创新、产业模式创新等，提高要素效率，推进高技术制造业发展，加快传统制造业转型升级；同时，依靠科技创新，推动行业内龙头企业与中小配套企业间的融通创新，以及政产学研的协同创新，聚力攻克关键卡脖子技术，以此提升我国制造业基础能力，增强制造业全产业链竞争力。

第四，方式转换维度。当前新一轮科技革命席卷全球，制造业发展呈现出新的特点，智能化、绿色化、服务化成为发展趋势。AI智能、5G通讯、大数据、云平台等新技术层出不穷，新一代信息技术与制造业的融合发展不仅表现在产品越来越智能，也表现在企业生产、管理和销售过程的智能化。这不仅满足了市场上对高质量产品的需求，也有利于提升要素效率，提升经济效益。制造业绿色化是实现环境友好、资源节约可持续发展的重要路径，是推动经济转型的迫切要求，也为节能环保等新兴产业发展带来重要机遇。此外，我国制造业长期处于全球生产价值链的中低端，产业附加值低。制造业服务化能够延长产业链，推动制造业向价值链高端攀升，这样不仅适应了消费升级的需求，也增强了制造业竞争力。由此可见，制造业发展方式向智能化、绿色化和服务化的转变是制造业高质量发展的深刻内涵之体现。

二、评价指标体系的构建

依据上文的理论分析逻辑,遵循理论与实践相结合、可比性与针对性相兼顾、整体性与层次性相统一、动态性与静态性相结合的原则,本课题构建了由 4 个一级维度、11 个二级维度和若干具体指标构成的制造业发展质量评价指标框架。

具体指标选取说明如下:

效率效益一级指标主要通过要素效率和经济效益两个分维度来衡量。在要素效率方面,选取制造业全员劳动生产率来衡量劳动要素效率;选取制造业资本回报率来衡量资本要素效率;选取制造业全要素生产率来衡量技术要素效率。在经济效益方面,选取制造业产值增长率、制造业销售利润率和制造业资产负债率进行综合考量。

结构优化一级指标主要通过产业结构、企业结构、产品结构和出口结构四个分维度来衡量。在产业结构方面,借鉴阳立高(2017)对制造业合理化和高度化的测度方法,分别以制造业结构偏离度的倒数和高端技术制造业产值占中端技术制造业产值比重表示。在企业结构方面,选取非国有制造业企业营业收入占制造业企业营业收入比重进行考量。在产品结构方面,选取高技术制造业新产品销售收入占制造业新产品销售收入比重进行考量。在出口结构方面,选取高技术产品出口值占制造业出口总值比重进行考量。

创新驱动一级指标主要通过创新投入、创新产出和创新环境三个分维度来衡量。在创新投入方面,选取制造业 R&D 投入占主营业务收入比重来衡量财力投入;选取制造业 R&D 人员占就业人数比重来衡量人力投入。在创新产出方面,选取制造业新产品销售收入占主营业务收入比重和制造业单位产值有效发明专利数来进行综合考量。在创新环境方面,选取科技支出占地方财政支出比重衡量政策环境;选取全社会 R&D 人员全时当量来衡量人才环境。

方式转换一级指标应当通过智能化、服务化和绿色化三个分维度衡量,但由于衡量制造业服务化水平需要利用投入产出表,而省域层面的投入产出表每五年才公布一次,无法获取每年连续的数据,因此本课题暂不考虑制造业"服务化"水平。考虑数据可获取性,在智能化方面,选取电子信息产业资产占制造业资产比重、电子信息产业主营业务收入占制造业主营业务收入比重和电子信息产业从业人数占制造业从业人数比重来衡量信息化与制造业的融合程度。在绿色化方面,选取单位制造业增加值废气排放量、单位制造业增加值废水排放量和单位制造业增加值固体废物排放量来衡量污染排放水平；选取工业污染治理完成投资占工业增加值比重来衡量环境保护水平。

这样，本课题构建了由1个目标层——制造业发展质量指数、4个一级指标层——效率效益、结构优化、创新驱动和方式转换、11个二级指标层、24个具体指标构成的制造业发展质量评价指标体系（见表5.1）。

表5.1　制造业发展质量评价指标体系

目标层	一级指标	二级指标		具体指标	指标属性
制造业发展质量指数	效率效益	要素效率	1	制造业全员劳动生产率	正向
			2	制造业资本回报率	正向
			3	制造业全要素生产率	正向
		经济效益	4	制造业产值增长率	正向
			5	制造业销售利润率	正向
			6	制造业资产负债率	逆向
	结构优化	产业结构	7	制造业结构合理化	正向
			8	高端技术制造业销售值占中端技术制造业销售值比重	正向
		企业结构	9	非国有制造业企业营业收入占制造业企业营业收入比重	正向
		产品结构	10	高技术制造业新产品销售收入占制造业新产品销售收入比重	正向
		出口结构	11	高技术产品出口值占制造业出口总值比重	正向
	创新驱动	创新投入	12	制造业R&D投入占制造业主营业务收入比重	正向
			13	制造业R&D人员占制造业就业人数比重	正向
		创新产出	14	制造业新产品销售收入占制造业主营业务收入比重	正向
			15	单位产值有效发明专利数	正向
		创新环境	16	科技支出占地方财政支出比重	正向
			17	全社会R&D人员全时当量	正向

（续　表）

目标层	一级指标	二级指标		具体指标	指标属性
方式转换		智能化	18	电子信息产业资产占制造业资产比重	正向
			19	电子信息产业主营业务收入占制造业主营业务收入比重	正向
			20	电子信息产业从业人数占制造业从业人数比重	正向
		绿色化	21	单位制造业增加值废气排放量	逆向
			22	单位制造业增加值废水排放量	逆向
			23	单位制造业增加值固体废物产生量	逆向
			24	工业污染治理完成投资占工业增加值比重	正向

第二节　我国制造业发展质量的综合评估

一、评估方法

常规的层次分析法、主成分分析法、模糊综合评判法、熵值法在实际运用过程中存在主观设置评价指标权重或不易处理高维数据的缺陷，难以客观表征制造业发展质量评价中指标数据的高维、非线性、非正态等特点。为克服此不足，本课题运用投影寻踪法进行实证评估。

投影寻踪法由美国科学家克鲁斯卡尔（Kruscal，1972）提出，它是处理和分析高维数据的新兴的统计方法。其基本思想是利用计算机技术，把高维数据通过某种加权组合，投影到低维子空间上，并建立一个合理的投影指标函数，通过求投影指标函数的最优值，寻找出能反映原高维数据结构或特征的最佳投影，从而在低维空间上对数据结构进行分析，以达到研究和分析高维数据的目的。

投影寻踪法不仅能克服传统多元统计处理高维数据时存在计算量大和稳健性差的缺点，且投影寻踪聚类评价模型不仅能得出评价目标的总值，还能清晰反映各构成要素的值，便于更深入地对评价目标进行分析，因此得以广泛应用（陈文峰，2012；李琳、曹璨，2019）。

投影寻踪聚类模型的具体步骤如下：

步骤一：数据无量纲化

首先对各指标进行无量纲化处理。这里选用级差变换法来消除各指标值的量纲和统一各指标的变化范围：

当 x_{ij} 为正向指标时，　　$y_{ij} = \dfrac{x_{ij} - x_{\min}}{x_{\max} - x_{\min}}$ 　　　　　　(5-1)

当 x_{ij} 为逆向指标时，　　$y_{ij} = \dfrac{x_{ij} - x_{\max}}{x_{\max} - x_{\min}}$ 　　　　　　(5-2)

其中：$x_{\max}$ 和 $x_{\min}$ 分别为第 j 个指标的初始最大值和最小值。

步骤二：构造投影指标函数

投影实质上就是从不同的角度去观察数据，寻找能够最大程度地反映数据特征和最能充分挖掘数据信息的最佳观察角度即最优投影方向。设 a 为 m 维单位投影向量 $a = (a_1, a_2, \cdots\cdots, a_m)$，选用线性投影将高维数据投影到一维线性空间进行研究，一维投影特征值可表示为：

$$z_i = \sum_{j=1}^{m} a_j {}^* x_{ij}, \ i = 1, 2, \cdots\cdots n \qquad (5-3)$$

其中 $z_{ij} = a_j * x_{ij}$ 是第 i 个样本中第 j 个指标的投影分量，$z = (z_1, z_2, \cdots\cdots, z_n)$ 为投影特征值向量。

为了在多维指标中找到数据的结构组合特征，在综合投影时要求投影值 z_i 尽可能多地提取 x_{ij} 的变异信息，即要求 z_i 在一维空间散布的类间距 S_z 尽可能大；投影值 z_i 的局部密度 D_z 尽可能大。因此可构建投影目标函数为：

$$Q(a) = S_z D_z \qquad (5-4)$$

S_z 为投影值的 z_i 标准差，D_z 为投影值 z_i 的局部密度，即：

$$S_z = \sqrt{\frac{\sum\limits_{i=1}^{n} (z_i - E_z)^2}{n-1}} \qquad (5-5)$$

$$D_z = \sum_{i=1}^{n} \sum_{j=1}^{n} (R - r_{ij}) u(R - r_{ij}) \qquad (5-6)$$

其中，E_z 为投影值 z_i 的均值；R 为密度窗宽，与数据特征有关，它的选取既要使得包含在窗口内的投影点的平均个数不太少，避免滑动平均偏差太大，又不能使它随着 n 的增大而增加太高，R 一般可取值为 αS_z，其中 α 可以为 0.1、0.01 或 0.001 等，依据投影点 z_{ij} 在区域间的

分布情况进行适当调整；r_{ij} 表示两两投影特征值间的距离，即 $r_{ij} = |z_i - z_j|$；u 为单位阶跃函数，当 $R - r_{ij} \geqslant 0$ 时，其值为 1，当时 $R - r_{ij} \leqslant 0$，其值为 0。

步骤四：优化投影方向

当评价指标的样本值给定时，投影指标函数 $Q(a)$ 只随投影方向 a 的变化而变化。不同的投影方向反映不同的数据结构特征，最佳投影方向是最大可能地暴露高维数据某类特征结构的投影方向，因此，可通过求解投影指标函数最大化来估计最佳投影方向，即：

$$MaxQ(a) = S_z D_z$$
$$\text{s. t.} \sum_{j}^{m} a_j^2 = 1 \tag{5-7}$$

步骤五：分类（优劣排序）

根据最佳投影方向值 a_j 计算各指标的投影值 z_i，投影值是各评价指标的最佳投影方向与标准值的加权；然后，根据投影值 z_i 的大小对样本进行分类或优劣评价。

二、数据来源

评估样本为我国 30 个省市自治区，西藏、香港、澳门和台湾数据缺失或难以获取予以剔除。下文分析中的四大板块中东部地区包括北京、天津、河北、上海、江苏、浙江、福建、山东、广东、海南 10 个省（市）；中部地区包括山西、安徽、江西、河南、湖北、湖南 6 个省份，西部地区包括内蒙古、广西、重庆、四川、贵州、云南、陕西、甘肃、青海、宁夏、新疆 11 个省份，东北地区包括辽宁、吉林和黑龙江 3 个省份。原始数据来源于《中国工业统计年鉴(1999—2020)》《中国高技术产业统计年鉴(2002—2020)》《中国统计年鉴(1999—2020)》《中国科技统计年鉴(1999—2020)》《中国环境统计年鉴(1999—2020)》以及各省市统计年鉴(1999—2020)。个别缺失数据，采用插值等方法补齐。

三、综合评估结果

依据上述投影寻踪法的研究步骤，运用 DPS 数据处理系统 9.5 对全国30 个省市区 1998—2019 年制造业发展质量指数进行实证评估，结果见表5.2。

表 5.2 1998—2019 年 30 省（市）制造业发展质量指数

地区	1998	1999	2000	2001	2002	2003	2004	2005	2006	2007	2008	2009	2010	2011	2012	2013	2014	2015	2016	2017	2018	2019
北京	1.05	1.14	1.39	1.35	1.43	1.34	1.44	1.42	1.42	1.75	1.72	1.73	1.78	1.77	1.80	1.85	1.90	1.83	1.86	1.94	1.98	2.03
天津	0.93	0.94	1.15	1.21	1.27	1.23	1.41	1.41	1.40	1.41	1.40	1.45	1.47	1.44	1.52	1.59	1.62	1.68	1.67	1.54	1.54	1.49
河北	0.81	0.73	0.76	0.73	0.74	0.76	0.78	0.80	0.82	0.84	0.84	0.91	0.92	0.93	0.97	1.02	1.05	1.09	1.15	1.16	1.19	1.22
山西	0.74	0.67	0.68	0.70	0.74	0.70	0.73	0.74	0.79	0.87	0.82	0.90	0.91	0.90	1.05	1.14	1.13	1.10	1.11	1.18	1.23	1.29
内蒙古	0.63	0.63	0.62	0.70	0.72	0.77	0.80	0.91	0.91	0.89	0.87	0.89	0.94	0.90	0.88	0.92	0.90	0.93	0.99	0.96	0.96	0.95
辽宁	0.84	0.83	0.91	0.93	1.06	1.10	1.09	1.04	1.02	1.07	1.06	1.09	1.12	1.07	1.07	1.11	1.09	1.07	1.13	1.16	1.17	1.19
吉林	0.79	0.68	0.71	0.73	0.77	0.74	0.81	0.78	0.87	0.91	0.89	1.01	0.95	0.93	0.94	0.91	0.93	0.93	0.95	0.93	0.92	0.91
黑龙江	0.90	1.02	0.90	0.80	0.88	0.95	0.80	0.89	0.83	0.88	0.86	0.92	0.95	0.91	0.88	0.92	0.95	0.93	0.95	0.92	0.92	0.91
上海	1.07	0.95	1.05	1.11	1.19	1.18	1.24	1.32	1.36	1.51	1.49	1.69	1.65	1.62	1.65	1.68	1.72	1.71	1.79	1.84	1.87	1.91
江苏	1.01	0.94	1.02	0.98	1.07	1.13	1.24	1.28	1.34	1.42	1.50	1.59	1.65	1.72	1.83	1.90	1.96	2.01	2.07	2.12	2.18	2.24
浙江	0.92	0.87	0.99	1.00	1.02	1.09	1.14	1.18	1.25	1.29	1.31	1.35	1.42	1.47	1.53	1.62	1.69	1.77	1.84	1.89	1.96	2.02
安徽	0.78	0.72	0.72	0.76	0.81	0.89	0.84	0.87	0.90	0.94	0.99	1.09	1.14	1.15	1.21	1.28	1.36	1.43	1.57	1.58	1.63	1.68
福建	1.07	1.09	1.13	1.07	1.10	1.26	1.20	1.22	1.23	1.26	1.27	1.26	1.31	1.31	1.35	1.36	1.37	1.36	1.41	1.44	1.46	1.48
江西	0.84	0.72	0.69	0.73	0.78	0.87	0.85	0.90	0.93	0.96	0.97	1.00	1.00	0.95	0.97	1.03	1.04	1.06	1.10	1.15	1.18	1.23
山东	0.96	0.91	0.95	0.97	1.06	1.04	1.07	1.13	1.16	1.22	1.29	1.33	1.37	1.37	1.40	1.43	1.44	1.48	1.50	1.51	1.53	1.55
河南	0.79	0.73	0.85	0.79	0.85	0.85	0.88	0.91	0.95	1.02	1.02	1.10	1.11	1.19	1.32	1.51	1.51	1.50	1.51	1.52	1.58	1.61

（续 表）

地区	1998	1999	2000	2001	2002	2003	2004	2005	2006	2007	2008	2009	2010	2011	2012	2013	2014	2015	2016	2017	2018	2019
湖北	0.83	0.75	0.81	0.82	0.87	0.85	0.90	0.92	1.01	1.06	1.08	1.20	1.25	1.20	1.26	1.25	1.29	1.36	1.43	1.47	1.51	1.55
湖南	0.66	0.66	0.73	0.76	0.79	0.76	0.91	0.93	0.95	1.03	1.06	1.23	1.25	1.14	1.24	1.32	1.32	1.37	1.40	1.46	1.52	1.57
广东	1.06	1.07	1.15	1.20	1.25	1.29	1.32	1.36	1.42	1.52	1.59	1.72	1.87	1.86	2.02	2.06	2.03	2.15	2.28	2.38	2.45	2.54
广西	0.61	0.54	0.64	0.58	0.65	0.69	0.69	0.72	0.77	0.78	0.79	0.87	0.97	0.96	0.98	1.06	1.10	1.09	1.09	1.08	1.10	1.11
海南	0.70	0.64	0.56	0.58	0.69	0.74	0.73	0.69	0.79	0.78	0.78	0.82	0.88	0.90	0.91	0.94	0.94	0.97	0.97	0.96	0.97	0.97
重庆	0.83	0.57	0.69	0.72	0.82	0.88	0.92	0.99	1.01	1.08	1.13	1.19	1.18	1.31	1.32	1.35	1.41	1.49	1.50	1.56	1.61	1.66
四川	1.04	0.90	0.93	0.93	1.04	1.12	1.01	1.10	1.14	1.17	1.15	1.20	1.16	1.20	1.30	1.35	1.34	1.34	1.43	1.51	1.56	1.62
贵州	0.65	0.55	0.66	0.69	0.74	0.81	0.84	0.86	0.94	0.89	0.87	0.89	0.98	0.88	0.90	0.93	0.97	0.97	1.11	1.22	1.27	1.35
云南	0.72	0.66	0.69	0.73	0.72	0.76	0.79	0.83	0.82	0.86	0.84	0.83	0.87	0.87	0.88	0.92	0.90	0.94	1.02	1.06	1.08	1.12
陕西	0.90	1.00	1.11	0.95	0.99	1.02	0.97	0.88	0.92	0.95	0.99	0.98	1.05	1.03	1.07	1.12	1.15	1.24	1.28	1.31	1.35	1.39
甘肃	0.64	0.60	0.70	0.57	0.62	0.61	0.61	0.60	0.68	0.73	0.70	0.73	0.77	0.74	0.78	0.93	0.94	0.93	1.00	0.99	1.03	1.04
青海	0.49	0.47	0.47	0.63	0.73	0.65	0.68	0.72	0.75	0.77	0.80	0.75	0.74	0.72	0.68	0.75	0.74	0.71	0.78	0.74	0.73	0.72
宁夏	0.66	0.58	0.69	0.61	0.65	0.72	0.75	0.76	0.90	0.94	0.94	0.96	0.87	0.91	0.85	0.93	0.92	1.01	1.05	1.12	1.16	1.21
新疆	0.51	0.55	0.60	0.65	0.65	0.73	0.76	0.76	0.80	0.83	0.75	0.79	0.85	0.85	0.74	0.74	0.75	0.86	0.92	0.94	0.95	0.97
全国均值	0.81	0.77	0.83	0.83	0.89	0.92	0.94	0.96	1.00	1.05	1.06	1.12	1.15	1.14	1.18	1.23	1.25	1.28	1.33	1.35	1.39	1.42
东部均值	0.96	0.93	1.02	1.02	1.08	1.11	1.16	1.18	1.22	1.30	1.32	1.38	1.43	1.44	1.50	1.55	1.57	1.61	1.65	1.68	1.71	1.75

（续　表）

地区	1998	1999	2000	2001	2002	2003	2004	2005	2006	2007	2008	2009	2010	2011	2012	2013	2014	2015	2016	2017	2018	2019
中部均值	0.77	0.71	0.74	0.76	0.81	0.82	0.85	0.88	0.92	0.98	0.99	1.09	1.11	1.09	1.18	1.25	1.28	1.30	1.35	1.39	1.44	1.49
西部均值	0.70	0.64	0.71	0.71	0.76	0.80	0.80	0.83	0.87	0.90	0.90	0.92	0.94	0.94	0.94	1.00	1.01	1.05	1.11	1.13	1.16	1.19
东北均值	0.84	0.85	0.84	0.82	0.90	0.93	0.90	0.90	0.91	0.95	0.93	1.01	1.01	0.97	0.97	0.98	0.99	0.97	1.01	1.00	1.00	1.00

第三节 我国制造业发展质量的动态演变

一、全国层面的动态演变

1. 制造业发展质量指数动态变化

由图 5.1 可看出,1998—2019 年,我国制造业发展质量指数呈上升趋势。从 1998 年的 0.81 上升至 2019 年的 1.42,增幅达 74.08%,年均增速约为 3.37%。这表明我国制造业发展质量明显提升。其中,2001 年 12 月,我国加入世界贸易组织,由此开启了制造业持续快速增长的航程,2002—2007 年均增幅达 4.01%;受经济危机影响,2008 年略有下降,2009—2011 年发展缓慢;2012 年党的十八大召开以来,我国制造业发展质量稳步提升,年均增幅达 2.56%。

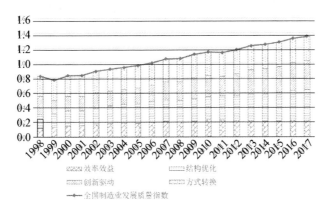

图 5.1 1998—2017 年全国制造业发展质量指数及支撑结构变化趋势

从制造业发展质量分维度指数及变化趋势来看,四个分维度指数整体皆呈上升趋势,其中结构优化指数增长较为迅速,增幅达 141.94%,年均增速为 6.45%。其增长主要得益于市场化水平提高和出口结构的优化。效率效益、创新驱动和方式转换指数的增长相对较为缓慢,年均增速分别为 3.62%、3.39%和 0.94%。

可知,1998—2019 年我国制造业发展质量指数以及四个分维度指数均呈上升趋势,其中,结构优化分指数上升幅度最为明显。

2. 制造业发展质量指数支撑结构的动态变化

依据图 5.2 可知,1998 年,效率效益、结构优化、创新驱动和方式转换四个一级分维度指数对制造业发展质量指数的贡献率分别为 17.43％、23.79％、22.99％和 35.78％,呈现出以方式转换为主的"单轮驱动型"支撑结构,效率效益为显著短板;至 2002 年,四个分维度指数贡献率变化为 18.88％、25.26％、23.1％和 32.76％,支撑结构转变为以结构优化和方式转换为主的"双轮驱动型",要素支撑结构呈现优化趋势,但效率效益短板制约仍明显;至 2013 年,四个维度指数贡献率继续变化为 17.69％、29.98％、25.8％和 26.54％,支撑结构转变为结构优化、创新驱动和方式转换为主的"三轮驱动型",支撑结构进一步优化;2017 年,要素支撑结构保持结构优化、创新驱动和方式转换"三轮驱动"相对稳定的特征,但效率效益短板制约依然明显。

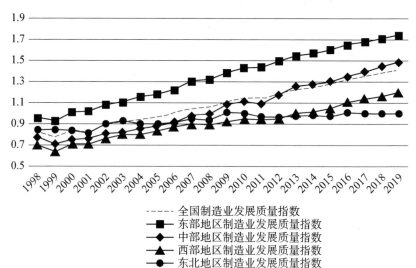

图 5.2　1998—2019 年我国四大板块制造业发展质量指数变化趋势

可见,1998—2019 年我国制造业发展质量指数支撑结构呈逐渐优化趋势,由"单轮驱动型"向"双轮驱动型"再至"三轮驱动型"转变,但效率效益"短板"制约始终较明显。

(二)四大板块的动态演变

1. 制造业发展质量指数的动态变化

由图 5.2 可知,1998—2019 年,东部、中部、西部和东北四大板块制造业发展质量均呈上升趋势,但区域差异较为明显。东部制造业发展质量指数从 1998 年的 0.96 增长至 2019 年的 1.75,增幅达 82.18％,年均增速约为 3.74％;中部从 1998 年的 0.77 增长至 2019 年的 1.49,增幅达 92.18％,年均增速约为 4.19％;西部从 1998 年的 0.7 增长至 2019 年的 1.19,增幅达 71.14％,年均增速约为 3.23％;东北从 1998 年的 0.84 增长至 2019 年的 1.00,增幅仅为 19.09％,年均增速约为 0.87％。其中,仅东部制造业发展质量指数始终高于全国平均水平,中部地区于 2013 年赶超全国,东北 1998—2003 年间高于全国水平,但之后逐渐落后,西部一直低于全国平均水平。从图 5.2 还可看出,东部始终遥遥领先于其他地区,中部得益于"中部崛起"战略的实施,增长势头较强劲,至 2019 年,其制造业发展质量指数仅低于东部,高于西部和东北,东北发展缓慢,分别于 2006 年、2013 年落后于中部和西部,且与中部的差距从 2006 年的 0.02 增加到 2019 年的 0.48,与西部的差距从 2013 年的 0.02 增加到 2019 年的 0.19。

可见,1998—2019 年四大板块制造业发展质量指数均呈上升趋势,但板块间异质性较明显,呈现出由 1998 年的"东部—东北—中西部"三阶梯级差异,转变为 2019 年的"东—中—西—东北"四阶梯级差异特征。

2. 制造业发展质量支撑结构的变化

就东部地区而言,四个分维度指数皆呈现上升趋势。其中创新驱动指数增长最为迅速,增幅达 131.78％,年均增速约为 4.81％。1998—2004 年创新驱动增长缓慢,自 2005 年以来,创新驱动保持较高速率增长,这主要得益于创新产出的稳步提高。就支撑结构而言,1998 年,效率效益、结构优化、创新驱动和方式转换维度指数对制造业发展质量指数的贡献率分别为 17.09％、25.43％、24.87％和 32.61％,呈现以结构优化和方式转换为主的"双轮驱动型"支撑结构;至 2009 年,各维度指数贡献率变化为 16.18％、29.21％、30.41％和 24.2％,呈现以结构优化和创新驱动为主的"双轮驱动型"支撑结构;2017 年,各维度指数贡献率进一步变化为 15.1％、25.64％、38.84％和 20.42％,支撑结构保持以结构优化和创新驱动为主的"双轮驱动型"支撑结构,且创新驱动的支撑作用愈发凸显,但效率效益始终是制约东部制造业发展质量的短板(见图 5.3)。

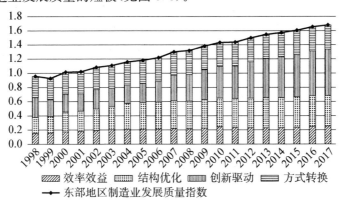

图 5.3　1998—2017 年东部地区制造业发展质量支撑结构

就中部地区而言,四个分维度指数均呈现上升趋势。其中,结构优化指数增长最为明显,1998—2017 年增幅达 189.7%,年均增速约为 6.05%。就支撑结构而言,1998 年,效率效益、结构优化、创新驱动和方式转换维度指数对制造业发展质量指数的贡献率分别为 18.26%、20.79%、21.87% 和 39.08%,呈现出以方式转换为主的"单轮驱动型"支撑结构,效率效益较为薄弱;至 2010 年,各维度指数贡献率变化为 21.9%、25.13%、24.19% 和 28.79%,呈现以结构优化和方式转换为主的"双轮驱动型"支撑结构;2017 年,各维度指数贡献率进一步变化为 16.87%、31.94%、27.09% 和 24.1%,支撑结构进一步优化为以结构优化和创新驱动为主的"双轮驱动型"支撑结构,但效率效益依然是中部制造业发展质量的短板(见图 5.4)。

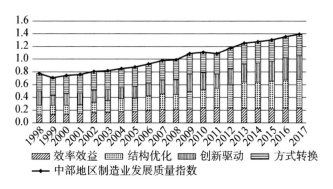

图 5.4 1998—2017 年中部地区制造业发展质量支撑结构

就西部地区而言,1998—2017 年,结构优化指数增长趋势较为明显,创新驱动和方式转换指数增长较为滞缓。其中,结构优化增幅达 185.30%,年均增速约为 5.95%。而创新驱动和方式转换的年均增速仅为 0.62% 和 1.21%。就支撑结构而言,1998 年,效率效益、结构优化、创新驱动和方式转换四个分维度指数对制造业发展质量指数的贡献率分别为 18.49%、20.44%、22.32% 和 38.75%,呈现出以方式转换为主的"单轮驱动型"支撑结构,效率效益较为薄弱;至 2005 年,各维度贡献率变化为 21.49%、26.86%、18.23% 和 33.41%,支撑结构转变为以结构优化和方式转换为主的"双轮驱动型",创新驱动为短板制约明显;至 2017 年,支撑结构相对稳定,保持为结构优化和方式转换的"双轮驱动型",各维度贡献率分别为 17.56%、36.87%、18.2% 和 27.37%,效率效益和创新驱动短板制约明显(见图 5.5)。

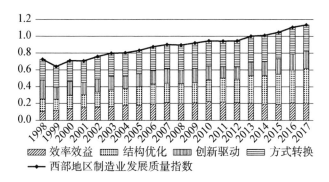

图 5.5　1998—2017 年西部地区制造业发展质量支撑结构

就东北地区而言,1998—2017 年,效率效益、结构优化、创新驱动和方式转换四个分维度指数的年均增速分别为 3.36%、1.95%、0.39% 和 0.69%,增长较滞缓。就支撑结构而言,1998—2005 年,效率效益、结构优化、创新驱动和方式转换四个分维度对制造业发展质量指数的年均贡献率分别为 16.24%、26.86%、22.87% 和 34.03%,呈现以结构优化和方式转换为主的"双轮驱动型"结构,效率效益为短板;但 2006—2015 年,各维度的年均贡献率转变为 21.09%、23.58%、22.21% 和 33.12%,呈现出以方式转换为主的"轮驱动型"支撑结构;2017 年,又变化为结构优化和方式转换"双轮驱动型"支撑结构,效率效益短板制约较为明显(见图 5.6)。

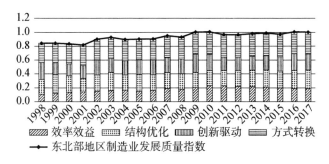

图 5.6　1998—2017 年东北地区制造业发展质量支撑结构

由以上分析可知,1998—2017 年,全国以及四大板块制造业发展质量均呈上升趋势,要素支撑结构均有所优化,但区域异质性明显。东部制造业发展质量"一枝独秀",中部"奋勇急追",东北和西部发展较为缓慢。就制造业发展质量支撑结构而言,全国表现为"单轮驱动型—双轮驱动型—三轮驱动型"的逐步优化,最初仅有方式转换为核心支撑力,而后,结构优化、创新驱动依次成为核心支撑力,共同推动制造业发展质量的提升。东部始终表现为"双轮驱动型",但核心支撑力从结构优化、方式转换逐渐转变为结构优化、创新驱动。中部和西部均表现为"单轮驱动型—双轮驱动型",不同的是,中部的核心支撑力最终转变为结构优化、创新驱动,而西部为结构优化、方式转换。东北则表现为"双轮驱动型—单轮驱动型—双轮驱动型"的转变。此外,效率效益表现不佳是"通病",全要素生产率滞缓不前、资本效率不高、市场效益不稳定等都是阻碍效率效益提升的原因。而对于西部地区和东北地区而言,除了效率效益,创新驱动也是显著的短板所在,掣肘制造业发展质量的提升。

第四节　我国制造业发展质量的异质性分析

由上述分析可知,我国制造业发展质量呈现明显的区域异质性特征,但差异究竟有多大?区域差异构成结构如何?下文运用泰尔指数方法进一步探究我国制造业发展质量的区域异质性程度及构成结构。

(一)制造业发展质量泰尔指数的测度与分解

1. 研究方法

相对于极差、标准差和变异系数等指数,泰尔指数具有可基于空间尺度进行分解的优点。为了较为准确地反映四大板块之间以及四大板块内各省市区之间制造业发展质量的差异,本课题运用泰尔指数对我国制造业发展质量的区域差异进行测度(康晓娟、杨冬民,2010),并寻找差异的主要来源。

泰尔指数从信息量与熵的概念出发考察不平等性和差异性,将总体差异性分解为各部分间差异性和各部分内部的差异性,再分析和分解差异性、不平等性方面有广泛的应用。计算公式为:

$$T = T_1 + T_2 \tag{5-8}$$

$$T_1 = Y_e \ln\left(\frac{Y_e}{M_e}\right) + Y_m \ln\left(\frac{Y_m}{M_m}\right) + Y_w \ln\left(\frac{Y_w}{M_w}\right) + Y_n \ln\left(\frac{Y_n}{M_n}\right) \tag{5-9}$$

$$T_2 = Y_e \cdot T_e + Y_m \cdot T_m + Y_w \cdot T_w + Y_n \cdot T_n \tag{5-10}$$

$$T_e = \sum_{i=1}^{n} \frac{Y_i}{Y_e} \cdot \ln\left(\frac{Y_i/Y_e}{M_i/M_e}\right) \qquad (5-11)$$

$$T_m = \sum_{i=1}^{n} \frac{Y_i}{Y_m} \cdot \ln\left(\frac{Y_i/Y_m}{M_i/M_m}\right) \qquad (5-12)$$

$$T_w = \sum_{i=1}^{n} \frac{Y_i}{Y_w} \cdot \ln\left(\frac{Y_i/Y_w}{M_i/M_w}\right) \qquad (5-13)$$

$$T_n = \sum_{i=1}^{n} \frac{Y_i}{Y_n} \cdot \ln\left(\frac{Y_i/Y_n}{M_i/M_n}\right) \qquad (5-14)$$

其中，T 为我国制造业发展质量差异的总泰尔指数；T_1 为区域间制造业发展质量差异的泰尔指数；T_2 为区域内制造业发展质量差异的泰尔指数；T_e、T_m、T_w 和 T_n 分别代表我国东、中、西和东北地区的泰尔指数；Y_i 为 i 省 GDP 占全国 GDP 的比重；Y_e、Y_m、Y_w 和 Y_n 分别代表东、中、西和东北地区 GDP 占全国 GDP 的比重；M_i 为 i 省制造业发展质量指数占全国的比重；M_e、M_m、M_w 和 M_n 分别代表东、中、西和东北地区制造业发展质量指数占全国的比重。

为了更为方便地反映东部、中部、西部和东北四大区域制造业发展质量差异对全国制造业发展质量总差异的影响，进一步分析四大区域间以及四大区域内部制造业发展质量差异对全国制造业发展质量分布差异的影响，下面进一步对泰尔指数进行分解。

衡量总体制造业发展质量差异的泰尔指数为：

$$T = T_1 + T_2 = T_1 + Y_e \cdot T_e + Y_m \cdot T_m + Y_w \cdot T_w + Y_n \cdot T_n$$
$$(5-15)$$

方程两边同除以 T，则上式变形为：

$$\frac{T_1}{T} + Y_e \cdot \frac{T_e}{T} + Y_m \cdot \frac{T_m}{T} + Y_w \cdot \frac{T_w}{T} + Y_n \cdot \frac{T_n}{T} = 1 \qquad (5-16)$$

其中，$\frac{T_1}{T}$ 为地区间差异对总体差异的贡献率；$Y_e \cdot \frac{T_e}{T}$、$Y_m \cdot \frac{T_m}{T}$、$Y_w \cdot \frac{T_w}{T}$、$Y_n \cdot \frac{T_n}{T}$ 分别为东、中、西、东北地区内部差异对总体差异的贡献率。贡献率的大小反映了该因素对总体差异的贡献度。

2. 制造业发展质量泰尔指数测度结果

根据以上计算公式和步骤，计算出 1998—2019 年 30 个省市区及四大板块制造业发展质量的泰尔指数,具体结果见表5.3、图5.7、图5.8。

表 5.3 1998—2019 年全国总体泰尔指数及四大板块泰尔指数

年份	总体泰尔指数	区域间泰尔指数	区域内泰尔指数	东部地区泰尔指数	中部地区泰尔指数	西部地区泰尔指数	东北地区泰尔指数
1998	0.180	0.053	0.126	0.165	0.059	0.136	0.054
1999	0.182	0.050	0.132	0.175	0.056	0.144	0.049
2000	0.190	0.055	0.134	0.183	0.047	0.148	0.037
2001	0.183	0.056	0.127	0.172	0.045	0.135	0.029
2002	0.187	0.059	0.128	0.175	0.041	0.134	0.021
2003	0.193	0.067	0.126	0.174	0.045	0.119	0.014
2004	0.194	0.061	0.132	0.181	0.039	0.137	0.018
2005	0.193	0.063	0.130	0.175	0.048	0.128	0.020
2006	0.199	0.065	0.135	0.178	0.048	0.142	0.030
2007	0.191	0.057	0.134	0.178	0.045	0.145	0.027
2008	0.176	0.048	0.127	0.166	0.044	0.145	0.028
2009	0.168	0.044	0.124	0.160	0.043	0.143	0.039
2010	0.156	0.039	0.116	0.153	0.037	0.135	0.032
2011	0.144	0.034	0.110	0.147	0.025	0.132	0.034
2012	0.128	0.026	0.102	0.139	0.024	0.115	0.034
2013	0.129	0.027	0.102	0.138	0.023	0.119	0.031
2014	0.128	0.026	0.102	0.138	0.027	0.117	0.035
2015	0.128	0.029	0.099	0.131	0.028	0.116	0.036
2016	0.130	0.034	0.097	0.126	0.034	0.118	0.006
2017	0.131	0.036	0.094	0.121	0.033	0.115	0.005
2018	0.131	0.037	0.094	0.119	0.032	0.120	0.007
2019	0.130	0.036	0.094	0.112	0.036	0.128	0.022

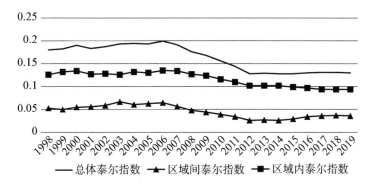

图 5.7 1998—2019 年我国制造业发展质量泰尔指数变化趋势

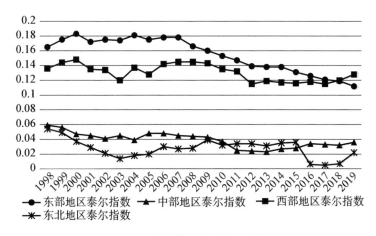

图 5.8 1998—2019 年四大板块制造业发展质量泰尔指数变化趋势

根据泰尔指数测度结果可看出我国制造业发展质量区域异质性呈如下特征：

（1）制造业发展质量总体泰尔指数以及区域间泰尔指数与区域内泰尔指数均呈下降趋势，区域内泰尔指数始终显著高于区域间泰尔指数。表 5.3 和图 5.7 显示，总体泰尔指数和区域内泰尔指数分别由 1998 年的 0.180 下降至 2019 年的 0.130，下降了 28 个百分点；区域间泰尔指数和区域内泰尔指数分别由 1998 年的 0.053、0.126 下降至 2019 年的 0.036、0.094，分别下降了 32 个百分点和 25 个百分点，且 22 年中板块内泰尔指数始终显著高于板块间泰尔指数。这充分说明，近 22 年，我国制造业发展质量区域差异呈现明显缩小之势，但区域内分化程度始终高于区域间的分化程度。

（2）四大板块制造业发展质量泰尔指数均呈下降趋势且呈现三阶梯级差异特征。由表 5.3 和图 5.8 可知，1998 年，东、中、西、东北四大板块泰尔指数分别为 0.165、0.059、0.136 和 0.054,呈现东—西—中、东北三阶梯级差异;2019 年,东、中、西、东北四大板块泰尔指数分别变化为 0.112、0.036、0.128 和 0.022,转变为东、西—中—东北三阶梯级差异特征,而且 22 年间东部、西部泰尔指数始终显著高于中部和东北。这说明,近 22 年四大板块制造业发展质量省市间差异均呈缩小之势,但,东部、西部内部分化程度显著高于中部和东北。

　　3. 制造业发展质量泰尔指数分解

　　由表 5.4 可知,我国制造业发展质量差异主要源于四大板块内部差异,其中又以东部内部差异贡献率最大,其次为西部,而中部和东北贡献率低。具体而言,1998 年,四大板块内部差异对总体制造业发展质量差异的贡献率高达 70.36%,其中,东部贡献率 47.06%,西部 13.34%,中部 6.96%,东北仅 3.00%,东部为最大贡献者,中部和东北贡献率很低;至 2019 年,四大板块内部差异对总体制造业发展质量差异贡献率上升至 72.16%,贡献率的绝对份额地位进一步强化,其中,东部贡献了 44.77%,西部贡献了 20.37%,而中部和东北分别仅贡献了 6.16% 和 0.86%,东北贡献率尤为小,呈现低水平均衡特征。

表 5.4　我国制造业发展质量总体差异的分解

年份	区域间贡献率	区域内贡献率	东部贡献率	中部贡献率	西部贡献率	东北贡献率
1998	29.64%	70.36%	47.06%	6.96%	13.34%	3.00%
1999	27.28%	72.72%	49.81%	6.43%	13.77%	2.71%
2000	29.08%	70.92%	50.75%	4.99%	13.24%	1.94%
2001	30.35%	69.65%	50.72%	4.73%	12.65%	1.55%
2002	31.67%	68.33%	50.95%	4.13%	12.17%	1.08%
2003	34.64%	65.36%	49.90%	4.35%	10.45%	0.66%
2004	31.70%	68.30%	51.70%	3.83%	11.95%	0.83%
2005	32.85%	67.15%	50.38%	4.63%	11.24%	0.90%
2006	32.49%	67.51%	49.52%	4.50%	12.21%	1.28%
2007	29.77%	70.23%	51.32%	4.46%	13.24%	1.21%
2008	27.57%	72.43%	51.34%	4.83%	14.91%	1.35%
2009	26.14%	73.86%	51.40%	4.90%	15.58%	1.99%
2010	25.37%	74.63%	52.09%	4.75%	16.02%	1.78%

（续　表）

年份	区域间贡献率	区域内贡献率	东部贡献率	中部贡献率	西部贡献率	东北贡献率
2011	23.54%	76.46%	53.38%	3.46%	17.58%	2.04%
2012	20.33%	79.67%	55.88%	3.78%	17.69%	2.32%
2013	21.20%	78.80%	54.80%	3.55%	18.41%	2.05%
2014	20.14%	79.86%	55.09%	4.20%	18.25%	2.32%
2015	22.28%	77.72%	53.00%	4.49%	18.00%	2.23%
2016	25.72%	74.28%	50.63%	5.35%	18.01%	0.30%
2017	27.94%	72.06%	49.16%	5.20%	17.45%	0.25%
2018	28.23%	71.67%	47.85%	5.15%	18.34%	0.33%
2019	27.84%	72.16%	44.77%	6.16%	20.37%	0.86%
平均值	27.54%	72.46%	50.98%	4.77%	15.21%	1.50%

二、制造业发展质量的异质性构成要素分析

为了进一步探析我国制造业发展质量异质性成因，下面利用上文对 30 个省市区制造业发展质量指数及四个分维度指数的评估结果，绘制雷达图，以求更直观反映我国制造业发展质量异质性的构成要素。

1. 四大板块异质性构成要素

由图 5.9 可看出，四大板块制造业发展质量不均衡，且区域间差异呈扩大之势。东、中部地区制造业发展质量指数较高且发展较快，东北地区在 1998 年领先于中西部地区，但发展滞缓，至 2019 年落后于其他三大板块，且差距越来越大。

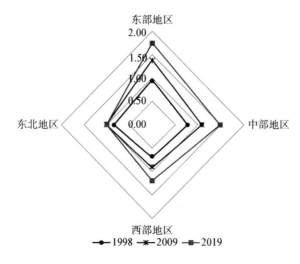

图 5.9　四大板块制造业发展质量指数雷达图

根据图5.10—图5.13各分维度指数雷达图可发现,四大板块间制造业发展质量指数不均衡的主要原因是结构优化和创新驱动的不均衡发展。横向和纵向结合来看,1998年东部地区在效率效益、结构优化、创新驱动和方式转换四个分维度都是"领头羊",领先于中西部以及东北地区;在效率效益和方式转换维度,起始期处于落后水平的中西部提升较快,追赶东部地区,至2019年达到较为均衡的状态;而在结构优化和创新驱动维度,区域间差异越来越大。就结构优化而言,1998年东部和东北领先于中西部地区,22年间东部"稳步前进",中西部"跑步追赶",东北"步履蹒跚"进而逐渐落后于东中西部地区,成为结构优化"塌陷区"。就创新驱动而言,东部"一枝独秀",中部"小荷才露尖尖角",西部和东北发展滞缓,明显滞后于东部和中部。

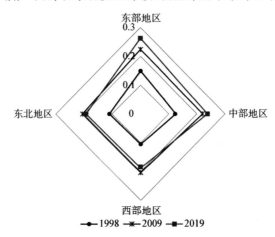

图5.10 四大板块效率效益指数雷达图

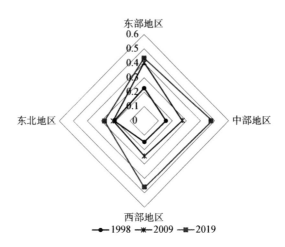

图5.11 四大板块结构优化指数雷达图

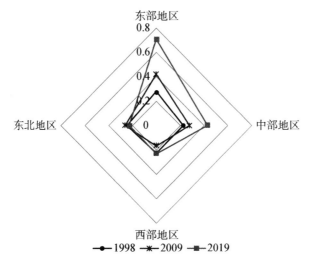

图 5.12　四大板块创新驱动指数雷达图

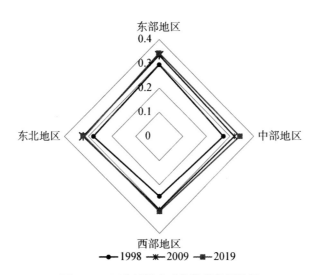

图 5.13　四大板块方式转换指数雷达图

　　综合四个分维度指数的发展状况可知,四大板块制造业发展质量指数的差异主要源于结构优化维度的东中西—东北"两极分化",以及创新驱动维度的东—中—西、东北的"三阶梯级"差异。

　　2. 四大板块内部异质性构成要素

　　由上文计算的泰尔指数可知,四大板块内部差异远远大于板块间差异。下面通过绘制雷达图,进一步探讨区域内差异的成因。

　　由图 5.14 可知,东部地区内部各省份之间制造业发展质量差距较大,且差距有进一步扩大之势,即水平越高的地区发展越快,水平越低的地区发展越滞缓。东部各省份间制造业发展质量指数的极差由 1998 年的 0.56 增长至 2019 年的 1.57,以广东为首的高水平地区发展势头强劲,而以海南为代表的低水平地区增速却则明显滞后,最终形成以京津地区、长三角地区和珠三角地区为代表的"三叉戟"发展格局。

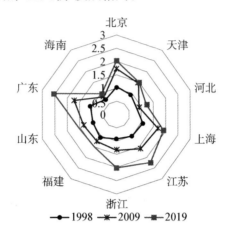

图 5.14　东部地区制造业发展质量指数雷达图

由图 5.15—图 5.18 可发现,东部地区制造业发展质量的不均衡依然是由结构优化和创新驱动的不均衡发展引致的。在效率效益和方式转换维度,各省份的发展水平在 1998 年虽有差异,但逐渐呈现均衡发展的趋势。然而,在结构优化和创新驱动维度,东部地区始终保持着"三叉戟"的发展态势,即京津地区、长三角地区和珠三角地区的发展水平始终领先于其他省份。

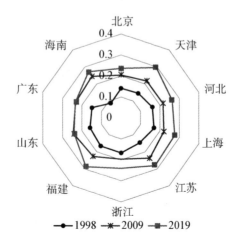

图 5.15　东部地区效率效益指数雷达图

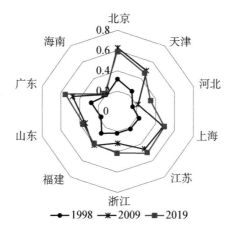

图 5.16　东部地区结构优化指数雷达图

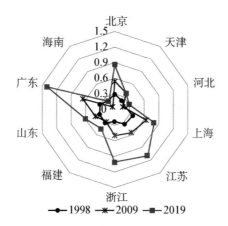

图 5.17　东部地区创新驱动指数雷达图

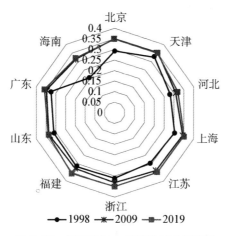

图 5.18　东部地区方式转换指数雷达图

综合各维度指数的发展状况可知,东部地区内部差异主要来源于结构优化和创新驱动的省际差异,具体表现为京津地区、长三角地区、珠三角地区和其他省份之间的"两极分化"。

由图 5.19 可看出,1998 年,中部地区各省份间发展较为均衡,但至2019 年差异逐渐凸显。主要表现江西、山西两省的缓慢发展与安徽和河南两省的"异军突起"趋势并存。

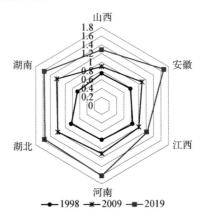

图 5.19 中部地区制造业发展质量指数雷达图

根据各维度指数的雷达图 5.20—图 5.22 可发现,效率效益和创新驱动发展滞缓是山西省制造业发展质量落后于平均水平的主要原因;结构优化和创新驱动发展滞缓是江西省制造业发展质量落后于平均水平的主要缘由;创新驱动的快速提升和结构优化的强劲改善分别是安徽和河南两省"异军突起"的主要推动力。总之,中部各省份的发展差异主要是由创新驱动和结构优化的不均衡发展引致的。

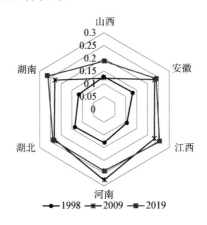

图 5.20 中部地区效率效益指数雷达图

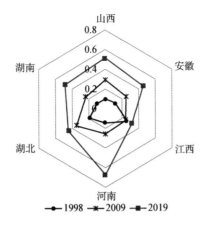

图 5.20　中部地区结构优化指数雷达图

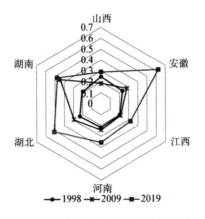

图 5.21　中部地区创新驱动指数雷达图

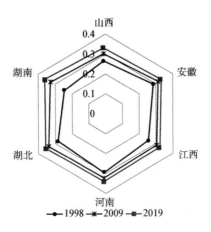

图 5.22　中部地区方式转换指数雷达图

根据图 5.23 可知,西部地区制造业发展质量指数各省份之间的差距较大,主要表现为以重庆、四川和陕西为主的高水平与其他省份低水平之间的差异。其中,四川和重庆两省市与其他省份之间的差异持续拉大。

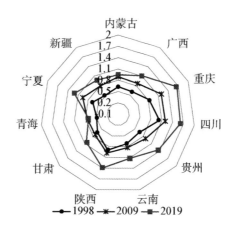

图 5.23　西部地区制造业发展质量指数雷达图

就各个维度而言,西部各省间效率效益和方式转换的差异逐渐缩小,但结构优化和创新驱动的差异逐渐扩大,主要表现为以重庆、四川、陕西三省份与其他省份之间的差异。总之,西部地区内部差异主要由结构优化和创新驱动的省际差异为主要成因(见图 5.24—图 5.27)。

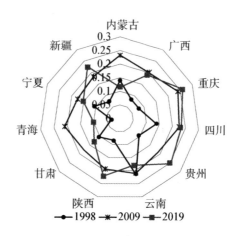

图 5.24　西部地区效率效益指数雷达图

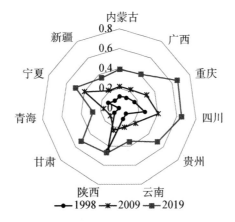

图 5.25　西部地区结构优化指数雷达图

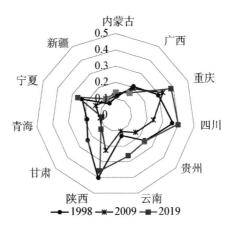

图 5.26　西部地区创新驱动指数雷达图

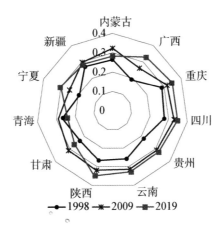

图 5.27　西部地区方式转换指数雷达图

就东北地区而言,三个省份之间差异较小,但水平较低,处于低水平均衡状态。具体而言,吉林效率效益领先于辽宁和黑龙江;辽宁创新驱动领先于吉林和黑龙江;三省在结构优化和方式转换维度的差异越来越小(见图5.28—图5.32)。

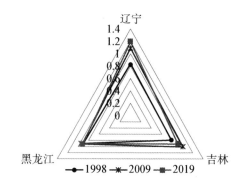

图 5.28   东北地区制造业发展质量指数雷达图

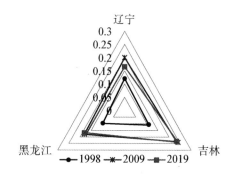

图 5.29   东北地区效率效益指数雷达图

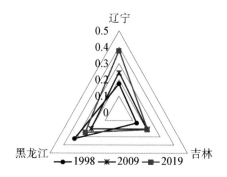

图 5.30   东北地区结构优化指数雷达图

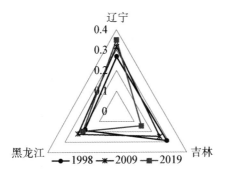

图 5.31 东北地区创新驱动指数雷达图

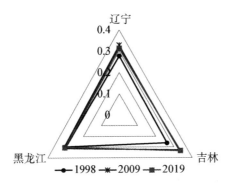

图 5.32 东北地区方式转换指数雷达图

综上所述,我国制造业发展质量的区域差异主要分为四大板块间差异和板块内省域间差异。其中,四大板块间差异主要由结构优化和创新驱动差异引致,且有进一步扩大的趋势。板块内省域间差异以东部地区最为突出,结构优化和创新驱动的差异贡献率最大;其次是西部地区,同样源于结构优化和创新驱动的省际发展差异;中部地区省际差异主要源于创新驱动;东北地区发展水平较低,省际差异较小,呈现低水平均衡状态。

第五节 本章小结

本章在界定制造业发展质量内涵、解析制造业发展质量构成要素维度的基础上,构建了由 1 个目标层、4 个一级指标层、11 个二级指标层、24 个具体指标构成的制造业发展质量评价指标体系,运用投影寻踪评价模型对1998—2019 年我国 30 个省市区制造业发展质量指数及支撑结构进行动态

评估及区域异质性分析,得出以下结论:

(1) 近22年来,我国制造业发展质量呈明显上升趋势,要素支撑结构有所优化,具体表现为"单轮驱动型—双轮驱动型—三轮驱动型"的逐步优化特征,由最初的方式转换"单轮驱动"转变为结构优化、创新驱动、方式转换"三轮驱动",三大要素协同推动制造业发展质量的提升。但效率效益一直处于"短板"状态。

(2) 近22年来,四大板块制造业发展质量均呈上升趋势,但区域异质性明显,呈现出由1998年"东部—东北—中西部"三阶递减转变为2019年的"东—中—西—东北"四阶递减格局。四大板块要素支撑结构均有所优化,东部始终表现为"双轮驱动型",但核心支撑要素从结构优化、方式转换逐渐转变为结构优化、创新驱动;中西部均表现为"单轮驱动型—双轮驱动型"的动态变化,中部的核心支撑力最终转变为结构优化、创新驱动,而西部为结构优化、方式转换;东北则表现为"双轮驱动型—单轮驱动型—双轮驱动型"的转变,以结构优化和方式转换为主要支撑。效率效益表现不佳是四大板块的"通病",是共同面临的凸显"短板"。对于西部地区和东北地区而言,除了效率效益"短板",创新驱动也是显著的瓶颈制约,掣肘制造业发展质量的提升。

(3) 我国制造业发展质量区域差异明显,四大板块内部差异远大于板块间差异。四大板块间制造业发展质量差异主要由结构优化和创新驱动发展差异引致,且有进一步扩大的趋势。板块内省域间制造业发展质量差异以东部地区最为突出,结构优化和创新驱动的差异贡献率最大;其次是西部地区,同样源于结构优化和创新驱动的省际发展差异;中部地区省际差异主要源于创新驱动;东北地区制造业发展质量水平较低,省际差异较小,处于低水平均衡状态。

第六章 "两业"融合对制造业发展质量影响的实证研究

本章研究之目的在于,基于第二章对"两业"融合对制造业发展质量影响机制分析、第三章对"两业"融合的动态测度及异质性分析结论以及第五章对制造业发展质量的动态评估与时空演化分析结论,对"两业"融合对制造业发展质量的影响效应以及影响效应的区域异质性、行业异质性、阶段异质性(门槛效应)进行实证检验,以定量揭示我国"两业"融合对制造业发展质量的影响程度、影响路径以及影响效应的区域、行业、阶段多维异质性特征。

第一节 模型构建

一、模型构建

为了检验"两业"融合对制造业发展质量的影响,我们构建如式(6-1)所示的模型:

$$Quality_{it} = \beta_0 + \beta_1 Fusion_{it} + \gamma X_{it} + \mu_i + \nu_t + \varepsilon_{it} \qquad (6-1)$$

式(6-1)中,i 表示省份,t 表示时间,$Quality_{it}$ 表示制造业发展质量,$Fusion_{it}$ 表示"两业"融合度,X_{it} 表示一系列控制变量,μ_i、ν_t、ε_{it} 分别表示地区效应、时间效应和随机扰动项。尽管固定效应模型可以在一定程度上消除不随时间变化的不可观测因素的影响,但是其他一些不可观测因素的影响仍会不可避免地带来内生性问题(姚昕等,2017)。比如各省份的制造业发展质量提升过程可能比较缓慢,当前发展水平很可能会受到前期水平影响,这就导致混合 OLS 和固定效应估计会存在一定偏误。因此,我们通过引入被解释变量的滞后项而将式(6-1)扩展为动态模型,以控制并减少模型的内生性问题。滞后项的引入使得模型成为典型的动态面板模型,其具体形式如式(6-2)所示：

$$Quality_{it} = \beta_0 + \beta_1 \rho Quality_{i,t-1} + \beta_1 Fusion_{it} + \gamma X_{it} + \mu_i + \nu_t + \varepsilon_{it}$$

$$(6-2)$$

由于本课题是从区域异质性和行业异质性双重视角探析"两业"融合对制造业发展质量的影响效应,所以还需要在模型(2)的基础上结合区域异质性和行业异质性检验特征设定出新的实证模型。为此,在考察区域异质性时,将全国样本划分为东部、东北、中部和西部,以及长江经济带和非长江经济带两大区划类型:一方面,以东部地区为参照组,东北虚拟变量设为$Region_1$,中部虚拟变量设为$Region_2$,西部虚拟变量设为$Region_3$,构建"两业"融合$Fusion$与地区虚拟变量的交互项$Fusion * Region$并引入模型(2),得到模型(3);另一方面,以长江经济带为参照组,非长江经济带虚拟变量设为$Nyangtze$,构建"两业"融合$Fusion$与非长江经济带虚拟变量的交互项$Fusion * Nyangtze$并引入模型(2),得到模型(4)。

$$Quality_{it} = \beta_0 + \rho Quality_{i,t-1} + \beta_1 Fusion_{it} + \beta_2 Fusion_{it}^* Region_1 + \beta_3 Fusion_{it}^* Region_2 + \beta_4 Fusion_{it}^* Region_3 + \gamma X_{it} + \mu_1 + \nu_t + \varepsilon_{it}$$

$$(6-3)$$

$$Quality_{it} = \beta_0 + \rho Quality_{i,t-1} + \beta_1 Fusion_{it} + \beta_2 Fusion_{it}^* Nyangtze + \gamma X_{it} + \mu_i + \nu_t + \varepsilon_{it}$$

$$(6-4)$$

式(6-3)中,东部地区"两业"融合对制造业发展质量的影响系数为β_1,东北地区为$(\beta_1 + \beta_2)$,中部地区为$(\beta_1 + \beta_3)$,西部地区为$(\beta_1 + \beta_4)$;式(6-4)中,长江经济带"两业"融合对制造业发展质量的影响系数为β_1,非长江经济带为$(\beta_1 + \beta_2)$。而在考察行业异质性时,根据前面章节对制造业与生产性服务业的行业细分,用细分行业的融合度替换模型(2)在总体上的"两业"融合,得到式(5)—式(8)。

$$Quality_{it} = \beta_0 + \rho Quality_{i,t-1} + \beta_1 Htec\&Serv_{it} + \gamma X_{it} + \mu_i + \nu_t + \varepsilon_{it}$$

$$(6-5)$$

$$Quality_{it} = \beta_0 + \rho Quality_{i,t-1} + \beta_1 Trad\&Serv_{it} + \gamma X_{it} + \mu_i + \nu_t + \varepsilon_{it}$$

$$(6-6)$$

$$Quality_{it} = \beta_0 + \rho Quality_{i,\,t-1} + \beta_1 Manu \& Trad_{it} + \gamma X_{it} + \mu_i + \nu_t + \varepsilon_{it}$$

$$(6-7)$$

$$Quality_{it} = \beta_0 + \rho Quality_{i,\,t-1} + \beta_1 Manu \& New_{it} + \gamma X_{it} + \mu_i + \nu_t + \varepsilon_{it}$$

$$(6-8)$$

上式中，$Htec \& Serv_{it}$、$Trad \& Serv_{it}$、$Manu \& Trad_{it}$、$Manu \& New_{it}$ 分别表示高技术制造业与生产性服务业融合、传统制造业与生产性服务业融合、制造业与传统生产性服务业融合、制造业与新兴生产性服务业融合，其他变量含义同上。

此外，"两业"融合对制造业发展质量的影响很可能是复杂的，不同发展阶段的"两业"融合度，即使融合度按同样幅度提升，制造业发展质量受到的影响和作用也是不完全一致的。这意味着"两业"融合对制造业发展质量的影响可能存在非线性关系，因此有必要在此探讨"两业"融合度水平差异对制造业发展质量的影响。于是，我们通过构建以"两业"融合度为门槛变量，探析"两业"融合度在各门槛区间对制造业发展影响效应的动态面板门槛模型，得到式(9)：

$$Quality_{it} = \beta_0 + \rho Quality_{i,\,t-1} + \beta_1 Fusion_{it} {}^* I(Fusion_{it} \leqslant \delta_1) + \beta_2 Fusion_{it} {}^*$$
$$I(Fusion_{it} > \delta_1) + \gamma X_{it} + \mu_i + \nu_t + \varepsilon_{it}$$

$$(6-9)$$

式(6-9)中，$I(\cdot)$为示性函数，δ 为待估算的门槛值，其他变量含义同前文。模型(9)是单一门槛模型，多门槛模型可由此拓展。此外，细分行业之间的融合度对制造业发展质量影响效应的门槛特征也可据此模型展开。

二、估计方法

由于被解释变量引入了滞后项，若对式(6-2)—式(6-8)模型直接以混合 OLS 估计或面板固定效应方法进行估计，则无法获得有效估计量。由于 $Quality_{it}$ 是 μ_i 的函数，故 $Quality_{i,\,t-1}$ 也是 μ_i 的函数，这即意味着上式中解释变量 $Quality_{i,\,t-1}$ 与随机扰动项相关，所以即使 ε_{it} 不存在序列相关，OLS 估计量也是有偏且不一致的。此外，对于面板固定效应估计，尽管组内变化剔除了个体效应，但即使随机扰动项不序列相关，$Quality_{it}$ 的差分和 ε_{it} 的差分也会相关，所以面板固定效应估计量也会不一致。

为获得有效估计量，我们将运用由 Arellano & Bover（1995）与 Blundell & Bond（1998）发展的系统 GMM 方法对上述模型进行估计。系统

GMM 估计必须满足相应矩条件,为便于说明,先将式(6-2)—式(6-8)式抽象为如下一般形式:

$$y_{it} = ay_{i,\,t-1} + \beta'X_{it} + \mu_i + \nu_t + \varepsilon_{it} \qquad (6-10)$$

系统 GMM 的主要思想是将差分方程和水平方程作为一个整体进行估计(马勇等,2017)。因此,需要估计式(6-10)的差分模型和水平模型,共有两组矩条件。其中,估计式(10)的差分模型矩条件为:$E(Z'_{it}\Delta\varepsilon_i)=0$,其包含 $m_d=(T-2)[(T-1)+2(K-1)T]/2$ 个矩条件。其中,T 为样本期;$\Delta\varepsilon_i=[\Delta\varepsilon_{i3}, \Delta\varepsilon_{i4}, \cdots, \Delta\varepsilon_{iT}]$,为误差项差分后的向量;$Z_{di}$ 为工具变量矩阵,包括被解释变量 y_{it} 的 $t-2$ 期及前期,以及解释变量 X_{it} 的第 1 至 T 期,具体形式如下:

$$Z_{di} = \begin{bmatrix} y_{il} & X_{it} & \cdots & X_{iT} & 0 & 0 & 0 & \cdots & 0 & \cdots & 0 & 0 & 0 & \cdots & 0 \\ 0 & 0 & \cdots & 0 & y_{it} & y_{i2} & X_{it} & \cdots & X_{iT} & 0 & \cdots & 0 & 0 & 0 & \cdots & 0 \\ \vdots & \vdots & \ddots & \vdots & \vdots & \vdots & \vdots & \ddots & \vdots & \vdots & \ddots & \vdots & \vdots & \vdots & \ddots & \vdots \\ 0 & 0 & \cdots & 0 & 0 & 0 & 0 & \cdots & y_{il} & \cdots & y_{iT-2} & X_{il} & \cdots & X_{it} \end{bmatrix}$$

$$(6-11)$$

式(6-10)的水平模型矩条件为:$E(Z'_{it}\varepsilon_i)=0$,其包含 $m_l=(T-2)K$ 个矩条件。其中,$\varepsilon_i=[\varepsilon_{i3}, \varepsilon_{i4}, \cdots, \varepsilon_{iT}]'$,为误差项组成的向量;$Z_{li}$ 为工具变量矩阵,包括被解释变量差分项 Δy_{it} 的 $t-1$ 期,以及解释变量差分项及前期 X_{it} 的当期,具体形式如下:

$$Z_{li} = \begin{bmatrix} \Delta y_{i2} & \Delta x_{i3} & 0 & 0 & \cdots & 0 & 0 \\ 0 & 0 & \Delta y_{i3} & \Delta x_{i4} & \cdots & 0 & 0 \\ \vdots & \vdots & \vdots & \vdots & \ddots & \vdots & \vdots \\ 0 & 0 & 0 & 0 & \cdots & \Delta y_{iT-1} & \Delta x_{iT} \end{bmatrix} \qquad (6-12)$$

总体看来,系统 GMM 在差分 GMM 基础上引入水平方程,减少了估计误差。同时,系统 GMM 还分为 Onestep GMM(相当于两阶段最小二乘法)和 Twostep GMM。Twostep GMM 在 Onestep GMM 基础上,进一步将 Onestep GMM 结果的残差加入至新的估计中,以建立一个一致的方差—协方差矩阵,从而进一步放宽了 Onestep GMM 中残差需独立和同方差的原始假设。

基于上述分析,本课题采用 Twostep GMM 估计模型(2)—模型(8),该方法可以有效克服变量之间以及变量与随机扰动项之间的内生性问题(马勇等,2017)。同时,参照标准文献的做法(姚昕等,2017),我们对系统 GMM 的估计结果进行两项检验:一是 Sargan 检验,主要用于检验工具变量的有效性;二是 AR(1)、AR(2)检验,主要用于检验扰动项是否存在一阶、二阶序列相关。

针对模型(9)此类动态面板门槛模型,由于其拥有被解释变量滞后项,具有较强内生性,主流估计静态面板固定效应模型的方法也不再适用。有多数学者尝试采用通过工具变量替换滞后项,然后采用静态面板门槛模型估算门槛值,最后根据门槛值划分区间段进行系统 GMM 估计的方法以解决这个问题(Caner & Hansen,2004;黄智淋和董志勇,2013),但是这样的处理方式也是次优之选,工具变量并不能与滞后项保持完全一致,所以由此估算的系数也是有偏的。Seo 等(2019)提出了一种全新的测算动态面板门槛模型的方法,并在文中给出了采用 Stata 软件可运算得到的代码,其具体的模型推算过程可参见文献(Seo 等,2019)。

三、变量选择与数据来源

1. 被解释变量。制造业发展质量($Quality$),沿用第五章的测评结果。

2. 核心解释变量。制造业与生产性服务业融合($Fusion$)、高技术制造业与生产性服务业融合($Htec\&Serv$)、传统制造业与生产性服务业融合($Trad \& Serv$)、制造业与传统生产性服务业融合($Manu\&Trad$)、制造业与新兴生产性服务业融合($Manu\&New$),沿用第三章的测评结果。

3. 控制变量。从城镇化、互联网、人力资本、技术市场、市场化和对外开放六个层面实施控制。由于城镇化会带动众多相关产业的发展,城镇化也是推动产业结构转型升级的重要途径,选用城镇人口占当地总人口的比重来衡量城镇化水平($City$)。一个地区的信息基础设施越完善,对企业的吸引力越大,信息扩散和知识共享越方便,越有利于制造业发展,选用互联网普及率来衡量互联网基础设施建设($Internet$)。人力资本存量不仅是生产性服务业发展的重要影响因素,还会通过提升管理效率和创新效率来提高制造业生产率,参照彭国华(2005)的方法测算得到各省份人力资本存量($Person$)。技术市场是知识产品进行交易的场所,是打通"科技创新最后一公里"的关键,对制造业创新发展,尤其是先进制造业发展具有重要助益,采用技术市场成交额来衡量技术市场成熟度($Trade$)。市场是配置资源最有效的形式,一个地区的市场化程度越高,企业自由竞争的氛围越浓厚,要素资源自由流动的壁垒就越少,由此带来的高效率会对提升制造业发展质量产生积极影响,选用市场化指数来衡量市场化程度($Market$)。随着对外开放程度的提高,一方面,可为本地区带来先进的生产设备和技术工艺,有助于推动资本密集型和技术密集型产业的发展;另一方面,随着外资大量引入,也可能对自主创新能力较弱的制造业产生挤出效应,进而对制造业高质量发展产生消极影响,选用地区进出口总额来衡量对外开放度(*Open*)。

4. 数据来源。本课题使用的实证分析样本共包括中国 30 个省份 2003—2019 年的面板数据,西藏和港澳台地区因数据统计不全未计入其中。实证所涉及指标数据均来源于相应年份的《中国统计年鉴》《中国科技统计年鉴》《中国火炬统计年鉴》《中国工业统计年鉴》《中国第三产业统计年鉴》《中国人口和就业统计年鉴》《中国劳动统计年鉴》《中国贸易外经统计年鉴》、EPS 数据平台、国研网数据中心以及各省份的统计年鉴和统计公报。

四、模型预检验

在对上述模型进行回归分析之前,需要分别对多重共线性、异方差性、面板单位根和面板协整等进行预检验,以尽可能减少回归结果的偏误和伪回归问题。

在实证分析中,比较普遍的做法是通过计算模型中各解释变量的方差膨胀因子(VIF)以检验多重共线性的严重程度,方差膨胀因子(VIF)值越大说明多重共线性问题越严重。一般认为,如果计算得到的最大 VIF 值小于 10,则可以认为不存在明显的多重共线性。从表 6.1 结果可知,所有解释变量的 VIF 值都没有超过 10,OLS 模型的平均 VIF 值均在 4 左右,因此可以认为变量间的多重共线性问题不突出。此外,OLS 模型的异方差 Hettest 检验结果表明,无法拒绝方差不变的原假设,即意味着异方差问题也不明显。

表 6.1 各变量的多重共线性和异方差检验结果

解释变量	被解释变量 lnQuality				
	模型(1)	模型(2)	模型(3)	模型(4)	模型(5)
	OLS	OLS	OLS	OLS	OLS
Fusion VIF 值	9.17				
Htec&Serve VIF 值		9.02			
Trad&Serve VIF 值			5.44		
Manu&New VIF 值				8.15	
Manu&Trad VIF 值					8.68
Trade VIF 值	1.47	1.56	1.77	1.47	1.47
Market VIF 值	5.08	5.40	4.77	5.01	5.06
Open VIF 值	3.31	3.16	2.56	3.29	3.30
Person VIF 值	4.19	4.11	4.81	3.72	4.17

（续 表）

解释变量	被解释变量 lnQuality				
	模型(1)	模型(2)	模型(3)	模型(4)	模型(5)
	OLS	OLS	OLS	OLS	OLS
Internet VIF 值	1.85	1.87	1.99	1.86	1.87
City VIF 值	5.26	5.25	4.36	5.20	5.20
Mean VIF 值	4.33	4.34	3.26	3.41	4.25
异方差 Hettest 检验	3.56 (0.059)	3.38 (0.066)	2.98 (0.084)	3.23 (0.072)	3.44 (0.064)

注：括号内数值为 Hettest 统计量的 P 值，其原则设为方差不变，若运行结果的 P 值小于 0.1，则意味着模型存在异方差。相关结果由 Stata15 运算得出。

接下来，为了避免模型中出现伪回归，保证回归结果真实有效，我们使用 LLC 法对各变量的面板单位根进行检验。从表 6.2 可知，LLC 法的检验结果表明，所有变量都是平稳的，原因在于这些变量"存在单位根"的原假设均可以在至少 5% 的显著性水平下被拒绝。最后，由于仅使用了 LLC 法进行单位根检验，尽管检验结果强烈显示各变量是平稳的，但是，为了进一步确保变量之间具有长期均衡关系，我们采用建立在 Engle 和 Granger 两步法检验基础上的 Kao 协整检验法和 Pedroni 协整检验法进行协整检验，结果显示各统计值至少在 5% 显著性水平下拒绝原假设，而接受备择假设，证明各变量系统存在协整关系。综合表明，本章节模型的设定不存在多重共线性、异方差性和伪回归等问题。

表 6.2 面板单位根检验和协整检验

变量	LLC 统计量	平稳性判断	Kao 检验	KAO - ADF
ln*Quality*	-3.671^{***}	平稳	变量系统：ln*Quality*、ln*Fusion*＋控制变量	-1.793^{**}
ln*Fusion*	-2.031^{***}	平稳	变量系统：ln*Quality*、ln*Htec&Serve* ＋控制变量	-1.869^{**}
ln*Htec&Serve*	-1.902^{**}	平稳	变量系统：ln*Quality*、ln*Trad&Serve* ＋控制变量	-1.645^{**}
ln*Trad&Serve*	-23.664^{***}	平稳	变量系统：ln*Quality*、ln*Manu&New* ＋控制变量	-1.797^{**}

（续　表）

变量	LLC 统计量	平稳性判断	Kao 检验	KAO - ADF
ln$Manu\&New$	−2.110***	平稳	变量系统:ln$Quality$、ln$Manu\&Trad$ + 控制变量	−1.795**
ln$Manu\&Trad$	−9.090***	平稳	Pedroni 检验	Panel ADF
ln$Trade$	−6.399***	平稳	变量系统:ln$Quality$、ln$Fusion$+控制变量	−18.722***
ln$Market$	−2.531***	平稳	变量系统:ln$Quality$、ln$Htec\&Serve$ + 控制变量	−21.319***
ln$Open$	−4.013***	平稳	变量系统:ln$Quality$、ln$Trad\&Serve$ + 控制变量	−17.822***
ln$Person$	−7.629***	平稳	变量系统:ln$Quality$、ln$Manu\&New$ + 控制变量	−17.754***
$Internet$	−5.233***	平稳	变量系统:ln$Quality$、ln$Manu\&Trad$ + 控制变量	−18.945***
$City$	−2.338***	平稳	协整判断	均为协整

注:***、**、*表示在1%、5%、10%显著性水平下拒绝原假设。相关结果由 Stata15 运算得出。

第二节　实证结果与分析

一、综合影响的实证检验

为了考察"两业"融合、人力资本、技术市场、市场化和对外开放等解释变量增加一个单位对被解释变量制造业发展质量的百分比影响,在实证分析时对有关变量取对数 ln 的形式(下同)。针对式(6-2)的系统 GMM 估计结果如表6.3所示,为了尽量展示控制变量加入过程及其对制造业发展质量的影响,本课题采取逐步加入控制变量的方式对估计结果进行展现。表6.3中模型(1)仅考虑了加入制造业发展质量滞后项 L. ln$Quality$ 和核心解释变量"两业"融合 ln$Fusion$,模型(2)—模型(7)则还考虑了逐步加入控制变量,估计结果表明:

首先,在这7个模型中,L. ln$Quality$ 的系数均显著为正且都超出 0.8,

反映制造业发展质量的提升确实存在滞后效应和累积效应,具有较强惯性,当期发展水平会较大程度受到前期水平影响。

第二,尽管控制变量在不断增加,但"两业"融合对制造业发展质量的影响一直显著为正,说明"两业"融合对制造业发展质量具有显著促进效应。根据最为完整的估计模型(7),"两业"融合度提高 1%,制造业发展质量会相应提升 0.095%,并且在 1%显著性水平下通过检验。提高制造业与生产性服务业的融合度,充分发挥生产性服务业在产业融合之间的重要黏合剂作用,有助于深化制造业产业链与生产性服务业产业链的协同嵌入,有助于促进不同产业部门之间互动发展实现后发赶超(张虎等,2017),有助于实现产业结构优化、效率提升以及制造业绿色化转型,因而对制造业发展质量存在积极影响。其一,"两业"融合可以有效打破行业间的技术壁垒、信息壁垒和市场壁垒,拓宽产业生存和发展空间,为人才、知识、资本、技术以及信息等各类要素自由流动创造便利,进而有助于提升制造业劳动生产率和资源配置效率(Niedergasselr,2007;冯泰文,2009)。其二,"两业"融合可以为新经济、新业态和新模式的涌现提供土壤,二者的融合不仅可以带来制造业生产方式的重大变革,引致面向服务的制造模式的产生,同时也可以孕育形成面向制造的服务模式,这样发展的结果就是先进制造业和现代服务业在整个制造业中的比重会越来越高,制造业的内部结构由此也得以改善。其三,生产性服务业贯穿于制造业企业生产的上中下游诸多环节,其本质是一种中间投入,包括研发设计服务、信息技术服务、检验检测认证、人力资源服务和节能环保服务等,其与制造业的融合发展可以为构建绿色制造体系、提高资源利用效率、发展循环经济匹配相适宜的发展环境和支撑条件,从而有助于促进制造业绿色化转型发展。其四,"两业"融合的过程实质上就是价值链分解与重构整合的过程,高效地将制造业价值链环节中的一些生产性服务环节剥离出去,制造业企业开始集中资源、技术从事生产活动,大大提高了制造业内部资源配置效率,从而推动制造业价值链向"微笑曲线"两端滑动,同时分离出的生产性服务又通过提高专业化水平释放规模经济效应,并且根据制造业不同环节的市场需求动态地与其相匹配,可以进一步助力制造业高质量发展。

第三,作为控制变量的附带结果,技术市场成熟度(lnTrade)的回归系数显著为负,反映我国多数地区的技术市场发育尚不成熟,"科技创新最后一公里"打通受阻,科技成果转移转化的机制不畅,制约了制造业发展质量的提升;市场化程度(lnMarket)的系数显著为正,市场化程度提高 1%,制造业发展质量相应提升 0.095%,说明市场是配置资源的最有效方式,市场化机制发育越健全,高技术制造业企业创新发展的活力和积极性愈将薄发,越有助于提升制造业发展质量,这也证明了我国政府在经济体制领域持续深化市场化改革的科学性和必要性;对外开放度(lnOpen)的系数显著为负,表明对外开放与制造业发展质量之间存在负向相关关系,这主要由于过去我国凭借"人口红利"和资源要素禀赋优势,大力发展劳动密集型制造业,并由此产生行业锁定和路径依赖,致使制造业发展长期处于"微笑曲线"的底端,技术含量不高,产品附加值低,缺乏较高水准的国际竞争力。人力资本(lnPerson)的系数显著为正,人力资本水平提高1%,制造业发展质量随之提升0.052%,这反映进入21世纪以来,我国政府长期高度重视教育事业发展,积极实施人才强国战略,使得教育质量在总体上不断攀升,同时人才自由流动的壁垒不断被打破,由此所释放出的人力资本效应显著促进了制造业发展质量提升;信息基础设施(Internet)的系数为0.001,但未通过显著性检验,表明信息技术设施的完善有助于制造业发展质量改进,但是其作用效果不明显;城镇化水平(City)的回归系数显著为正,城镇化水平提升1个标准差,制造业发展质量随之提升0.004%,说明城镇化是提升制造业发展质量的重要驱动因素,应该坚定不移地推进高质量新型城镇化建设。

为了增加模型(7)设定的可信度,在系统GMM估计时,同时对模型设定科学性和工具变量的可靠性进行了检验。其中,AR(2)检验结果的P值为0.625>0.05,表明在5%显著性水平下可接受原假设,扰动项的差分不存在二阶自相关。过度识别检验Sargan Test的P值为0.451,可接受"所有工具变量都有效"的原假设,表明模型中工具变量的使用是合适的。此外,直接以混合OLS和面板固定效应估计式(6-2)得到模型(8)和模型(9)。尽管由于滞后被解释变量的存在导致模型估计系数是有偏的,但是一般认为由此估计出的滞后项系数可以确定系统GMM估计所得滞后项系数的上下限,而0.866恰好位于区间[0.716,0.897],与相关研究相符(姚昕等,2017)。综合可知,模型(7)的设定符合计量经济学原理,故以模型(7)作为分析依据具有科学合理性。

此外,为了进一步验证"两业"融合对制造业发展质量确实存在促进效应,表6.4给出了针对模型(7)估计结论的稳健性检验结果。其中,模型(10)、模型(11)显示的是不考虑被解释变量制造业发展质量lnQuality的滞后项L.lnQuality而直接进行混合OLS估计和面板固定效应估计的结果,模型(12)显示的是以差分GMM替换系统GMM的估计结果,模型(13)显示的是以制造业全要素生产率替换制造业发展质量指数所进行的

表6.3 "两业"融合与制造业发展质量的实证结果

被解释变量 lnQuality

解释变量	模型(1)	模型(2)	模型(3)	模型(4)	模型(5)	模型(6)	模型(7)	模型(8)	模型(9)
	SGMM	SGMM	SGMM	SGMM	SGMM	SGMM	SGMM	Pool OLS	FE
L. lnQuality	0.866***(113.83)	0.892***(80.88)	0.825***(68.97)	0.935***(44.68)	0.865***(34.24)	0.855***(34.13)	0.866***(31.66)	0.897***(36.77)	0.716***(17.27)
lnFusion	0.152***(14.22)	0.172***(18.20)	0.146***(12.74)	0.135***(6.43)	0.103***(5.95)	0.093***(4.03)	0.095***(3.28)	0.064***(3.02)	0.032(0.77)
lnTrade		−0.007***(−5.77)	−0.005***(−3.91)	−0.005***(−3.34)	−0.005**(−2.24)	−0.004***(−2.89)	−0.013***(−4.96)	0.004*(1.71)	0.001(0.18)
lnMarket			0.091***(6.02)	0.092***(6.12)	0.109***(9.02)	0.102***(7.50)	0.095***(6.25)	0.063***(2.81)	0.084*(1.91)
lnOpen				−0.033***(−7.50)	−0.032***(−6.81)	−0.031***(−6.27)	−0.044***(−6.61)	−0.003(−0.73)	0.009(0.84)
lnPerson					0.035***(8.34)	0.029***(4.68)	0.052***(4.87)	−0.004(−0.45)	−0.032(−0.92)
Internet						0.001(1.55)	0.001(0.71)	−0.001(−0.66)	0.001(1.54)
City							0.004***(4.05)	−0.001(−0.49)	0.004**(2.60)
常数项	0.146***(15.96)	0.185***(23.04)	0.006(0.17)	0.173***(3.25)	−0.211***(−4.26)	−0.157**(−2.22)	−0.446***(−3.57)	0.030(0.40)	−0.056(−0.17)
Wald统计量	0.000	0.000	0.000	0.000	0.000	0.000	0.000		

（续 表）

被解释变量 lnQuality

解释变量	模型(1)	模型(2)	模型(3)	模型(4)	模型(5)	模型(6)	模型(7)	模型(8)	模型(9)
	SGMM	SGMM	SGMM	SGMM	SGMM	SGMM	SGMM	Pool OLS	FE
R²								0.973	0.934
AR(1)	0.000	0.000	0.000	0.000	0.000	0.000	0.000		
AR(2)	0.512	0.557	0.479	0.641	0.562	0.551	0.625		
过度识别检验	0.381	0.370	0.364	0.553	0.353	0.378	0.451		
样本量	450	450	450	450	450	450	450	450	450

注：***、**、* 分别表示在 1%、5%、10% 显著性水平下通过检验，括号内为 z 统计量或 t 统计量，AR(1) 和 AR(2) 的原假设分别表示差分后的残差不存在一阶、二阶序列相关。过度识别检验主要依据 Sargan 统计量进行，用于判断工具变量使用是否有效。

系统 GMM 估计结果,模型(14)显示的是删除四大直辖市(北京、天津、上海和重庆,四大直辖市在发展基础、总量规模、政策倾斜等方面与其他 26 个省份存在较大差异性)后的系统 GMM 估计结果,结果均可以得出"两业"融合有助于提升制造业发展质量的结论,并且都通过了 1% 显著性水平下的统计检验,证明研究结论具有较强稳健性。

表 6.4 "两业"融合与制造业发展质量研究的稳健性检验

解释变量	被解释变量 $\ln Quality$				
	模型(10)	模型(11)	模型(12)	模型(13)	模型(14)
	Pool OLS	FE	DGMM	SGMM	SGMM
L. $\ln Quality$			0.485*** (4.97)	0.217*** (6.95)	0.836*** (21.59)
$\ln Fusion$	0.310*** (3.92)	0.168*** (3.96)	0.136*** (3.94)	0.201*** (3.78)	0.092** (2.53)
$\ln Trade$	0.027*** (2.81)	−0.011* (−1.66)	−0.001 (−0.02)	−0.023** (−2.08)	−0.021*** (−4.41)
$\ln Market$	0.404*** (5.02)	0.257*** (5.12)	0.053 (1.58)	0.162*** (2.78)	0.102*** (5.89)
$\ln Open$	0.020 (1.28)	0.022 (1.48)	−0.038*** (−2.91)	0..036*** (3.28)	−0.040*** (−3.53)
$\ln Person$	−0.042 (−1.25)	−0.124** (−2.35)	−0.089*** (−2.83)	−0.070** (−2.47)	0.050** (2.37)
$Internet$	0.001** (2.21)	0.001** (2.37)	0.001 (1.22)	−0.001 (−1.60)	−0.001** (−2.55)
$City$	−0.001 (−0.32)	0.007 (3.97)	0.011*** (5.93)	0.004** (2.41)	0.005*** (5.85)
常数项	−0.216 (−0.73)	0.358 (0.70)	0.534* (1.83)	0.796** (3.77)	−0.529** (−2.48)
Wald 统计量			0.000	0.000	0.000
R^2	0.863	0.789			
AR(1)			0.004	0.000	0.001
AR(2)			0.725	0.553	0.589
过度识别检验			0.300	0.449	0.599
样本量	450	450	450	450	390

注:***、**、*分别表示在 1%、5%、10% 显著性水平下通过检验,括号内为 z 统计量或 t 统计量,AR(1) 和 AR(2) 的原假设分别表示差分后的残差不存在一阶、二阶序列相关,过度识别检验主要依据 Sargan 统计量进行,用于判断工具变量使用是否有效。

二、异质性检验

(一) 区域异质性检验

先观察将样本分为东部地区、东北地区、中部地区、西部地区以后,"两业"融合对制造业发展质量的影响是否会因为各地区"两业"融合发展阶段不同而存在区域差异。针对式(6-3)的系统 GMM 估计结果如表 6.5 模型(15)所示。

表 6.5　"两业"融合与制造业发展质量的实证结果:区域异质性(Ⅰ)

解释变量	被解释变量 ln$Quality$			
	模型(15)	模型(16)	模型(17)	模型(18)
	SGMM	DGMM	SGMM	FE
L. ln$Quality$	0.596*** (4.67)	0.484*** (4.57)	0.662*** (4.47)	
ln$Fusion$	0.151*** (3.43)	0.175** (2.54)	0.184*** (3.34)	0.238* (1.84)
ln$Fusion * Region1$	−0.136** (−2.19)	−0.171** (−1.69)	−0.178*** (−3.17)	−0.187*** (−2.87)
ln$Fusion * Region2$	−0.004 (−0.09)	−0.011 (−0.12)	−0.021 (−0.69)	−0.029 (−0.16)
ln$Fusion * Region3$	−0.045 (−1.01)	−0.060 (−0.79)	−0.063 (−1.21)	−0.104** (−1.81)
ln$Trade$	0.005 (1.31)	−0.014*** (−5.03)	−0.002 (−0.78)	−0.010 (−0.96)
ln$Market$	0.187*** (3.68)	0.111** (2.13)	0.174*** (2.89)	0.256*** (4.01)
ln$Open$	−0.001 (0.07)	−0.005 (−0.64)	−0.004 (−0.43)	0.029 (1.56)
ln$Person$	0.001 (0.07)	−0.087*** (−4.47)	−0.002 (−0.06)	−0.113* (−1.84)
$Internet$	0.001 (0.50)	0.001*** (3.20)	0.001 (0.45)	0.002 (3.34)
$City$	0.001 (1.17)	0.008*** (5.47)	0.002 (1.07)	0.009 (2.63)
常数项	−0.274 (−1.49)	0.374 (1.55)	−0.217 (−0.77)	0.018 (0.03)
Wald 统计量	0.000	0.000	0.000	
R^2				0.791

解释变量	被解释变量 lnQuality			
	模型(15)	模型(16)	模型(17)	模型(18)
	SGMM	DGMM	SGMM	FE
AR(1)	0.000	0.000	0.000	
AR(2)	0.295	0.387	0.274	
过度识别检验	0.209	0.896	0.370	
样本量	450	450	390	450

注：***、**、*分别表示在1%、5%、10%显著性水平下通过检验,括号内为z统计量或t统计量,AR(1)和AR(2)的原假设分别表示差分后的残差不存在一阶、二阶序列相关,过度识别检验主要依据Sargan统计量进行,用于判断工具变量使用是否有效。

　　具体来看,对于东部地区,"两业"融合度提高1%,地区制造业发展质量相应提升0.151%;对于东北地区,"两业"融合度提高1%,地区制造业发展质量相应提升0.015%(0.151－0.136);对于中部地区,"两业"融合度提高1%,地区制造业发展质量相应提升0.147%(0.151－0.004);对于西部地区,"两业"融度提高1%,地区制造业发展质量相应提升0.106%(0.151－0.045)。这表明,由于不同地区"两业"融合发展水平存在差异,其对促进制造业发展质量提升的作用效果呈现区域异质性特征,即存在东部地区→中部地区→西部地区→东北地区依次递减的空间分异格局。其中,东北地区"两业"融合对制造业发展质量的提升效应最为微弱,说明东北地区"两业"融合的经济效应未能得以较好发挥,可能的原因是东北地区属于中国的传统老工业基地,由于受到市场失灵和社会缺位等客观因素制约,制造业高质量发展面临产业结构偏"重"、高技术产业规模"小"、社会资本投资"少"、现代服务业培育"滞后"以及自由运作的市场机制"失灵"等多重矛盾,加上大量优质生产要素(如人才、资金等)不断外流,导致"两业"融合度总体偏低,对促进制造业高质量发展的贡献微弱,甚至还存在阻滞效应。

　　与东北地区相反,东部地区的"两业"融合对制造业发展质量存在显著促进效应,并且在四大地区中的作用效果也最为明显,与其现实经济发展状况相符。主要是由于东部省份普遍对"两业"融合都给予高度重视,并将其作为推动经济高质量发展的关键抓手,"两业"融合的发展起步较早、基础较好、要素资源集中,"两业"融合的市场化机制最为完善,所以"两业"融合的制造业发展质量提升效应尤为明显。以广东为例,根据课题组前往广东调研和有关部门座谈后发现,近年来广东在"两业"融合领域着重抓好了六个方面的工作,使得"两业"融合程度得到显著改善,为制造业高质量发展注入了强劲动力。一是加强规划引导。相继出台了广东省先进制造业"十三五"规划、现代服务业"十三五"规划、加快发展生产性服务业的若干意见等,大力实施"互联网＋"行动计划、大数据发展行动计划、信息消费实施方案等,做强先进制造业产业链"微笑曲线"两端,推动制造企业服务化,不断促进"两业"融合。二是建设与先进制造业相配套的现代服务业体系。珠三角地区坚持高端发展战略,广州大力发展科研与设计、总部经济、航运物流、金融服务等服务于区域经济的机构和业态;深圳围绕国家自主创新示范区及科技产业创新中心建设,充分发挥金融优势,打造国际信息港;珠江东岸抓住电子信息产业转型升级机遇,推动科技服务、信息技术服务、电子商务、知识产权服务等新兴服务业发展,重点发展芯片设计、科技金融等产业;珠江西岸结合先进装备制造产业带建设,推动研发设计、工业设计、产业融资租赁、第三方物流等生产性服务业快速发展;粤东西北地区也立足当地实际,加快建设相配套的现代服务业体系。三是发展一批高端生产性服务业。加快涵盖国家级重点实验室、国家新型工业化产业示范基地、国家级工业设计中心、省级工业设计中心、产业技术创新联盟等在内的研发设计平台建设;不断完善科技企业孵化器和众创空间等创业孵化服务,并且还在全国率先开展供应链管理试点示范工作,吸引了全国大批供应链管理企业总部入驻。四是大力发展服务型制造。开展服务型制造示范工作,广州入选全国首批服务型制造示范城市;支持产业平台发展,积极吸收借鉴佛山"众陶联"成功模式,促进制造业降本增效,先后推动成立了"众塑联""众衣联""众铝联"等一系列"众"字产业平台。五是加快建设面向先进制造业的公共服务平台。建设国家大数据综合试验区,2016年底广东获批建设"珠江三角洲国家大数据综合试验区",成为国家首批两个跨区域类综合试验区之一;大力建设国家印刷及柔性显示创新中心,推进未来通讯高端器件、机器人、半导体智能装备、工业云制造等领域制造业创新中心建设。六是推进工业互联网创新应用。在全国率先印发了深化"互联网＋先进制造业"发展工业互联网实施方案及配套政策措施,由省财政拨付资金,以"典型引路"做标杆做示范,推动工业企业"上云上平台";以智能制造为主攻方向,建设培育了一批省级智能制造示范基地和智能制造试点示范项目。

中西部地区的"两业"融合也对制造业发展质量具有显著促进效应,但该促进效应小于东部地区。原因在于中西部多数省份也在样本期内实施了一些推动"两业"深度融合的产业政策和引导措施,一定程度上改善了"两业"融合的现状,但是囿于产业发展基础、要素资源禀赋、社会文化传统以及地理区位条件等因素,"两业"融合的程度不如东部地区,其对制造业发展质量的促进效应也较东部地区弱。以中部地区的制造大省湖南为例,其近些年在推动"两业"融合发展的过程中进行过一些有价值的经验探索:一是深化与先进技术的融合。出台了《深化制造业与互联网融合发展的若干政策措施》,明确大型企业、中小企业、园区和集群三类主体建设重点,促进互联网、大数据与制造业深度融合,增强发展工业互联网、深化制造业与互联网融合的网络、技术和安全三大支撑,构建形成制造业与互联网融合发展的"3+2+3"战略体系;重视加强创新研发平台建设,目前全省各类平台累计达566家,其中两业融合创新研发平台占比过半。二是持续开展试点示范。立足制造业基础,在工程机械、轨道交通、航空航天等重点行业开展制造服务融合示范试点,树立示范群体,大力推广成功经验,分行业组织对标、赶标、超标行动。三是大力开展生产性服务业集聚区建设。迄今,已经创建检验检测、研发设计等生产性服务业示范集聚区17家,初步形成湖南地理信息产业园、长沙中电软件园、国家智能网联汽车(长沙)测试区、中国(长沙)创新设计产业园、岳麓检验检测园等一批带动作用强、特色鲜明的生产性服务业示范集聚区。四是加快完善公共服务体系。以长沙、株洲、湘潭等中心城市为枢纽,建立专门为制造业服务的城市商务服务区,强化城市的经济辐射和带动能力;在既有的制造业产业集群内部或者附近,建立各种为融合发展服务的信息服务平台、互联网服务平台,降低交易成本,优化投资环境;在各省级以上园区内部或者周边,建立为"两业"融合发展服务的研发平台以及法律、工程、融资、信息、咨询、设计、租赁、物流和政策支撑体系。通过这些举措,有效推动了湖南"两业"融合发展,进而促进了湖南制造业的高端化和国际化。但是,由于湖南地处内陆,不邻海、不沿边,改革开放的步伐滞后于东部沿海地区,思维观念也较沿海省份遵循传统,致使湖南与中西部多数省份一样存在"重制造业、轻服务业"倾向,对"两业"融合的战略意义认知不够,"两业"融合主要集中于如电子商务应用、内部信息管理等共性化的浅层次融合,以研发设计、信息服务、检验检测、现代物流等为代表的知识密集型现代服务业发展滞后,在公共研发与专业服务、创新创业服务、科技企业孵化等领域存在明显"短板",现有的一些制度和政策环境也表现出对"两业"融合发展趋势的不适应等等,由此造成湖南在"两业"融合领域仍然存在诸多短板,所以对制造业发展质量的提升效应发挥得不如沿海省份充分。

为了验证上述研究结论的稳健性,模型(16)—模型(18)分别进行了稳健性检验。其中,模型(16)显示的是以差分 GMM 替换系统 GMM 的估计结果,模型(17)显示的是剔除四大直辖市后的系统 GMM 估计结果,模型(18)为不考虑被解释变量制造业发展质量的滞后项 L. ln$Quality$ 而直接进行面板固定效应估计的结果,结果均表明"两业"融合对制造业发展质量的影响效应呈现东部地区→中部地区→西部地区→东北地区依次递减规律,证明研究结论具有稳健性。

接下来,进一步考察长江经济带和非长江经济带"两业"融合对制造业发展质量的差异性影响,对式(6-4)进行系统 GMM 估计,相关实证结果见表 6.6 中模型(19)。

表 6.6 "两业"融合与制造业发展质量的实证结果:区域异质性(Ⅱ)

解释变量	被解释变量 lnQuality			
	模型(19)	模型(20)	模型(21)	模型(22)
	SGMM	DGMM	SGMM	FE
L. lnQuality	0.895*** (29.72)	0.483*** (5.51)	0.769*** (19.63)	
lnFusion	0.121*** (3.73)	0.199*** (3.49)	0.099*** (6.59)	0.215*** (4.14)
lnFusion * NYangzi	−0.070* (−1.91)	−0.118** (−1.35)	−0.047*** (−6.30)	−0.140** (−2.40)
lnTrade	−0.011** (−5.03)	−0.001 (−0.16)	−0.010* (−1.78)	−0.013** (−2.18)
lnMarket	0.102*** (5.39)	0.054* (1.66)	0.064*** (4.74)	0.274*** (6.21)
lnOpen	−0.047*** (−4.83)	−0.037*** (−2.77)	−0.015* (−0.63)	0.021** (2.00)
lnPerson	0.059*** (3.27)	−0.088*** (−2.74)	−0.009 (−1.07)	−0.103** (−2.54)
Internet	−0.001 (−1.10)	0.001 (0.77)	0.001* (1.52)	0.002*** (4.73)
City	0.003*** (5.33)	0.011*** (6.43)	0.001 (0.33)	0.010*** (6.08)
常数项	−0.514*** (−3.29)	0.525* (1.72)	−1.041 (−0.76)	0.024 (0.07)
Wald 统计量	0.000	0.000	0.000	
R²				0.778
AR(1)	0.000	0.003	0.000	
AR(2)	0.613	0.726	0.590	
过度识别检验	0.396	0.287	0.436	
样本量	450	450	390	450

注:***、**、*分别表示在1%、5%、10%显著性水平下通过检验,括号内为 z 统计量或 t 统计量,AR(1)和 AR(2)的原假设分别表示差分后的残差不存在一阶、二阶序列相关,过度识别检验主要依据 Sargan 统计量进行,用于判断工具变量使用是否有效。

具体来看,对于长江经济带,"两业"融合度提高 1%,其制造业发展质量相应提升 0.121%;对于非长江经济带,"两业"融合度提高 1%,其制造业发展质量相应提升 0.051%(0.121－0.070),说明在这两大区域通过提升"两业"融合度均能有效促进制造发展质量改善,但是长江经济带的提升效应更加明显。长江经济带作为横跨东、中、西三大地区的内河经济轴,凭借着其交通运输、资源禀赋、人力资本、城镇化等方面的优势吸引了大量高技术制造企业在此区域布局,同时也由此产生对现代服务业布局的市场需求,制造业与生产性服务业的协同集聚和深度融合程度较高。研究期内,长江经济带"两业"融合度均值(0.529)比非长江经济带(0.478)高出 0.051,长江经济带制造发展质量指数均值(1.219)比非长江经济带(1.073)高出 0.146。尤其在 2014 年国务院发布《关于依托黄金水道推动长江经济带发展的指导意见》,指出要进一步开发长江黄金水道,加快推动长江经济带发展,标志着长江经济带正式上升为国家战略。随之,在强劲有力的政策福利效应影响下,长江经济带的"两业"融合也迈入了快车道,与非长江经济带的发展差距进一步拉大。2014—2017 年期间,长江经济带的"两业"融合度均值(0.610)比非长江经济带(0.525)高出 0.085,"两业"融合度年均增长率(1.867%)比非长江经济带(1.592%)高出 0.275%。得益于"两业"融合的加速发展,长江经济带的制造发展质量也得到较大改善,并且进一步拉开了与非长江经济带的差距。2014—2017 年期间,长江经济带的制造发展质量指数均值(1.445)比非长江经济带(1.220)高出 0.225,制造发展质量指数年均增长率(3.973%)比非长江经济带(1.922%)高出 2.051 个百分点。由此观之,以习近平同志为核心的党中央作出推动长江经济带发展的重大决策,并将其上升至关系国家发展全局的重大战略高度,是非常科学的战略抉择。

此外,模型(20)—模型(22)给出了相应的稳健性检验结果,模型(20)显示的是用差分 GMM 替换系统 GMM 的估计结果,模型(21)显示的是剔除四大直辖市的系统 GMM 估计结果,模型(22)显示的是不考虑滞后项的面板固定效应估计结果,结果都表明长江经济带"两业"融合对制造发展质量的促进效应要显著高于非长江经济带,研究结论具有较强的稳健性。

(二) 行业异质性检验

为了具体考察不同细分行业之间的产业融合对制造发展质量的异质性影响,将制造业与生产性服务业进行行业细分,细化检验高技术制造业与生产性服务业融合($Htec\&Serv_{it}$)、传统制造业与生产性服务业融合($Trad\&Serv_{it}$)、制造业与传统生产性服务业融合($Manu\&Trad_{it}$)、制造业与新兴生产性服务业融合($Manu\&New_{it}$)对制造业发展质量的影响效应，并且继续采用系统 GMM 方法依次对式(6-5)—式(6-8)进行模型估计，得到如表 6.7 中模型(23)—模型(26)的估计结果。从表 6.7 可知，针对式(6-5)—式(6-8)的系统 GMM 估计结果都表明，被解释变量制造业发展质量的滞后项 L. ln$Quality$ 系数都显著且高出 0.6，这进一步验证了制造业发展质量的提升存在滞后效应和累积效应，具有较强惯性，当期发展水平会较大程度受到前期水平影响的研究结论。接下来具体分析各细分行业的产业融合效应：

表 6.7 "两业"融合与制造业发展质量的实证结果:行业异质性

解释变量	被解释变量 ln$Quality$			
	模型(23)	模型(24)	模型(25)	模型(26)
	SGMM	SGMM	SGMM	SGMM
L. ln$Quality$	0.676*** (19.51)	0.654*** (9.45)	0.736*** (10.29)	0.874*** (31.81)
ln$Htec\&Serv$/ln$Trad\&Serv$	0.136*** (4.18)	−0.014 (−0.38)		
ln$Manu\&Trad$/ln$Manu\&New$			0.053 (1.06)	0.072*** (2.99)
ln$Trade$	−0.012*** (−6.86)	−0.002 (−0.73)	−0.010 (−1.22)	−0.013*** (−4.97)
ln$Market$	0.070*** (3.29)	0.178*** (11.36)	0.124** (2.59)	0.097*** (6.54)
ln$Open$	−0.018** (−2.20)	−0.014 (−2.58)	−0.037* (−1.83)	−0.044*** (−6.73)
ln$Person$	0.035* (1.73)	0.049*** (3.51)	0.078*** (2.91)	0.055*** (5.30)
$Internet$	0.001* (1.82)	0.001 (0.68)	0.001 (0.20)	0.001 (0.74)
$City$	0.004*** (4.32)	0.006 (2.46)	0.005** (2.20)	0.004*** (4.28)
常数项	−0.408** (−2.44)	−0.647*** (−3.78)	−0.876*** (−3.21)	−0.505*** (−4.31)
Wald 统计量	0.000	0.000	0.000	0.000
AR(1)	0.000	0.000	0.000	0.000
AR(2)	0.434	0.479	0.491	0.615

（续　表）

解释变量	被解释变量 lnQuality			
	模型（23）	模型（24）	模型（25）	模型（26）
	SGMM	SGMM	SGMM	SGMM
过度识别检验	0.761	0.597	0.478	0.445
样本量	450	450	450	450

注：***、**、*分别表示在1%、5%、10%显著性水平下通过检验，括号内为 z 统计量或 t 统计量，AR(1)和 AR(2)的原假设分别表示差分后的残差不存在一阶、二阶序列相关，过度识别检验主要依据 Sargan 统计量进行，用于判断工具变量使用是否有效。

首先，高技术制造业与生产性服务业融合对制造业发展质量的回归系数为 0.136，在 1%显著性水平下通过了检验，高技术制造业与生产性服务业融合度提高 1%，制造业发展质量相应提升 0.136%，表明高技术制造业与生产性服务业融合对制造业发展质量具有显著促进效应。与传统制造业相比，高技术制造业属于知识和技术密集型产业，具有科研人员投入、R&D 经费投入比重大，职工平均文化、技术水平高，资源、能源消耗少，产业价值链长，部门增长极效应突出等典型特征，其产品设计制造和企业管理凸显信息化，生产过程控制强调智能化，制造装备控制实现数字化，制造工艺装备要求精密化，产品制造过程更加绿色化，产品经营面向全球化等，因此在研发设计、产品中试、检验检测、生产经营、组织管理、大数据分析、市场信息追踪等各环节都会对生产性服务业产生强烈的配套需求。由此观之，高技术制造业的发展天然会吸引带动生产性服务业进行协同配套，一旦生产性服务业满足高技术制造业的配套需求，二者之间保持高度产业融合，必然会对制造业整体的发展质量提升产生有力的促进效应。为增加计量分析的科学性，对模型设定可信度和工具变量的可靠性进行了检验。其中，AR(2)检验结果的 P 值为 0.434>0.05，表明在 5%显著性水平下可接受原假设，扰动项的差分不存在二阶自相关。过度识别检验 Sargan Test 的 P 值为 0.761，可接受"所有工具变量都有效"的原假设，表明模型中工具变量的使用是合适的。

其次，传统制造业与生产性服务业融合对制造业发展质量的回归系数为−0.014，但未通过显著性检验，传统制造业与生产性服务业融合度提高 1%，制造业发展质量相应降低 0.014%，表明传统制造业与生产性服务业融合对制造业发展质量产生了阻滞效应。传统制造业主要都是些劳动力密集型的、以制造加工为主的行业，如制鞋、制衣、组装等，它们主要占据跨国公司在全球价值链中的加工制造环节，在全球分工体系中处于低端位置，以

"代为加工"模式为主,而产品的研发设计、核心技术、营销网络和品牌管理等都由跨国公司所掌握,因此传统制造业的产业链往往比较短,主要集中于劳动密集型的生产或装配活动,尽管生产的是资本密集型和技术密集型产品,能够为制造商所承包的也都是劳动密集型、污染耗能多、技术含量低、产品附加值低的生产工序,所以传统制造业对生产性服务业的中间需求也主要体现在交通运输与仓储业等传统服务业,而其他高端增值服务的业务主要由跨国公司制造商或者服务商所掌握,既不需要企业自身提供,也不需要国内服务商提供。传统制造业领域存在的这种"分工锁定"与"路径依赖"状态也正是过去中国制造业发展的集中体现,会抑制生产性服务业的市场发展空间,导致其与生产性服务业的融合程度低下,进而无法对制造业发展质量产生显著提升效应,甚至还可能具有抑制效应。为增加计量分析的科学性,同样对模型设定可信度和工具变量的可靠性进行了检验。其中,AR(2)检验结果的 P 值为 0.479>0.05,表明在 5% 显著性水平下可接受原假设,扰动项的差分不存在二阶自相关。过度识别检验 Sargan Test 的 P 值为 0.597,可接受"所有工具变量都有效"的原假设,证明模型中工具变量的使用是合适的。

第三,制造业与传统生产性服务业融合对制造业发展质量的回归系数为 0.053,二者的融合度每提高 1%,制造业发展质量相应提升 0.053%,但未通过显著性检验,表明制造业与传统生产性服务业融合并不能对制造业发展质量产生明显促进效应。目前,以交通运输仓储业、批发零售业、房地产业等为代表的传统生产性服务业普遍存在规模经济不突出、技术工艺水平低、服务内容同质化、服务成本偏高等问题。同时传统生产性服务业领域也还存有较鲜明的行政垄断特征,自由竞争的市场环境不优,尤其是交通、通讯等垄断性市场结构的生产性服务业改革迟缓,限制了民营、外资等市场主体的进入通道和生存发展空间,也会对服务的质量和效率产生影响。换言之,传统生产性服务业的社会化、专业化服务水平低,综合化、集成化服务能力不强,提供的服务多以单一功能为主,难以满足制造业迅速发展的服务需求,其与制造业的互动关系多维持于"点对点"或"点对群"的浅层互动发展状态,与深度融合发展的要求存在较大差距,因而无法对制造业高质量发展产生明显的促进效应。为增加本部分计量分析的科学性,继续对模型设定可信度和工具变量的可靠性进行了检验。其中,AR(2)检验结果的 P 值为 0.491>0.05,表明在 5% 显著性水平下可接受原假设,扰动项的差分不存在二阶自相关。过度识别检验 Sargan Test 的 P 值为 0.478,可接受"所有工具变量都有效"的原假设,证明模型中工具变量的使用合宜。

第四,制造业与新兴生产性服务业融合对制造业发展质量的回归系数为 0.072,在 1% 显著性水平下通过了检验,制造业与新兴生产性服务业融合度提高 1%,制造业发展质量相应提升 0.072%,表明制造业与新兴生产性服务业融合对制造业发展质量具有显著促进效应。在社会分工日益深化、国际市场竞争日益严峻的背景下,我国制造业进入转型升级的高质量发展阶段,制造业结构、价值链和产业链等都变得渐趋复杂,研发设计、产品中试、检验检测、组织管理和金融保险等服务业务需要有专业机构来承担,由此催生出对新兴生产性服务业的迫切需求。而以科学研究和技术服务业、信息传输计算机软件业等为代表的新兴生产性服务业也属于典型的知识和技术密集型产业,是现代科学技术特别是信息网络技术与服务业相结合的产物,其与制造业天然存有价值链互补功能,二者的深度融合发展,能够释放出乘数效应和聚合效应,即不仅可以有效促进制造企业集中资源在自身主导产业上实现深化和专业化,强化企业在价值链上的地位和市场实力,还可以降低制造企业的投入成本,提高生产效率和资源配置效率,因而对制造业高质量发展大有裨益。为增加计量分析的科学性,本部分同样对模型设定可信度和工具变量的可靠性进行了检验。其中,AR(2)检验结果的 P 值为 0.615>0.05,表明在 5% 显著性水平下可接受原假设,扰动项的差分不存在二阶自相关。过度识别检验 Sargan Test 的 P 值为 0.445,可接受"所有工具变量都有效"的原假设,证明模型中工具变量的使用合宜。

最后,通过前述分析,我们可以发现,各细分行业之间的产业融合对制造业发展质量的影响呈现高技术制造业与生产性服务业融合的质量影响效应(0.136)>制造业与新兴生产性服务业融合的质量影响效应(0.072)>制造业与传统生产性服务业融合的质量影响效应(0.053)>传统制造业与生产性服务业融合的质量影响效应(-0.014)的异质性特征。这启示我们,在推进制造业高质量发展的过程中,要加强对"两业"融合发展的内在规律及重要性的认知,一方面要大力发展高技术制造业,并且要切实提升新兴生产性服务业的服务效能,另一方面更要坚定不移地推动高技术制造业与新兴生产性服务业的深度融合发展,由此才能发挥出"两业"融合效应、聚合效应和乘数效应。

此外,表 6.8—表 6.10 给出了相应的稳健性检验结果,表 6.8 显示的是用差分 GMM 替换系统 GMM 的估计结果,表 6.9 显示的是剔除北京、天津、上海和重庆四大直辖市后的系统 GMM 估计结果,表 6.10 显示的是删除互联网发展（Internet）和城镇化（City）两个控制变量后的系统GMM估计结果,结果都表明虽然主要核心解释变量的系数在大小上有微小变动,但其方向性并未发生根本改变,证明本小节的研究结论具有较强的稳健性。

表 6.8 "两业"融合与制造业发展质量的实证结果:行业异质性稳健性检验(Ⅰ)

解释变量	被解释变量 ln$Quality$			
	模型(27)	模型(28)	模型(29)	模型(30)
	DGMM	DGMM	DGMM	DGMM
L. ln$Quality$	0.359*** (7.32)	0.339*** (9.72)	0.584*** (0.72)	0.659*** (7.07)
ln$Htec$&$Serv$/ln$Trad$&$Serv$	0.132*** (3.35)	−0.026 (−0.52)		
ln$Manu$&$Trad$/ln$Manu$&New			0.079 (0.15)	0.093*** (2.98)
ln$Trade$	−0.008*** (−4.96)	−0.008*** (−6.01)	−0.012* (−0.09)	−0.002 (−0.63)
ln$Market$	0.095*** (5.66)	0.074*** (6.34)	0.096*** (0.15)	0.064* (1.78)
ln$Open$	−0.020*** (−2.75)	−0.005 (−0.85)	−0.009* (−0.08)	−0.050*** (−4.20)
ln$Person$	−0.050** (−2.35)	−0.123*** (−8.73)	−0.053 (−0.05)	−0.049* (−1.66)
$Internet$	0.001*** (6.54)	0.001*** (4.20)	0.001** (0.13)	0.001* (1.87)
$City$	0.011*** (12.10)	0.016*** (15.60)	0.008*** (0.51)	0.009*** (4.79)
常数项	−0.006 (−0.03)	−0.342 (−0.674)	0.117 (0.01)	0.247 (0.86)
Wald 统计量	0.000	0.000	0.000	0.000
AR(1)	0.001	0.001	0.000	0.000
AR(2)	0.380	0.366	0.700	0.719
过度识别检验	0.914	0.940	1.000	0.844
样本量	450	450	450	450

注:***、**、*分别表示在1%、5%、10%显著性水平下通过检验,括号内为z统计量或t统计量,AR(1)和AR(2)的原假设分别表示差分后的残差不存在一阶、二阶序列相关,过度识别检验主要依据Sargan统计量进行,用于判断工具变量使用是否有效。

表6.9 "两业"融合与制造业发展质量的实证结果:行业异质性稳健性检验(Ⅱ)

解释变量	被解释变量 lnQuality			
	模型(31)	模型(32)	模型(33)	模型(34)
	SGMM	SGMM	SGMM	SGMM
L. lnQuality	0.595*** (5.64)	0.757*** (8.54)	0.663*** (4.64)	0.835*** (22.55)
lnHtec&Serv/lnTrad&Serv	0.134** (2.33)	−0.013 (−2.03)		
lnManu&Trad/lnManu&New			0.037 (0.31)	0.076** (2.28)
lnTrade	−0.012*** (−4.69)	−0.003 (−2.21)	−0.008 (−0.99)	−0.011*** (−4.24)
lnMarket	0.155*** (4.09)	0.187*** (4.81)	0.126** (2.43)	0.102*** (5.87)
lnOpen	−0.013 (−1.53)	−0.114** (−3.24)	−0.018 (−0.79)	−0.038*** (−3.40)
lnPerson	0.020 (1.05)	0.049* (2.45)	0.052 (1.46)	0.052** (2.44)
Internet	−0.001 (−1.07)	0.001 (1.27)	−0.001 (−0.65)	−0.001*** (−2.63)
City	0.006*** (5.26)	0.004** (3.36)	0.008* (1.73)	0.005*** (5.66)
常数项	−0.532*** (−3.71)	−0.722*** (−2.99)	−0.873** (−2.61)	−0.571*** (−2.77)
Wald 统计量	0.000	0.000	0.000	0.000
AR(1)	0.002	0.000	0.004	0.001
AR(2)	0.324	0.386	0.352	0.568
过度识别检验	1.000	1.000	1.000	0.611
样本量	390	390	390	390

注:***、**、*分别表示在1%、5%、10%显著性水平下通过检验,括号内为z统计量或t统计量,AR(1)和AR(2)的原假设分别表示差分后的残差不存在一阶、二阶序列相关,过度识别检验主要依据Sargan统计量进行,用于判断工具变量使用是否有效。

表 6.10 "两业"融合与制造业发展质量的实证结果:行业异质性稳健性检验(Ⅲ)

解释变量	被解释变量 lnQuality			
	模型(35)	模型(36)	模型(37)	模型(38)
	SGMM	SGMM	SGMM	SGMM
L. lnQuality	0.866*** (29.09)	0.783*** (6.99)	0.720*** (14.59)	0.870*** (31.77)
lnHtec&Serv/lnTrad&Serv	0.110*** (6.03)	−0.041 (−0.79)		
lnManu&Trad/lnManu&New			0.053 (1.57)	0.081*** (5.67)
lnTrade	−0.002 (−1.01)	0.004** (1.93)	0.005** (1.06)	−0.004** (−2.49)
lnMarket	0.112*** (8.32)	0.179*** (4.22)	0.176*** (4.68)	0.109*** (8.72)
lnOpen	−0.042*** (−7.41)	0.002 (0.09)	0.002 (0.20)	−0.031*** (−6.25)
lnPerson	0.034*** (11.43)	0.064 (0.95)	0.011 (0.79)	0.036*** (6.48)
常数项	−0.174** (−3.11)	−0.864 (−1.53)	−0.353*** (−2.75)	−0.246*** (−4.89)
Wald 统计量	0.000	0.000	0.000	0.000
AR(1)	0.000	0.000	0.000	0.000
AR(2)	0.543	0.245	0.307	0.551
过度识别检验	0.433	0.774	0.648	0.349
样本量	450	450	450	450

注:***、**、*分别表示在 1%、5%、10%显著性水平下通过检验,括号内为 z 统计量或 t 统计量,AR(1)和 AR(2)的原假设分别表示差分后的残差不存在一阶、二阶序列相关,过度识别检验主要依据 Sargan 统计量进行,用于判断工具变量使用是否有效。

(三) 阶段异质性检验:门槛效应分析

为了考察"两业"融合对制造业发展质量的影响是否存在复杂性、非线性,即在不同发展阶段的"两业"融合度如果按照同样幅度提升,制造业发展质量所受到的影响和作用是否能够保持一致性,本课题借鉴 Seo 等(2019)提出的动态面板门槛模型估计方法对式(6-9)模型进行估计,得到如表 6.11 中模型(39)—模型(43)所示结果。从表 6.11 可知,针对式(6-9)模型的动态面板门槛模型估计结果表明,尽管在考虑到了核心解释变量的非线性门槛特征之后,被解释变量制造业发展质量的滞后项 L. lnQuality 系数也都显著且高出 0.6,这进一步表明制造业发展质量的提升确实存在滞后效应和累积效应,具有较强惯性,当期发展水平会较大程度受到前期水平影响的研究结论。接下来,具体分析各维度产业融合的门槛效应:

表 6.11　"两业"融合与制造业发展质量的实证结果:门槛特征

解释变量	被解释变量 lnQuality				
	模型(39)	模型(40)	模型(41)	模型(42)	模型(43)
	One-Step GMM	One-Step GMM	One-Step GMM	One-Step GMM	One-Step GMM
L. ln*Quality*	0.874*** (4.21)	0.611*** (11.00)	0.943*** (6.15)	0.785*** (5.89)	0.834*** (6.30)
ln*Fusion*	−0.335** (−2.24)				
ln*Htec&Serv*/ln*Trad&Serv*		−0.601*** (−3.49)	−0.082 (−0.64)		
ln*Manu&Trad*/ln*Manu&New*				−0.043 (−0.57)	−0.083 (−0.82)
ln*Trade*	−0.043*** (−3.77)	0.001 (0.17)	−0.028*** (−2.64)	−0.039*** (−3.78)	−0.030*** (−2.72)
ln*Market*	−0.375*** (−3.05)	−0.063 (−1.52)	−0.153** (−1.99)	−0.392*** (−3.35)	−0.432*** (−5.95)
ln*Open*	−0.053*** (−4.62)	−0.048*** (−4.81)	−0.052*** (−5.71)	−0.062*** (−5.19)	−0.037*** (−3.06)
ln*Person*	−0.311*** (−5.36)	−0.360*** (−6.30)	−0.365*** (−4.36)	−0.410*** (−8.49)	−0.454*** (−7.88)
Internet	0.001*** (3.86)	0.001 (0.54)	0.001*** (4.47)	0.001** (2.58)	0.001** (3.01)
City	0.014*** (5.74)	0.006*** (2.63)	0.010*** (5.66)	0.017*** (5.86)	0.016*** (6.83)
T_Slope	1.889*** (3.25)	1.644*** (4.84)	0.519** (2.16)	1.479*** (3.47)	1.687*** (5.15)
门槛值	−0.668*** (−14.64)	−0.771*** (−38.67)	−0.801*** (−8.56)	−0.615*** (−13.94)	−0.614*** (−22.60)
样本量	450	450	450	450	450

注:***、**、*分别表示在1%、5%、10%显著性水平下通过检验,括号内为 z 统计量,T_Slope 表示跨过门槛值后的影响系数。

首先,根据表 6.11 中模型(39)所示,在以"两业"融合度 ln*Fusion* 作为门槛变量时,无论 ln*Fusion* 是否达到门槛值−0.668,门槛值前后两阶段的 ln*Fuison* 回归系数方向相反(先负后正),表明中国"两业"融合和制造业发展质量之间存在"U 型"曲线关系。当 ln*Fusion* 低于门槛值时,即"两业"融合度小于 $e^{-0.668}$(即 0.513)时,"两业"融合对制造业发展质量的影响效应显著为负。但是,当 $\ln Fusion$ 达到门槛值后,"两业"融合逐渐达到适度水平,对制造业发展质量提升的影响显著为正。由此可知,"两业"融合对制造业发展质量的不利影响会随着"两业"融合程度的提升而逐渐下降,当融合度跨过 0.513 时,对制造业发展质量的提升效应会日益凸显。原因在于制造业与生产性服务业的不协调发展和浅层次融合具有典型负外部性,只有真正做到链式配套、深度融合才能释放正向聚合效应进而提升制造业发展质量。进一步分析发现,截至 2019 年,有北京、天津、上海、江苏、浙江、广东等 17 个"两业"融合发展相对较好的省份融合度超过门槛值,所以这些省份的"两业"融合能够有效促进制造业发展质量不断提升。然而,仍还存在山西、内蒙古、吉林、黑龙江、广西、海南、贵州、云南、陕西、甘肃、青海、宁夏、新疆等 13 个省份(主要位于东北地区和西部地区)由于"两业"融合推进相对迟缓,"两业"融合度长期低于门槛值,"两业"融合的市场化运作机制不够成熟,造成对制造业发展质量存在负向抑制作用,这与东部、中部地区的先发省份形成鲜明对比。

其次,根据表 6.11 中模型(40)所示,在以高技术制造业与生产性服务业融合度 $\ln Htec\&Serv$ 作为门槛变量时,无论 $\ln Htec\&Serv$ 是否达到门槛值-0.771,门槛值前后两阶段的 $\ln Htec\&Serv$ 回归系数方向相反(先负后正),表明中国高技术制造业与生产性服务业融合和制造业发展质量之间存在"U 型"曲线关系。当 $\ln Htec\&Serv$ 低于门槛值时,即融合度小于 $e^{-0.771}$(即 0.463)时,高技术制造业与生产性服务业融合对制造业发展质量的影响效应显著为负。但是,当 $\ln Htec\&Serv$ 达到门槛值后,高技术制造业与生产性服务业融合逐渐达到适度水平,对制造业发展质量提升的影响显著为正。由此可知,高技术制造业与生产性服务业融合对制造业发展质量的不利影响会随着二者融合程度的提升而逐渐下降,当融合度跨过 0.463 时,对制造业发展质量的提升效应会日益凸显。进一步分析发现,截至 2019 年,有北京、天津、上海、江苏、浙江等 21 个高技术制造业与生产性服务业融合发展相对较好的省份融合度超过门槛值,所以这些省份的高技术制造业与生产性服务业融合能够有效促进制造业发展质量不断提升。然而,仍还有山西、内蒙古、黑龙江、海南、云南、甘肃、青海、宁夏、新疆等 9 个省份(以西部省份为主)由于高技术制造业与生产性服务业融合推进相对迟缓,二者融合度长期低于门槛值,造成对制造业发展质量存在负向抑制作用。

第三,根据表 6.11 中模型(41)所示,在以传统制造业与生产性服务业融合度 $\ln Trad\&Serv$ 作为门槛变量时,门槛值 $\ln Trad\&Serv=-0.801$ 前后两阶段的 $\ln Trad\&Serv$ 回归系数方向相反(先负后正),但只有跨过门槛值后的回归系数通过显著性检验,表明中国传统制造业与生产性服务业融合和制造业发展质量之间存在"U 型"曲线关系。当 $\ln Trad\&Serv$ 低于门槛值时,即传统制造业与生产性服务业融合度小于 $e^{-0.801}$(即 0.449)时,二者融合发展对制造业发展质量的影响效应为负但不显著,说明在此阶段虽然传统制造业与生产性服务业融合对制造业发展质量存在负效应,但该负效应具有不确定性。但是,当 $\ln Trad\&Serv$ 达到门槛值后,传统制造业与生产性服务业融合逐渐达到适度水平,对制造业发展质量提升的影响显著为正。据此可知,传统制造业与生产性服务业融合对制造业发展质量的不利影响会随着二者融合程度的提升而逐渐下降,当融合度跨过 0.449 时,对制造业发展质量的提升效应会日益凸显。进一步分析发现,截至 2019 年,仅有江苏、浙江、广东等 21 个省份的传统制造业与生产性服务业融合度超过门槛值,所以这些省份的传统制造业与生产性服务业融合能够有效促进制造业发展质量不断提升。然而,仍还存在北京、山西、吉林、黑龙江、海南、云南、甘肃、青海、宁夏等 9 个省份(四大板块均有分布)或由于传统制造业被高技术制造业"腾笼换鸟"后不再具有规模优势,或由于传统制造业的"低端锁定"等,与生产性服务业融合程度不高,形成对制造业发展质量的负向抑制作用。

第四,根据表 6.11 中模型(42)所示,在以制造业与传统生产性服务业融合度 $\ln Manu\&Trad$ 作为门槛变量时,门槛值 $\ln Manu\&Trad = -0.615$ 前后两阶段的 $\ln Manu\&Trad$ 回归系数方向相反(先负后正),但只有跨过门槛值后的回归系数通过显著性检验,表明中国制造业与传统生产性服务业融合和制造业发展质量之间存在"U 型"曲线关系。当 $\ln Manu\&Trad$ 低于门槛值时,即制造业与传统生产性服务业融合度小于 $e^{-0.615}$(即 0.541)时,二者融合发展对制造业发展质量的影响效应为负但不显著,说明在此阶段虽然制造业与传统生产性服务业融合对制造业发展质量存在负效应,但该负效应具有不确定性。但是,当 $\ln Manu\&Trad$ 达到门槛值后,制造业与传统生产性服务业融合逐渐达到适度水平,对制造业发展质量提升的影响显著为正。据此可知,制造业与传统生产性服务业融合对制造业发展质量的不利影响会随着二者融合程度的提升而逐渐下降,当融合度跨过 0.541 时,对制造业发展质量的提升效应会日益凸显。进一步分析发现,截至 2019 年,有北京、天津、上海、浙江、广东等 16 个省份的制造业与传统生产性服务业融合度超过门槛值,所以这些省份的制造业与传统生产性服务业融合能够有效促进制造业发展质量不断提升。然而,仍还存在山西、内蒙古、吉林、黑龙江、广西、海南、重庆、贵州、云南、陕西、甘肃、青海、宁夏、新疆等 14 个省份(主要位于东北地区和西部地区)由于传统生产性服务业"低端锁定"、对制造业的服务能力不强,无法与制造业实现深度融合发展,导致二者融合程度不高,对制造业发展质量产生负向抑制作用。

第五,根据表 6.11 中模型(43)所示,在以制造业与新兴生产性服务业融合度 $\ln Manu\&New$ 作为门槛变量时,门槛值 $\ln Manu\&New = -0.614$ 前后两阶段的 $\ln Manu\&New$ 回归系数方向相反(先负后正),但只有跨过门槛值后的回归系数通过显著性检验,表明中国制造业与新兴生产性服务业融合和制造业发展质量之间存在"U 型"曲线关系。当 $\ln Manu\&New$ 低于门槛值时,即制造业与新兴生产性服务业融合度小于 $e^{-0.614}$(即 0.541)时,二者融合发展对制造业发展质量的影响效应为负但不显著,说明在此阶段虽然制造业与新兴生产性服务业融合对制造业发展质量存在负效应,但该负效应也具有不确定性。但是,当 $\ln Manu\&New$ 达到门槛值后,制造业与新兴生产性服务业融合逐渐达到适度水平,对制造业发展质量提升的影响显著为正。由此可知,制造业与新兴生产性服务业融合对制造业发展质量的不利影响会随着二者融合程度的提升而逐渐下降,当融合度跨过 0.541 时,对制造业发展质量的提升效应会日益凸显。进一步分析发现,截至 2019 年,有北京、天津、上海、浙江、广东等 16 个制造业与新兴生产性服务业融合发展较好的省份融合度超过门槛值,所以这些省份的制造业与新兴生产性服务业融合能够有效促进制造业发展质量不断提升。然而,仍还存在山西、内蒙古、吉林、黑龙江、广西、海南、重庆、贵州、云南、陕西、甘肃、青海、宁夏、新疆等 14 个省份(以东北地区和西部省份为主)由于新兴生产性服务业发展规模小,制造业与新兴生产性服务业融合推进相对缓慢,二者融合度长期低于门槛值,造成对制造业发展质量产生负向抑制作用。

最后,通过前述分析发现,无论是整体的"两业"融合 $\ln Fusion$,还是细分行业后的高技术制造业与生产性服务业融合 $\ln Htec\&Serv$、传统制造业与生产性服务业 $\ln Trad\&Serv$、制造业与传统生产性服务业融合 $\ln Manu\&Trad$、制造业与新兴生产性服务业融合 $\ln Manu\&New$,都对制造业发展质量的影响效应呈现"先负后正"的"U 型"作用关系,即各维度的产业融合对制造业发展质量的不利影响都会随着融合程度的提升而逐渐下降,当融合度跨过门槛值时,产业融合对制造业发展质量的提升效应会日益凸显。这启示我们,在推进制造业高质量发展的实践过程中,必须加强对产业融合发展重要意义的认知,遵循产业融合发展的内在规律,坚定不移地推动制造业与生产性服务业融合发展。此外,为了检验上述结论的稳健性,本小节通过删除互联网发展($Internet$)和城镇化($City$)两个控制变量后重新进行动态面板门槛模型估计,得到如表 6.12 所示,所得结果与前述结论基本一致,证明研究结论具有稳健性。

表 6.12 "两业"融合与制造业发展质量的实证结果:门槛特征稳健性检验

解释变量	被解释变量 ln*Quality*				
	模型(44)	模型(45)	模型(46)	模型(47)	模型(48)
	One-Step GMM	One-Step GMM	One-Step GMM	One-Step GMM	One—Step GMM
L. ln*Quality*	0.808*** (15.09)	0.363*** (5.73)	0.748*** (12.03)	0.659*** (13.48)	0.456*** (8.94)
ln*Fusion*	−0.437*** (−5.07)				
ln*Htec&Serv*/ln*Trad& Serv*		−0.748*** (−8.22)	−0.768 (−7.98)		
ln*Manu&Trad*/ln*Manu& New*				−0.583 (−7.00)	−0.679 (−7.59)
ln*Trade*	−0.019*** (−3.95)	−0.006*** (−2.85)	−0.013*** (−3.73)	−0.015*** (−5.57)	−0.015*** (−4.35)
ln*Market*	0.060** (2.11)	0.049 (1.25)	−0.195*** (−4.87)	0.111*** (2.93)	0.096** (2.25)
ln*Open*	−0.001 (−0.07)	0.028*** (4.01)	0.018** (2.74)	0.005 (0.92)	0.015* (0.47)
ln*Person*	0.002 (0.05)	−0.296*** (−4.42)	0.158*** (4.25)	0.063 (1.19)	0.281*** (3.97)
T_Slope	1.463*** (7.34)	1.816*** (9.64)	1.864*** (9.48)	1.817*** (8.44)	1.537*** (9.81)
门槛值	−0.579*** (−20.32)	−0.789*** (−39.93)	−0.664*** (−21.09)	−0.563*** (−23.03)	−0.620*** (−22.84)
样本量	450	450	450	450	450

注:***、**、*分别表示在 1%、5%、10%显著性水平下通过检验,括号内为 z 统计量,T_Slope 表示跨过门槛值后的影响系数。

第三节 进一步讨论:考虑空间因素的检验

一、研究方法

(一)空间相关检验方法

根据空间计量经济学理论,一个地区的某一属性值或某个经济现象与相邻地区同一属性值或现象在空间上存在关联性(汪传旭和任阳军,2016)。本课题所研究的制造业发展质量以及"两业"融合度在区域间也都可能存在一定的空间相关性,为了验证这一判断,就需要进行空间相关性检验。如果确实存在空间相关性,若我们继续采用不考虑空间因素的计量模型进行回归,所估计的结果就会存在较大偏误,精确度势必降低,而必须采用空间计量模型进行分析。因此,此处进行空间相关性检验的主要目的就是为了确定采用空间计量模型进行回归估计是否适宜。根据学术界的普遍做法,本课题采用Morans' I 指数检验法来判断空间相关性的存在性,其计算方法如下式所示:

$$Moran'I = \frac{\sum\limits_{i=1}^{n}\sum\limits_{j=1}^{n}w_{ij}(Y_i - \bar{Y})(Y_j - \bar{Y})}{S^2\sum\limits_{i=1}^{n}\sum\limits_{j=1}^{jn}W_{ij}} \tag{6-13}$$

式(6-13)中, $S^2 = \frac{1}{n}\sum\limits_{i=1}^{n}(Y_i - \bar{Y})^2$, $\bar{Y} = \frac{n}{1}\sum\limits_{i=1}^{n}Y_i$, n 为空间单元总数, Y_i 为地区 i 的观测值。Morans' I 指数值位于区间 $[-1, 1]$,指数大于 0 表示存在空间正相关,指数小于 0 表示存在空间负相关,指数等于 0 表示不相关。 W 为空间权重矩阵,而 W_{ij} 为该矩阵中的元素。目前,国内外学者主要采用两种特征的空间权重矩阵,即地理邻接空间权重矩阵和地理距离权重矩阵,也有部分学者采用反映经济社会特征的空间权重矩阵,如经济距离权重矩阵、人力资本距离权重矩阵等,但考虑到该类型的空间权重矩阵内生性程度较严重,本课题采用0—1地理邻接空间权重矩阵。地理邻接的标准决定于空间单位间是否相邻,当地区 i 与地区 j 存在相邻边界时,权重矩阵 w 中的元素 w_{ij} 取 1,否则取 0,并且矩阵中对角线上的元素均取 0。

(二) 空间杜宾模型构建

Anselin(1988)最早构建了空间计量模型,将反映空间结构的矩阵引入到经典计量模型当中,使模型可以反映空间的关联性和异质性。常见的空间计量模型主要包括空间自回归模型(SAR)、空间滞后模型(SLM)以及空间杜宾模型(SDM)。由于空间杜宾模型(SDM)同时可以考虑到自变量和因变量的空间相关性,并且还兼具考察自变量对应变量的直接效应(即代表解释变量对本省份被解释变量造成的平均影响)、间接效应(即空间溢出效应,代表解释变量对其他省份被解释变量造成的平均影响)和总效应(即代表解释变量对所有省份造成的平均影响)的功能,因此,本小节空间效应的考察主要基于空间杜宾模型(SDM)展开。其表达式为:

$$Y = \rho WY + X\beta + WX\theta + \varepsilon \qquad (6-14)$$

式(6-14)中，Y 表示被解释变量的向量，X 表示解释变量的矩阵，W 表示空间权重矩阵，ρ 表示空间回归系数，β 表示 X 对 Y 的影响系数，WX 为被解释变量影响因素的空间滞后项，WY 为空间距离对空间行为的作用，θ 为 WX 对 Y 的影响系数，ε 为随机扰动项。LeSage 和 Pace(2009)以偏导矩的方式得出空间杜宾模型的参数释义，同时确定直接效应、间接效应和总效应的具体概念。将式(6-14)改写为如下形式：

$$(I_n - \rho W)Y = X\beta + WX\theta + \varepsilon \qquad (6-15)$$

对式(6-15)两边同乘$(I_n - \rho W)^{-1}$，并展开记为：

$$Y = \sum_{r=1}^{k} S_r(W)x_r + V(W)\varepsilon \qquad (6-16)$$

式(6-16)中，$S_r(W) = V(W)(I_n\beta_r + W\theta_r)$，$V(W) = (I_n - \rho W)^{-1}$，展开式(6-16)得到：

$$\begin{bmatrix} Y_1 \\ Y_2 \\ \vdots \\ Y_3 \end{bmatrix} = \sum_{r=1}^{k} \begin{bmatrix} S_r(W)_{11} & S_r(W)_{12} & \cdots & S_r(W)_{1n} \\ S_r(W)_{21} & S_r(W)_{22} & \cdots & S_r(W)_{2n} \\ \vdots & \vdots & \vdots & \vdots \\ S_r(W)_{n1} & S_r(W)_{n2} & \cdots & S_r(W)_{nn} \end{bmatrix} \begin{bmatrix} x_{1r} \\ x_{2r} \\ \vdots \\ x_{nr} \end{bmatrix} + V(W)\varepsilon$$

$$(6-17)$$

由式(6-17)，因变量 Y 对自变量 X 求偏导可认为自变量 X 对因变量造成的影响。最终可得到(范斐等，2016)：

$$\bar{M}(r)_{total} = n^{-1}l_n^{-1}S_r(W)l_n \qquad (6-18)$$

$$\bar{M}(r)_{direact} = n^{-1}tr(S_r(W)) \qquad (6-19)$$

$$\bar{M}(r)_{indireact} = \bar{M}(r)_{total} - \bar{M}(r)_{direact} \qquad (6-20)$$

在具体实证过程中，被解释变量 Y 为制造业发展质量 $\ln Quality$，核心解释变量 X 分别依次设为"两业"融合 $\ln Fusion$、高技术制造业与生产性服务业融合 $\ln Htec\&Serv$、传统制造业与生产性服务业 $\ln Trad\&Serv$、制造业与传统生产性服务业融合 $\ln Manu\&Trad$、制造业与新兴生产性服务业融合 $\ln Manu\&New$，控制变量包括城镇化 $City$、互联网 $Internet$、人力资本 $\ln Person$、技术市场 $\ln Trade$、市场化 $\ln Market$ 和对外开放 $\ln Open$ 等，估计方法采用极大似然估计法(MLE)。

二、实证结果与分析

（一）空间相关检验方法

本课题根据式（6－13）的 Morans' I 指数检验法，对 2003—2019 年的制造业发展质量 $\ln Quality$、"两业"融合 $\ln Fusion$、高技术制造业与生产性服务业融合 $\ln Htec \& Serv$、传统制造业与生产性服务业 $\ln Trad \& Serv$、制造业与传统生产性服务业融合 $\ln Manu \& Trad$、制造业与新兴生产性服务业融合 $\ln Manu \& New$ 等变量进行空间相关性检验，得到如表 6.13 所示结果。从表 6.13 可以看到，上述 6 个变量的 Morans' I 指数值都大于 0，其中制造业发展质量 $\ln Quality$、"两业"融合 $\ln Fusion$、高技术制造业与生产性服务业融合 $\ln Htec \& Serv$、制造业与传统生产性服务业融合 $\ln Manu \& Trad$、制造业与新兴生产性服务业融合 $\ln Manu \& New$ 等 5 个变量的 Morans' I 指数值基本在 0.2 以上，并且在研究期内都通过了至少 10％显著性水平下的检验，说明这 5 个变量都具有空间正相关性，即存在着发展较好的地区其邻近地区发展也较好，而欠发展的地区其邻近地区发展也较落后的现行；传统制造业与生产性服务业 $\ln Trad \& Serv$ 的 Morans' I 指数值虽然在研究期内都大于 0，但只有在 2010 年之前通过了显著性检验，在 2011 年之后其显著性均未能通过检验，原因在于 2011 年之后我国各省份的传统制造业都出现不同程度的产能过剩问题并且日益凸显，加之传统制造业本身与生产性服务业融合程度不高，所以二者融合的空间相关性并不显著，且有逐年降低的趋势。总体来看，在进行本课题研究时，有必要将空间因素的影响考虑至模型中重新进行估计，若忽视掉空间相关性的存在，则无法明晰各维度产业融合对制造业发展质量的具体空间效应。

表 6.13　基于全局莫兰指数的空间自相关检验结果

年份	$\ln Quality$	$\ln Fusion$	$\ln Htec \& Serv$	$\ln Trad \& Serv$	$\ln Manu \& Trad$	$\ln Manu \& New$
2003 年	0.133* (1.376)	0.217** (2.080)	0.291*** (2.701)	0.197* (1.928)	0.230** (2.184)	0.171* (1.701)
2004 年	0.204** (1.967)	0.273** (2.549)	0.304*** (2.812)	0.248** (2.347)	0.281*** (2.618)	0.253** (2.388)
2005 年	0.178* (1.754)	0.268** (2.511)	0.284** (2.651)	0.210** (2.037)	0.279*** (2.600)	0.257** (2.419)
2006 年	0.219** (2.087)	0.249** (2.355)	0.258** (2.426)	0.148* (1.522)	0.253** (2.386)	0.217** (2.090)

（续　表）

年份	ln$Quality$	ln$Fusion$	ln$Htec\&Serv$	ln$Trad\&Serv$	ln$Manu\&Trad$	ln$Manu\&New$
2007 年	0.187* (1.839)	0.336*** (3.085)	0.299*** (2.762)	0.208** (2.019)	0.345*** (3.159)	0.323*** (2.978)
2008 年	0.230** (2.184)	0.337*** (3.087)	0.297*** (2.750)	0.252** (2.389)	0.346*** (3.167)	0.320*** (2.951)
2009 年	0.278*** (2.585)	0.335*** (3.064)	0.284*** (2.636)	0.222** (2.136)	0.348*** (3.169)	0.308*** (2.841)
2010 年	0.302*** (2.790)	0.334*** (3.059)	0.329*** (3.007)	0.176* (1.746)	0.344*** (3.145)	0.305*** (2.826)
2011 年	0.320*** (2.927)	0.287*** (2.667)	0.305*** (2.810)	0.085 (0.994)	0.295*** (2.738)	0.252** (2.378)
2012 年	0.357*** (3.239)	0.342** (3.357)	0.329** (3.004)	0.108 (1.154)	0.352*** (3.447)	0.318*** (3.150)
2013 年	0.340*** (3.091)	0.341** (3.345)	0.322*** (2.945)	0.100 (1.134)	0.351*** (3.432)	0.319*** (3.147)
2014 年	0.374*** (3.368)	0.347*** (3.401)	0.303*** (2.788)	0.079 (0.943)	0.356*** (3.485)	0.325*** (3.205)
2015 年	0.373*** (3.362)	0.372*** (3.627)	0.296*** (2.735)	0.072 (0.889)	0.377*** (3.675)	0.356*** (3.484)
2016 年	0.346*** (3.145)	0.390*** (3.783)	0.299*** (2.762)	0.089 (1.077)	0.397*** (3.842)	0.388*** (3.760)
2017 年	0.339*** (3.098)	0.382** (3.713)	0.263** (2.462)	0.069 (0.843)	0.390** (3.787)	0.377*** (3.667)

注：***、**、*分别表示在1%、5%、10%显著性水平下通过检验,括号内为z统计量。

（二）实证结果与分析

针对式(6-14)的空间杜宾模型估计结果如表6.14—表6.16所示。

表 6.14　面板固定效应下 SDM 模型的直接效应、空间溢出效应和总效应（Ⅰ）

解释变量	被解释变量 ln$Quality$		
	模型(49)		
	直接效应	溢出效应	总效应
ln$Fusion$	0.080** (1.97)	0.218*** (3.55)	0.298*** (5.22)
ln$Trade$	−0.019*** (−3.29)	−0.005 (−0.40)	−0.024* (−1.72)
ln$Market$	0.144*** (2.93)	0194*** (2.24)	0.337*** (4.79)

199

（续　表）

解释变量	被解释变量 lnQuality		
	模型(49)		
	直接效应	溢出效应	总效应
lnOpen	0.001 (0.02)	0.019 (0.60)	0.019 (1.41)
lnPerson	−0.170*** (−3.55)	−0.160* (−2.12)	−0.329*** (−4.49)
Internet	0.001 (1.46)	0.002** (2.44)	0.002*** (3.32)
City	0.004** (2.37)	0.009** (2.86)	0.013*** (4.28)
R²	0.802		
样本量	450		

注：***、**、*分别表示在1%、5%、10%显著性水平下通过检验，括号内为z统计量。

表6.15　面板固定效应下 SDM 模型的直接效应、空间溢出效应和总效应(Ⅱ)

解释变量	被解释变量 lnQuality					
	模型(50)			模型(51)		
	直接效应	溢出效应	总效应	直接效应	溢出效应	总效应
lnHtec&Serv	0.121*** (3.30)	0.287*** (4.68)	0.408*** (7.01)			
lnTrad&Serv				0.065* (1.74)	0.126 (1.97)	0.191 (3.03)
lnTrade	−0.017*** (−2.95)	0.003 (0.25)	−0.014 (−1.10)	−0.017*** (−2.91)	−0.002 (−0.14)	−0.019 (−1.27)
lnMarket	0.144*** (2.94)	0.201** (2.44)	0.345*** (5.39)	0.144*** (2.87)	0.241*** (2.66)	0.384*** (5.14)
lnOpen	−0.002 (−0.13)	0.011 (0.63)	0.009 (0.73)	−0.004 (−0.30)	0.015 (0.80)	0.011 (0.73)
lnPerson	−0.149*** (−3.15)	−0.106 (−1.47)	−0.255*** (−3.81)	−0.177*** (−3.67)	−0.140 (−1.78)	−0.317 (−4.09)
Internet	0.001 (1.00)	0.001* (1.95)	0.002*** (2.74)	0.001 (1.57)	0.002** (2.53)	0.003** (3.39)
City	0.003* (1.80)	0.006** (2.02)	0.009*** (3.01)	0.004** (2.33)	0.008** (2.44)	0.012*** (3.71)
R²	0.809			0.795		
样本量	450			450		

表 6.16　面板固定效应下 SDM 模型的直接效应、空间溢出效应和总效应（Ⅲ）

解释变量	被解释变量 lnQuality					
	模型(52)			模型(53)		
	直接效应	溢出效应	总效应	直接效应	溢出效应	总效应
ln$Manu\&Trad$	0.231** (2.13)	0.087 (0.74)	0.318 (2.14)			
ln$Manu\&New$				0.074** (2.41)	−0.010 (−3.51)	0.064 (1.09)
ln$Trade$	−0.004*** (−0.21)	−0.019 (−2.34)	−0.023 (−1.17)	−0.019*** (−0.68)	−0.004 (−0.35)	−0.023* (−0.77)
ln$Market$	0.199*** (2.33)	0.144** (2.14)	0.343*** (4.26)	0.143*** (2.91)	0.182** (2.08)	0.325*** (4.54)
ln$Open$	0.019 (0.59)	−0.001 (−0.03)	0.018 (0.80)	0.002 (2.15)	0.023 (1.27)	0.025** (1.78)
ln$Person$	−0.164 (−1.12)	−0.171* (−1.73)	−0.334*** (−3.55)	−0.167*** (−3.48)	−0.157** (−2.08)	−0.324*** (−4.40)
$Internet$	0.002** (2.07)	0.001 (0.91)	0.003*** (2.77)	0.001 (1.51)	0.002** (2.47)	0.003*** (3.38)
$City$	0.009* (1.52)	0.004 (1.11)	0.013** (2.51)	0.004** (2.44)	0.009*** (2.76)	0.013*** (4.22)
R^2		0.802			0.801	
样本量		450			450	

　　表 6.14 汇报了"两业"融合 ln$Fusion$ 对制造业发展质量 ln$Quality$ 的直接效应、间接效应（即空间溢出效应）和总效应估计结果。从直接效应来看，"两业"融合对制造业发展质量的回归系数为 0.08，且在 5% 显著性水平下通过检验，"两业"融合度提高 1%，本省份的制造业发展质量相应提升 0.08%，表明"两业"融合程度越高，越有利于发挥融合效应、聚合效应，坚定不移地推动制造业与生产性服务业深度融合是促进本省份制造业发展质量提升的重要路径；从溢出效应来看，"两业"融合对制造业发展质量的回归系数为 0.218，在 1% 显著性水平下通过检验，"两业"融合度提高 1%，相邻省份的制造业发展质量相应提升 0.218%，该溢出效应明显大于"两业"融合的直接效应，表明推动制造业与生产性服务业深度融合不仅有利于本省市制造业发展质量的提升，更有利于相邻省份制造业发展质量的改进，在一定程度上也有利于促进区域经济收敛，实现协调发展；从总效应来看，"两业"融合对制造业发展质量的回归系数为 0.298，并且在 1% 显著性水平下通过检验，"两业"融合度提高 1%，制造业发展质量相应提升 0.298%，表明在我国"两业"融合对制造业发展质量不仅会产生融合效应、聚合效应，更具有乘

数效应,应该在全国层面统筹规划、深入推进制造业与生产性服务业融合发展。

表 6.15 中模型(50)汇报了高技术制造业与生产性服务业融合 lnHtec&Serv 对制造业发展质量的直接效应、溢出效应和总效应。从直接效应来看,高技术制造业与生产性服务业融合对制造业发展质量的回归系数为 0.121,且在 1% 显著性水平下通过检验,融合度提高 1%,本省份的制造业发展质量相应提升 0.121%,表明二者融合程度越高,越有利于促进本省份制造业发展质量提升;从溢出效应来看,高技术制造业与生产性服务业融合对制造业发展质量的回归系数为 0.287,同样在 1% 显著性水平下通过检验,融合度提高 1%,相邻省份的制造业发展质量相应提升 0.408%,该溢出效应明显大于直接效应,表明推动高技术制造业与生产性服务业深度融合不仅有利于本省份制造业发展质量的提升,更有利于相邻省份制造业发展质量的改进;从总效应来看,高技术制造业与生产性服务业融合对制造业发展质量的回归系数为 0.408,在 1% 显著性水平下通过检验,融合度提高 1%,制造业发展质量相应提升 0.408%,表明在我国高技术制造业与生产性服务业融合对制造业发展质量具有显著促进效应。高技术制造业属于典型的知识和技术密集型产业,具有 R&D 投入大,劳动力素质高,能源消耗少,产业价值链长等突出特征,对生产性服务业链式配套具有强大"虹吸力",而优质的生产性服务业又有利于高技术制造业的培育,因此二者天然具有协同集聚(产业融合的空间载体)的倾向,这种协同集聚根据产业基础、资源禀赋、区位条件等的不同可以是集聚于同一地区内部,也可以是集聚在邻近的地区或城市,但是无论高技术制造业与生产性服务业融合对制造业发展质量的影响是直接效应,还是溢出效应或总效应,都表现为促进效应。

表 6.15 中模型(51)汇报了传统制造业与生产性服务业融合 lnTrad&Serv 对制造业发展质量的直接效应、溢出效应和总效应。其中,传统制造业与生产性服务业融合对制造业发展质量的回归系数为 0.065,在 10% 显著性水平下通过检验,融合度提高 1%,制造业发展质量相应提升 0.065%,表明二者融合程度越高,越有利于促进本省份制造业发展质量的提升;但是从溢出效应来看,虽然模型的回归系数显示为正值,却未能通过显著性检验,表明传统制造业与生产性服务业融合对邻近省份制造业发展质量的影响具有不确定性;而正由于传统制造业与生产性服务业融合对制造业发展质量的溢出效应不显著,其对整体的制造业发展质量的影响也不显著。传统制造业多似于制鞋、制衣、组装等劳动力密集型的加工制造行业,在制造业产业链中处于低端位置,其对产品的研发设计、核心技术、营销

网络和品牌管理等关注较少,对生产性服务业的中间需求主要体现在交通运输与仓储业等传统服务业,因而对生产性服务业协同集聚的吸纳能力较弱,会抑制生产性服务业的市场发展空间,导致传统制造业与生产性服务业融合发展仅能维持于对本省份制造业发展质量产生微小促进效应,而对邻近省份制造业发展质量的辐射带动效应不明显。

表 6.16 中模型(52)汇报了制造业与传统生产性服务业融合 $\ln Manu \& Trad$ 对制造业发展质量的直接效应、溢出效应和总效应。其中,制造业与传统生产性服务业融合对制造业发展质量的回归系数为 0.231,在 5% 显著性水平下通过检验,融合度提高 1%,制造业发展质量相应提升 0.231%,表明二者融合程度越高,越有利于促进本省份制造业发展质量的提升;但是从溢出效应来看,虽然模型的回归系数显示为正值,却未能通过显著性检验,表明制造业与传统生产性服务业融合对邻近省份制造业发展质量的影响同样具有不确定性;而由于制造业与传统生产性服务业融合对制造业发展质量的溢出效应不显著,其对整体的制造业发展质量的影响也不显著。传统生产性服务业如交通运输仓储业、批发零售业、房地产业等,多存在规模不经济、技术水平低、服务同质化、运营成本高、行政垄断强、竞争环境不优等问题,尤其是交通、通讯等垄断性市场结构的生产性服务业改革迟缓,对民营和外资等市场主体的进入具有一定壁垒,也会对服务的质量和效率产生影响,因而难以满足制造业迅猛发展的市场需求,导致制造业与传统生产性服务业融合发展仅能够维持于对本省份制造业发展质量产生微小促进效应,对邻近省份制造业发展质量的辐射带动效应也不明显。

表 6.16 中模型(53)汇报了制造业与新兴生产性服务业融合 $\ln Manu \& New$ 对制造业发展质量的直接效应、溢出效应和总效应。其中,制造业与新兴生产性服务业融合对制造业发展质量的回归系数为 0.074,并且在 5% 显著性水平下通过检验,融合度提高 1%,制造业发展质量相应提升 0.074%,表明二者融合程度越高,对促进本省份制造业发展质量提升越有利;从溢出效应来看,虽然模型的回归系数未能通过显著性检验,但却显示为负值,表明制造业与新兴生产性服务业融合对邻近省份制造业发展质量的影响可能呈现负效应,即虹吸效应;又由于制造业与新兴生产性服务业融合对制造业发展质量的直接效应显著为正,而溢出效应有可能为虹吸效应,所以其对制造业发展质量的总效应不显著。新兴生产性服务业如科学研究和技术服务业、信息传输计算机软件业等也属于典型的知识和技术密集型产业,它是现代科学技术与服务业相结合的产物,其生产要素如人力资本、技术、信息等较传统生产性服务业高端,与制造业尤其是高技术制造

业之间有着较强的价值链互补功效,因而二者的有序融合能够对本省份的制造业发展质量产生积极的促进效应,但由于新兴生产性服务业在我国多数省份发展都较为滞后,因而其与制造业的融合度普遍还不够高,进而影响了融合效应发挥。同时,也正由于新兴生产性服务业属于典型的知识和技术密集型产业,在不少省份发展滞后、未形成规模,因而其与制造业的融合还处于极化发展阶段,会对其他相对落后省份的生产要素产生虹吸效应,从而对后发省份制造业发展质量产生阻滞。

第四节　本章小结

本章以 2003—2019 年我国 30 个省市区面板数据为样本,综合采用系统 GMM 估计、动态面板门槛模型、Morans' I 指数检验法和空间杜宾模型等实证方法,从区域异质性、行业异质性、阶段异质性(即门槛特征)以及空间相关性等多重视角,实证探析了"两业"融合对制造业发展质量的影响效应与影响方向,主要研究结论如下:

(1)"两业"融合对制造业发展质量综合影响的实证检验表明,"两业"融合对制造业发展质量具有显著促进效应,融合度提高 1%,制造业发展质量相应提升 0.095%。

(2)区域异质性检验结果显示,由于不同地区"两业"融合发展水平存在差异,其对促进制造业发展质量提升的作用效果呈现区域异质性。从四大板块来看,存在东部(正效应)→中部(正效应)→西部(正效应)→东北(负效应)依次递减的空间分异格局。其中,东部地区"两业"融合对制造业发展质量存在显著促进效应,且在四大板块中作用效应最明显;中西部地区"两业"融合对制造业发展质量具有显著促进效应,但效应程度低于东部;而东北地区"两业"融合对制造业发展质量存在抑制效应,说明东北地区"两业"融合的经济效应未能充分发挥。就长江经济带和非长江经济带而言,这两大区域通过提升"两业"融合度均能有效促进制造业发展质量改善,但长江经济带的提升效应更为明显。

(3)行业异质性检验结果表明,各细分行业之间的产业融合对制造业发展质量的影响呈现高技术制造业与生产性服务业融合效应(0.136)>制造业与新兴生产性服务业融合效应(0.072)>制造业与传统生产性服务业融合效应(0.053)>传统制造业与生产性服务业融合效应(−0.014)的异质性特征。相较于传统制造业(或传统生产性服务业),高技术制造业(或新兴生产性服务业)与生产性服务业(或制造业)的融合更能促进制造业发展质量的提升。这启示我们,在推进制造业高质量发展的实践过程中,要加强对"两业"融合发展的内在规律及重要性的认知,一方面,要大力发展先进制造业,并且要切实提升现代生产性服务业的服务效能;另一方面,更要坚定不移地推动先进制造业与现代生产性服务业的深度融合发展,由此方能发挥出"两业"融合的乘数效应。

(4)阶段异质性检验(即门槛效应)的实证检验发现,无论是整体的"两业"融合,还是细分行业的高技术制造业与生产性服务业融合、传统制造业与生产性服务业、制造业与传统生产性服务业融合、制造业与新兴生产性服务业融合,都对制造业发展质量的影响效应呈现"先负后正"的"U型"作用关系,即各维度的产业融合对制造业发展质量的不利影响都会随着融合程度的提升而逐渐下降,当融合度跨过门槛值后,产业融合对制造业发展质量的提升效应会日益凸显,故此,唯有坚定不移地推动制造业与生产性服务业深度融合才能促进制造业高质量发展。

(5)考虑空间因素后的实证结果表明,制造业整体与生产性服务业融合、高技术制造业与生产性服务业融合对制造业发展质量的直接效应、间接效应(即空间溢出效应)和总效应都至少在5%置信水平下显著为正,且溢出效应都大于直接效应,说明推动(高技术)制造业与生产性服务业深度融合不仅有利于本省份制造业发展质量的提升,更有利于相邻省份制造业发展质量的改进,在一定程度上也有利于促进区域经济收敛,实现协调发展。传统制造业与生产性服务业融合(或制造业与传统生产性服务业融合)对制造业发展质量的影响只有直接效应通过显著性检验且为正值,溢出效应虽为正值但不显著,而正由于溢出效应的不显著造成总效应也未通过检验,原因在于传统制造业(或传统生产性服务业)属于典型的劳动密集型或资本密集型产业,其与生产性服务业(或制造业)的互动关系多维持于"点对点"或"点对群"的浅层互动发展状态,与深度融合发展的要求存在较大差距,因而仅能维持于对本省份制造业发展质量产生微小促进效应,而对邻近省份制造业发展质量的辐射带动效应不明显。制造业与新兴生产性服务业融合对制造业发展质量的直接效应显著为正,表明二者融合程度越高,对本省份制造业发展质量提升越有利;溢出效应的系数虽未通过检验,但却显示为负值,表明制造业与新兴生产性服务业融合对邻近省份制造业发展质量的影响可能具有虹吸效应;而由于直接效应为正效应,溢出效应表现为虹吸效应,故其对制造业发展质量的总效应不显著。

第七章 "两业"融合提升制造业发展质量的模式选择

第三章、第四章、第五章、第六章实证研究结论表明:我国"两业"融合度及"两业"融合所处阶段、制造业发展质量指数及支撑结构、"两业"融合对制造业发展质量影响效应均呈现显著的区域或行业异质性,驱动"两业"融合的序参量具有明显的阶段性差异。这就意味着,我国不同区域"两业"融合模式的选择应具有明显的差异性和多样性。本章从四个维度分析"两业"融合的基本模式,每种模式的主要特征及适宜条件,重点探析东、中、西、东北四大区域的差异化主导模式选择,解析每一种模式选择的原因,及具体实施策略。

第一节 "两业"融合模式相关研究综述

围绕融合模式国内外学者从不同视角展开了有益探讨,研究脉络大体沿着宽泛的产业融合模式——制造业与生产性服务业融合模式——制造业服务化模式展开。概述而言,相关研究从微观和中观两个维度对产业融合模式进行了考察,微观维度主要包括产品视角融合模式和技术视角融合模式,中观维度主要从价值链视角和产业链视角考察融合模式。

从技术角度来看,可以分为技术替代型融合模式和技术互补型融合模式,前者是指技术创新与扩散,新技术替代旧技术促成一个新产业的出现;后者指的是新技术结合已有不同产业技术通过整合促进新产业的出现(Stieglitz,2011)。基于技术融合的产业融合模式很大程度上受制于产业政策的约束,由于产业规制的存在部分技术融合无法实现,而那些被广泛融合到多个行业中的技术被称为通用技术(general purpose technologies)。Hecklin(2005)根据技术融合程度将产业融合分为三种类型:一是应用型融合,指的是两种以上已知的技术融合,创新者将已有的方案整合成新方案创造附加值;二是横向融合,当已知的技术和一种以上的新技术合并,引起现在技术的突破;三是潜在融合,指的是两种技术本身没有任何突破性,但他们的潜在融合可以带来突破性的解决方案和技术的发展。此外有学者专门考察了高科技产业技术的融合模式,高科技产业技术主要通过对传统产业技术的渗透实现对传统产业的高技术化改造(曹卫,2003)。

从产品视角来看,主要观点是将产业融合模式分为替代型融合模式和互补型融合模式(Greenstein, 1997;Stieglitz, 2003)。当一项产品技术能替代另一项产品技术时即发生了替代型融合,这意味着产品融合是基于技术相似性即技术融合的产业融合模式。与技术融合模式相比,产品融合模式结合了更多自主学习的元素,企业可以在技术融合的基础上改进和扩展现有产品,以防止产品融合导致的相似性替代。当两种技术共同使用形成的融合型产品比单独使用更好时即为互补型融合模式。产品互补型融合模式往往会引起产品创新,进而对现有产业创新产生较大影响。Pennings(2001)在此基础上加入供需元素,进一步将产业融合划分为四类模式:需求替代型融合模式、需求互补型融合模式、供给替代型融合模式和供给互补型融合模式。供给型融合模式强调的是技术进步对产业融合的影响,而需求型融合模式强调的是需求变化和商业模式创新对于产业融合的影响。从产品标准的视角,周振华(2004)提出结合型融合模式,即原本各自独立的产品在行业标准变化的推动下通过功能渗透结合为新的一体的融合产品。王丹(2008)考察信息化对产业融合的影响提出改造型融合模式概念,即通过信息产业对传统产业的改造,实现传统产业的信息化,出现的信息产业与传统产业的融合。

从价值链视角看,产业融合即打通价值链各环节,通过产业融合来实现价值链向"微笑曲线"两端攀升。Greenstein(1997)从价值链角度,分别从价值链上、中、下游将产业融合分为采购融合模式、生产融合模式以及营销融合模式,并且这三种融合模式是依次发生的,价值链上一个环节发生融合将会引起另一个环节的融合。董洁(2010)从实物产品和服务产品的价值链内在关联角度提出三种融合发展模式:一是基于价值共性的融合模式,指的是制造业与服务业基于共同价值创造为客户提供解决方案,通过制造业实物产品必须和服务产品捆绑销售来满足客户需求;二是基于价值内生性的融合模式,是指制造业通过价值链的延伸,在同一价值链上向前或向后衍生出相关的服务业,在实物产品从研发到售后整个生命周期中内生出多个生产性服务业;三是基于价值互补的融合模式,制造业与服务业通过技术、资源、业务、管理和市场等的互补,给客户提供具有互补性的产品,产生 $1+1>2$

的效用。李美云(2011)认为产业融合是两大产业价值链全部价值活动的重新组合,并根据产业融合的方向将制造业和服务业之间的产业融合方式分为价值链纵向延伸融合模式、价值链横向拓展融合模式、价值链活动虚拟融合模式及价值网式融合模式四种类型。价值链纵向延伸融合模式包括强化价值链的上游服务环节和开拓下游服务环节;价值链横向拓展融合模式指企业在自身价值链的基础上,通过拓展多元服务将战略节点向横断面拓展,并培育成其价值链中的核心增值活动环节;价值链活动虚拟融合模式指制造业企业借助信息技术将非核心价值活动环节虚拟化外包;价值网式融合模式指制造业企业向价值链上、下游环节或横向环节进行延展,形成以其自身为核心的价值网系统,为顾客提供一体化的服务。

从产业链视角来看,胡汉辉(2003)提出产业渗透、产业交叉和产业重组三种产业融合模式。产业渗透往往发生在高科技产业和传统产业的产业边界处,由于高新技术往往有渗透性和倍增性的特点,可以渗透到传统产业互相融合。产业交叉是通过产业间功能的互补和延伸实现产业间的融合,往往发生在高科技产业的产业链延伸部分,且发生交叉的产业只是部分的融合,原有的产业继续存在。产业重组主要发生在有紧密联系的产业间,往往是某一大产业内部的子产业。产业融合的产业链视角被广泛运用到农业领域研究,梁伟军(2011)从"产供销一体化"和"产业横向交叉发展"两条路径提出现代农业发展实现三次产业相互渗透融合的四种模式,分别是高新技术对农业的渗透型融合模式、农业内部子产业之间的整合型融合模式、农业与服务业之间的交叉融合模式与综合型融合模式。李宇(2017)依据三种产业融合方式提出了三大产业链融合模式:一是以技术主导的产业渗透融合方式通过改进传统产业链、实施开放式技术创新形成技术引领的产业链整合模式;二是基于产业交叉融合方式打通传统产业链上中下游,通过与横向不同产业之间的交叉合作来拓展新领域、新市场,最终实现空间拓展的产业链整合模式;三是基于产业重组方式企业通过剥离或兼并重组的方式进行产业内部的结构性重组,带来新的产业价值生成,最终实现结构重塑的产业链整合模式。

随着制造业分工愈来愈深化,制造业与生产性服务业的融合模式得到学者们的关注。代表性观点有制造业与生产性服务业融合的阶段论和过程论。阶段论从产业发展规律出发,随着制造业与生产性服务业发展规模及主导地位的变化,以"两业"互动关系为基础的融合模式也会发生相应变化。依据融合阶段的融合模式主要分为三个阶段,Cohen(1987)认为,服务部门的发展依赖于制造业的发展,因此生产性服务业是制造业的需求部门,制造业的发展是服务业发展的前提和基础,服务业寄生于制造业。因此,第一阶段是制造业需求主导的融合模式。第二阶段,发达的现代服务业推动制造业的发展,生产性服务业效率的提升是制造业效率提升的前提,因此是生产性服务业供给主导的融合模式(Pappas and Sheehan,1998)。生产性服务业的发展引起进一步的分工和专业化,降低了投入到制造业中间部门的服务成本,促使制造业生产效率的提高。第三阶段是制造业与生产性服务业相互依赖、互补共生的融合模式。随着产业规模的不断扩大,制造业对中间服务部门的需求如金融、物流、仓储等的需求迅速增加,促进了制造业生产率的提高。同时,服务业部门的增长亦依靠制造业中间投入的增加,而且制造业与服务业彼此之间的融合程度不断加深(顾乃华、毕斗斗,2006)。

"两业"融合是个动态演化过程,部分学者从融合过程角度进行了研究。制造业和生产性服务业的融合是一个由初级到高级、由简单到复杂的上升和质变的过程。在制造业与生产性服务业融合演进过程中,融合系统在环境等因素的随机干扰下出现"波动",并促使融合系统按照非严格的逻辑顺序在技术、产品和市场等层面产生融合。Gambardella(1998)认为制造业与生产性服务业的融合过程由技术融合、产品融合到市场融合三个过程顺序构成,但由于不同市场所需的特质不同,技术融合不一定会导致市场融合。进一步,王成东(2014)指出,制造业和生产性服务业融合的起点已从"技术驱动"这一单一形态转变为技术融合市场需求融合共同驱动的新形态,两业融合将历经技术融合、产品融合、市场融合和管理及组织融合四个阶段。郭朝先(2019)认为先进制造业与现代服务业融合发展主要有三种模式,一是先进制造业服务化,包括投入服务化和产出服务化,二是现代服务业向制造业拓展延伸,三是先进制造业和现代服务业的双向深度融合,最终形成以平台企业为主导的新产业生态系统。孙畅(2020)从产业动态匹配的视角将高端服务业和先进制造业的融合模式分为三个阶段:一是萌芽阶段的生产要素匹配模式,高端服务业和先进制造业通过生产要素的嵌入和转化形成互补链接关系,实现要素层次的匹配,此时产业融合较低且具有不稳定性;二是拓展阶段的市场融合阶段,高端服务业和先进制造业通过市场和组织的相互渗透,基于利益驱动的产业融合关系,实现市场互动层次的匹配,此时产业链不断延伸且产业融合程度不断提高;三是成熟阶段的创新融合阶段,高端服务业和先进制造业通过技术互补及融合,促进知识在产业间溢出,实现效率协同层次的匹配,此时产业融合创新机制不断完善并成为主要的增值活动,高端服务业和先进制造业实现创新驱动下的产业高质量发展。

在"两业"融合过程中,理论上制造业服务化和服务业制造化是一种"对偶"关系(郭朝先,2019),其中制造业服务化是"两业"融合发展的主导形式,因此不少学者聚焦于制造业服务化模式研究。Gebauer 等(2005)提出了制造业服务化的四种基本模式:一是售后服务提供模式(ASPs),即企业主要关注服务的成本及保证服务产品满足顾客需要的特定功能;二是顾客支持提供模式(CSPs),即企业通过对某服务产品的投资和服务的足够差异化向市场提出价值主张;三是外包合作伙伴模式(OPs),即企业结合服务的成本领先和差异化向顾客提供具有很强价格吸引力的操作性外包服务;四是发展合作伙伴模式(DPs),即企业向顾客提供 R&D 等服务以使顾客从企业的发展能力中获益。Tan 等(2010)对制造业服务化的过程进行分析中得出制造业企业服务化的两种模式:一种是建立在产品和技术基础上产品导向的制造业服务化模式,主要包括产品使用服务和产品生命周期服务;另一种是建立在顾客和顾客活动基础上服务导向的制造业服务化模式,主要包括消费活动服务和商业支持服务。

国内学者也对制造业服务化的模式展开了有益讨论,主要集中于产品视角和产业链视角。基于产品视角,刘继国(2007)从投入产出角度认为制造业服务化有两个主要模式,一是投入服务化,即服务要素在制造业的要素投入占比重越来越重要;二是产出服务化,即服务业在制造业的全部产出中占比越来越大。令狐克睿等(2017)以产品服务化模式为起点,提出了制造业企业服务化的三阶段模式:第一阶段是产品延伸服务模式,制造业企业在原本核心业务的基础上向产业链上下游衍生实现服务化;第二阶段是产品功能服务模式,制造业企业从产品生命周期角度通过租赁、共享等形式提供客户所需求的服务;第三阶段是集成解决方案模式,是制造业服务化的高级阶段,企业根据顾客需求提供涵盖产品、服务和系统等整体解决方案。进一步,李天柱等(2018)以产品为基础提出了制造业服务化的四种典型模式:产品延伸服务化模式、产品增强服务化模式、核心技术服务化模式和业务单元服务化模式。基于产业链视角,简兆权(2011)认为制造业企业实现服务化有四种模式:下游产业链服务化模式、上游产业链服务化模式、上下游产业链服务化模式和全去制造化模式。下游产业链服务化模式指通过增加营销、品牌管理以及产品延伸服务等环节,实现服务化,适用于处于服务化起步阶段的企业,以产品制造为核心缺少服务化经验的企业;上游产业链服务化模式指制造业企业通过提高研发和实际水平实现服务化,适用于缺少服务化经验而希望积累技术实力逐渐实现服务化,同时具备一定的技术人才和资金实力的企业;上下游产业链服务化模式是融合了前二者的制造业企业服务化高级阶段,对企业组织管理、核心能力等要求较高,因此适用于竞争力较强的大型制造业企业;完全去制造化模式指企业完全退出制造领域,只从事高附加值的上下游产业服务环节,该种模式在四种模式中门槛最高、风险最大。陈漫(2016)将制造业服务化转型划分为嵌入式和混入式,嵌入式模式是指制造企业在开展产品业务的同时,进入与企业现有制造业价值链上拥有关联管理的服务业务;混入式模式是指制造企业在产品业务之外,进入与现有制造业在价值链上没有明显匹配性关系的新服务业务。韩露(2018)从价值重构的视角,以航空制造业为例区分了基于服务增值的制造业服务化模式和基于服务整合的制造业服务化模式。前者是制造企业围绕客户需求提升产品质量和技术,研发出符合顾客需求的差异化产品进而实现增值;后者是企业向顾客提供产品和服务的整体解决方案,加强了顾客对企业的依赖,提高了竞争者的进入壁垒。

第二节 "两业"融合的基本模式

"两业"融合是一个动态演化过程,从不同视角研究其融合模式有利于厘清不同融合模式的差异化特征与适应性条件,能更好地为我国不同区域选择适宜的差异化融合模式提供依据。通过文献梳理归纳并结合实地调研,本课题认为"两业"融合的基本模式可从四个大的维度考察,分为四类基本模式:基于价值链视角的融合模式、基于融合阶段视角的融合模式、基于融合过程视角的融合模式与基于产业链建构的融合模式。

一、基于价值链视角的融合模式

从价值链的角度来看,制造业与生产性服务业的融合过程实质就是原有产业价值链的分解和整合,在这一过程中,原有产业链的各价值创造环节分解为混沌的价值活动网络后,分散的价值链条被选择性地有序整合形成融合产业的价值链。从价值链视角来看,制造业与生产性服务业融合的主要目的是促进产业在价值链上的升级,从而提高产业的核心竞争力。波特(1985)的价值链理论指出,价值链由基本活动和支撑活动两部分组成,基本活动包括生产经营的各个环节,位于"微笑曲线"的中间段属于低附加值环节;支持活动是企业辅助性增值活动,位于"微笑曲线"的高附加值环节。随着竞争的加剧和分工的不断深化,制造业与生产性服务业在技术和产品价值链上的高度关联性驱动制造业通过整合、渗透与延伸融入大量高附加值的生产性服务环节,最终形成一条既包含制造业增值环节又包含生产性服务业增值环节的融合型价值链。

　　基于价值链的视角,生产性服务业与制造业融合模式主要分为价值链上游融合模式、价值链下游融合型和全价值链融合模式三种类型。区别于传统的价值链升级,以"互联网＋"技术为代表的新一轮信息技术革命将驱动"两业"融合过程向开放式、智能化和个性化集成式发展,显著提高价值链附加值,使得以融合型价值链上、中、下游共同抬升,促使微笑曲线整体上升到更高附加值水平,此时融合型价值链呈现三大核心模块,即开放式创新、智能化生产以及集成式服务(见图7.1)。

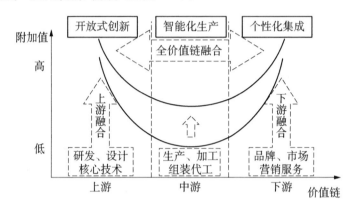

图 7.1　基于价值链视角的融合模式

(一) 价值链上游融合模式

　　价值链上游融合模式是通过增加研发、设计、科技咨询等价值链上游活动,进而在提高自身价值链上游能力的过程中逐渐实现制造业和生产性服务业融合的模式。制造企业在延伸、渗透融合的过程中,将知识、信息和人力资本等这些高质量生产要素通过上游价值链环节融入制造业的生产活动中,提升制造企业生产效率,同时成为企业异质性产品研发和市场核心竞争力的重要来源。

　　价值链上游融合模式主要有以下两个特点:第一,通常适合具有一定竞争优势、风险承受能力较强的主导企业。上游研发创新等环节的融合对企业的要求较高,研发资本投入大且风险较高、不确定性较强,一般适用于行业中具有竞争优势的龙头企业。具有竞争优势的企业通常具有较大的规模和较强的市场竞争能力,财务状况和经营状况相对较好,有基本的实力和风险承受能力以加强价值链上游融合,介入新的上游价值增值环节。第二,在以互联网技术为核心的新一轮产业革命中,价值链上游融合模式具有开放式创新的特点。依托"互联网＋数据"互联互通所带来的信息环境,传统的以技术进步为导向、研发实验室为载体、研发人员为创新主体的内部封闭式研发创新模式逐步向平台开放式转变。此时,用户日益增长的需求成为引致创新的重要驱动力,通过广泛搜集用户信息反馈得到产品更新演进的技术方向,技术研发与市场需求的距离大幅缩减,降低了企业研发的风险。单个企业内部的研发人员、专业的研发机构以及用户本身在互联网环境下形成一个开放连接的创新平台,原有的龙头企业主导的价值链上游融合模式进一步演化成产业集群式的创新联盟。

(二)价值链下游融合模式

价值链下游融合模式是指制造业企业向价值链下游阶段延伸拓展,依靠增加企业在营销、渠道、物流、售后等服务性活动的介入逐渐获得收益和实现发展空间突破的融合模式。随着市场竞争的不断加剧,传统局限于制造业环节的模式难以使企业持续获得差异化竞争优势,通过提供单一制造品的收益相对较低且增长有限。制造业通过高效介入下游服务性活动,提高客户服务满意度和用户黏性,为企业带来新的差异化竞争优势和利益空间。

价值链下游融合模式主要具有以下三个特征:第一,价值链下游融合模式通常是处于"服务化"转型阶段的企业所青睐的模式。相较于价值链上游融合模式,价值链下游融合模式对制造业企业的规模、竞争力和组织结构等要求较低,企业所要承担的风险较小,相对而言更容易实现。第二,在"互联网+"的信息环境中,价值链下游融合模式具有消费者主导的个性化特点。在移动互联网爆发式发展的推动下,消费者广泛地、实时参与生产和价值创造的全过程,企业价值链主导权从生产商、销售商转到消费者手中,制造业企业的发展战略、商业模式、业务拓展等都要以用户为中心,借助互联网技术实现服务的个性化定制,满足客户多样化需求。第三,随着客户需求的个性化、多样化和复杂化,价值链下游融合模式表现为集成解决方案的深度融合。集成解决方案的核心是提供"产品+服务"组合,依据客户定制化需求有机组合,最终满足客户全生命周期的"一揽子"需求。

(三)全价值链融合模式

以往的研究通常聚焦于价值链融合的高附加值环节,忽视了附加值较低的生产制造环节。以智能制造为代表的新一轮产业技术变革将彻底改造以加工组装为主的低附加值生产制造环节,实现制造过程向智能制造过程的根本性转变,从而提高生产制造环节的附加值,使得价值链中部得以显著抬升,并且推动价值链融合向上下游两端延伸,最终通过全价值链融合模式实现价值链整体抬升。

以智能制造为核心推动力的全价值链融合模式具有以下几个特征:第一,生产方式智能化是基础环节。生产方式智能化是智能制造的基本体现,随着大规模个性化的消费需求成为市场热点,以智能化生产方式为代表的非标准生产方式运营而生。人工智能、工业互联网等新技术是智能生产的技术支撑,通过柔性生产运作使得个性定制化产品同样能够与标准化产品一样实现高效批量生产。第二,智能化生产推动实现服务智能化。智能化服务是智能制造的必然选择。一方面,在资源约束和市场竞争的双重激励下,制造业呈现出服务化趋势,企业由原来的生产环节向研发和营销等价值链上下游方向延伸,同时以智能化支撑业务发展方向。另一方面,消费互联网向产业互联网扩张,建立起人与设备和服务的联系,有效实现了消费者参与全生命周期的管理。第三,以头部企业为主导逐步向集群式融合演进。基于工业互联网、人工智能等新兴技术为基础的全价值链融合模式,对企业创新能力、资金实力等提出不小的挑战,因此往往是行业领军企业先发制人,通过搭建适合本企业的云平台实现智能制造,进一步通过智能制造带动全价值链智能化融合。为了加强对全产业链的智能化监测、管理和服务,企业平台逐步扩展为行业平台,产业链上众多中小企业入驻行业云平台,最终实现集群式融合。

二、基于融合阶段视角的融合模式

制造业与生产性服务业的融合具有明显的阶段性特征。根据生产性服务业与制造业的演化历程,生产性服务业与制造业之间的关系遵循高度依附转向反向引领,进而双向深度互动的演进过程。以制造业与生产性服务的互动演进过程为基础,基于融合阶段视角的"两业"融合可划分为三种具体模式:制造业引领融合发展的初级阶段模式,生产性服务业引领融合发展的中级阶段模式,以及以平台企业为主导的制造业与生产性服务业双向深度融合的高级阶段模式(见图7.2)。

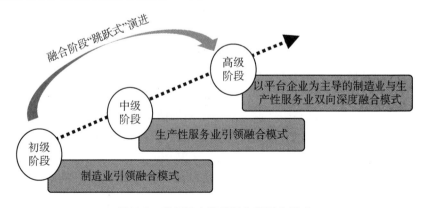

图 7.2　基于融合阶段视角的融合模式

三次产业发展的客观规律表明,工业经济向服务经济转型的过程中,伴随着的是制造业增加值比重下降、服务业增加值比重上升的演变过程,且生产性服务业投入对制造业产出的重要程度不断增强(邱灵,2014)。在工业化发展的前期,产业链价值增值重心在制造业环节上,制造业为生产性服务业创造了市场,生产性服务业的发展强烈依赖制造业的需求。当制造业服务化水平达到一定程度后,生产性服务业对制造业的依赖程度逐渐降低,反过来制造业对生产性服务业的依赖越来越强,生产性服务业不仅支撑了制造业的服务化转型,也为制造业创造了巨大的市场需求。此时,价值链的增值重心转移到了生产性服务业环节。最终,制造业与生产性服务业实现双向深度融合,形成以平台为主导的新产业生态系统。

(一)制造业引领融合模式

在初级融合阶段,是制造业引领的融合模式。该模式的核心特征是制造业是两业融合的主要动力,通过制造业企业自主选择主动融入更多生产性服务业元素实现制造业服务化。该模式的主要特征:

第一,制造业根据自身的需求选择生产性服务业企业进行嵌入式融合,实现价值链的拓展和延伸。制造业转型升级的过程涉及研发设计能力、品牌打造能力、销售管理能力等多维度能力的提升,在此过程中制造业企业可以根据自身的战略定位、市场需求和所欠缺的短板选择生产性服务业战略合作伙伴,实现制造业和生产性服务业价值链的横向拓展和纵向延伸。第二,制造业企业与生产性服务业企业是"一对多"的融合关系。制造业企业在上、中和下游价值链上,均可以选择多家生产性服务业企业进行合作,在多次互动中制造业企业和生产性服务业企业逐步形成良好的信任合作关系,最终形成以制造业为核心,众多生产性服务业为辅助的产业集聚。

(二)生产性服务业引领融合模式

在中级融合阶段,是生产性服务业引领的融合模式。该模式的核心特征是生产性服务业是两业融合的核心动力,表现为生产性服务业主动向制造业渗透,以实现生产性服务反向拉动"两业"融合水平的提升。

第一,生产性服务业更多地主动向制造业渗透,制造业对金融、研发、物流等服务部门的依赖程度愈发强烈。随着生产性服务业的不断发展,其自身价值链不断完善,对制造业的依赖性逐步降低,且以生产性服务业为主导的融合开始出现,生产性服务业更多地主动向制造业渗透。第二,生产性服务企业不断完善自身产业链,实现生产性服务业对制造业的反向带动。生产性服务业企业凭借其市场、品牌、营销、技术等优势,通过贴牌生产、连锁经营、融资并购等方式嵌入制造业,实现生产性服务业对制造业的反向带动。尤其是知识密集型新兴生产性服务部门对制造业服务化具有较显著的引领作用,新兴生产性服务业通过创新要素集聚,形成高质量的服务配套体系,引领制造业与生产性服务业进一步融合构成产业集成系统。第三,在"互联网＋"的信息环境中,生产性服务龙头企业凭借其创新优势实现以服务为主导的反向制造。部分大规模服务企业在价值链高端掌握了核心技术、业务和市场,拥有自己的发明专利、研发网络、物流网络和销售渠道等,这些大规模龙头企业利用自身在产业链高端的控制力,建立起自己的制造工厂,实现以服务为主导的反向制造。特别是随着互联网技术的深入应用,下游消费市场与上游生产环节实现无缝链接,新兴生产性服务企业在发现、创造或引领新的市场需求方面更大的优势,它们通过反向制造把信息优势持续转换成企业利润。

(三) 以平台企业为主导的制造业与生产性服务业双向深度融合模式

在高级融合阶段,表现为以平台企业为主导的制造业与生产性服务业双向深度融合模式,该模式是部分发达地区和龙头企业最新的发展形态和未来最具潜力的发展模式。

该模式主要有以下两个特点,一是通过双向融合,价值链重构为一条全环节融合的复合型价值链。制造业与生产性服务业双向融合,使得产业价值链重构为一条既包含制造业价值链增值环节,又包含服务业价值链增值环节的融合型产业价值链,制造业与生产性服务业的产业边界完全混合,实现"你中有我、我中有你",与原有单一的价值链相比具有更广阔的利润空间和增长潜力,使得价值链整体向更高层次的迈进。第二,依托现代信息技术的平台企业是该模式的实现载体。近年来新一轮信息技术革命促使"互联网＋"深入发展和应用,诞生了一批"制造－服务"集成平台,并且逐步演变成以平台企业为主导的产业生态系统。工业互联网是集成平台的主要体现,百度云、阿里云等服务企业提供的云计算平台,和一些龙头企业自建的云平台,通过对工业数据的全面动态把控与分析,推动制造业智能化、数字化发展。同时,工业互联网逐步从单一的企业平台扩展为产业链综合集成平台,对全产业链进行供应链协调和全流程再造,实现全行业的双向融合。

通常来说,从制造业引领的初级融合模式、生产性服务业引领的中级融合模式,到以平台企业为核心的双向深入融合模式,三种融合模式遵循产业发展基本规律依次由初级向高级演进。但需注意的是,不同地区三阶段模式演进速度不同,且并非所有地区均严格遵循由初级模式到高级模式的演进路径,部分地区呈现出"跳跃式"演进。这取决于地区主导制造业类型和政府助推政策。不同类型制造业从初级模式到高级模式的演化速度不同。

根据核心生产要素的划分,劳动密集型制造业在初级融合阶段停留的时间最长,生产性服务业长期依赖于制造业产业,而技术密集型制造业最容易摆脱制造业的主导模式。生产性服务业与资本密集型、技术密集型制造业逐步发展为双向融合的互惠共生模式(唐晓华,2016)。

三、基于融合过程视角的融合模式

制造业与生产性服务业的融合过程指的是两大产业从分离到产业边界逐步模糊直到融合的过程,可以划分为技术融合、产品融合、市场融合和组织管理融合。通常情况下这几个环节前后相互衔接依次发生,但也可能是同步相互促进的,或在任意环节发生"跳跃"。制造业与生产性服务业随着产业边界的模糊,随着产业边界知识溢出形成技术创新,促进技术融合。技术融合进而引发产品融合,"制造+服务"融合型产品的供给与需求共同促进了市场的融合,最终必然带来组织管理的融合(见图7.3)。

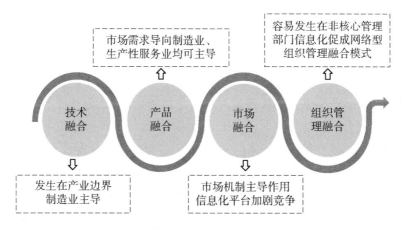

图7.3 基于融合过程视角的融合模式

(一) 技术融合

技术融合是"两业"融合过程的基础环节。技术融合模式主要有两个特征:第一,制造业与生产性服务业的技术融合模式通常发生在产业边界处。技术融合模式通过将多种两大产业现存技术进行整合,在产业间实现知识溢出,从而诞生新的技术、产品和市场,进一步促进制造业和生产性服务业的全方位融合。由此可知,产业融合发生的前提是产业间具有技术关联性,即一产业的技术创新能够影响和改变其他产业产品的开发过程(David T. Lei,2000),因此,技术融合模式通常适用于制造业和生产性服务业的产业边界和交叉处。起初,制造业与生产性服务业产业边界处的技术交汇最初是一个随机事件,但随着市场对融合型产品需求的日益增长,以及制造业与生产性服务业提高自身产业竞争力和价值链水平驱动力的共同作用下,制造业与生产性服务业边界处的技术融合逐步从随机性事件转变为有目的、有意识的技术创新活动。

第二,技术融合模式往往由制造业企业主导。相似的技术基础是技术融合的前提,从技术特征来看,制造业一般具有较为固定的生产流程、产品结构等,显性知识多于隐性知识;而生产性服务则更多地需要人力资本的支撑,存在大量依靠从业人员经验、技巧等隐性知识。因此,制造业的技术知识更容易传播和扩散,两大产业间的技术融合模式主要由制造业企业主导。但在互联网、新媒体等现代信息技术快速发展的今天,技术扩散的距离衰减等特征被削弱,扩散速度和强度也不仅取决于技术构成特征,还取决于传播者和接受者之间的关系、传播者数量和能力、渠道等。因此,生产性服务业亦可成为技术融合模式的主导者。

(二) 产品融合

制造业与生产性服务业的技术融合推动了两大产业的产品融合。产品融合指的是以制造业与生产性服务业的融合技术为基础,通过业务模块整合,实现"产品＋服务"的融合型产品,在原有产品的基础上形成互补性或替代性的功能。产品融合模式的最大特征是市场导向,以企业技术创新为目的的技术融合模式并不能保证带来市场需求,而一定规模的市场需求是最终实现"两业"融合的重要因素(马健,2005)。与技术融合模式不同的是,在产品融合模式中,制造业和生产性服务业均可以成为实施主体。

第一,制造业主导的产品融合模式。在该模式中,制造业企业是实现产品融合的行为主体,多适用于具有一定规模的制造业企业。起初,制造业企业通常在市场需求的引导下将制造业产品与下游服务进行打包销售,如售后服务、物流服务等,此时简单的服务产品多为制造业企业自己承担。随着市场对生产性服务业需求的增加,"制造＋服务"的融合型产品需求已超出制造业企业自身可以承担的能力范围。制造业企业有两种选择以实现制造业产品与生产性服务业产品的融合:一是将服务环节外包给生产性服务企业,实现价值链核心环节与辅助环节的分离;二是通过价值链的横向渗透和纵向延伸将生产性服务环节内部化。

第二,生产性服务业主导的产品融合模式。在该模式中,生产性服务业企业为实现产品融合的行为主体,适用于以知识密集型为特征的大型新兴生产性服务业企业。知识密集型的生产性服务业具有较强的创新能力,通过技术融合和将技术知识、创新要素和人力资本导入制造业发展过程中,致使产品生产过程由传统的实物产品生产为中心转化为以服务为中心,价值链增值点也不断向服务端攀升,生产性服务在价值链中的主导地位和作用进一步强化。生产性服务业主导的产品融合具体体现为生产性服务业企业在原有服务产品的基础上实现反向制造,这对生产性服务业企业能力具有较高要求,因此往往由大型新兴生产性服务企业率先进行服务与制造的一体化的产品融合实践。在领军生产性服务企业实现反向制造的产品融合后,其示范效应会引导其他服务企业进行类似的产品融合变革,从而实现由"点"到"面"的产业融合。

(三) 市场融合

制造业与生产性服务业的产品融合进一步推动了两大产业的市场融合。市场融合模式主要有以下两个特征:第一,市场融合模式是以产品融合模式为基础的"两业"融合过程的高级阶段,市场机制发挥着主导作用。随着"制造＋服务"融合型产品市场需求的不断增加,制造业企业和生产性服务业企业进一步加强产业间的技术融合和产品融合,提高融合型产品的供给数量与质量。随着市场上"制造＋服务"融合型产品市场占有率不断上升,供求双方逐渐形成固定的交易模式和规则,市场交易机制也逐渐成熟和完善,原属于制造业和生产性服务业的市场逐渐整合成为融合型产品的统一市场,制造业与生产性服务业逐步实现市场融合。第二,数字化信息平台提高了市场融合模式的融合效率,同时也增强了市场竞争。随着数字技术在产业领域的广泛应用,互联互通的数字化信息服务平台突破了不同行业之间的信息流通障碍,越来越多的产品通过一站式平台传递到用户手中,从而促进了市场的快速融合。集成式平台的出现和应用使得原先不同行业分割的市场融合成一种综合性市场,原先由于市场分割而处于不同市场范围的非竞争性的产品开始转化为竞争性产品。信息技术促成的市场融合带来了更大范围的综合性竞争,这对产业间的技术融合创新、产品融合创新等提出了更高的要求。

(四) 组织管理融合

制造业与生产性服务业的组织管理融合模式是"两业"融合过程的最高级模式,是制造业企业与生产性服务业企业组织管理架构的整合。随着制造业和生产性服务业在技术、产品和市场的不断深入融合,必然需要两大产业在组织、规划等管理模块上的融合,从而形成制造业和生产性服务业产业系统的组织管理融合。组织融合模式遵循从低级组织功能向高级组织功能演进的规律,通常发生在两业融合已较为成熟的制造业与生产性服务业间。

第一,为降低交易成本,制造业与生产性服务业的组织管理融合容易发生在诸如协调和沟通等非核心管理职能。随着技术融合、产品融合和市场融合的不断深化,产业边界越发模糊,企业不再独立完成从研发到销售的价值链环节,组织融合模式是加强制造业与生产性服务业之间有效信息沟通的必然趋势。起初,制造业与生产性服务业的组织管理融合通常发生在诸如协调和沟通等非核心管理职能,体现为成立相应的协调机构负责产业间的合作沟通。降低了沟通成本的同时增加了企业间的协调成本,因此大型的制造业或生产性服务业企业倾向于将其进行合并,将交易成本内部化,进而引发组织融合的进一步深化。

第二,在现代信息技术背景下,组织融合从单一环节的组织部门融合发展为网络型组织管理融合模式,涉及发展规划、生产计划等高级管理环节。网络型组织管理融合模式是一种以信息化为基础,与"两业"融合发展的要求具有高度一致性的新型企业合作组织形式。网络型的组织管理融合模式根据技术、产品和市场的要求建立起柔性、智能、动态的管理形式,极大程度弱化了企业间信息传递障碍。此时,企业生产经营已不仅仅关系到自身产业的发展,而且会很大程度上影响关联产业的发展。因此,在协调、沟通管理职能融合的基础上,制造业和生产性服务业必然会进一步深入发展规划、生产计划等高级管理职能的融合,进而实现两大产业组织管理的深度融合。

四、基于产业链建构的融合模式

从产业链建构视角来看,制造业和生产性服务业的融合是两大产业链不断分解与整合的建构过程,根据产业链建构主导主体的不同,制造业与生产性服务业的融合模式主要可分为链式融合模式和网络式融合模式,其中链式融合模式根据融合方向可分为内生式融合模式和嵌入式融合模式(见图7.4)。

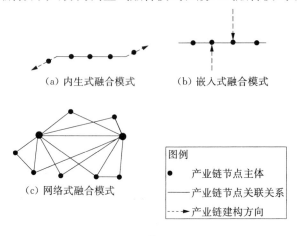

（a）内生式融合模式　　　（b）嵌入式融合模式

（c）网络式融合模式

图例
● 产业链节点主体
── 产业链节点关联关系
--► 产业链建构方向

图 7.4　基于产业链建构视角的融合模式

（一）内生式融合模式

内生式融合模式是由制造业企业自我发展形成融合型产业链的模式，最常见的形式为产业链纵向延伸，节点主体多为制造业产业内具有较强竞争力的单一主导企业或企业集群，是一种学习型的、自主创新的融合模式，对企业的技术和资金要求较高，一般多见于高技术制造业中。当市场交易活动较为复杂且频繁时，具有较强核心能力的企业倾向于将所有交易环节纳入企业内部，且通常为上游的研发环节或下游的销售服务环节。单个企业依靠自身的资金、技术实力，通常通过行政计划的方式将研发环节或售后环节整合到自己企业内部，制定相应的部门规划来实现内生式融合。单个企业由于资本、技术等方面的实力难以独自完成生产性服务业的内生式融合，多家制造业企业集群通过合作来实现风险共担、收益共享。多个企业集群式的内生式融合通常发生在市场环境、制度环境、文化环境较好的地区，企业主体间具有密切的合作关系，并围绕核心制造业形成了上下游的配套产业，多通过建立战略联盟、横向合并等形式来实现以制造业企业集群为核心的内生式融合。

（二）嵌入式融合模式

嵌入式融合模式是指通过制造业和生产性服务业企业在产业链某些生产环节上合作形成新产业链的融合方式，根据嵌入的不同方式可以分为配套式嵌入和补链式嵌入。第一，配套式嵌入指的是本地制造业或生产性服务业依靠较低的成本、较完善的配套设施等优势，嵌入到更高级的区域分工或国际分工产业链中，成为新产业链的一个环节，被动实现产业融合。嵌入式融合模式通常发生在产业链的低端环节，被动嵌入方通常从事生产加工、零售销售等非核心环节，往往具有较强的被替代性，产业融合的根植性较差。第二，补链式融合指的是本地产业凭借自身的技术、资金、市场等优势，通过填空式嵌入补齐融合型产业链所需的空白环节。补链式融合通常发生在具有较强生产制造能力、市场领导力的制造业企业，通过引进先进的研发设计、市场服务等高端生产性服务业来增强本地制造业的竞争力，同时带动一批上下游产业发展，实现两大产业的融合。补链式融合模式的挑战在于填补的新兴生产性服务业环节技术一般掌握在嵌入企业手中，因此本地企业需加强学习和自主创新，以补链为手段逐步实现全产业链自主融合创新。

（三）网络式融合模式

不论是内生式融合模式还是嵌入式融合模式，制造业与生产性服务业多在一定地理空间内集聚。基于互联网技术构筑的虚拟空间最大程度上弱化了地理空间对产业融合的约束，通过虚拟转型使传统制造业和生产性服务业集群转变为虚拟产业集群，在虚拟平台上实现网络式产业融合。同时，虚拟产业集群突破了传统产业集群对企业数量的限制,网络化转型使两业融合可以惠及更多的制造业和生产性服务业企业,能够在虚拟平台上寻找到最合适的合作伙伴。网络式融合模式具有以下几个主要特征:第一,以互联网平台为依托。在互联网构筑的虚拟世界众多相关联企业集聚,往往是制造业领军企业先将自己发展成为能够支撑产业融合的平台,然后不断接入产业内其他企业和上下游生产性服务业企业。另一种方式是大型互联网企业进行专业化平台培育,以生产性服务业反向助推的方式吸收制造业企业入驻其平台。第二,形成无边界的产业生态体系。虚拟网络平台克服了地理空间的限制,构造成了无边界的全球化的产业融合系统,促进企业从原来的参与本地产业分工向参与全国、全球产业分工演进。传统内生式或嵌入式的两业融合模式是直线的、链式的,一家企业甚至只能参与一条价值链。在网络化的虚拟平台里,各种深度分工交叉融合,传统的链式价值形态发展成网络状形态。

第三节　我国区域"两业"融合差异化模式选择

现有"两业"融合模式的研究主要从价值链视角、融合目标视角、演化阶段视角、融合过程视角等分别进行了考察。"两业"融合是一个动态演化过程,单一的分析维度难以对我国具有高度异质性的"两业"融合特征与趋势进行科学全面的考察。根据第三章对"两业"融合度的测度及异质性分析结论、第五章制造业发展质量的综合评估与异质性分析结论以及第六章"两业"融合对制造业发展质量的影响路径和影响效应实证结论,表明我国东、中、西和东北四大板块无论是"两业"融合度、融合所处阶段,还是制造业发展质量综合指数和支撑结构,以及"两业"融合对制造业发展质量的影响效应和影响路径,都呈现出显著的异质性特征和差异化"短板"。这就在客观上决定了旨在提升制造业发展质量的"两业"融合模式,必须因地制宜选择适宜的模式。本节从价值链视角和演化阶段视角两个维度出发,重点探析我国东、中、西和东北四大板块"两业"融合差异化主导模式,以及每一种模式选择的依据、实施策略和典型案例。

一、东部地区"两业"融合模式选择及实施策略

(一)主导模式选择——以行业性和区域性平台为牵引的"两业"双向深度融合模式

由第三章分析可知,东部地区是我国制造业与生产性服务业融合发展

先行区和领头羊,"两业"融合水平在四大板块中遥遥领先,同时呈现"整体水平高、内部差异大"的区域特征。因此,东部地区"两业"融合模式应在整体选择适宜的主导模式的基础上,因地制宜选择差异化融合模式。具体而言,东部地区整体"两业"融合应以城市群为空间组织形式,以行业性或区域性平台为牵引推进制造业与生产性服务业双向深度融合,使得"两业"价值链重构为一条既包含制造业价值链增值环节,又包含服务业价值链增值环节的融合型产业价值链,实现"两业"双向深度耦合共生发展。同时兼顾京津冀地区的战略定位和海南特殊战略定位,分别选择以高技术生产性服务业为抓手的"两业"深度融合模式和以现代商贸物流业为支撑的"两业"互动融合发展模式。

(二) 模式选择原因

1. "两业"融合水平位居全国"高地"

根据第三章对我国 30 个省份 2003—2019 年"两业"融合度的动态测度结果可知,从整体区域看,东部地区制造业与生产性服务业总体融合水平从2003 年的 0.5412 上升到 2019 年的 0.7580,提高 40.06%,东部地区整体从磨合阶段晋升到了融合阶段,整体实现了较高水平跨越。制造业分行业来看,东部地区高技术制造业与生产性服务业融合"起点高、发展快",融合水平从 2003 年的 0.6211 提升为 2017 年的 0.8786,提高 41.46%,从 2007年起已迈入融合阶段(见图 7.5)。生产性服务业分行业来看,制造业与传统生产性服务业、与新兴生产性服务业的融合水平在 15 年里稳步提升,分别从 2003 年的 0.5357、0.5558 上升到 2017 年的 0.7389、0.7445,分别提

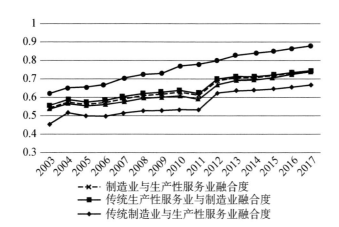

图 7.5 东部地区制造业分行业与生产性服务业分行业融合趋势图

高了 33.96％和 37.93％,均已迈入融合阶段发展水平,呈现出“同步演进、平稳增长”的态势。

2. **高技术制造业和新兴生产性服务业快速共生演进特征明显**

由第五章对我国制造业发展质量评价及异质性分析结论可知,东部制造业发展质量居四大板块之首,遥遥领先于其他三大板块,制造业发展质量支撑结构始终表现为“双轮驱动型”,引领全国制造业高质量发展,且核心支撑要素从结构优化、方式转换逐渐转变为结构优化、创新驱动,创新驱动在东部地区制造业发展质量发挥着越来越重要的作用。同时,第六章“两业”融合对制造业发展质量影响效应的实证分析结论表明,东部地区“两业”融合对制造业发展质量具有显著促进作用,其促进作用强度居四大板块之首;由第六章“两业”融合对制造业发展质量影响的门槛效应分析可知,“两业”融合与制造业发展质量之间呈“U”型关系,只有融合水平越过了门槛值后方能对制造业发展质量起到正向促进作用,东部 10 省市除了海南外,其余 9 省市“两业”融合水平均超越门槛,正以正向效应推动该地区制造业质量提升。综上分析表明,东部地区“两业”融合已进入到较高级发展阶段。从价值链视角来看,已基本实现制造业和生产性服务业的全产业链融合发展,包括生产性服务业向制造业上、中和下游的横向渗透,将制造业价值链从中间生产环节向微笑曲线两端的纵向延伸。从融合阶段来看,正处于第二阶段——以生产性服务业为核心的融合模式向第三阶段——在以平台型企业为主导的制造业与生产性服务业双向深度融合的快速演进中。

3. **“两业”融合区域内部差异大**

东部地区“两业”融合度呈现出“整体水平高、内部差异大”的特征。由表 7.1 可知,东部地区 10 省市中有 5 个处于融合阶段,包括长三角城市群的上海、浙江和江苏、珠三角城市群的广东和制造业大省山东。京津冀城市群的北京、天津、河北和福建处于磨合阶段,而海南因其特殊的区位条件和发展定位,仍处于拮抗阶段。北京生产性服务业发展水平位于全国前列,尤其是以科学研究、计算机软件服务等为代表的新兴生产性服务业,由于北京首都功能定位发展的需要,致使大量制造业企业外迁至天津和河北等地,因此呈现出北京的制造业与生产性服务业融合水平不高的现象。海南岛作为我国南海的地缘战略中心,承担着建设自由贸易区、自由贸易港的重大国家战略,因其独特的战略定位发展制造业并非其首要任务,其“两业”融合较为滞后。

表7.1　2019年我国四大板块"两业"融合阶段状况

	东部地区	中部地区	西部地区	东北地区
拮抗阶段	海南(0.347 5)		宁夏(0.374 8) 青海(0.318 9)	黑龙江(0.340 8)
磨合阶段	北京(0.697 5) 河北(0.701 5) 天津(0.620 0) 福建(0.648 0)	湖北(0.609 2) 安徽(0.618 2) 湖南(0.609 8) 江西(0.587 7) 山西(0.407 4)	甘肃(0.410 2) 云南(0.415 4) 内蒙古(0.422 1) 贵州(0.449 9) 新疆(0.450 1) 陕西(0.480 9) 广西(0.489 1) 重庆(0.560 5) 四川(0.564 4)	辽宁(0.526 0) 吉林(0.438 3)
融合阶段	江苏(0.996 7) 广东(0.980 1) 山东(0.900 6) 上海(0.869 8) 浙江(0.818 8)	河南(0.766 6)		

注:数据来源:根据本课题第三章"两业"融合度测度并划分类型得到。

(三) 模式实施策略

1. 以城市群为空间载体促进"两业"双向融合

城市群作为当今经济社会活动的重要空间形态和主流发展趋势,具有制度、政策、供应链、市场和文化等一体化优势,是"两业"融合发展的最佳空间载体。我国东部地区已形成以长三角城市群、粤港澳大湾区、京津冀城市群为主导的"两业"融合空间组织形式。长三角城市群、粤港澳大湾区已进入两业耦合协调的融合阶段,从价值链视角来看,已基本实现制造业和生产性服务业的全产业链融合发展,包括生产性服务业向制造业上、中和下游的横向渗透,与制造业价值链从中间生产环节向微笑曲线两端的纵向延伸。从融合阶段看,正处于第二阶段——以生产性服务业为核心的融合模式向第三阶段——在以平台型企业为主导的制造业与生产性服务业双向深度的快速演进中。因此,推进东部地区两业深度融合应走一条以城市群为空间组织形式、探索适宜的差异化的路径。具体来说,长三角城市群和粤港澳大湾区应以加快建设跨行业工业互联网平台为牵引推进"两业"深度融合;京津冀城市群应以新兴生产性服务业为抓手力促"两业"深度融合;海南应以现代商贸物流服务业为支撑、以粤港澳大湾区为依托加快推进"两业"融合发展。

2. 以加快建设跨行业平台为牵引推进长三角、珠三角"两业"深度融合

长三角城市群和粤港澳大湾区作为我国高端生产性服务业和先进制造业最发达地区,应牢牢把握新一轮信息技术革命的机遇,以及加快推进"新基建"为契机,持续推进互联网、5G、云计算等新一代信息技术在制造业的深度应用,形成以平台型企业为主导的集成式产业生态系统,以建设跨行业、跨领域平台为牵引,建成一批支撑企业数字化、网络化、智能化转型的企业级平台、行业级平台以及基础性平台,完善智能制造生态体系。考虑到构建跨行业、跨领域的工业互联网平台需要具备涉及多个行业领域的技术、知识和雄厚资本,应鼓励支持行业龙头企业积极探索工业互联网平台的协同治理模式,从以往的封闭价值链向开放的价值网络转型,探索提供智能制造整体解决方案,带动产业集群内众多中小企业的整体智能化转型,推进城市群内和城市群之间"两业"价值链重构为一条既包含制造业价值链增值环节,又包含服务业价值链增值环节的融合型新兴产业价值链,实现"两业"双向深度融合,打造我国"两业"深度融合示范带,并进而辐射带动中西部、东北地区"两业"融合发展。

3. 以新兴生产性服务业为抓手推进京津冀"两业"深度融合

京津冀地区应立足京津冀协同发展国家战略,以北京先进的新兴生产性服务业为抓手,采取价值链上游切入模式,提升天津和河北的制造业服务化水平,以高水平的生产性服务业助力京津冀城市群制造业与生产性服务业深度融合,加快向第三阶段——两业双向深度融合演进。京津冀城市群资源禀赋、产业梯度具有较大差异,客观上存在较强的产业分工互动空间。从产业结构角度来看,北京呈现"三二一"的产业结构,第三产业优势显著,以研发创新、技术服务、创意设计等为主的知识密集型现代服务业发达,具有较强的支撑天津和河北制造业现代化的能力。天津和河北呈现"二三一"的产业结构,天津是北方重要制造业基地,石油化工、装备制造、新能源汽车、生物医药等制造业水平走在全国前列,具备强大的制造业发展基础。河北已逐步形成机械制造、汽车零部件制造、新能源等先进制造业和箱包、羊绒制品等传统制造业共存的制造业大格局。充分利用京津冀协同发展、雄安新区建设和通州北京副中心建设的多重利好,基于互联网+科技服务研发具有数据共享、多级跨平台服务融合等特性的技术架构,加大北京高科技技术和服务的输出及知识溢出力度,形成城市群和产业集群协同融合模式;充分利用北京中关村、各类科技创新园区的科技服务资源,采取有效措施力促创新要素在城市群内低成本快速流动,以强大的生产性服务业带动制造业向智能化、高度化、数字化转型,实现城市群内制造业与生产性服务业"链

对链""群对群"的深度融合发展。

4. 以现代商贸物流为支撑推进海南"两业"融合发展

海南是我国全域自由贸易试验区和特色自由贸易港。海南以旅游、会展、商贸物流等产业为支柱,制造业以传统的农产品加工等为主相对发展滞后。与传统意义上的自由贸易区专门发展服务业不同,中国自贸区产业结构往往包含服务业与制造业的综合型产业结构(孟广文,2018)。海南地处粤港澳大湾区,航运物流及制造业发达,应发展与商贸物流有关的多种服务业,建立以商贸物流为基础的现代服务业与现代制造业融合模式。围绕贸易物流发展多样性的现代服务业,如仓储物流、金融保险、商业中介服务、会展规划、跨境电子商务、文创设计等,促进现代高端生产性服务业发展,辐射整个东南亚。同时依托并对接粤港澳大湾区先进制造业,探索出一条国家级全域自由贸易试验区特有的、以现代商贸物流业为支撑的"两业"融合路径。

(四)典型案例

作为我国重要的先进制造业基地,区域工业互联网平台建设成为推动长三角"两业"深度融合的关键。自 2018 年起,围绕构建综合性工业互联网平台,长三角各省市积极布局,上海市依托大企业、大平台集中打造长三角一体化的工业互联网平台,汇聚产业链上下游数据;浙江依托阿里云强大的计算和数据处理能力,预计到 2025 年将服务 30 万家工业企业;江苏超过 60 万台工程机械装备通过徐工集团的汉云平台实现"上云";安徽省建设企业上云公共服务平台,启动"万家企业上云"计划。在云上长三角建设过程中,大企业、大平台发挥着重要的先锋作用,是技术突破和市场推广的关键角色。

位于江苏省徐州市的徐工集团是我国工程机械行业的领头羊,也是世界工程机械行业的排头兵。为实现从制造到智造的全面转型,2014 年原本属于徐工集团的 IT 团队独立出来成立了徐工信息,并逐渐成长为一家提供工业互联网平台服务的公司。2016 年 7 月,徐工信息发布了 Xrea 工业互联网平台,聚焦工业互联网和智能制造服务领域。2018 年底,Xrea 工业互联网平台升级命名为徐工信息汉云工业互联网平台。作为江苏省工业互联网平台的先行者,徐工信息由最初的集团内部服务部门发展为多领域的开放型服务平台,由最初徐工信息独立开发与运维已发展至引入 20 余家合作伙伴,由控制按揭风险单一功能转为设备全生命周期管理。如今,有超过 1000 家企业入驻汉云工业互联网平台,涵盖工程机械、新能源、纺织机械、零部件制造等 70 个行业,推动长三角城市群逐步形成全行业开放集成的产业生态系统。此外,汉云工业互联网平台积极助力产业链上下游的中小企业上云,增强全价值链、供应链的集成服务,如泰隆减速机、海进机械、艺诚机械、长江润发、浙江嘉华等。

上海是国内工业互联网的高地,拥有一大批具有全国影响力的专业平台。2017 年,海尔卡奥斯 COSMOPlat 工业互联网平台首次落户上海,通过三年的发展,已基本实现以上海为核心,以南京、无锡和杭州、台州为"两翼"辐射整个长三角城市群。与徐工信息作为机械制造行业的行业专业云平台不同,海尔卡奥斯以用户需求为导向,打造用户全流程参与体验的大规模定制平台,助力长三角地区大量传统制造企业智能化转型。江浙地区大量的制鞋、成衣企业在个性化消费时代下濒临破产,主要原因是难以打通与消费者的直连环节。海尔卡奥斯 COSMOPlat 通过智慧系统实现消费者的一键定制,工厂在后台便能收到消费者的需求,围绕用户需求而成的大规模定制模式,加强了工厂与消费者之间的互动,传统制造业插上了智能化的翅膀实现提质增效。

疫情对各行业都是一场大考,医疗物资的生产调配、企业延迟复工影响生产、物流运输影响发货等难题接踵而至。长三角工业互联网相关平台企业借助网络协同、远程服务、供需对接等优势,在防疫和复工阶段都发挥了巨大的作用。2020 年 1 月 30 日,海尔卡奥斯 COSMOPlat 火速上线"新冠肺炎疫情医疗物资信息共享资源汇聚平台",平台迅速链接 1200 多家医院、社区和企业,可一键搜索医用物资供应企业,助力防护物资需求信息的快速传输和防护物资供需的匹配。随着疫情态势变化,卡奥斯 COSMOPlat 又升级为企业复工增产的服务平台。上海遇裳服饰迅速复工并决定转产口罩,卡奥斯 COSMOPlat 为遇裳提供了全自动一次性口罩生产线一揽子方案,并利用平台资源,在资质申请、产品检测认证方面给予支持。

二、中部地区"两业"融合模式选择及实施策略

(一) 主导模式选择——以高水平智能制造为引领、上下游双向发力的融合模式

由第三章我国"两业"融合测度与异质性分析结论可知,中部地区"两业"融合推进速度较快,是东部地区的"追赶"者,但整体仍处于较低水平磨合阶段。从价值链视角来看,制造业与生产性服务业仅在部分价值链环节实现对接,未来应通过价值链上、下游双向发力促进制造业与生产性服务业互相渗透融合,通过有机整合增值服务提供与技术复杂性产品实现智能生产、智能制造,重塑"两业"融合新的差异化竞争优势。从融合阶段视角来看,因中部地区整体生产性服务业尤其是新兴生产性服务业发展滞后,制造业在"两业"融合中的支撑作用尤为重要,这一点也突出体现在中部崛起战

略对于中部六省发展成为"全国先进制造业中心"定位中。因此,中部地区"两业"融合主导模式的选择,应以高水平智能制造为引领、上下游双向发力推进"两业"深度融合。在加快研发服务、工业设计、检测检验、综合集成服务等新兴生产性服务业规模化发展、补齐生产性服务业"短板"的同时,以优势制造业产业集群为依托,加速人工智能、大数据、云计算等新一代互联网技术与制造业的深度融合,通过"智能制造"＋"智能服务"双向发力,推进中部"两业"深度融合。

(二)模式选择原因

1. "两业"融合发展起步较晚但势头强劲

根据第三章对我国 30 个省份"两业"融合度的测度结果可知,中部地区制造业与生产性服务业融合水平从 2003 年的 0.413 7 提高到 2019 年的 0.599 8,上升了 44.98％,远高于同期全国 28.73％的平均水平,发展势头强劲。但区域整体尚处于"两业"融合的磨合阶段,2019 年中部六省除了河南步入了融合阶段外,湖北、安徽、湖南、江西和山西均处于磨合阶段。第六章"两业"融合对制造业发展质量影响的实证分析结论表明,中部地区"两业"融合对制造业发展质量具有显著促进效应,其正向影响程度仅次于东部而高于西部和东北地区,原因在于中部多数省份在样本期内实施了一些推动"两业"融合的产业政策和引导措施。中部地区高新技术制造业与生产性服务业融合发展十分亮眼,融合水平从 2003 年的 0.444 8 快速提升到 2017 年的0.729 9,提升了 64.11％,实现了从磨合阶段到融合阶段的跨越式发展(见图7.6)。从区域内部来看,中部地区各省份融合水平呈现"金字塔型"结构,由表7.2 可知,河南省是中部地区的"领头羊",已跃升到融合阶段,其他五省均处于磨合阶段,尤其资源型省份山西仍处于低水平磨合阶段,潜力较大。

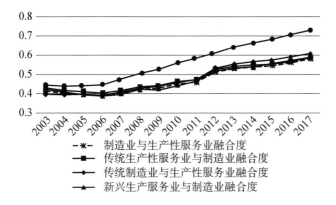

图 7.6　中部地区制造业分行业与生产性服务业分行业融合趋势图

表 7.2　2017 年中部地区各省制造业与生产性服务业分行业融合度

	制造业与生产性服务业	高技术制造业与生产性服务业	传统制造业与生产性服务业	制造业与新兴生产性服务业	制造业与传统生产性服务业
河南	0.734 5 (56.97%)	0.880 0 (90.58%)	0.806 0 (80.12%)	0.695 8 (56.31%)	0.734 5 (56.97%)
湖北	0.606 7 (29.90%)	0.803 2 (61.42%)	0.624 5 (50.73%)	0.589 8 (31.83%)	0.606 7 (29.90%)
安徽	0.597 9 (46.885)	0.795 9 (86.03%)	0.619 6 (66.38%)	0.583 6 (51.94%)	0.598 0 (46.88%)
湖南	0.592 5 (34.51%)	0.758 2 (64.46%)	0.632 2 (59.97%)	0.588 9 (39.42%)	0.592 5 (34.51%)
江西	0.571 0 (52.81%)	0.710 6 (75.89%)	0.580 9 (66.56%)	0.557 8 (55.18%)	0.571 0 (52.81%)
山西	0.418 8 (−2.07%)	0.431 8 (3.64%)	0.388 1 (−3.58%)	0.397 6 (−2.28%)	0.418 8 (−2.07%)

注:括号内为 2003—2017 年"两业"融合度增长率。

2. 制造业基础雄厚且在"两业"融合中的支撑作用显著

中部地区作为我国重要的装备制造业基地,装备制造、有色金属、电气机械、汽车零部件制造、仪器仪表、农副产品加工等制造业行业都有不俗的表现。由第五章制造业发展质量评价结果可知,近 20 年中部地区制造业发展质量稳步提升,从 1998 年在全国排名的最末梯队攀升到 2017 年的第二梯队。其中,高新技术制造业发展尤为迅速,高新技术制造业和生产性服务业融合水平不断攀升,已进入融合阶段。科技创新在支撑中部地区制造业高质量发展中发挥着越来越重要的作用,制造业高质量发展支撑结构因素由 1998 年的方式转换"单轮驱动型"转变为 2017 年的结构优化、创新驱动的"双轮驱动型"。

3. 生产性服务业发展滞后的"短板"制约较明显

中部地区制造业与传统生产性服务业或与新兴生产性服务业的融合水平在 2003—2017 年间的 15 年里亦步亦趋,在磨合阶段缓慢爬升。生产性服务业尤其是新兴生产性服务业水平低、增长缓,是制约整个中部地区制造业高质量发展的瓶颈问题。由于长期重化工业主导的产业生态和过去作为全国农业大区的定位,中部地区服务业发展滞后,尤其是新兴生产性服务业尚处于较低水平。低水平的生产性服务业难以支撑中部地区大规模的制造业现代化转型,更难以释放出新一轮信息技术革命的潜力,致使中部地区两业融合处于低水平缓慢攀升状态。15 年间,山西制造业与生产性服务业融合水平负增长(见表 7.2),由于其资源禀赋的特殊性,煤炭采掘及加工一直是山西的支柱产业,装备制造等先进制造业受到资源行业的挤压规模小且发展迟缓。同时,山西的生产性服务业起步晚、发展慢,且以交通运输、仓储物流和批发零售等传统生产性服务业为主,新兴生产性服务业发展明显滞后。长期较单一的资源型结构导致对生产性服务业的需求较低,且集中于劳动密集型服务业,缺乏对知识和技术密集型的生产性服务业需求拉动,难以带动生产性服务业规模化发展,进而更加无法实现新兴生产性服务业对制造业的反向推动。

(三) 模式实施策略

1. 依托丰富的科研资源打造新型产学研合作体系

中部地区人力资本充裕、创新资源丰富,拥有众多"双一流"高校和科研院所。中部地区产业部门应加强与科研院所的合作研发,打造新型产学研合作研发体系,多渠道搭建技术研发创新平台,推进关键核心技术协同攻坚。依托优势制造业如工程机械、汽车、电子信息、轨道交通等产业领军企业积极对接高等院校、研发机构和行业协会等,联合组建技术研发中心、产业创新中心等平台和研发创新联盟,建立优势互补、风险共担、利益共享的产学研合作机制,提升优势高端制造业创新能力。同时,加强技术研发与应用转化相衔接,针对不同制造业产业特性发展一批科技成果和知识产权评估、交易、仲裁、咨询等服务型科技中介机构,形成具有制造业产业特性的科技服务链,包括线上综合科技服务平台和线下的产学研合作协同机制,促进技术创新成果知识产权化、产品化、产业化。

2. 加快制造业智能化、数字化转型

中部地区以装备制造、机械制造为代表的制造业龙头企业已基本实现服务化转型,具有较强的"制造+服务"复合产品供给能力,部分龙头企业已形成全产品周期的集成式服务业模式。应尽早谋划把握我国疫后大力推进"新基建"契机,充分发挥中部崛起战略对该区域打造"全国重要先进制造业中心"定位支持政策效应,围绕云计算、大数据、5G 等技术搭建面向客户的智能云服务平台,加强装备数据采集、分析及精准运维,通过对用户的信息、偏好、习惯等进行智能分析,实现按需向用户提供个性化的主动服务。以创建中部地区国家智能制造示范区为抓手,重点推进生产制造智能化、产品和服务智能化、企业管理智能化,提升中部地区制造业价值链水平和综合竞争力。围绕中部地区优势制造业集群,创建一批智能制造标杆企业、标杆车间;鼓励有条件的中小企业结合自身实际和行业特点,加快传统制造装备联网、关键工序数控化改造。面向中部地区制造业不同行业需求,重点培育一批拥有整体设计能力、解决方案提供能力的领航企业,形成一批面向细分行业提供专业化解决方案服务、拥有行业标准话语权的本土化智能制造系统解决方案企业,以此引导中部地区制造业加快向下游高附加值环节拓展。

3. 重点推进制造服务业发展

以中部地区的国家级经开区、高新区为主要载体,实施先进制造业与现代服务业融合发展试点行动,打造国家制造服务业高质量发展示范区。一是聚焦中部地区园区内产业链不完善、生产性服务业配套不足的共性问题,打造一批制造业与生产性服务业融合发展的平台载体,围绕优势制造业集群,搭建集研发设计、知识产权、信息服务、金融、商贸、物流、会展等为一体的区域服务平台,促进集群形成产业深度融合、共生共赢、资源共享的协同互动发展格局。二是聚焦中部地区园区制造业智能化改造尚停留于龙头企业"点状"而众多中小企业发展滞后的困境,加快推进中小企业数字化赋能专项行动,集聚一批面向制造业中小企业的数字化服务商;引导优势制造业的龙头企业发展行业性和区域性云平台,辐射带动众多配套中小企业低成本上云上平台,推动制造业由"点状"智能化向"链式"智能化转变。三是鼓励试点园区和城市探索制造服务业发展新模式,重点探索中部地区优势原材料工业、装备制造业等重点行业领域与服务业融合发展新路径;在健全要素配置、破除行业壁垒、完善市场监管等方面先行先试,打造一批深度融合的标杆企业、示范平台和示范园区。

4. 以制造业集群式发展力推山西"两业"融合

山西由于其特殊的资源禀赋和发展历程,传统制造业转型升级压力大,高技术制造业尚未形成规模,新兴生产性服务业更是处于起步阶段,导致2003—2017年15年间山西两业融合水平呈现负增长。基于此,山西首要任务是加快制造业规模化集群化发展,以制造业集群式发展激发对生产性服务业的大规模需求,通过价值链的分解与整合、渗透与拓展推动两业融合发展。一方面,以建设国家资源型经济转型综合配套改革试验区和能源革命综合改革试点双重使命为契机,以原有产业基础为起点,围绕绿色能源产业构建山西绿色发展产业体系,在做大规模优势的基础上,延伸产业链、提升价值链,实现绿色能源产业做大做强。另一方面,以改革商事制度为抓手,从制度上、服务能力上进行突破,创新包容审慎的新兴产业监管规则,保护企业正当合法产权权益,激发市场主体的创新精神。

(四)典型案例

三一重工作为中国第一、世界第二大工程机械领军企业,在城市基建、城际交通建设中起着重要作用,是我国混凝土机械、挖掘机械、起重机械、桩工机械、筑路机械、建筑装配式预制结构构件等重型装备的主要制造商,属于离散型技能密集制造。多年来,三一重工融合大数据、人工智能与工业互联网,积极推动企业数字化信息化转型与智能制造升级。

在制造业企业发展初期,产品的质量和生产效率很大程度依赖于工人的技术水平,自动化程度较低且产品质量波动较大。2007 年国内制造行业还尚未意识到智能化的重要性,而三一挖掘机生产线已开始使用"智能化机械手"焊接机器人,并于 2008 年后进一步推广使用。智能化生产机械的使用不仅提升了产品质量的稳定性,同时提高了生产与管理效率,售后问题下降了四分之三。2012 年三一"18 号工厂"建成投产,该工厂设置了混凝土机械、路面机械、港口机械等多条装配线,大规模投入使用焊接机器人,并配备智能加工中心与生产线系统、智能化立体仓库和物流运输系统、智能化生产执行过程控制系统及智能化生产控制中心系统四大系统,正式开启"智能生产"时代。

除"智能生产"外,三一重工在工业大数据及物联网方面积极探索"智能服务",建设成我国第一个工业物联网平台——树根互联。树根互联早期是为三一集团工程机械提供物联网服务,逐步将工程机械市场服务的经验一步步拓展至其他行业的高价值、关键设备的市场服务,进而形成产业链维度工业互联网平台根云 RootCloud。同时横向拓展多个行业,目前,根云 RootCloud 平台已面向农业机械、节能环保、特种车辆、保险、租赁、纺织缝纫、新能源、食品加工等多类行业开展深度合作,最终形成跨行业跨领域的通用型工业互联网平台。树根互联一方面通过机器的互联和数据的收集整理,对接云端数据存储数据分析和智能服务平台,提供设备跟踪、故障监测、研发辅助等高附加值业务,实现全生产链的智能管理。另一方面可以为设备提供全生命周期服务,涵盖物联监控、能耗监测、资产管理、设备协同、二手交易、金融保险、货款保理、共享租赁、改装再造等多个环节,为企业实现一步到位的智能服务。凭借领先的智能生产和工业互联智能服务模式,三一重工在持续提升产品制造的智能化水平的同时,助推行业生产模式的变革。

三、西部地区"两业"融合模式选择及实施策略

(一) 主导模式选择——以制造业绿色化集群化发展为支撑、下游端发力的"两业"互动模式

由第三章"两业"融合测度及分析结果可知,西部地区"两业"融合仍处于低水平的"拮抗阶段"向"磨合阶段"过渡型。从价值链视角来看,制造业与生产性服务业处于分解与整合的初期,仅有部分价值链环节实现了对接。从融合阶段来看,因生产性服务业起步较晚、发展较慢,西部地区仍处于制造业引领"两业"融合的初级阶段,且以劳动密集型和资本密集型为主体的制造业在"两业"融合初期呈现出固化趋势。因此,未来"两业"融合应以国家持续推进西部大开发战略以及"一带一路"战略为契机,以加速制造业多

样性绿色化集群化转型发展为抓手,以整合西部高等院校和军工院所科研优势聚焦优势制造业关键共性技术突破为发力点,着力构建符合西部特色的绿色制造业体系,推动制造业转型升级。与此同时,应重点发挥重庆、成都、乌鲁木齐、南宁等"一带一路"战略关键节点枢纽作用,大力培育现代物流、国际运输仓储、软件信息服务、检测检验、知识产权保护、跨境电子商务等新兴生产性服务业,推进生产性服务业跨越式发展,增强生产性服务业对制造业的辐射带动效应;特别是应以国家加速 5G 网络化基础设施建设为契机,加快互联网基础设施建设,推进大数据、人工智能和制造业的深度融合,以推动价值链向"微笑曲线"下游端拓展为发力点,推进西部地区"两业"互动融合。

(二)模式选择原因

1. "两业融合"水平低、进程缓

第三章"两业"融合度测度结果表明,西部地区制造业与生产性服务业融合水平 2003—2017 年 15 年间缓慢爬升,从 2003 年的 0.401 3 提高至 2019 年的 0.448 8,增长 11.83%(见图 7.7),远低于同期全国平均增幅 28.73%。西部地区"两业"融合在四大板块中呈现"滞后带"特征,11 个省份有 2 个仍处于"拮抗阶段",其余 9 省份处于"磨合阶段",区域整体呈现出低水平稳定态势。就"两业"融合对制造业发展质量的影响效应看(根据第六章实证分析结果),尽管西部地区实施了一些推动"两业"融合的产业政策和引导措施,一定程度改善了"两业"融合状况,但囿于制造业资源依赖性强、生产性服务业基础较薄弱、地理区位条件等,"两业"融合对制造业发展质量的促进效应甚微。

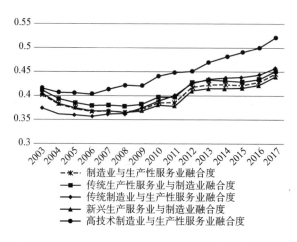

图 7.7 西部地区制造业分行业与生产性服务业分行业融合趋势图

2. 传统制造业发展路径依赖性强,生产性服务业优势初显

实施西部大开发战略以来,西部地区积极承接东部地区和国际产业转移,工业化进程明显加快。然而西部地区整体尚未摆脱粗放型发展模式,突出表现为制造业发展具有明显的资源依赖型和劳动密集型特征。煤炭采选业、石油和天然气开采业、石油加工炼焦业、金属矿采选业、非金属矿采选业、金属冶炼及压延等行业是西部地区的优势产业,且西部地区各省份的工业行业同构性较明显,除四川、重庆外,其他省份能源化工、矿产开发及其加工两大行业均在工业部门有较大占比;农副产品加工制造、中药材加工制造、烟草加工等劳动密集型是西部地区传统优势产业。尽管西部地区装备制造业规模不断扩大,重庆、四川、广西和陕西等在交通运输设备、通用设备、家用电器、电子元器件等产业快速发展,但整体尚未成长为拉动西部制造业转型升级的支撑力量。另一方面,欣慰看到,西部地区受益于"一带一路"战略实施,从很大程度上改变了西部深居内陆对外交流通道不畅的困境,从曾经的"深居内陆"一跃变迁为"一带一路"的关键枢纽,打通了与欧洲、东盟等国际大通道,大大促进了物流仓储、金融、软件服务等生产性服务业的发展。但,生产性服务业的快速发展目前仅表现在四川、重庆、广西、贵州(贵州主要是受益大数据产业的跨越式崛起)等少数省份,西部整体生产性服务业优势尚未充分凸显。因此,整体而言,西部地区转型升级缓慢的传统制造业难以形成对生产性服务业的大规模需求,导致生产性服务业缺乏发展的推动力;初现优势的生产性服务业虽暂不能有力支撑传统制造业转型升级,但由此可判断,西部地区"两业"融合模式选择,从价值链视角看,可从下游端发力,以生产性服务业快速发展支撑制造业转型升级,进而实现"两业"耦合共生演进。

3. 区域内部分化较明显,具有辐射带动效应的增长极尚未形成

从区域内部看,西部地区"两业"融合呈现整体低水平稳态与内部分化明显并存的特征。四川、广西和重庆是西部地区两业融合发展第一梯队,2003—2017 年 15 年间制造业实现了相对较快的增长,但制造业转型升级缓慢,制造业与生产性服务业呈现出"低—高"的发展特征;内蒙古、新疆、贵州、宁夏和陕西两业融合度缓慢爬升,制造业和生产性服务业呈现出"低—低"的发展特征;甘肃、青海和云南"两业"融合停滞不前,甚至出现负增长;尽管四川、重庆、广西"两业"融合具有相对优势,但尚未形成辐射带动效应强的增长极效应。可见,西部地区在供给侧结构性改革、新旧动能转换和环保要求等多重因素的影响下,转型发展任务较重、难度较大且阵痛期较长,亟需在深度融入国家西部大开发、"一带一路"战略中找准制造业产业定位,

促进制造业集群式转型发展,同时持续推进生产性服务业规模化集聚化发展,进一步凸显生产性服务业的发展优势。

(四）模式实施策略

1. 坚持以绿色转型发展为引领,重塑现代制造业体系

西部地区是我国的重要生态屏障,主体功能区建设中的禁止开发区和限制开发区所占比例较高,因此必须坚持绿色发展理念,以推动产业绿色转型为抓手,积极重塑能进一步凸显西部比较优势的绿色现代化产业体系。一是重点培育壮大节能环保产业。加快发展清洁生产产业和清洁能源产业,提升传统产业的技术水平,通过高水平技术研发或引进,改进现有技术水准,以技术创新推动传统产业绿色转型;通过建设新能源基地,继续推进新能源工艺,延伸能源产业链条,提高产品附加价值。二是大力发展特色农产品加工制造业。依托该地区丰富的农牧资源和自然资源,大力发展果蔬、花卉、茶叶、中药材等特色经济作物加工业,以绿色、有机、健康为引领,以市场需求为导向加快农产品新品种研发,延长农产品加工产业链,重塑西部特色农产品加工区域品牌。三是大力发展战略性新兴产业。紧紧把握自贸区建设和深化内陆地区对外开放的重大契机,集中发展航空物流、口岸服务、跨境电子商务等新兴生产性服务业,以及航空航天、农机装备等高端装备制造业,着力将具有西部特色的战略性新兴产业培育成为新的增长极。

2. 以成渝双城经济圈为重点,打造西部"两业"融合发展示范引领区

西部地区"两业"融合整体水平低、进程缓,但四川、重庆"两业"融合具有相对优势,是"山谷"中的"平原"。一方面,应充分利用成渝双城经济圈上升为国家战略之机,从经济圈一体化战略高度,重新定位成都、重庆两大中心城市的功能和产业链的分工协作,协同打造电子信息、汽车、航空装备等优势制造业集群;着力构建经济圈官产学研金协同创新机制与平台,围绕制造业产业链布局创新链,推进传统优势制造业智能化转型升级以及具有比较优势的战略性新兴产业的重点培育。另一方面,充分发挥成都、重庆在"一带一路"战略节点中的枢纽作用,大力发展现代物流、跨境电商、现代商贸、知识产权保护、国际结算等生产性服务业,并通过融入粤港澳大湾区、长三角一体化、京津冀协同发展等国家战略,以在发达地区设立总部、建立创新孵化器等方式,吸收借鉴长三角、粤港澳大湾区、京津冀的新兴生产性服务业创新溢出和发展经验,以"飞地"合作模式助力成渝双城经济圈生产性服务业快速发展。第三,以国家深入推进西部大开发战略和疫后推进"新基建"战略为契机,统筹规划、通盘谋划,争取国家更多"新基建"项目落户经济圈,以此推动该区5G网络基础设施的根本性改善,进而大力推进大数据、人

工智能、工业互联网与制造业的深度融合,将成渝双城经济圈建设成具有西部特色的国家级"两业"融合示范引领区,进而辐射带动整个西部地区"两业"共生耦合协同演进。

3. 以国家实施"双碳"战略目标为契机,推进新能源生产使用和制造业绿色融合

以西部优势能源产业为依托,顺应分布式、智能化发展趋势,推进新能源生产服务与设备制造协同发展。推广智能发电、智慧用能设备系统,推动能源高效管理和交易。发展分布式储能服务,实现储能设施混合配置、高效管理、友好并网。加强工业设备、生产加工等用电大数据分析,优化设计,降低能耗。推动氢能产业创新、集聚发展,完善氢能制备、储运、加注等设施和服务,以此推动西部地区能源产业的绿色转型与制造业的服务化发展的共生演进。

4. 以商事制度改革为抓手力促生产性服务业集聚式发展

西部地区偏重型产业结构且市场经济体制尚未完全形成,生产性服务业发展的本地市场效应难以形成,因此,应发挥政府的推动作用,大力培育和扶持生产性服务业发展。鼓励制造业企业将资源投入到产品研发、制造等价值链环节上,把仓储物流、商务咨询、售后服务等业务分离出来,以"放管服"改革为抓手,优化营商环境,放宽生产性服务业的市场准入条件,营造公平竞争的市场环境,在生产性服务业与制造业合理分工的基础上大力促进生产性服务业规模化发展。鼓励有实力的生产性服务业企业进行兼并重组,以优势龙头企业促进生产性服务业集聚式发展,推进制造业集群与生产性服务业集群良性互动,增强"两业"的本地根植性。

表7.3 2017年西部地区各省份制造业分行业与生产性服务业分行业融合度

	制造业与生产性服务业	高技术制造业与生产性服务业	传统制造业与生产性服务业	制造业与新兴生产性服务业	制造业与传统生产性服务业
四川	0.5605 (27.53%)	0.7429 (56.08%)	0.5820 (44.59%)	0.5501 (23.45%)	0.5623 (25.76%)
广西	0.4748 (27.39%)	0.5995 (47.68%)	0.5089 (46.18%)	0.4717 (26.91%)	0.4804 (27.41%)
重庆	0.522 (22.19%)	0.7742 (45.57%)	0.4571 (45.87%)	0.5015 (18.31%)	0.5300 (20.63%)
内蒙古	0.4341 (21.70%)	0.4612 (26.41%)	0.4581 (19.71%)	0.4265 (17.68%)	0.4429 (18.70%)
新疆	0.4622 (17.40%)	0.4606 (53.20%)	0.5116 (15.16%)	0.4545 (9.53%)	0.4711 (14.99%)

（续　表）

	制造业与 生产性服务业	高技术制造业与 生产性服务业	传统制造业与 生产性服务业	制造业与新兴 生产性服务业	制造业与传统 生产性服务业
贵州	0.4485 （9.98%）	0.4926 （10.61%）	0.4499 （16.66%）	0.4611 （14.62%）	0.4364 （4.08%）
宁夏	0.3761 （9.46%）	0.4230 （16.23%）	0.3964 （22.09%）	0.3759 （8.20%）	0.3868 （10.72%）
陕西	0.4653 （6.62%）	0.5971 （14.47%）	0.4556 （33.68%）	0.4564 （7.66%）	0.4693 （6.45%）
甘肃	0.4142 （1.02%）	0.3929 （−2.35%）	0.4138 （3.78%）	0.4142 （−0.93%）	0.4220 （−1.08%）
青海	0.3285 （−6.41%）	0.4176 （11.82%）	0.3690 （1.01%）	0.3293 （−9.74%）	0.3371 （−5.26%）
云南	0.4196 （−11.70%）	0.3759 （−2.19%）	0.4339 （5.30%）	0.4009 （−16.44%）	0.4262 （−12.49%）

注：括号内为2003—2017年"两业"融合度增长率。

（四）典型案例

陕西鼓风机（集团）有限公司（以下简称"陕鼓"）始建于1968年，1996年由陕西鼓风机厂改制为陕西鼓风机（集团）有限公司。通过数十年服务化、智能化转型发展，如今，陕鼓已发展成为产业多元化、国际化的智慧绿色能源企业集团。

陕鼓从单一工业品制造商向智慧集成服务商的转变主要可分为三个阶段。21世纪之前，由于自主研发能力较弱，陕鼓的技术研发主要以引进、消化、吸收为主。从英国豪登公司引进烧结鼓风机技术，从瑞士苏尔寿公司引进轴流压缩机技术等。在此阶段，陕鼓基本不提供售后服务，如果客户要求售后服务需要额外支付费用。随着市场竞争的加剧，为了更好地稳定客源增强用户黏性，陕鼓主动为客户提供售后维修服务，并开始为客户提供进口设备的国产化维修、升级服务。这一阶段，通过吸收国外先进经验，服务部门以内嵌的方式进入制造业价值链，逐渐由原始的低价竞争转向产品质量竞争。进入21世纪后，大量外国企业涌入中国市场，竞争不断加剧的市场结构让陕鼓开始探索服务化转型。这一阶段，陕鼓成立了独立运作的组织部门，以用户需求为目标面向市场进行制造业服务化改革。一方面基于用户需求通过合作研发、联合生产等形式不断进行技术创新和产品研发。陕鼓与浙江大学、西北大学、西安交通大学、上海工程技术大学、陕西省工业技术研究院等多家高校和科研院所签署项目合作协议，通过研发项目外包和联合研发的形式提高企业创新能力和产品技术含量,借助外力弥补自身研发能力薄弱的短板。基于强大的技术支持,陕鼓开始为客户提供系统服务,包括专业化远程设备状态管理服务、专业化一站式维修检修服务、工程总承包业务等。

随着国际风机行业产业集中度的迅速提高,以大型龙头企业主导的行业竞争不断加剧。为了加速从单一产品供应商向成套装备系统服务商转变,陕鼓积极推行协炸战略,与西安仪表集团公司、西安锅炉总厂、上海鼓风机集团签订重组协议,与西北化工研究院和陕西重型机器厂签订战略合作协议。同时,陕鼓与上、下游多家配套商建立长期合作关系,成立陕鼓成套技术及设备协作网。随着服务的不断增加和复杂化,陕鼓进一步新建融资服务部、债券投资部、贷款管理部等事业部,为新增服务业务提供组织保障。陕鼓从最初的提供售后维修服务一步步发展到提供全产品生命周期的集成式服务商,包括为缺乏资金的客户提供项目融资服务,引入租赁公司向客户提供产融一体化服务,逐步向价值链高端化转变。从 2012 年开始,陕鼓探索利用工业互联网,整合自身资源创新服务模式。主要途径是依托国家十二五"863""973"项目,承担了工信部《动力装备全生命周期智能设计制造及云服务系统标准验证》和《大型动力装备智能制造新模式应用》两个智能制造专项课题研究,通过数字化、网络化、智能化的路径推进,摆脱传统制造的束缚,向智能化、高端化系统解决方案迈进。

四、东北地区"两业"融合模式选择及实施策略

(一)主导模式选择——以智能制造为牵引、上游端与下游端双向发力的融合模式

东北地区制造业转型缓慢、生产性服务业发展滞后,"两业"融合整体呈现低水平锁定局面。从价值链视角来看,制造业与生产性服务业处于价值链互动的初期阶段,仅实现部分生产性服务业环节对制造业的融合渗透。从融合阶段来看,东北地区生产性服务业发展规模较小、发展层次较低,仍处于制造业引领两业融合的初级阶段。未来东北地区"两业"融合,应以推动制造业智能化网络化改造为牵引,通过价值链上、下游双向发力,促进制造业价值链延伸和生产性服务业对制造业的渗透,加速人工智能、大数据、云计算等新一代互联网技术与制造业的深度融合;同时,着力培育金融业、科技服务等现代服务业集聚区,放宽生产性服务业进入门槛,积极推进现代生产性服务业发展提速、比重提高、层次提升,推动新兴生产性服务业规模化发展,以实现对制造业的反向助推。

(二)模式选择原因

1. 制造业大而不强,现代化转型缓慢

东北地区是我国传统老工业基地,拥有悠久的重工业发展历程,工业基础雄厚的同时也给现代化转型带来巨大的难题。无论是制造业发展质量还是"两业"融合水平,东北地区一直处于四大板块中的末尾。从区域整体来看,东北地区制造业与生产性服务业融合发展处于低水平停滞状态,2003—2017 年 15 年间仅增长 0.41%,且 2012 年后呈现下降的趋势(见图 7.8)。装备制造业是东北老工业基地的支柱产业,具有一批基础雄厚的装备制造业,包括汽车、通用设备、专用设备、铁路船舶、航空航天设备等,形成了一批具有广泛市场影响力的老牌品牌,包括沈阳机床、一重集团、哈电集团、特变电工沈变集团、哈飞集团、大连船舶重工集团、中国一汽等。但东北地区企业普遍研发投入严重不足,智能制造的核心技术缺失,而且由于长期受传统体制因素影响,东北地区官产学研金协同创新机制不健全,创新资源整合程度低,致使智能化改造步履艰难。

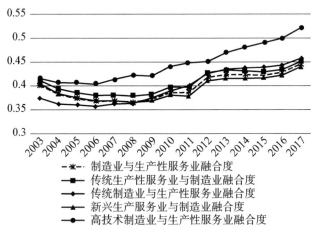

图 7.8　东北地区制造业分行业与生产性服务业分行业融合趋势图

2. 生产性服务业低水平锁定

东北地区生产性服务业相较于制造业发展更加迟缓,2003—2017 年 15 年间,传统生产性服务业与制造业融合度由 0.459 3 下降至 0.445 2,居然下降了 3 个百分点;新兴生产性服务业与制造业的融合度由 2003 年的 0.438 9 变化为 2017 年额 0.446 3,15 年间仅提升 1.7 个百分点,生产性服务业"起点低、发展慢"已成为制约东北地区"两业"融合和产业转型的制约"短板"。从区域内部来看,东北三省发展差距较小,辽宁和吉林位于低水平磨合阶段,黑龙江仍处于拮抗阶段,三省均呈现低水平锁定的状态(见表

7.4)。生产性服务业尤其是科技服务等新兴生产性服务业发展滞后,严重制约东北地区制造业智能化转型和"两业"融合。

表7.4 2017年东北地区制造业分行业与生产性服务业分行业融合度

	制造业与生产性服务业	高技术制造业与生产性服务业	传统制造业与生产性服务业	制造业与新兴生产性服务业	制造业与传统生产性服务业
辽宁	0.5499 (7.51%)	0.5611 (0.10%)	0.5237 (18.03%)	0.5479 (8.45%)	0.5511 (5.00%)
吉林	0.4461 (−2.33%)	0.6475 (11.53%)	0.4276 (24.55%)	0.4386 (−1.35%)	0.4290 (−8.98%)
黑龙江	0.3493 (−5.98%)	0.3896 (−6.47%)	0.4026 (26.45%)	0.3525 (−3.90%)	0.355 (−6.84%)

注:括号内为2003—2017年"两业"融合度增长率。

(三) 模式实施策略

1. 依托丰富科研资源重塑创新网络

东北地区拥有丰富的高等院校和科研机构资源,包括哈尔滨工业大学、吉林大学、大连理工大学、中科院沈阳分院、中科院沈阳自动化研究所、中科院长春光学精密机械与物理研究所等数十家理工科主导的大院大所,是支撑技术研发和科技创新的重要知识来源。东北地区应围绕制造业智能化转型发展,打破原有传统体制的隔阂,完善官产学研金协同创新机制,搭建包括产业共性技术联合攻关平台、科技成果转化平台、高端人才引进与共享平台等在内的多个协同合作平台,促进知识、信息、人才跨行业跨区域低成本流动共享,重塑东北地区创新网络和社会协调机制。

2. 围绕制造链培育服务链

补齐生产性服务业尤其是高端生产性服务业"短板",是推进东北地区"两业"融合的关键之举。应围绕优势制造链培育创新服务链,大力发展一批科技成果转化、知识产权交易、科技服务咨询、科技金融服务等新兴创新服务类机构,提高该地区制造业技术能力和服务化程度;同时,以国家持续推进东北老工业基地振兴战略和"一带一路"战略为契机,加快发展现代物流、跨境电商、港口贸易等新兴生产性服务业,重点着力健全以沈阳、大连、营口、长春和哈尔滨为中心、海陆空一体化、海港和内陆港并重的物流体系,以此协同推动东北地区制造业向价值链上、下游拓展,加快"两业"互动融合。

3. 以建设制造业企业统一数据信息管理平台为发力点,推进智能制造"增量提质"

制造业智能化改造滞后,是东北地区"两业"融合面临的又一"短板"。

东北地区应抢抓国家"新基建"战略之机,尽早谋划推动5G网络基础设施建设,破解该区网络基础设施落后的瓶颈;同时,以建立覆盖东北地区制造业企业的统一数据信息管理平台为发力点,实时动态掌握该地区不同制造业企业的运营状况、投资与经营风险等信息,增强企业抵御风险的能力;围绕云计算、工业互联网等技术搭建面向客户的智能云服务平台,加强制造行业的数据采集与分析,鼓励更多企业加入数据与互联网平台,加速传统产品升级换代,实现产品向多样化、智能化、低耗能转变;鼓励龙头企业建设系统集成服务,向用户提供个性化服务,提高有效市场需求,引领制造业智能化、数字化、服务化的发展,加快向下游高附加值环节延伸,进而推进"两业"互动融合。

（四）典型案例

汽车工业是吉林省的支柱产业和经济主动脉,1956年长春第一汽车制造厂装配出第一辆解放牌汽车,从此结束了中国不能制造汽车的历史。长春一汽旗下的红旗牌轿车是中国轿车工业的骄傲,经过近几年的不断自主创新与市场化品牌深耕,红旗汽车正逐步实现转型发展。

自2000年开始,一汽进入完全自主开发阶段。2017年,一汽分别设立了研发总院、造型设计院、新能源开发院、智能网联开发院,重点针对红旗产品进行自主研发和升级改造。除了长春的研发中心,红旗形成了"三国五地"的全球研发网络:在北京,布局了前瞻技术创新分院和体验感知测量研究院;在上海,新设了新能源研发分院;在德国慕尼黑,布局了前瞻设计分院;在美国硅谷,新设了人工智能研发分院。强大的创新研发体系支撑着红旗汽车高端化、智能化转型。2019年红旗工厂新H总装车间——国内最先进的汽车行业智能绿色工厂——正式启动。新H总装车间智能化工位占比80%以上,实现了全无人配送,依靠机器人自动搬送车身、全线电动拧紧、底盘模块化自动合装、轮胎自动拧紧装配。先进的中控系统可以根据客户任意选配需求定制化生产,大幅缩短交付周期,提升产品市场竞争力。同时,高柔性生产线能实现多品种混线生产。在强有力的研发投入支撑下,集柔性化、智能化、自动化、信息化于一体的H总装车间助力一汽红旗实现智能制造跨越式转型。

长春一汽大力推动"互联网＋"的深入应用,选择采用专业互联网公司外包的方式建立工业互联网信息平台。2019年一汽与阿里巴巴在长春签署战略合作协议,阿里云将支持一汽全球数字化基础设施建设,通过数据智能技术助力一汽技术研发、市场营销、用户服务和运营的提升,全面向价值链下游拓展。为进一步推动数字化转型,一汽与百度公司签署了深度战略合作协议,百度将利用公司在数字化出行、无人驾驶等领域的技术领先地位,助力一汽在车联网产品、自动驾驶、品牌推广、创新营销、云服务等领域开展多维度拓展,实现工业化与信息化的高度融合协同、制造业与服务业的深度融合。

可见,长春一汽依托其在汽车制造行业悠久的发展历史和雄厚的制造能力,通过上游端研发设计和下游端集成服务同时发力的方式,实现从早期单一的制造向当下制造与服务融合发展的转型。

第四节 本章小结

本章基于对现有相关研究的梳理归纳,总结分析了从四大维度视角的"两业"融合基本模式,即基于价值链视角的融合模式、基于融合阶段视角的融合模式、基于融合过程视角的融合模式与目标导向的融合模式,简析了每类模式的基本特征及适宜条件。重点探析了东、中、西、东北四大区域"两业"融合的差异化主导模式选择,即东部以行业性和区域性平台为牵引的"两业"双向深度融合模式,中部以高水平智能制造为引领、上下游双向发力的融合模式,西部以制造业绿色化集群化发展为支撑、下游端发力的"两业"互动模式,东北以智能制造为牵引、上游端与下游端双向发力的融合模式;解析了每一种模式选择的原因,模式实施的具体策略,并进行了典型案例分析。

第八章　推进"两业"深度融合的政策支撑

　　根据第三、第四、第五、第六章实证研究揭示出我国"两业"融合、制造业发展质量以及"两业"融合对制造业发展质量影响效应等领域存在的主要问题,借鉴主要发达国家推动"两业"融合发展的成功经验与有效模式,前瞻性、针对性地提出推进我国"两业"深度融合进而推动制造业高质量发展的政策支撑,旨在为各级政府加快实施基于"两业"融合的制造业高质量发展战略提供主要理论支撑和决策参考。

第一节　推进"两业"深度融合的国际经验借鉴

一、德国推进"两业"深度融合的经验及启示

(一) 经验分析

1. 以"工业4.0"为统领,推进制造业智能化服务化

　　德国政府通过发展信息物理系统加快建设技术基础设施,强化对制造业智能化、数字化的支撑力度。2013年,德国正式推出"工业4.0",其核心是"智能+网络化",旨在通过信息技术与先进制造业融合实现制造业的信息化、智能化、数字化。2015年,德国发布"德国工业4.0"后续规划报告的精简版《智能服务世界》,聚焦智能服务全价值链,集中介绍了"智能服务世界I&II"资助的项目和数字化变革为德国经济发展带来的机遇,提出要改善数字化变革的社会环境及打造全新制造业模式的路径。2016年,德国发布《德国数字化战略2025》,聚焦智能服务,明确"德国制造"转型和构建未来数字社会的思路,并从国内和欧盟两个层面为数字化转型提供更多的法律保障和引导。同时,德国支持引导制造企业提供精确化、个性化的智能服务,实现以产品为中心转为以用户为中心,并通过实施"智能服务世界实施

平台"的项目,支持机械、能源等领域的智能制造和服务化发展。

2. 加大对服务业政策支持力度,推动现代服务业繁荣发展

德国政府出台针对性财税政策和投资支持政策推动金融服务、物流运输、科技研发服务等领域的发展。1980 年,德国政府制定全国建设物流中心规划,采用"官办民助""企业自治"等模式支持物流运输服务业的发展。为推动金融服务业的发展,德国引入竞争机制,构建全能银行模式,并在全能银行的基础上形成融合银行、证券、保险及非金融公司投资于一体的金融混业,发展全能金融,扩大金融服务范围,为服务业发展提供资金支持。同时,德国政府积极支持会展经济发展,投资建设展馆场地和配套设施,并在经济科技部内设置专职负责展览事务的官员。德国政府依据德国贸易展览协会公布的展览会项目计划,对企业参展提供经费支持,引导支持企业出国参展。

3. 完善双轨制教育,推动产业融合人才培养

德国的"双轨制教育"为推动"两业"融合提供了人才支持。1969 年,德国《职业教育法》确立"双轨制教育"的法律地位,《职业教育促进法》推动"双轨制教育"成为体系完备、组织紧密、流程严谨的教育模式。双轨制教育模式着重强调实践性,课程设置以职业活动为核心,教学活动以学生为主体开展,强调实践能力的培养,形成学生毕业时就能立即为企业所用,为制造业的发展培育专业型技能人才。

(二) 对中国的启示

1. 完善技术基础设施,推行以智能制造为核心的新型制造模式

随着信息技术的快速发展及个性化需求的不断增加,工业互联网、工业云等新型生产组织方式的发展壮大提升了制造业企业开展智能分析的能力,推动制造业企业对产品全生命周期进行实时动态管理,提高制造效率和服务能力。2015 年,中国发布"中国制造 2025"作为建设制造强国的行动纲领,在实施过程中应借鉴德国"工业 4.0"的发展经验,围绕制造业发展纲领设计具体的行动方案,并打造与先进制造业发展相配套的基础设施体系,推动制造业企业在做好前端研发制造的基础上逐步提高服务能力,并整合各类资源,向制造业生产销售服务一体化转型。

2. 完善教育培训体系,培养"两业"融合复合型人才

产业融合是不同产业或不同行业的相互交叉、相互渗透,对复合型人才提出了新的需求。首先,应引导大众转变对职业教育的观念,逐步消除对职业教育的偏见。提高社会对高职人才的认可度,加速培养出社会急需的、高层次的、优秀的技术人才。其次,学校应转变教育理念,推动专业设置与产

业结构调整、产业融合趋势相结合,推行"主干专业＋拓展专业"的复合型人才培养方式,注重培养学生的综合素质和职业迁移能力。推动开设过渡性课程,德国的双轨制教育将高等教育和职业教育密切结合,而目前中国仍属于两种不同类型的教育,因此建议设立过渡性课程,衔接不同类型的教育,弥补两种类型之间的差距,从而推动两类教育密切联系,畅通人才培养通道。最后,加强企业在人才培养中的作用。鼓励企业建立实训基地、提供职教资源,提高学生实际操作能力,培养专业技能型人才,实现学校培养人才和企业需求精准对接。

3. 推动现代服务业发展,增强"两业"深度融合的推力

高水平的现代服务业能推动制造业突破低端锁定、向价值链高端延伸,是"两业"深度融合的推力。德国通过加强基础设施建设、加大财税支持力度等措施来促进现代服务业的发展,借鉴其经验,中国应完善相应政策,推动现代服务业发展。首先,逐步改变以往政策制定中"重制造、轻服务"的倾向,加大对现代服务业的财政支持力度和金融支持政策,在科技研发、信息服务等领域实施国家重大专项投入计划,支持新型服务业态快速发展,为"两业"深度融合提供强有力的支撑。其次,中国要进一步放开现代服务业的市场准入,逐步打破部分服务部门的垄断性,建立公开、公平、规范的市场准入制度,扩大民营资本和外资的市场准入范围,激发市场活力。最后,加快服务业对外开放力度,支持鼓励服务业走出去。支持我国服务业在满足自身发展需求的基础上,紧抓"一带一路"发展机遇,深入了解沿线国家的政策环境、投资环境和经营环境,制定适宜的发展策略,加快我国服务业走出去的步伐,不断提升我国服务业的国际竞争力。

二、美国推进"两业"深度融合的经验及启示

(一) 经验分析

1. 加强顶层设计,制定"两业"融合发展的制度框架

1990 年,美国提出"现代制造"战略,首次在制造业企业发展战略中应用灵活制造和知识网络企业的概念。2014 年,美国推出"先进制造伙伴(AMP)计划"2.0 版本,尝试通过研发创新、技术改良和融资支持解决制造业生产过程中所需的"中间投入"问题,推动制造业发展。同时,美国在《先进制造业国家战略计划》《美国先进制造业领导战略》等重大国家战略中均重点强调先进制造业与信息技术服务业融合发展的相关内容。

2. 强化服务要素融入制造领域,推动制造业服务化转型

美国政府注重推动信息服务要素融入先进制造业领域。1996 年,美国

开展"新一代互联网计划",扶持信息技术服务业的发展。2010 年,美国发起"Openstack"的开源云计算管理平台项目,构建创新驱动、集成服务的产业生态体系,推动信息服务业与先进制造业深度融合。同时,美国重视开展制造业服务化在应用层面的研究。2002 年,美国开展"工程服务业探索性研究"项目,在硅谷开展制造业服务化试点工作,推进构建支持制造业服务化的综合服务网络体系。2014 年,美国建立"数字制造与涉及创新机构",针对数字化在产品生产周期内的交换及供应链网络间的流动开展研究,以推动制造业智能化、服务化转型。

3. 积极促进反向服务外包,大力发展服务型制造

美国积极支持跨国制造企业开展"产品＋服务"的高附加值业务,积极发展反向服务外包。1995 年,美国设立"服务出口工作组",研究制定并落实"服务先行"的策略方案,推动美国开展反向服务外包。近年来,美国反向服务外包迅速发展。在美国对外服务贸易政策的支持下,美国的跨国制造企业围绕其核心产品,面向发展中国家发展金融、维修、管理咨询、数据库及信息类服务等反向服务外包业务等,如惠普、IBM 等计算机硬件生产商拓展在中国的 IT 服务外包业务和企业咨询业务。

4. 推动产学研合作,为"两业"融合提供技术支撑

美国政府积极推动产学研合作,为"两业"融合提供技术支撑。1980 年,美国发布《拜杜专利和商标修正法案》,鼓励加强产学研合作,推动科技创新成果市场化、产业化。1982 年,美国出台《小企业技术创新法》,鼓励支持各类创新主体的研发创新活动,推动科研成果市场化进程。同时,美国建立了国家信息服务中心,为科技成果向制造业企业推广提供平台,加速科技成果产业化,推动科技服务业与制造业融合。

（二）对中国的启示

1. 完善顶层设计,高位推动"两业"深度融合

发达国家重视顶层设计,从国家战略的高度推进"两业"融合的经验值得借鉴。目前,我国已经出台了《关于推进先进制造业和现代服务业深度融合发展的实施意见》,这意味着"两业"融合已经上升到国家战略的高度。以《实施方案》为框架,应进一步推动制定关于"两业"深度融合具体的支持政策,形成"两业"深度融合发展的制度框架和政策体系,并引导各省市区制定出台"两业"深度融合的具体计划、发展目标、重点领域和具体举措。

2. 支持龙头企业转型,带动全产业链实现深度融合

龙头企业在产业链中处于主导地位,且与上下游的供应商、分销商联系密切。龙头企业具有深厚的人力资本和技术水平,为其服务化转型提供了

良好的保障,同时龙头企业为"两业"深度融合发展的火车头,其服务化转型能辐射带动上下游企业,推动全产业链实现深度融合,因此应鼓励支持龙头企业开展服务化转型。目前,华为、宝武集团、陕鼓等龙头企业和骨干企业已经逐步探索出一些具有代表性的业态模式和服务化转型的典型路径,为众多中小企业开展服务化转型提供了经验借鉴。总结推广已有企业服务化转型的成功经验,通过政策支持、财政税收等多种方式鼓励和支持龙头企业围绕其核心产品和技术为客户提供增值服务,增加核心产品的附加值,推动制造业价值链攀升,从而拉动"两业"深度融合。同时龙头企业与上下游企业高效合作,形成了资源集聚效应和利润共享机制,因此龙头企业开展服务化战略能进一步推动全产业链整体"两业"深度融合发展。

3. 鼓励发展服务外包和反向外包,实现产业转型升级

服务外包成为产业融入国际产业链并向高端攀升的重要方式。一方面,积极发展制造业服务外包。加强服务外包示范区的政策落实力度,推进公共服务平台建设,支持鼓励企业积极开展在岸服务外包,扩大企业服务外包规模,打造制造业服务外包品牌,同时支持和鼓励服务外包企业开展自主研发创新,推动服务外包企业技术进步,提高市场竞争力,全面提升我国服务外包行业的整体发展水平,推动服务业和制造业深度融合发展。另一方面,支持鼓励先进制造业发展反向服务外包。逐步放开对服务贸易的限制,支持鼓励先进制造业主动进口国外的优质生产性服务品,吸收国际先进企业的先进技术,并在加强自身研发投入过程中,逐步形成自己的创新能力和国际竞争。

4. 深化产学研合作,为"两业"深度融合提供技术支持

"两业"深度融合发展以新一代信息技术创新为支撑。发挥企业的主体作用,支持现代服务业企业联合先进制造业企业与高等院校、科研机构、行业协会等组织建立各种协同创新联盟,以企业的需求为导向,联合开展核心关键技术研发,提高自主创新能力和科技成果转化率。同时,积极发挥政府的支持引导作用,加强政府对产学研合作的引导,设立产学研合作基金,总结推广成功的产学研合作模式,通过政策优惠及资金支持等方面引导企业与高等院所、科研机构等合作交流。最后,完善科技中介服务体系,打造科技公共服务平台,为产学研创新体系提供良好的外部环境,从而推动关键核心技术领域联合攻关,攻克"卡脖子"技术,提升"两业"融合发展的水平和程度。

三、日本推进"两业"深度融合的经验及启示

(一)经验分析

1. 强调政府战略谋划,积极推动"两业"深度融合

日本顺应知识经济发展的潮流,着重推进信息服务业和 IT 制造业融合发展。2000 年,日本颁布《推动形成高度信息化社会基本法草案》,并先后推出"e-Japan"战略、"e-JapanⅡ"战略和"u-Japan"战略,以推动日本在五年之内成为世界上最先进的 IT 国家之一。2005 年日本实施的《个人信息保护法》更加明确了信息服务业的定位。日本政府通过"特别折旧制度""补助金制度""贷款倾斜制定"等政策支持信息技术企业开展创新,推动创新成果产业化。同时,日本注重"制造系统的创新",通过全球化的企业经营环境的变化,利用技术、企业内外流程改造和信息技术的应用,改变日本的本地制造业活动,形成比较优势(顾强和徐鑫,2012)。

2. 引导企业培育多种服务化模式,推动制造业服务化进程

为适应不断变化的海外市场,日本制造业企业采用事业化和价值化两种服务化战略类型来推动制造业服务化发展,即制造企业将服务直接作为一项主营业务来做或将服务融入有形商品中,将服务与商品捆绑销售。2016 年,丰田汽车投资提供共享汽车服务的优步企业和 Gertaround 公司,尝试将共享服务作为主营业务,这是"事业化"的典型案例。针对"价值化"策略,小松公司通过康士远程控制系统为客户提供建设机械的实时运营状态等信息,即提供各种服务项目供消费者选择。同时,日本积极向海外出售"成套基础设施",在原子能发电、再生能源等优势领域不再仅限于单一产品的出口,还提供人才培养、品牌维护等服务项目,即打包形成包含商业和服务的整套销售体系。

3. 强化市场管理,优化"两业"融合的市场环境

日本政府注重通过一系列法律法规来规范市场秩序。自 1947 年日本颁布《垄断禁止法》后,逐步确定了相应的经济法律体系,以打造公开透明的市场交易环境。日本还设立"公平交易委员会",全方位负责各地方的反垄断工作,为"两业"深度融合发展营造公平、开放的市场环境。同时,日本政府通过行业协会营造良好的市场氛围。自 1882 年日本设立日本纺织协会后,上万个全国性及地方性的行业协会相继成立,也出现了很多具有行业协会的全国性经济组织及区域性经济团体。日本的行业协会有效推动了市场价格保持相对稳定,在维持本行业的市场秩序,防止不正当竞争中有着重要作用(乐绍延,2006),这也为"两业"深度融合发展提供了良好的市场环境。

(二) 对中国的启示

1. 强化"两业"融合认知,营造"两业"融合氛围

借鉴发达国家重视营造"两业"融合发展的社会氛围经验,政府、企业和社会组织应加大对"两业"深度融合的重视力度,采用多媒体立体宣传、举办学术活动、多层次培训、标杆企业推介等多种方式宣传和推广"两业"深度融合,强化各主体对"两业"融合发展重大意义和规律的认知,形成全社会关注支持"两业"融合的浓厚氛围。

2. 创新商业模式,推动制造业服务化进程

加大对商业模式创新的重视力度,通过新型商业模式助推"两业"深度融合。一方面,强化企业在商业模式创新过程中的主体地位。鼓励企业在总结国内外成功的新型商业模式的基础上,探索发展符合"两业"融合趋势的经营管理方式、价值链收益方式等,打造符合自身条件的商业模式。同时推广发展融资租赁服务等新型商业模式,推动企业在国际竞争中占据有利地位,助推"两业"有效融合。另一方面,政府通过完善政策体系引导企业开展商业模式创新。进一步推动政府简政放权,营造良好的创业环境,推动依托商业模式的创新创业活动。政府牵头设立支持商业模式创新的专项资金,为商业模式创新提供资金支持,并完善财政、税收、金融等政策工具,构建支持商业模式创新的政策体系,为企业开展商业模式创新提供环境支撑。

3. 优化市场管理,营造公平的市场环境和市场秩序

高效公平的市场环境有利于"两业"深度融合。一方面,针对先进制造业与现代服务业融合发展产生的新业态、新模式,应加快研究制定配套的法律法规,不断完善与"两业"深度融合相关的法律法规体系,并建立健全跨部门协同监管机制和联合惩戒机制,保障"两业"深度融合发展。另一方面,支持建立与完善行业协会,打造国家级和地方级的行业协会网络。借鉴日本经验,推动行业协会制定严格的章程,并要求会员严格执行,以此来协调市场竞争秩序。充分发挥行业协会的作用,收集和分析本行业在"两业"深度融合发展中体制机制障碍和企业的真实诉求,及时反映给政府,并向政府提出有关"两业"深度融合发展的政策建议。

第二节 我国"两业"融合政策支撑体系缺失的主要表现

结合现有研究以及本书第三、第四、第五、第六、第七章的实证结果,综合分析得出我国"两业"融合政策支撑体系主要面临六个方面的缺失与不

足,即融合互动机制尚未形成、融合发展区域分化显著、融合体制障碍凸显、融合人才供给短缺、融合服务平台功能较单一、融合生态有待优化,不同维度的缺失有着不同的表现及影响,共同制约着我国"两业"深度融合。

一、融合互动机制尚未形成

(一)整体融合水平较低,融合演进尚处于磨合阶段

第三章分析显示,总体来说,2003—2019 年,中国"两业"融合水平呈上升趋势,但整体水平偏低。2003—2019 年全国"两业"融合度的平均值由 0.454 9 增至 0.585 6,增长了 28.73%。2012 年后"两业"融合提速明显,但整体水平仍较低。

从"两业"融合所处阶段来看,2003—2019 年,近 17 年 30 个省市(区)"两业"融合度的平均值为 0.508 3,"两业"融合仍处于磨合阶段。结合"两业"融合度所处阶段评价标准,30 省市(区)中 8 省(区)尚处于"拮抗阶段",17 省市区处于"磨合阶段",仅 5 省市达到"融合阶段","两业"融合所处阶段的空间分布呈现"拮抗阶段"与"融合阶段"两头小与"磨合阶段"中间大的"橄榄型"结构特征。

(二)整体融合层次较低,尚未形成"群"对"群"协同机制

目前,我国制造业和生产性服务业融合发展层次较低,"两业"融合发展互动机制尚未形成。"两业"融合发展主要是共性化的浅层次融合,如电子商务应用、内部信息管理等,在应用工业互联网降低制造业综合成本、依托现代服务业优化信用评价体系解决融资难问题、加强科技创新与市场对接等方面仍需更大的突破。制造业和生产性服务业的互动关系基本还处于"点对点""点对群"的发展状态,离"群对群"(先进制造业集群与现代服务业集群)的互动发展最佳模式还存在较大差距,导致部分企业试图通过延长产业链获取更多剩余价值的道路被割断。

(三)整体现代服务业发展滞后,"推—拉"机制尚未构建

1. 现代服务业对"两业"融合的推力不足

服务业对制造业的支撑力度不足,除金融业、交通运输业及批发零售业外,制造部门服务投入比例超过 1% 的行业甚少,其中,公共管理等服务行业的投入比率不足 0.1%,较多服务行业投入比率为 0.2%—0.5% 之间(王娟,2019)。整体看,现代服务业发展滞后是推力作用不足的重要原因。

从现代服务业占 GDP 的比重来看,中国与发达国家相比还存在较大的差距。2019 年,中国服务业占 GDP 的比重为 54.0%(其中现代服务业占GDP 的比重为 32.7%),低于 OECD 成员国服务业占 GDP 的比重(70.4%)

约 16.4 个百分点,不及 OECD 国家中排名最低的韩国(57.2%),低于金砖国家均值(56.6%)约 2.6 个百分点。这说明,中国服务业的发展水平不仅与发达国家存在较大差距,与同为发展中国家的金砖国家也存在差距。由此表明,中国的现代服务业对产业融合发展的贡献不足,还有较大的发展空间。

2. 制造业"大而不强",对"两业"融合发展拉力不足

《2020 中国制造强国发展指数报告》显示,2019 年我国制造强国发展指数为 110.84,低于美国(168.71)、德国(125.65)、日本(117.16)。我国制造业"大而不强"突出体现在制造业质量效益不高、产业基础薄弱、创新能力不足、全球影响力偏低等。

质量效益不高是我国制造业发展的最大短板弱项。我国制造业全员劳动生产率和制造业增加值率明显低于发达国家。2019 年,我国制造业全员劳动生产率为 30 928.41 美元/人,仅为美国(151 276.41 美元/人)的 20.46%,不足日本、德国的 35%,且与 2012 年相比,中美差距仅缩小 5.55 个百分点;同时,我国制造业增加值率为 21.31%,始终徘徊在 20% 左右,而美国、德国、日本等发达国家平均为 30% 以上。由此可见,我国制造业产业体系的运转效率仍处于较低水平,与发达国家差距明显。

基础产业占比持续下降,产业基础薄弱现状日益凸显。2019 年,我国基础产业增加值占全球基础产业增加值的比重为 6.11%,远低于德国(25.09%)、美国(21.33%)、日本(12.33%),且相比 2012 年,下降了 5.43 个百分点,降幅远高于全球制造强国和后发制造大国。基础产业是制造强国建设取得决胜的要地,但我国目前仪器仪表、数控机床等基础性产品的产量和单价与美国等发达国家差距仍较大,产业基础仍较薄弱。

我国制造业创新支持力度仍较低。2019 年,我国制造业研发投入强度仅为 1.45%,相较于 2018 年下降了 0.87 个百分点,低于全国研发投入强度(2.23%)约 0.78 个百分点,可见 2019 年全国增加的 R&D 经费投入水平并没有流入制造业。我国基础研究投入占研发投入的比重常年保持在 5% 的低水平,而美国高达 15%—19%,与此同时,美国、德国政府均已确定通过额外拨款专项支持基础研究的发展,因此我国亟待加强制造业研发特别是基础研究投入以推动制造业高质量发展。

我国制造业的国际竞争力和全球影响力仍有待提升。2019 年,我国制造业拥有世界知名品牌数 18 个,远低于美国(69 个)、日本(31 个),制造业品牌与发达国家存在较大差距。千亿美元级企业是影响全球整个行业的巨头公司,是一个国家在某一领域的全球影响力的重要标志之一(李金华,

2020）。据参考信息网发布的信息,2018 年,全球共有 53 家千亿美元公司,其中中国有 13 家,仅次于美国(22 家),居世界第 2,但只有上海汽车集团一家属于先进制造领域,占比仅为 7.69%,而美国的福特汽车、通用汽车等 12 家千亿美元级企业属于先进制造业和为制造业服务的领域,占比高达54.54%。同时,日本、德国先进制造业千亿美元级企业占其全部千亿美元级企业的比重分别为 80%、75%,三星公司虽是韩国唯一一家千亿美元级企业,但也属于先进制造领域。可见,我国制造业的知名品牌和千亿美元级企业与发达国家还存在较大的差距,亟需提高制造业的国际竞争力和全球影响力。

二、融合发展区域分化显著

(一)融合水平区域分化明显

我国区域间"两业"融合水平存在较大差距。第三章分析显示,东部是我国"两业"融合的"先行带",但内部省域差异较明显;中部是"两业"融合的"追随带",带内省域差异相对较小;东北、西部是"两业"融合的"滞后带",且西部内部差异较明显。

区域间"两业"融合发展水平差异明显。第三章实证结果显示,我国区域间"两业"融合发展水平的差异正在逐步拉大,东部地区发展较快,中部地区稳步跟进,西部地区与东北地区滞后。总体而言,近 17 年,东、中、西、东北四大板块"两业"融合度均呈上升趋势,但板块间梯级差异明显,呈现由2003 年的"东—中、西、东北"两阶梯级向 2019 年的"东—中—西、东北"三阶梯级转变。从省际差距来看,2003—2019 年 17 年间"两业"融合度均值最高的为广东(0.848 4),目前已进入融合阶段,最低的为宁夏(0.340 7),目前刚迈入磨合阶段,二者之间的相对差距为 2.490 2,2019 年的相对差距较2003 年总体上升 45 个百分点,这也证明了 17 年来我国"两业"融合度最高省份和最低省份之间的差距呈明显扩大之势。

(二)融合程度行业异质性显著

1. 从制造业分行业与生产性服务业的融合度看

第三章分析显示,总的来说,高技术制造业和传统制造业分别与生产性服务业的融合度均呈上升趋势。高技术制造业与生产性服务业融合度呈持续稳步上升趋势,传统制造业与生产性服务业融合度呈现以 2011 年为拐点的"两阶段"上升趋势,且高技术制造业与生产性服务业的融合度明显高于传统制造业与生产性服务业融合度。

从四大板块层面来看,东部两类制造业与生产性服务业融合度均明上升,且高技术制造业与生产性服务业的融合度显著高于传统制造业与生产性服务业融合度;中部两类制造业与生产性服务业融合度均明显上升,且以高技术制造业与生产性服务业的融合度快速大幅提升为突出特征;西部两类制造业与生产性服务业融合度均呈缓慢提升特征;东北传统制造业与生产性服务业融合度、高技术制造业与生产性服务业融合度均呈缓慢提升之势。

2. 从生产性服务业分行业与制造业的融合度看

第三章的实证结果显示,从全国层面来看,传统生产性服务业和新兴生产性服务业与制造业的融合度均呈上升趋势,均呈现以 2011 年为拐点的"两阶段"上升特征,且传统生产性服务业与制造业的融合度明显优于新兴生产性服务业与制造业的融合度。

从四大板块层面来看,东、中、西部三大地区制造业与生产性服务业分行业的融合度均大体呈现以 2011 年为拐点的"两阶段"上升特征,西部制造业与生产性服务业分行业的融合度上升速度明显缓慢,而东北制造业与生产性服务业分行业的融合度呈现横"S"型的波动趋势。

(三)融合阶段区域异质性突出

第三章的实证结果显示,目前处于"拮抗阶段"的有内蒙古、贵州、山西、海南、甘肃、黑龙江、青海、宁夏共 8 个省份,其中西部省域占据了 5 个,处于"磨合阶段"的共有 17 个省份,分布较为分散,处于"融合阶段"的有广东、江苏、上海、山东、浙江 5 个省份,且均集中于东部。

2003—2019 年,东部省市中,处于"融合阶段"的省份占比为 50.0%,处于"磨合阶段"的省份占比为 40.0%,处于"拮抗阶段"的省份占比为 10.0%。上海、江苏、浙江、山东、广东从"磨合阶段"进化至"融合阶段",发展最为迅速,辐射带动整个东部地区,北京、天津、福建、河北仍处于"磨合阶段",海南仍处于"拮抗阶段";中部省市中,处于"磨合阶段"的省份占比为 83.3%,处于"拮抗阶段"的省份占比为 16.7%,其中,河南、湖北、湖南、安徽、江西仍处于"磨合阶段",山西仍处于"拮抗阶段","两业"融合发展水平较低;西部省市中,处于"磨合阶段"的省份占比为 50%,处于"拮抗阶段"的省份占比为 50%,其中,四川、重庆、陕西、云南、新疆、广西处于"磨合阶段",内蒙古、贵州、山西、甘肃、青海、宁夏为"两业"融合的"洼地",处于融合的"拮抗阶段";东北三省中,处于"磨合阶段"的省份占比为 66.7%,处于"拮抗阶段"的省份占比为 33.3%,其中,辽宁、吉林仍处于"磨合阶段",黑龙江仍处于"拮抗阶段"。

三、融合体制障碍凸显

近年来,我国制造业和生产性服务业融合发展的制度壁垒逐渐突破,但在土地制度、行业管理、市场准入、统计制度等方面还存在一些不容忽视的体制机制障碍,制约着"两业"深度融合。

土地制度需要进一步完善。我国现有的土地制度不支持制造业和生产性服务业混合用地模式,不利于两业在空间上的接近和集聚,增加了"两业"融合发展成本。同时,我国并没有设立生产性服务业用地门类,因此生产性服务业项目通常按照用途等确定为商服用地或工业用地。商服用地价格远高于工业用地,2019 年第一季度全国主要监测城市的商服用地的平均价格为 7 665 元/平方米,为工业用地价格的 9 倍,但部分服务行业的盈利能力不高,从而导致土地价格与盈利能力不匹配。另一方面,受制于开发强度控制、配套基础设施建设等的规范要求,生产性服务业项目利用工业用地获取的土地难以满足生产性服务业的实际需求。

行业管理体制固化,制造业和服务业管理分割。针对"两业"融合过程中出现的新业态、新模式,行业管理部门和市场监管往往难以及时回应,从而导致管理缺位,带来市场摩擦争端加剧。行业标准及规范建设相对滞后,针对新产业、新业态缺乏相应的监管方式和政策体系,不能满足行业发展需要。

行业市场准入限制严格。我国现代服务业的市场化和国际化程度偏弱,金融保险、电信、部分交通运输等领域长期处于管制之下,被事业单位和国企垄断,民营资本和外资难以进入,缺乏竞争。2019 年,OECD 公布的服务贸易限制指数中,中国各行业的限制指数基本均高于日本、美国等发达国家,现代服务业开放水平亟待提升。

统计制度亟待进一步完善。现有的宏观统计数据缺乏对企业服务投入和服务性收入的相关指标,尚未建立反映"两业"融合发展水平的统计指标体系,从而导致企业服务投入难以获得政策支持。针对新产业、新业态、新模式,尽管国家层面的统计部门建立了"三新"经济的统计调查制度,但没有形成连续的统计数据,而且缺乏各地按此标准的统计数据,容易带来分析研究和政策导向的偏差。

四、融合人才供给短缺

从人才总量上看,制造业与生产性服务业融合发展涉及管理、技术、服务等领域,需要互联网、物联网、大数据等专业人才,尤其需要大量高层次复合型人才做支撑。现阶段,我国大多数从业人员都是单一专业背景,缺乏具有两个及两个以上专业基本知识和能力的复合型人才。而目前多数省份的技术技能人才主要集中在传统产业,跨行业、跨领域的耦合度不高,不能满足制造业与生产性服务业融合发展需求。

从人才结构上来看,我国的复合型人才占比仍较低,人才供需"两张皮"的矛盾突出(熊丙奇,2018)。以 2019 年第四季度部分城市公共就业服务机构市场供求数据为例,各技术等级或专业技术职称的岗位空缺与求职人数的比率均大于 1.7,其中高级工程师、高级技工、高级技师岗位空缺与求职人数比率分别高达 3.95、2.27 和 2.05,可见高技能人才明显供不应求。据统计,截至 2020 年,我国技能人才已经超过 2 亿元,占就业总量的 26%,但高技能人才仅 5 000 万人,占技能人才总量的 28%,而发达国家普遍高于 35%,日本、德国高技能人才占比更高于 40%。

从人才培养来看,现有人才培养方式与实际需求存在偏差,复合型人才培养不足。高职院校是复合型人才培养和供给的主体,2018 年,我国三大产业高职院校相关专业毕业人数比例为 1.65∶27.05∶71.29(陈小娟,2020),与同期三大产业占比存在较大偏离,可见我国职业教育专业结构与产业结构匹配度较低。2019 年,我国高职院校数仅为 1 423 所,且部分院校存在设施陈旧、手段落后、针对性不强等问题,使得技能培训与岗位需求不匹配,无法满足企业实际需求。同时,高校、企业等单位缺乏对复合型人才的培养。部分高校不能按照产业发展的实际需求来培养复合型人才。部分企业也只重视人才招聘而忽视了人才培养工作,没有对现有的从业人员进行培训,员工的产业适应能力较低。

五、融合服务平台功能较单一

综合性信息平台缺乏。由于缺乏综合性服务平台,无法实现公共信息资源的流通共享,存在大量闲置的历史数据没有得到充分的开发利用,而且由于数据没有得到有效的流通共享,各搞一套、重复建设等现象严重,进而又阻碍了信息资源的整合利用,制约了"两业"深度融合发展。

共性技术研发平台建设不足。部分高校、科研院所和企业未能及时共享研究成果,导致科技研发成果并不能精准对接市场需求,及时解决"两业"融合发展中的问题。同时,科研机构与企业之间存在人才流动和科研成果转化的障碍,产学研协同创新能力不足,进而降低了创新资源的优化配置效率。针对制造业和服务业及"两业"融合过程中可能会出现的共性技术问题,缺乏共性技术研发平台,产业协同创新能力不够,制约"两业"深度融合。

工业互联网平台的技术能力不足,功能较为单一。应用创新和模式创新是我国"两业"融合平台企业的优势,但其核心技术仍需依赖国外,技术基础薄弱,特别是数据采集、PaaS(平台即服务)和工业 APP 三方面的技术能力不足(郭朝先,2019)。同时各类平台的功能相对单一,缺乏整合金融、法律、会计、咨询等多种服务为一体的综合服务平台,服务水平和服务手段相对落后,"两业"融合的成本相对较高。

六、融合生态有待优化

财税压力大制约了服务业及"两业"融合的发展。目前,我国生产性服务业企业的税负仍普遍较重,税收优惠范围不及制造业,财税压力相对较大。服务业的实际税负一般为 5%,高于制造业的 3%,且服务业较难进行成本折扣,税负相对较重。同时,专业化的服务业缺乏相应的财政支持,我国主要面向工业实体经济项目进行财政援助,专业化的服务企业缺乏实体项目,难以获得财政资金援助。

"两业"融合发展过程中金融支持不足。服务企业以无形资产为主,缺乏有形资产作为抵押,难以获得银行的贷款授信,无法获得充足的资金支持,这阻碍了由制造业控股的专业化、独立化的服务企业发展,延缓了制造业服务化的进程。金融业脱实向虚问题依然存在,资本过度流入金融业、房地产等虚拟经济行业而没有流向实体经济,导致金融行业与实体经济不配套,从而带来"产业空心化"风险,阻碍"两业"深度融合。

营商环境有待进一步优化。尽管十八大以来,我国营商环境得到很大优化,但离高质量发展对营商环境的要求还有差距。《2020 年全球营商环境报告》中,我国营商环境总体得分 77.9 分,全球排名第 31 名,名次低于美国(第 6)、德国(第 22)、日本(第 29),特别是在税收和获得信贷等方面中国仍与发达国家存在较大的差距,"两业"深度融合所需要的营商环境有待进一步优化。

第三节　推进我国"两业"深度融合的政策建议

一、完善"两业"融合互动机制,提升融合发展水平

1. 引导企业"主辅分离",提升产业专业化发展水平

引导优势先进制造企业推动"主辅分离",推动先进制造业和生产性服务业专业化发展,促进"两业"之间实现良好互动契合。一方面,因企制宜,

针对不同类型的企业制定相应的主辅分离方案。对于工程机械、汽车、航空航天、生物工程等大型先进制造业企业,有序引导其通过管理创新和业务流程再造等方式,剥离非核心但具有比较优势的服务环节,开设独立的现代服务业企业,向社会提供专业化的第三方服务;对于自我服务能力不强的小型制造企业,引导其聚焦发展核心业务,采取服务外包方式充分利用社会资源,增强其核心竞争力,实现"小而精"发展。另一方面,在分离业务上注重突出重点、有序推进。将与工业生产联系紧密的科技研发、现代物流、营销贸易等业务作为主辅分离的工作重点。在科技研发方面,引导具有较多科技研发业务或拥有独立研发机构的行业龙头企业,分离发展技术服务、技术研发等业务,建立科技研发服务企业,并发挥人才集聚优势,与科研院所合作建立相应行业的技术研究中心,面向社会服务,推动科技研究和成果应用转化;对于具有较强仓储、运输等能力的工业企业,分离发展物流业务,整合重组社会资源,设立现代物流企业,发展第三方物流,向社会提供物流服务,提高资源、产品的流通和配置效率;对于具有一定产业规模,从事国内外贸易业务,具有较强品牌优势的行业龙头企业,分离开展原材料采购、产品销售、国际贸易等业务,建立贸易和营销企业,扩大和完善采购、销售渠道,拓展第三方贸易和销售代理业务,确立新型交易模式。

2. 加快发展现代服务业,增强"两业"深度融合发展推力

引导现代服务业高质量发展,充分释放现代服务业对"两业"深度融合的推力作用。首先,推动现代服务业规模化、集群化发展。将发展现代服务业作为推动"两业"融合的切入点,鼓励各地区围绕优势制造业,大力发展金融、现代物流、科技服务等新兴现代服务业,围绕重点发展的现代服务业开展招商引资、引智,推动服务业集群化发展;鼓励在规模、信誉和服务质量上具有比较优势的生产性服务业企业实施跨行业、跨地区、跨所有制兼并重组战略,拓展延伸产业链,提高产业集中度,培育一批具有国际竞争力的大型企业集团,推动现代服务业规模化、集约化经营。其次,构建全覆盖、专业化的现代服务体系。以现代服务业集聚区为载体,以龙头骨干企业为抓手,积极发展现代服务业新业态、新模式,统筹发展金融、技术研发等产业,培育壮大现代服务市场主体,提升现代服务发展质量,建立覆盖全链条的专业化、网络化、规模化、国际化的现代服务体系。最后,推动现代服务业高端化发展。充分发挥现代信息技术,为先进制造业发展提供制造服务项目,推动生产性服务业向知识密集、技术密集等高端方向发展。鼓励现代服务企业发展个性化定制服务、网络精准营销、融资租赁、全生命周期管理等商业模式,实现社会化服务与制造环节"无缝"对接。

3. 推动信息技术发展,助力"两业"深度融合

工业物联网、大数据、人工智能等新一代信息技术的应用能促进产业转型升级,推动"两业"深度融合。一方面,对于大型制造业企业,总结推广"海创汇""美创平台"等先进经验,支持其构建开放式创新型平台,推动智能制造等新技术的应用,加速产业转型升级,并可进一步选择转型为有竞争优势的解决方案商;对于中小制造企业,支持鼓励企业开展数字化转型升级,助力中小企业"上云上平台"。支持中小企业通过协同制造平台购买研发设计、云服务等,运用大数据等前沿技术赋能企业发展,研发生产适应新需求的融合新产品。另一方面,深入实施工业互联网创新发展战略,推动"互联网+制造业"行动计划,加快人工智能、5G等新一代信息技术的创新应用,支持先进制造业龙头企业建设跨行业、跨区域及特定行业、特定区域的工业互联网平台。推进大数据和云平台技术应用,联合建立制造业基础数据库,实现制造资源、关键技术和标准的开放共享。依托工业互联网产业联盟,针对工业互联网,设立研究实验室,研究分析工业互联网平台的典型产品和应用需求,突破工业互联网平台建设的关键瓶颈。

二、突出重点,打造国家"两业"融合发展示范区

1. 强化对"两业"融合发展的认知,明确融合发展重点

提高相关主体对"两业"深度融合的认知,确定"两业"融合的重点行业,深入推进"两业"融合。一方面,开展"两业"融合发展的培训、宣传。在国家工信部的指导下,推动各地区相关主体加强对"两业"融合的整体性认知,不断改进原有的主导范式和观念,推动集成多元化的知识资源实现服务价值增值,提高"两业"融合的实效性。同时,各地区应加强"两业"融合的宣传推广,通过多媒体立体宣传、举办学术活动、多层次培训、标杆企业推介等多种方式,组织各相关主体参与培训与交流,提高各相关主体对"两业"融合发展的认知水平。另一方面,各地围绕《关于推动先进制造业与现代服务业深度融合发展的实施意见》明确的原材料工业与现代服务业融合、消费品工业与服务业融合、装备制造业与现代服务业融合、汽车制造与服务业融合、智能物流和制造业融合、制造业服务业与互联网融合、新能源生产使用和制造业绿色融合、研发设计服务与制造业融合、消费服务重点领域和制造业融合、金融业和制造业融合等十大重点行业,结合各地区实际,因地制宜开展融合发展实践,灵活推广融合发展经验。

2. 打造"两业"融合发展示范区,辐射带动整体融合水平提升

打造"两业"融合发展示范区和示范企业,为推动"两业"深度融合提供

可复制推广的经验借鉴。一方面,以入围《中国制造 2025 试点示范城市》为重点,选择综合实力较强、制造业与服务业融合发展潜力较大的国家级高新区(经开区)为试点,聚焦园区内产业链不完善、制造业与服务业融合度不高、现代服务业配套不足等瓶颈问题,着力打造一批制造业与服务业融合发展的平台载体,使集群成为集成制造与服务功能的产业链集合,提升集群基于制造与服务融合发展的倍增效应。另一方面,打造“两业”深度融合的示范企业。鼓励支持具有良好基础条件,较强市场竞争力的企业开展“两业”融合发展试点,综合运用贴息、奖励、引导等多种方式给予试点企业重点扶持。重点支持新兴优势产业链的龙头企业、行业骨干企业、专精特新企业、中小微企业和平台企业探索融合新业态、新模式,鼓励各类融合主体积极推进智能工厂、工业互联网、柔性化定制、共享生产平台、总集成总承包、全生命周期管理、供应链管理、服务衍生制造、工业文化旅游等业态模式,形成一批可推广可复制的经验和特色。

三、破除体制障碍,强化“两业”融合制度保障

1. 完善土地管理机制,保障“两业”融合发展的需求

逐步消除现代服务业在用地方面的不合理制度差异,保障现代服务业发展和“两业”深度融合的用地需求。一方面,利用国家规划用地标准体系对现代服务业的用地类型进行划分,设定现代服务业的用地门类。将现代服务业的用地规模、比例纳入国土空间规划,划定用地指标,确保现代服务业发展的用地需求。另一方面,贯彻落实产城融合发展的理念,鼓励各地创新用地供给,实施制造业与服务业共同发展的混合用地模式,推动“两业”在空间上集聚融合发展,盘活闲置土地和城镇低效用地,实行长期租赁、先租后让、租让结合等供给方式,保障“两业”融合发展用地需求。

2. 完善管理体制机制,营造高效公平的市场环境

破除管理体制机制障碍,为“两业”深度融合发展营造良好的市场环境。首先,由于我国实行部门分割的管理体制,各部门为维护自己的利益会采取行政性垄断措施,阻碍了“两业”深度融合,因此需要破除制造业和服务业固化、条块分割的行业管理体制,打破部门分割下的利益格局,推动管理结构改革,实现不同管制部门逐步、统一地由多重管制体制向单一管制体制过渡。其次,逐步清除市场准入的所有制限制。政府逐步打破金融保险、电信、部分交通运输等垄断性服务业,放松市场进入管理和经营管制,适度降低服务企业的注册门槛,逐步清除所有制限制,建立公开、公平、规范的市场准入制度,扩大民营资本和外资的市场准入范围,为各类所有制公平竞争创

造良好的机会和市场环境。全面清理针对外资单独设置的准入限制,积极吸引优质外资进入现代服务业领域,给予外资公平待遇,壮大现代服务业的资本规模,推进现代服务业的发展。最后,逐步消除市场准入的地区限制。逐步消除地方壁垒,推动各行业组织机构、现代服务业产品能最大限度范围内自由进出各地区市场,加快地区市场开放,打造全国统一的现代服务业大市场,实现相关要素自由有序流动,推动区域经济合作,从而达到资源优化配置。

3. 完善统计指标体系,制定"两业"融合发展统计方案

构建符合"两业"融合发展规律和特征的统计指标体系,科学统计和掌握"两业"深度融合发展动态和产业需求。首先,完善相应的统计制度。针对现有服务业和制造业统计体系中统计数据缺乏或不准确等问题,统计部门应联合各行业主管部门加强对"两业"融合发展出现的新业态、新模式开展研究分析,以便在现有统计体系的基础上,制定科学合理的统计方案,加快构建科学合理的"两业"融合的统计制度,及时掌握"两业"深度融合发展动态和产业需求,为"两业"深度融合提供支持。其次,完善"两业"融合统计指标体系。构建"两业"融合规模与效益联动的指标体系,将生产性服务业产品占总销售的比重、利润构成变化趋势、无形资产占企业资产的比重、知识产权占无形资产的比重、专利占知识产权的比重等相应的统计指标加入"两业"融合的统计指标体系中,以全面反映我国"两业"融合发展水平。最后,开展融合发展统计试点。积极在"两融"深度融合先行示范区开展融合发展调查统计试点,不断探索和创新"两业"融合发展的统计指标和方案,研究"两业"深度融合发展的规律和特点,为全国范围内开展统计指标体系改革提供经验借鉴。

四、加强融合人才队伍建设,夯实融合发展根本支撑

1. 完善人才培养体系,加大复合型人才培养力度

逐步完善人才培养模式,为"两业"深度融合发展提供人才支撑。首先,优化人才培养模式,由政府牵头制定和实施复合型人才培养计划,鼓励高等院校和职业技术院校面向市场需求设置交叉学科,完善人才培养专门调整机制,开设"两业"深度融合急需的专业,系统构建"两业"融合发展的人才培养方案,培养一批既懂生产制造,又具备商务知识,既掌握工艺技术,又熟悉服务流程的复合型人才。其次,深入推进产教融合,完善企业与高等院校联合培养人才的机制,提升校企合作水平,建设一批产教融合型企业和实训基地,推行现代学徒制和企业新型学徒制,注重培育创新型、技能型人才,有针

对性地培养掌握专门技术和专业知识的复合型人才。发挥领军人物的重要作用,加快培养引进中高级经营管理、技术技能人才。最后,建立融合发展专家库。在各地建立制造业与服务业融合发展专家库的基础上,利用大数据构建全国融合发展专家库,形成融合发展政策咨询、行业诊断、人才培训的智囊团,为推进制造业与服务业深度融合提供智力支持。

2. 完善人才引进与评价机制,激发复合型人才的创造力

构建科学合理的人才引进与评价机制,充分激发人才的创造力,推动"两业"深度融合发展。首先,实施复合型人才优惠政策,构建吸引人才、用好人才、留住人才的长效机制。完善人才引进机制,建立健全公共服务体系,制定完善人才吸引政策,广纳海内外优秀人才,打造"两业"融合人才库。探索对高端人才实行培养培训费用加计扣除政策,支持鼓励进行人力资本投资,推动人才结构升级。其次,完善人才管理评价制度。突破现有人才管理评价制度,构建"两业"融合人才评价机制,探索开展"中国制造2025"试点示范城市群高端装备制造业、智能制造业产业人才轮值评价,研究制定产业链人才职称评审绿色通道等政策,为"两业"融合、新兴业态等人才群体提供专场评审。最后,建立开放共享的高层次人才信息交流机制。积极探索实施"互联网+产业融合人才"专项工程,建立开放共享的高层次产业人才信息交流平台,定期发布重点引才目录,实现人才供需信息的高效互通,为"两业"融合发展提供人才支撑保障。建立健全高校、科研院所与企业之间"两业"融合人才的柔性流动制度,通过联合办学、联办课程、参观互访、研讨交流等多种形式,加强复合型人才的交流与合作。努力形成常态的表彰制度,在全国范围内每年表彰和奖励一批对"两业"融合发展做出重大的先进单位和先进个人。

五、强化融合平台建设,完善平台链接功能

1. 完善服务平台建设,支撑"两业"深度融合发展

建立健全各类服务平台,创新服务手段,提高服务水平,降低融合发展成本。首先,积极打造技术创新服务平台。搭建人工智能超算平台、云服务平台、硬件研发支持平台等公共技术服务平台和关键技术研发平台,推动创新联盟围绕关键技术和共性技术开展联合攻关。加强技术研发与应用转化相衔接,鼓励支持技术服务平台提供转移转化、知识产权、资源共享、工业云信息等服务业,推动技术创新成果产品化、产业化,为"两业"深度融合切实提供技术支撑。其次,推动打造产业协作平台。政府牵头组织,围绕主导产业、关键技术和基础领域,推动龙头企业、高等院校和科研院所等牵头打造

研发创新联盟,并积极吸引更多的企业参与,打造企业交流协作平台,提供相应配套服务,为产业融合提供信息数据、协同技术创新等公共技术服务,促进先进制造业企业与现代服务业企业实现产业协作。最后,建立健全综合服务平台。鼓励支持建设先进制造业与现代服务业深度融合发展的综合服务平台,为"两业"深度融合提供金融、法律、咨询等综合服务,整合各类资源,提高服务水平,创新服务手段,降低"两业"深度融合发展成本。

2. 推动产业集群发展,搭建"两业"融合发展载体

产业集群是先进制造业和现代服务业融合发展的重要平台载体,将产业集群打造为集成制造和服务功能的产业链集成,提升全产业价值链的竞争力。在制造业集群内,构建区域服务体系,搭建研发设计、知识产权、信息服务等服务平台,形成资源共享的发展格局。在服务业集群内,鼓励设立和发展专业化服务外包企业,为制造业提供专业化、个性化服务,促进产业链节点细化和功能延伸,打造生产性服务业集群。完善创新创业投资环境,完善知识产权创造、运用和保护法律体系,促使先进制造企业共享信息知识资源,提升创新能力,增强生产性服务业的综合服务能力。

六、优化融合发展政策环境,营造融合和谐生态

1. 完善财政税收政策,为"两业"深度融合提供财税支持

加大对先进制造业与现代服务业融合的财税支持力度,出台普惠制财税政策,促进"两业"深度融合。首先,针对"两业"融合中存在的服务、知识产权等难以核算和进行抵扣的项目,应逐步扩大进项抵扣范围,纳入"两业"融合过程中涉及的各项环节,真正为企业减税。其次,生产性服务业的中小微企业占比较大,应针对小微型生产性服务业企业制定相应的税收标准,维护市场的税收平衡。持续实行"营改增"政策,适度统一下调增税税率,解决目前生产性服务企业存在税负过重问题。最后,在现行增值税政策的基础上,增加对相关项目的抵扣项。增加对生产性服务业及服务型制造企业中人工成本抵扣项,对企业应用互联网进行网络化、数字化、智能化改造的投入按研发投入进行加计扣除,对企业通过技术改造形成的新增税收进行适当奖补。

2. 加大金融支持力度,为产业融合发展提供资金支持

引导金融机构创新金融信贷产品和服务,为制造企业服务化专项提供有效的金融支持。首先,加大对制造业服务化金融支持力度。由于制造服务企业无形资产占比较高,难以获得授信,因此鼓励支持金融机构开展知识产权抵押贷款、无形资产抵押贷款等多种贷款方式,向"两业"融合相关的企

业和项目提供适用其生产和建设周期特点的中长期融资。鼓励金融机构开展供应链金融服务,构建多层次、多元化的金融服务体系,拓展服务业企业的债务融资渠道,破除其融资瓶颈。鼓励金融机构完善专项贷款机制,实施内部资金转移定价优惠、融资服务白名单等措施,合理加大对"两业"融合企业信贷投放力度。其次,要不断改善金融服务方式。以产业发展政策为导向,制定产业金融扶持方案,采取股票增发等多种方式支持企业开展融资活动。推动设立制造业服务化专项资金,支持制造企业进行服务创新和公共服务平台建设支持银行与基金联合开展投贷行为,为企业提供综合授信。鼓励支持符合条件的企业通过上市融资、发行企业债券、公司债券等工具解决中长期资金需求。支持行业龙头企业牵头设立产业基金,对产业链上下游企业开展产业融合给予支持。最后,实行差异化监管政策,对属于先进制造业的企业和项目,监管部门在银行不良贷款的分类、核销和人员考核方面制定差异化的政策,适度提高不良贷款容忍度,在资本充足率、准备金收缴、贴现率水平考核等方面给予优惠政策。

3. 推进政府服务改革,打造公平高效的营商环境

首先,以"数字政府"建设全面推动创新创业营商环境持续优化,主动对标世界银行指标体系,以更大的力度疏通营商环境的堵点和难点,大力推进创新项目申报、审批、受理等业务实现"一网通办""一窗受理",建立健全跨域信息互通、资质互认、资源共享、协调协作机制,打造高效优质的营商环境。其次,不断创新监管方式,建立健全事中、事后公共监管和公平竞争审查制度,推动功能性监管方式和综合协同监管模式的运用,通过产业发展负面清单制度,简化前置审批和资质认定的条件,为制造业、服务业及"两业"深度融合发展营造公正透明的市场环境。最后,完善相关政策法规保障"两业"深度融合。目前,我国服务业经济的发展缺少相应的法律法规,因此政府应高度重视服务行业法律法规的制定,推进服务业立法进程,研究制定电子商务、互联网、大数据等新业态、新模式的相关立法,尽快打造完善的服务经济法律体系,营造公开透明的发展环境。

七、因地制宜,实施差异化融合举措

1. 东部地区:锻长板弥不足,打造"两业"融合发展领头雁

东部地区是我国制造业和生产性服务业融合发展的先行区,"两业"融合发展水平在四大板块中遥遥领先,但同时呈现"整体水平高、内部差异大"的区域特征。因此,东部地区应以长三角、珠三角、京津冀等城市群为"两业"融合发展的空间组织形式,探索适宜的差异化路径,推动"两业"深度融

合发展,进而带动其余板块"两业"融合。

一方面,加快长三角、珠三角跨行业平台建设,推动"两业"深度融合发展。长三角和珠三角是我国高端生产性服务业和先进制造业最发达的地区,应牢牢把握新一轮信息技术革命的机遇,以"新基建"为抓手,推动互联网、5G、云计算等新一代信息技术在制造业领域的深度运用,跨行业、跨领域、跨区域打造"两业"深度融合发展平台。充分发挥平台型企业供需对接精准的特点,联合带动上下游产业,推动在区域内部和区域之间构建既包括制造业价值链增值环节,又包含服务业价值链增值环节的新型产业价值链,打造以平台型企业为主导的集成式产业生态系统,实现"两业"双向深度融合发展。

另一方面,不断提升京津冀和海南"两业"融合发展水平,缩小东部地区"两业"融合发展的内部差异。京津冀地区以北京先进新兴生产性服务业为抓手,利用价值链上游切入模式,提升天津和河北的制造业服务水平,从而助力京津冀"两业"深度融合发展。充分利用北京中关村、各类科技园区密集的科技服务资源,推动创新要素在城市群内低成本快速流动,推动制造业向智能化、网络化、数字化转型,实现城市群内制造业与生产性服务业"链对链""群对群"的深度融合。海南是我国全域自由贸易试验区的特色自由贸易港,应建立以商贸物流为基础的现代服务业和现代制造业融合发展模式。围绕贸易物流发展仓储物流、金融保险、商业中介服务等多样性的现代服务业,促进现代高端生产性服务业发展,同时依托并对接粤港澳大湾区的先进制造业,探索出一条国家级全域自由贸易试验区特有的、以现代商贸物流业为支撑的"两业"融合发展路径。

2. 中部地区:增优势强弱项,推动"两业"融合水平跃升

中部地区"两业"融合推进速度较快,是东部地区的"追随者",但整体仍处于较低水平的磨合阶段。中部地区的生产性服务业发展滞后,对"两业"融合发展的推力作用不足。因此,需要补齐生产性服务业发展的短板,并通过推动制造业智能化转型和技术创新促进"两业"深度融合发展。

首先,补齐中部地区生产性服务业发展的短板,加强对"两业"融合发展的推力。中部地区应围绕优势制造业,重点发展金融、现代物流、科技服务业等生产性服务业。大力发展总部经济,引导各类金融机构在中部地区设立总部,重点打造长沙、合肥金融后台服务基地和郑东新区金融集聚核心功能区,鼓励有基础条件的金融机构利用数字化手段,设计与各行业产业链、供应链的特征相匹配的服务方案和产品体系,为制造业提供更加精准的金融服务。加强现代物流基础设施建设,以郑州、武汉、长沙国际物流中心建

设为重点,建立跨区域的物流合作机制,推动物流信息化和标准化建设,打造高效的现代物流体系。鼓励和支持中部地区围绕优势制造业发展科技服务链,以新一代信息技术为支撑,应用综合科技服务云平台,打造一批科技服务业产业集群,推动中部地区科技服务系统生态化发展,从而为制造业发展提供科技服务支撑。

其次,推动先进制造业智能化、数字化服务转型,实现制造业高质量发展,充分发挥制造业对"两业"深度融合发展的拉力。中部地区以装备制造、机械制造为代表的制造业龙头企业已基本实现服务化转型,具有较强的"制造+服务"复合产品供给能力,部分龙头企业已经形成全产品周期的集成服务业模式。因此,中部地区可以重点围绕装备制造、汽车、电子信息等优势制造业关键环节,主攻智能制造装备和智能产品,以优势制造业龙头企业为依托,构建智能工厂和智能车间,打造智能制造标准体系和信息安全保障体系。联合打造中部地区制造业基础数据库,实现制造业资源、关键技术和标准的开放共享。同时,中部地区应推进皖江城市带、晋陕豫黄河金三角、湖北荆州、赣南、湘南湘西承接产业转移示范区建设,重点承接产业链关键环节,推动在承接产业转移过程中实现融合发展。中部地区围绕新一代信息技术、先进轨道交通装备、新能源汽车、航空航天等重点产业,加快培育若干个具有核心竞争力的国家级乃至世界级产业集群,以优势产业集群为战略支撑,拓展生产和服务网络,推动"两业"深度融合发展。

最后,依托丰富的科技资源加强技术创新,为"两业"深度融合发展提供科技支撑。中部地区拥有丰富的高等院校和科研机构资源,是支撑技术研发和科技创新的重要知识来源。龙头企业、高校、科研机构和海内外专家创新团队共建区域创新联合体,建立优势互补、风险共担、利益共享的"知研用保一体化"模式,提升重大关键高端制造业的创新能力,协同联动解决"两业"融合发展过程中的技术问题。加强技术研发与应用转化相衔接,打造具有制造业产业特性的科技服务链,促进技术创新成果知识产权化、产品化和产业化,为"两业"融合发展提供技术支撑。

3. 西部地区:多举措破瓶颈,增强"两业"融合发展能力

西部地区生产性服务业起步较晚,发展较慢,"两业"融合仍处于低水平的"拮抗阶段"向"磨合阶段"的过渡期,但四川、重庆的"两业"融合发展具有相对优势,是"山谷"中的"平原"。因此,西部地区强化成渝双城经济圈的带动作用,推动制造业和生产性服务业的绿色化发展,并探索多种融合发展方式,深入推动产业融合发展。

首先,推动成渝双城经济圈"两业"融合发展,增强其辐射带动能力。一

方面,成渝两地目前均以电子制造、生物医药、新材料及环保产业为重点,产业结构较为类似。因此,应重新定位成都、重庆两大中心城市的功能,以两江新区、重庆高新区、天府新区、成都高新区等为依托,协同打造电子信息、轨道交通、生物医药、智能制造等优势产业集群,推动两地开展产业链的分工协作,构建统一开放、竞争有序的区域市场体系,避免产业过度同构。另一方面,成渝地区应吸收借鉴长三角、粤港澳大湾区、京津冀的新兴生产性服务业的创新溢出和发展经验,以"飞地"合作模式助力成渝双城经济圈生产性服务业快速发展。同时,成渝地区为"一带一路"的纽带,处于沿长江通道横轴和包昆通道纵轴的交汇地带,地理区位优势明显。应积极拓展四川、重庆至东盟的国际道路,打通跨国运输线路,扩大成渝生产性服务业对外开放力度,并以此为契机大力发展现代物流、跨境电商、现代商贸、国际结算等生产性服务业,将成渝双城经济圈建设为具有西部特色的国家级"两业"融合发展的示范区,辐射带动整个西部地区产业融合发展。

其次,以推动西部地区优势能源产业绿色转型为抓手,促进"两业"融合发展。西部地区拥有丰富的太阳能和风能,具备发展新能源产业的先天优势,且西部地区多为我国的生态功能区,因此西部地区应因地制宜,充分发挥各地清洁能源优势,合理布局清洁能源产业链,推动清洁能源规模化、多元化发展。将西部地区打造为国家清洁能源产业高地,加速西部地区的资源要素与东、中部地区的资本要素的流动和交换,推动西部地区将生态资源优势转为经济优势,实现生态保护与产业发展协同并进。

最后,将精准选择融合点与综合配套式融合相结合,深入推进"两业"融合发展。西部地区产业基础相对薄弱,难以全面支撑"两业"融合发展,因此应精准选择"两业"融合点。着重选择具有良好基础和较强竞争力的制造业企业,加快推进其具有引领作用和发展潜力的节点开展产业融合,保障每个融合节点充分发挥作用,为推动西部地区更大范围的"两业"融合创造条件。同时,由于西部地区选择产业链上的突进点作为融合点,且薄弱的产业基础难以满足其融合发展所需的配套产业,因此西部地区可以推动多行业综合配套式融合。通过支持资源深加工领域与技术开放、信息服务和金融服务等进行配套融合,探索多种配套式融合发展路径,并可以进一步探索合作重组的融合模式,保障"两业"融合后能有效运作。将精准选择的融合点与综合配套的融合方式相结合,能形成可持续的价值增长点,推动"两业"深度融合发展。

4. 东北地区:破瓶颈补短板,释放"两业"融合发展活力

东北地区的生产性服务业发展质量偏低,"两业"融合整体呈低水平锁定局面。因此东北地区需要提高生产性服务业的发展速度和发展质量,打

造具有竞争力的融合主导性产品,并充分发挥中小型企业在"两业"融合发展中的作用,推动实现全行业的互动融合。

首先,提升东北地区生产性服务业发展质量是推进该地区"两业"融合发展的关键之举。东北地区充分发挥其地域优势和资源优势,围绕现有的制造业体系培育服务产业链,支持鼓励发展研发设计、知识产权、科技金融、地产会展等多种形式的现代服务业,并积极拓宽现代服务业市场,打造具有东北特色的服务品牌。推动建设以沈阳、大连、营口、长春和哈尔滨为中心,海陆空一体化、海港和内陆港并重的物流体系,加快发展现代物流、跨境电商、港口贸易等新兴生产性服务业,以此促进东北地区制造业向价值链上、下游拓展,进而推动"两业"深度融合。

其次,东北地区的产业结构相对单一,缺乏具有绝对竞争力的主导性产品,导致东北地区的产业融合发展缺少关键突破点。东北地区应以装备制造业为重点,吸引更多的社会资源推动装备制造业与生产性服务业融合,推动打造融合主导性产品。政府应加强对融合主导性产品的政策支持,为其研发、推广、入市提供资金支持,为其生产、经营过程提供财税减免等政策支持,保证融合主导性产品的主导地位。

最后,充分发挥中小型企业在"两业"融合发展的作用。目前东北地区"两业"融合的微观主体仍主要为大型国企,中小型企业融合发展明显不足。因此,东北地区应培育和发展中小型先进制造业和生产性服务业企业,加大对互动融合中的中小型企业在设备购买、项目补贴等方面的支持,充分发挥中小型企业在"两业"融合发展的作用。同时,各地应重视政府采购的作用,利用购买、租赁、委托等多种形式购买产业融合产品及服务,推动中小型企业互动融合。针对融合评价结果较好的中小型企业,通过国家中小企业发展基金给予资金支持,并设立中小先进制造业与生产性服务业互动融合发展专项基金,支持企业申报互动融合项目,推动东北地区先进制造业与生产服务业实现全行业的互动融合。另外,根据东北地区现有的一汽集团、大庆油田等特大型企业,整合大型企业资源,推动不同企业开展合作,实现产业链的延伸和产业融合发展,并进一步挖掘企业的附加功能,形成工业金融服务体系等新的产业体系,从而实现"两业"深度融合发展。

第四节 本章小结

本章基于前面章节实证研究揭示出的我国"两业"融合、制造业发展质量以及"两业"融合对制造业发展质量影响效应等领域存在的主要问题和凸显短板,借鉴主要发达国家推动"两业"融合发展的成功经验和有效模式,前瞻性、针对性提出推进我国"两业"深度融合进而推动制造业高质量发展的政策支撑。包括创新"两业"融合体制机制,打造"两业"融合示范标杆,夯实融合要素保障,加强融合人才队伍建设、强化融合平台建设,优化融合生态环境,因地制宜实施差异化融合举措。

结论与研究展望

本书围绕"'两业'融合视角下的中国制造业高质量发展"论题,展开探索性的理论与实证研究。在理论研究层面,试图通过深入探析"两业"融合的理论基础,"两业"融合的动力机制,"两业"融合度及制造业高质量发展指数的评价指标与评测方法,"两业"融合对制造业高质量发展的影响机制,"两业"融合推动制造业高质量发展的模式选择,"两业"融合推动制造业高质量发展的政策支撑,来构建"两业"融合视角下的制造业高质量发展理论分析框架。在实证研究层面,科学测度分析 2003—2019 年我国 30 个省市(区)"两业"融合度、制造业发展质量指数,实证探究"两业"融合对制造业发展质量影响,揭示我国"两业"融合度、制造业发展质量的动态演化特征和异质性"短板","两业"融合对制造业发展质量的影响效应以及不同区域的差异化影响路径,探析我国"两业"融合推动制造业高质量发展的模式选择,创造性提出推动我国"两业"深度融合助力制造业高质量发展的政策支撑体系。通过以上研究,得出如下结论:

(1)分工理论、产业组织理论、产业链理论、创新系统理论、产业融合理论等为"两业"融合提供坚实的理论基础。"两业"融合驱动机制主要由三大动力要素构成,即基础动力、内生动力和外生动力,三大驱动力既独立作用于"两业"融合的动态演化过程,又相互作用、交互影响于"两业"融合的不同阶段,共同役使"两业"融合由低级向高级演化。"两业"融合通过效率提升机制、结构优化机制、新技术创新促进机制、绿色化转型机制、价值链攀升机制等五大途径机制对制造业高质量发展产生影响。基于不同区域的"两业"融合水平和融合阶段的异质性特征,"两业"融合对制造业高质量发展影响存在"U"特征的非线性机制。

(2)我国"两业"融合度的动态测度及异质性研究表明:①2003—2019年我国"两业"融合水平呈上升趋势,但整体水平较低;30 个省市(区)"两业"融合所处阶段呈现"拮抗阶段"与"融合阶段"两头小与"磨合阶段"中间大的"橄榄型结构"特征。②近 17 年东、中、西、东北四大板块"两业"融合度均呈上升趋势，但板块间梯级差异明显，呈现由 2003 年的"东—中、西、东北"两阶梯级向 2019 年的"东—中—西、东北"三阶梯级转变。③东部是我国"两业"融合的"先行带"，但内部省域间差异较明显；中部是"两业"融合的"追随带"，带内省域差异相对较小；东北、西部是"两业"融合的"滞后带"，且西部内部差异较明显。④对于制造业分行业与生产性服务业的融合度，在全国层面，高技术制造业与生产性服务业的融合度稳步上升，而传统制造业与生产性服务业的融合度呈现以 2011 年为拐点的"两阶段"上升特点，且高技术制造业与生产性服务业的融合度明显优于传统制造业与生产性服务业的融合度。在四大板块层面，两类制造业与生产性服务业的融合度总体均呈上升趋势，但高技术制造业与生产性服务业的融合度呈现明显的板块间差异特征。⑤对于生产性服务业分行业与制造业融合度，在全国层面和四大板块层面，两类生产性服务业与制造业的融合度均呈现以 2011 年为拐点的"两阶段"上升特征，西部地区两类生产性服务业与制造业的融合度提升速度明显滞后于其他两大板块；东北制造业与生产性服务业分行业的融合度大体呈现横"S"型的波动趋势。

（3）我国两业融合驱动机制的实证研究显示：①我国制造业与生产性服务业融合序参量由第一阶段（2003—2010 年）的内生动力转变为第二阶段（2011—2019 年）的外生动力，主驱动因子发生转变，但驱动因子间互促互长的交互作用机制尚未形成；②方程参数符号的转变意味着 17 年来我国制造业与生产性服务业融合程度有所增强，由"点对点"的表浅融合阶段逐渐过渡为"链对链"的新融合阶段。

（4）我国制造业发展质量的动态评价及异质性研究表明：①近 22 年来，我国制造业发展质量呈明显上升趋势，要素支撑结构有所优化，具体表现为"单轮驱动型—双轮驱动型—三轮驱动型"的逐步优化特征，由最初的方式转换"单轮驱动"转变为结构优化、创新驱动、方式转换"三轮驱动"，三大要素协同推动制造业发展质量的提升。但效率效益一直处于"短板"状态。②近 22 年来，四大板块制造业发展质量均呈上升趋势，但区域异质性明显，呈现出由 1998 年"东部—东北—中西部"三阶递减转变为 2019 年的"东—中—西—东北"四阶递减格局。四大板块要素支撑结构均有所优化，东部始终表现为"双轮驱动型"，但核心支撑要素从结构优化、方式转换逐渐转变为结构优化、创新驱动；中西部均表现为"单轮驱动型—双轮驱动型"的动态变化，中部的核心支撑力最终转变为结构优化、创新驱动，而西部为结构优化、方式转换；东北则表现为"双轮驱动型—单轮驱动型—双轮驱动型"的转变，以结构优化和方式转换为主要支撑。效率效益表现不佳是四大板块的"通病",是共同面临的凸显"短板"。对于西部地区和东北地区而言,除了效率效益"短板",创新驱动也是显著的瓶颈制约,掣肘制造业发展质量的提升。③我国制造业发展质量区域差异明显,四大板块内部差异远大于板块间差异。四大板块间制造业发展质量差异主要由结构优化和创新驱动发展差异引致,且有进一步扩大的趋势。板块内省域间制造业发展质量差异以东部地区最为突出,结构优化和创新驱动的差异贡献率最大;其次是西部地区,同样源于结构优化和创新驱动的省际发展差异;中部地区省际差异主要源于创新驱动;东北地区制造业发展质量水平较低,省际差异较小,处于低水平均衡状态。

(5)"两业"融合对制造业发展质量影响的实证研究显示:①"两业"融合对制造业发展质量具有显著促进效应,融合度提高1%,制造业发展质量相应提升0.095%。②区域异质性检验结果显示,由于不同地区"两业"融合发展水平存在差异,其对促进制造业发展质量提升的作用效果呈现区域异质性。从四大板块来看,存在东部(正效应)→中部(正效应)→西部(正效应)→东北(负效应)依次递减的空间分异格局。其中,东部地区"两业"融合对制造业发展质量存在显著促进效应,且在四大板块中作用效应最明显;中西部地区"两业"融合对制造业发展质量具有显著促进效应,但效应程度低于东部;而东北地区"两业"融合对制造业发展质量存在抑制效应,说明东北地区"两业"融合的经济效应未能充分发挥。③行业异质性检验结果表明,各细分行业之间的产业融合对制造业发展质量的影响呈现高技术制造业与生产性服务业融合效应(0.136)>制造业与新兴生产性服务业融合效应(0.072)>制造业与传统生产性服务业融合效应(0.053)>传统制造业与生产性服务业融合效应(−0.014)的异质性特征。相较于传统制造业(或传统生产性服务业),高技术制造业(或新兴生产性服务业)与生产性服务业(或制造业)的融合更能促进制造业发展质量的提升。④门槛效应的实证检验发现,无论是整体的"两业"融合,还是细分行业的高技术制造业与生产性服务业融合、传统制造业与生产性服务业、制造业与传统生产性服务业融合、制造业与新兴生产性服务业融合,都对制造业发展质量的影响效应呈现"先负后正"的"U型"作用关系,即各维度的产业融合对制造业发展质量的不利影响都会随着融合程度的提升而逐渐下降,当融合度跨过门槛值后,产业融合对制造业发展质量的提升效应会日益凸显,故此,唯有坚定不移地推动制造业与生产性服务业深度融合才能促进制造业高质量发展。⑤考虑空间因素后的实证结果表明,制造业整体与生产性服务业融合、高技术制造业与生产性服务业融合对制造业发展质量的直接效应、间接效应(即空间溢出效应)和总效应都至少在5%置信水平下显著为正,且溢出效应都大于直接效应,说明推动(高技术)制造业与生产性服务业深度融合不仅有利于本省域制造业发展质量的提升,更有利于相邻省域制造业发展质量的改进,在一定程度上也有利于促进区域经济收敛,实现协调发展。传统制造业与生产性服务业融合(或制造业与传统生产性服务业融合)对制造业发展质量的影响只有直接效应通过显著性检验且为正值,溢出效应虽为正值但不显著,而正由于溢出效应的不显著造成总效应也未通过检验。制造业与新兴生产性服务业融合对制造业发展质量的直接效应显著为正,表明二者融合程度越高,对本省域制造业发展质量提升越有利;溢出效应的系数虽未通过检验,但却显示为负值,表明制造业与新兴生产性服务业融合对邻近省域制造业发展质量的影响可能具有虹吸效应;而由于直接效应为正效应,溢出效应表现为虹吸效应,故其对制造业发展质量的总效应不显著。

(6)"两业"融合推动制造业高质量发展的模式选择探究表明:"两业"融合的四大类基本模式是,基于价值链视角的融合模式,基于融合阶段视角的融合模式,基于融合过程视角的融合模式,以及基于产业链建构的融合模式。东、中、西、东北四大区域"两业"融合应选择差异化主导模式,即东部以行业性和区域性平台为牵引的"两业"双向深度融合模式,中部以高水平智能制造为引领、上下游双向发力的融合模式,西部以制造业绿色化集群化发展为支撑、下游端发力的"两业"互动模式,东北以智能制造为牵引、上游端与下游端双向发力的融合模式;每一种模式的选择都有其背后的缘由,以及每一种模式都有其具体的实施策略和典型案例。

(7)推进"两业"深度融合的政策体系研究显示:借鉴德国、美国、日本等主要发达国家推动"两业"融合发展的成功经验和有效模式,聚焦我国"两业"融合、制造业发展质量以及"两业"融合对制造业发展质量影响等领域存在的主要问题和短板,推进我国"两业"深度融合进而推动制造业高质量发展的政策体系应包括:创新"两业"融合体制机制,打造"两业"融合示范标杆,夯实融合要素保障,加强融合人才对外建设,强化融合平台建设,优化融合生态环境,因地制宜实施差异化融合举措。

在我国正致力于以推动新一代信息技术与实体经济深度融合为主路径推进制造强国建设的战略背景下,以"两业"融合为切入视角,对制造业高质量发展论题的深入系统探索,无疑具有重要理论意义与现实价值。但囿于我们学术能力和精力的有限,研究中尚存在许多不足,以下观点或论题尚有待进一步深入探究。

(1)本书对于制造业高质量发展指数的衡量指标的选择尽管竭力呈现

理论思路的考量,但囿于考量视角的局限以及数据获取的困难,指标选择的科学性与实用性尚有待进一步地深入思考。尤其是,未来随着我国制造业高质量发展实践的不断成熟,衡量制造业高质量发展的指标体系必然作出动态修正完善。

(2)本书阐析了"两业"融合推动制造业高质量发展的四种基本模式,提出并探析了不同区域"两业"融合的差异化模式选择,每种模式选择的原因、具体实施策略。但对于"两业"融合水平以及制造业发展质量内部差异性明显的东部和西部地区分别适宜选择哪几种模式等相关问题的探究尚有待于深入探讨。

参考文献

[1] Alfonso G. , Salvatore T. Does Technological Convergence Imply Convergence in Markets? Evidence from the electronics industry [J]. Research Policy，1998,27:445 - 463.

[2] Allen L. W. , Mark S. , Linda F. Servicizing: The Quiet Transition to Extended Product Responsibility [C]. Boston: Tellus Institute, 1999.

[3] Anderson, Philip. Perspective: Complexity Theory and Organization Science [J]. Organization Science, 1999, 10 (3): 216 - 232.

[4] Andrew Kusiak. Smart manufacturing [J]. International Journal of Production Research. 2018,56:508 - 517.

[5] Anselin L. Spatial Econometrics: Methods and Models [M]. Dordrecht: Kluwer Academic Publishers, 1988.

[6] Aoki M. Toward a Comparative Institutional Analysis [M]. Cambridge: MIT Press, 2011.

[7] ArnoldJ. M. , Aaditya M. , Gaia N. ServicesInputs and Firm Productivity in Sub-Suharan Africa: Evidencefrom Firm-Level Data [J]. Journal of African Economies, 2008,17(4):578 - 599.

[8] Athreye S. , Keeble D. Technological Convergence, Globalisation an Ownership in the UK Computer Industry [J]. Technovation, 2000, 20(5):227 - 245.

[9] Bally N. Deriving Managerial Implications from Technological Convergence along the Innovation Process: a Case Study on the Telecommunications Industry [R]. Swiss Federal Institute of Technology (ETH Zürich), 2005.

[10] Banker R. D. , Chang H. H. , Majumdar S. K. Economies of Scope

in the U. S. Telecommunications Industry [J]. Information Economics and Policy, 1998,10(2):253 - 272.

[11] Bathla. S. Inter-sectoral growth Linkages in India: Implications for Policy and Liberalized Reforms. 2003, http://ieg. nic. in/.

[12] Behnamian J. Heterogeneous Networked Cooperative Scheduling With Anarchic Particle Swarm Optimization [J]. IEEE Transactions on Engineering Management, 2017,64(2):166 - 178.

[13] BerndW. W. Reconfiguration of Value Chains in Converging Media and Communications Markets [J]. Long Range Planning, 2001,34 (4):489 - 506.

[14] Blundell R. , Bond S. Initial Conditions and Moment Restrictions in Dynamic Panel Data Models [J]. Journal of Econometrics, 1998,87 (1):115 - 143.

[15] Caner M. , Hansen B. E. Instrumental variable estimation of a threshold model [J]. Econometric Theory, 2004,20(5):813 - 843.

[16] Caviggioli F. Technology fusion: Identification and analysis of the drivers of technology convergence using patent data [J]. Technovation, 2016(55 - 56):22 - 32.

[17] Chen Y. , Shu L. L. , Li H. W. Research on Coordinated Ddevelopment Between Metropolitan Economy and Logistics Using Big Data and Haken Model [J]. International Journal of Production Research, 2019,57(4):1176 - 1189.

[18] Choi D. , Valikangas L. Patterns of Strategy Innovation [J]. European Management Journal, 2001,19(4):424 - 429.

[19] Ciriaci D. , Palma D. Structural Change and Blurred Sectoral Boundaries: Assessing the Extent to Which Knowledge-intensive Business Services Satisfy Manufacturing Final Demand in Western Countries [J]. Economic Systems Research, 2016,28(1):55 - 77.

[20] Christopher C. F. Technology Policy and Economic Performance: Lessons from Japan. London [M]. Pinter Publishers, 1987.

[21] Coffer W. J. , Bailly A. S. Producer Services and Flexible Production: An Exploratory Analysis [J]. Growth and Change, 2000,22(4):95 - 117.

[22] Cohen M. , Agrawal N. , Agrawal V. Winning in the Aftermarket

[J]. Harvard Business Review, 2006,84(5):129 - 138.

[23] Cohen S. S., Zysman J. Why Manufacturing Matters:The Myth of the Post-Industrial Economy [J]. California Management Review, 1987,29(3):9 - 26.

[24] Cooke P., Uranga M G., Etxebarria G. Regional Systems of Innovation:An Evolutionary Perspective [J]. Environment & Planning A, 1998,30(9):1563 - 1584.

[25] Correa H. L., EllramL. M., ScavardaA. J., Cooper M. C. An Operations Management View of the Service and Goods Mix [J]. International Journal of Operations and Production Management, 2007,27(5):444 - 463.

[26] Daniels P. W. Some Perspectives on the Geography of Services [J]. Progress in Human Geography, 1988,12(3):431 - 440.

[27] Daniels P. W. Economic Development and Producer Services Growth:The APEC Experience [J]. Asia Pacific Viewpoint, 1989, 39:145 - 159.

[28] David T. L. Industry Evolution and Competence Development:the Imperatives of Technological Convergence [J]. International Journal of Technology Management, 2000,19(7/8):699 - 738.

[29] Salvador B., Luisito B., Eric S. A Theory of Urban Growth [J]. Journal of Political Economy, 1999,107(2):252 - 284.

[30] Duysters G., Hagedoom J. Technological Convergence in the IT Industry:the Role of Strategic Technology Alliances and Technology Competencies [J]. International Journal of the Economics of Business. 1998,5,(3):355 - 368.

[31] Elisabeth B. R., Yilmaz U. Strengthening Advanced Manufacturing Innovation Ecosystems: the Case of Massachusetts [J]. Technological Forecasting and Social Change. 2018, 136 (11): 178 - 191.

[32] Englmaier F., Reisinger M. Information, Coordination and the Industrialization of Countries [J]. Discussion Paper, 2008,54(3): 534 - 550.

[33] Eswaran M., Kotwal A. The Role of the Service Sector in the Process of Industrialization [J]. Journal of Development Economics,

2002,68(2):401 - 420.

[34] Sendil K. E. , Daniel L. Modularity and Innovation in Complex Systems [J]. Operations Research, 2004,44(4):417 - 418.

[35] European Commission. Green Paper on the Convergence of the Telecommunications, Media and Information Technology Sectors and Implications for Regulation towards and Information Society Approach. Brussels: European Commission, 1997.

[36] Fai F. , Tunzelmann N. V. Industry-specific Competencies and Converging Technological Systems: Evidence from Patents [J]. 2001,12(2):141 - 170.

[37] Fernandez A. M. , Paunov C. Foreign Direct Investment in Services and Manufacturing Productivity: Evidence for Chile [J]. Journal of Development Economics, 2012,97(2):305 - 321.

[38] Francois J. F. Trade in Producer Services and Returns Due to Specialization under Monopolistic Competition [J]. Canadian Journal of Economics, 1990(1):109 - 124.

[39] Francois J. F. Producer Services, Scale, and the Division of Labor [J]. Oxford Economic Papers (New Series), 1990,42(4):715 - 729.

[40] Francois J, F, , Woerz J. Producer Services, Manufacturing Linkages, and Trade [J]. Social science Electronic Publishing, 2007,8(3 - 4):199 - 229.

[41] Freeman C. Innovation in a New Context [J]. OECD: ScienceTechnology Industry, 1995(15):66 - 72.

[42] Freeman C. The Economics of Industrial Innovation [M]. London: Frances Pinter Publishers, 1997.

[43] Gambardena A. , Torrisi S. Does Technological Convergence Imply Convergence In Markets? Evidence from the Electronics Industry [J]. Research Policy, 1998(5):445 - 463.

[44] Gebauer H. , Ren G. Jie. , Valtakoski A. , et al. Service-driven Manufacturing Provision, Evolution and Financial Impact of Services in Industrial Firms [J]. Journal of Service Management, 2012, 23 (1):120 - 136.

[45] Gebauer H. , Fleisch E. , Friedli T. Overcoming the Service Paradox in Manufacturing Companies [J]. European Management

Journal, 2005,23(1):14 - 26.

[46] Gerum E. , Sjurts I. Stieglitz N. Industry convergence and the transformation of the mobile communications system of innovation [R]. Phillips University Marburg, 2004.

[47] Geubel. W. Business Relationships and Networks: Managerial Challenge of Network Era [J]. Industrial Management, 1988(28): 413 - 427.

[48] Geum Y. , Kim M. S. , Lee S. How Industrial Convergence Happens: A Taxonomical Approach Based on Empirical Evidences [J]. Technological Forecasting & Social Change, 2016, 107: 112 - 120.

[49] Glenn E. , Edward L. G. , William K. What Causes Industry Agglomeration? Evidence from Coagglomeration Patterns [J]. American Economic Review, 2010(6):1195 - 1213.

[50] Goe W. R. The Growth of Producer Services Industries: Sorting through the Externalization Debate [J]. Growth and Change, 1991, 22(4):118 - 141.

[51] Goldhar J. , Berg D. Blurring the Boundary: Convergence of Factory and Service Processes [J]. Journal of Manufacturing Technology Management, 2010,21(3):341 - 354.

[52] Greenfield H. Manpower and the Growth of Producer Services [M]. New York: Columbia University Press. 1966:37 - 47.

[53] Greenstein S. , Khanna T. What Does Industry Convergence Mean? In Competing in the Age of Digital Convergence [M]. Boston: Harvard Business School Press, 1997:201 - 226.

[54] Guang W. H. , Xian Z. M. Dominants in Evolution of Urban Energy Metabolism: A Case study of Beijing [J]. Ecological Modelling, 2018,385:26 - 34.

[55] Guerrieri P. , Meliciani V. International Competitiveness in Producer Services [R]. Paper Presented at the SETI Meeting Rome, 2003.

[56] Guerrieri P. , Meliciani V. Technology and International Competitiveness: the Interdependence Between Manufacturing and Producer Services [J]. Structural Change & Economic Dynamics,

2005,16(4):489 - 502.

[57] Gunday G. , Ulusoy G. , Kilic K. , Alpkan L. Effects of Innovation Types on Firm Performance [J]. International Journal of Production Economics，2011,133(2):662 - 676.

[58] Haeklin F. , Christian M. Assessing R&D Management Strategies for Wireless Applications in a Converging Environment. Manchester England. Proceedings of The R&D Management Conference，2003.

[59] Hacklin F. , Marxt C. , Fahrni F. Evolutionary Perspective on Convergence: Inducing a Stage Model of Inter-industry Innovation [J]. International journal of technology management，2010,49(1/2/3):220 - 249.

[60] Hacklin F. , Raurich V. , Marxt C. Implications of Technological Convergence on Innovation Trajectories: the Case of ICT Industry. [J]. International Journal of Innovation and Technology Management，2005,2(3):31 - 330.

[61] Hansen N. Do Producer Services Induce Regional Economic Development? [J]. Journal of Regional Science, 2006, 30 (4): 465 - 476.

[62] Hayes R. H. Strategic Planning-forward in Reverse [J]. Harvard Business Review，1985,63(6):111 - 119.

[63] Hayes R. H. , Wheelwright S. C. Restoring our Competitive Edge: Competing through Manufacturing [J]. New York: Wiley, 1985.

[64] Gebauer H. , Gustafsson A. , Witell L. Competitive Advantage Through Service Differentiation by Manufacturing Companies [J]. Journal of Business Research，2011,64(12):1270 - 1280.

[65] Helsley R. W. , Strange W. C. Coagglomeration, Clusters, and the Scale and Composition of Cities [J]. Journal of Political Economy，2014(5):1064 - 1093.

[66] Heo P. S. , Lee D. H. Evolution Patterns and Network Structural Characteristics of Industry Convergence [J]. Structural Change and Economic Dynamics，2019(51):405 - 426.

[67] Himanshu G. , Mukesh K. Barua. Identifying Enablers of Technological Innovation for Indian MSMEs Using Best-worst Multi Criteria Decision Making Method [J]. Technological Forecasting and

Social Change，2016，107：69 - 79.

[68] Illes B. , Tamas P. , Dobos P. , Skapinyecz R. New Challenges for Quality Assurance of Manufacturing Processes in Industry 4. 0 [J]. Solid State Phenomena. 2017,261: 481 - 486.

[69] Jabbour ABLD. , Jabbour CJC. , Foropon C. , Godinho M. When Titans Meet-Can Industry 4. 0 Revolutionise the Environmentally-Sustainable Manufacturing Wave? The Role of Critical Success Factors [J]. Technological Forecasting and Social Change. 2018, 132:18 - 25.

[70] Jens A. M. , Beata S. J. , Aaditya M. Does Services Liberalization Benefit Manufacturing Firms? Evidence from the Czech Republic [J]. Journal of International Economics, 2011,85(1):136 - 146.

[71] Jens M. A. , Beata J. , Molly L. , Aaditya M. Services Reform and Manufacturing Performance: Evidence from India [J]. The Economic Journal. 2016,126(2):1 - 39.

[72] Jergovic A. , Vucelja A. , Inic B. , et al. Transformation of business entities-from production to service company [J]. Technics Technologies Education Management, 2011,6(1):118 - 127.

[73] Jiang P. , Hu Y. C. , Yen G. F. , et al. Using a Novel Grey DANP Model to Identify Interactions between Manufacturing and Logistics Industries in China [J]. Sustainability, 2018,10(10).

[74] Juan M. G. , Luis H. G. , Rodrigo T. Innovation and Productivity in the Colombian Service and Manufacturing Industries [J]. Emerging Markets Finance and Trade, 2015,51(3):612 - 634.

[75] Jun C. H. A Study on the Interactive Relationship between Producer Services and Manufacturing under the Technology Interrelatedness in China [J]. Korean-Chinese Social Science Studies, 2016:227 - 244.

[76] Kafetzopoulos D. , Psomas E. The impact of innovation capability on the performance of manufacturing companies [J]. Journal of Manufacturing Technology Management, 2015,26(1):104 - 130.

[77] Kang Y. , Xie B. , Wang J. , et al. Environmental Assessment and Investment Strategy for China's Manufacturing Industry: A Non-radial DEA Based Analysis [J]. Journal of Cleaner Production, 2018 (175):501 - 511.

[78] Kakaomerlioglu D. C., Carlsson B. Manufacturing In Decline? A Matter Of Definition [J]. Economics of Innovation and New Technology, 1999,8(3):175 - 196.

[79] Karim A., Kazi A. A Methodology for Effective Implementation of Lean Strategies and its Performance Evaluation in Manufacturing Organizations [J]. Business Process Management Journal. 2013 (02):169 - 196.

[80] Karvonen M., Lehtovaara M., Kassi T. Build-up of Understanding of Technological Convergence: Evidence from Printed Intelligence Industry [J]. International Journal of Innovation and Technology Management, 2012,9(3):1094 - 1107.

[81] Klodt H. Structural Change towards Services: the German Experience [R]. University of Birmingham IGS Discussion Paper, 2000.

[82] Kohtamäki M., Hakala H., Partanen J., Parida V. The Performance Impact of Industrial Services Andservice Orientation on Manufacturing Companies [J]. Journal Of Service Theory Practice, 2015,25(4):463 - 485.

[83] Krugman P. Geography and Trade [M]. Cambrigde: MIT Press, 1991.

[84] Krugman P. Competitiveness: A Dangerous Obsession [J]. Foreign Affairs, 1994,73(2):28 - 44.

[85] Kruscal J. B. Linear Transformation of Multivariate Data: Theory and Application in the Behavioral Sciences [M]. New York and London Semimar Press, 1972.

[86] Kucza G., Gebauer H. Global Approaches to the Service Business in Manufacturing Companies [J]. Journal of Business & Industrial Marketing, 2011,26(7):472 - 483.

[87] Lanaspa L., Sanz-Gracia F., Vera-Cabello M. The (Strong) Interdependence Between Intermediate Producer Services'attributes and Manufacturing Location [J]. Economic Modelling, 2016,57: 1 - 12.

[88] Leslie B., Amer H. Conceptual Framework for Regional Competitiveness [J]. Regional Studies, 2004(9):1015 - 1028.

[89] Leipomen A. The Benefits of R&D and Breadth in Innovation Strategies: a Comparison of Finnish Service and Manufacturing Firms [J]. Industrial and Corporate Change, 2012, 21 (5): 1255 – 1281.

[90] Li B. The Interaction of Clusters Between Manufacturing and Producer Services in China [J]. Economic Research-Ekonomaka Istrazivanja, 2017: 1427 – 1442.

[91] Lind J. Ubiquitous Convergence: Market Redefinitions Generated by Technological Change and the Industry Life Cycle [C]. New York: aper for the Druid Academy Winter Conference, 2005.

[92] Lin F. J., Lin Y. H. The Determinants of Successful R&D Consortia: Government Strategy for the Servitization of Manufacturing [J]. Service Business, 2012,6(4):489 – 502.

[93] Li S., Gong Q., Yang S. A Sustainable, Regional Agricultural Development Measurement System Based on Dissipative Structure Theory and the Entropy Weight Method: A Case Study in Chengdu, China [J]. Sustainability, 2019(11).

[94] Liu D., Chen T., Liu X., et al. Do More Subsidies Promote Greater Innovation? Evidence from the Chinese Electronic Manufacturing Industry [J]. Economic Modelling, 2019 (80): 441 – 452.

[95] Li Y., Li Y., Zhao Y., Wang F. Which Factor Dominates the Industry Evolution? A Synergy Analysis Based on China's ICT Industry [J]. Engineering Economics, 2014,25(3):273 – 282.

[96] Luca M., Federico B., Fiorenzo F. A General Overview of Manufacturing Servitization in Italy [J]. Procedia CIRP, 2017(64): 121 – 126.

[97] Lundvall B. A. National Systems of Innovation: towards a Theory of Innovation and Interactive Learning [M]. London: Pinter Publishers, 1992.

[98] Malhotra A. Firm Strategy in Converging Industries: An Investigation of U. S. Commercial Bank Responses to U. S. Commercial-Investment Banking Convergence [D]. Maryland: University of Maryland, 2001.

［99］ Marshall A. Principles of Economics ［M］. Cambridge University Press，1961.

［100］ Michael E. P. Competitive Advantage：Creating and Sustaining Superior Performance ［M］. London：Free Press，1980.

［101］ Michael E. P. Competitive Strategy：Techniques for Analyzing Industries and Competitors. London：Free Press，1998.

［102］ Michaels G. ，Rauch F. ，Redding S. J. Urbanization and Structural Transformation ［J］. The Quarterly Journal of Economics，2012，127 (2)：535 - 586.

［103］ Miller R. E. ，Peter B. Input-Output Analysis：Foundations and Extensions ［M］. England：Cambridge University Press，1985.

［104］ Mueller M. Telecom Policy and Digital Convergence ［M］. Hongkong：University of Hongkong Press，1997.

［105］ Namil K. ，Hyeokseong L. ，Wonjoon Ki. ，Hyunjong L. ，Jong H. S. Dynamic Patterns of Industry Convergence：Evidence from a Large amount of Unstructured Data ［J］. Research Policy，2015,44 (9)：1734 - 1748.

［106］ Nathalie S. ，Nina P. ，Jens L. ，et al. A New Framework to Assess Industry Convergence in High Technology Environments ［J］. Technovation，2019(84 - 85)：48 - 58.

［107］ Neely A. Exploring the Financial Consequences of the Servitization of Manufacturing ［J］. Operations Management Research，2008,1 (2)：103 - 118.

［108］ Nelson R. Understanding Technical Change as Evolutionary Process ［M］. Amsterdam：North-Holland，1987.

［109］ Nelson R. National Innovation System：a Comparative Analysis ［M］. London：Oxford University Press，1993.

［110］ Niedergassel B. ，Curran C. S. ，Michael L. ，Jens L. What Drives Partners in Industry-academia Cooperation? A Special Consideration of Reducing Uncertainty Through Computational Chemistry ［J］. International Journal of Technology Intelligence & Planning，2007，3(4)：331.

［111］ Nystrom A. G. What is Convergence? Perceptions from the Finnish Telecommunications Sector［R］. Paper presented at the

18th European Regional ITS Conference，2007.

[112] O'Farrell P. N. , Hitchens D. M. Producer Services and Regional Development: Key Conceptual Issues of Taxonomy and Quality Measurement [J]. Regional Studies, 1990,24(2):163-171.

[113] Pappas N. , Sheehan P. The New Manufacturing:Linkages between Production and Service Activities, Working for the Future: Technology and Employment in the Global Knowledge Economy [M]. Melbourne:Victoria University Press, 1998.

[114] Park S. H. , Chan K. S. A Cross-country Input-output Analysis of Intersectoral Relationships between Manufacturing and Services and Their Employment Implications [J]. World Development, 1989,17 (2):199-212.

[115] Paunov C. , Rollo V. Has the Internet Fostered Inclusive Innovation in the Developing World? [J]. World Development, 2016,78(2):587-609.

[116] Philip C. Regional Innovation Systems: Competitive Regulation in the New Europe [J]. Geoforum, 1992,23(3):365-382.

[117] Post A. A. , Peper C. E. , Beek P. J. Relative Phase Dynamics in Perturbed Interlimb Coordination: the Effects of Frequency and Amplitude [J]. Biological Cybernetics, 2000,83(6):529-542.

[118] Reinartz W. , Ulaga W. How to Sell Services More Profitably? [J]. Harvard Business Review, 2008,86(5):90-96.

[119] Reiskin M. J. , Tybout J. The Decision to Export in Colombia: An Empirical Model of Entry with Sunk Costs [J]. American Economic Review, 1997,87(4):545-564.

[120] Rosenberg N. Technological Change in the Machine Tool Industry, 1840-1910 [J]. The Journal of Economic History, 1963,23(4): 414-446.

[121] Rowthorn R. , Ramaswamy R. Growth, Trade, and Deindustrialization [J]. Imf Staff Papers, 1999,46(1):2-2.

[122] Schumacher A. , Erol S. , Sihn W. A maturity model for assessing industry 4. 0 readiness and maturity of manufacturing enterprises [J]. Procedia CIRP, 2016,52:161-166.

[123] Seo M. H. , Kim S. , Kim Y. J. Estimation of Dynamic Panel

Threshold Model using Stata [J]. Stata Journal, 2019,19.

[124] Shen G. Computer and Information Technology, Firm Growth, and Industrial Restructuring: Evidence from Manufacturing in the People's Republic of China [J]. Social Science Electronic Publishing, 2018,35(1):133 - 154.

[125] Shugan S. M. Explanations for the Growth of Services in Rust RT, Oliver RT, Editors Service Duanlity: New Direction in Theory and Practice Thousand Oaks. CA: Sage Publication. 1994.

[126] Spiezia V. Are ICT Users More Innovative? an Analysis of ICT-enabled Innovation in OECD Firms [J]. OECD Journal: Economic Studies, 2011(1):4 - 4.

[127] Stieglitz N. Digital Dynamics and Types of Industry Convergence: the Evolution of the Handheld Computers Market. In The New Industrial Dynamics of the New Digital Economy, Jens Frosley Christensen, Peter Maskell, Cheltenham, UK, 2003,79 - 208.

[128] Stanislaus R. L. , Kenan M. M. Assessment and Improvement of Quality Management Capabilities for Manufacturing Industries in Australia [J]. Total Quality Management & Business Excellence. 2012,23(1):103 - 121.

[129] Sung K. Convergence Indicator: the Case of Cloud computing [J]. Journal of Supercomputing, 2013,65(1):27 - 37.

[130] Sun S. L. , Chen H. , Pleggenkuhle-Miles E. G. Moving Upward in Global Value Chains: The Innovations of Mobile Phone Developers in China [J]. Chinese Management Studies, 2010, 4 (4):305 - 321.

[131] Tan A. R. , Matzen D. , Mcaloone T. C. Strategies for Designing and Developing Services for Manufacturing Firms [J]. Journal of Manufacturing Science and Technology, 2010,3(2):90 - 97.

[132] Thietart R. A. , Forgues B. Chaos Theory and Organization [J]. Organization Science, 1995(1):19 - 31.

[133] Ulaga W. , Reinartz W. J. Hybrid Offerings: How Manufacturing Firms Combine Goods and Services Successfully [J]. Journal of Marketing, 2011,75(6):5 - 23.

[134] Vandermerwe. S. , Rada. J. Servitization of Business: Adding

Valueby Adding Services [J]. European Management Journal, 1988,6(4):314 - 324.

[135] Wei C. , Jun N. , Jing Z. , Wei Y. , Shuo W. Revealing the Nexus among Energy-economy System with Haken Hodel: Evidence from China's Beijing-Tianjin-Hebei Region [J]. Journal of Cleaner Production, 2019,228:319 - 330.

[136] Wu W. , Li T. , Yu B. , et al. Technological Capability and Technology Management Which Dominates the Development of China's Telecommunications Industry? [J]. Chinese Management Studies, 2014,8(2):180 - 200.

[137] Xie J. Modeling Analysis of Interactive Development between China's Marine Equipment Manufacturing and Coastal Producer Services [J]. Journal of Coastal Research, 2018,82:64 - 69.

[138] Xu Q. R. , Xie Z. S. , Yang Z. R. Firm Innovation Synergy and Its System Dynamic Model: a Aase Study from a Top Chinese Firm [C]. IEEE International Engineering Management Conference, 2004.

[139] Yang S. , Liu Y. , Zhu H. , Zhang G. A Research on the Situation and Countermeasures of the Interactive and Integrative Development of Advanced Manufacturing and Producer Service-Taking the Guangzhou City as an Example [J]. Journal of Guangdong University of Technology, 2018,35:86 - 94.

[140] Yoffie D. B. Introduction: Chess and Competing in the Age of Digital Convergence[A]. In: Yoffie, D. B. (ed.). Competing in the Age of Digital Convergence [C]. Boston, 1997:1 - 35.

[141] Yuan F. , Gao J. , Wang L. , et al. Co-location of Manufacturing and Producer Services in Nanjing, China [J]. Cities, 2017, 63: 81 - 91.

[142] ZhengLi. , Wan P. , Cheng J. , Yue S. , Xiao L. Guided High-Quality Development, Resources, and Environmental Forcing in China's Green Development [J]. Sustainability, 2019,11(7).

[143] Zhi F. , Ren B. , MeiL. Research on Entropy Change Model for Enterprise System Based on Dissipative Structure [J]. Industrial Engineering & Management, 2007,12(1):15 - 19.

[144] 曹卫,郝亚林.产业融合对我国产业结构调整的启示[J].经济体制改革,2003(3):14-17.

[145] 钞小静,惠康.中国经济增长质量的测度[J].数量经济技术经济研究,2009(6):75-86.

[146] 钞小静,薛志欣.新时代中国经济高质量发展的理论逻辑与实践机制[J].西北大学学报(哲学社会科学版),2018,48(6):12-22.

[147] 陈柳钦.产业发展的相互渗透:产业融合化[J].贵州财经学院学报,2006(3):31-35.

[148] 陈漫,张新国.经济周期下的中国制造企业服务转型:嵌入还是混入[J].中国工业经济,2016(8):93-109.

[149] 陈启斐,刘志彪.生产性服务进口对我国制造业技术进步的实证分析[J].数量经济技术经济研究,2014,03:74-88.

[150] 陈强.高级计量经济学及应用[M].北京:高等教育出版社,2010.

[151] 陈诗一,陈登科.雾霾污染、政府治理与经济高质量发展[J].经济研究,2018,53(02):20-34.

[152] 陈秀英.制造业投入服务化对制造业价值链攀升影响的实证研究[J].经济问题探索,2016(7):112-118.

[153] 程广斌,杨春.区域产业融合水平评价及其影响因素[J].华东经济管理,2020(04):100-107.

[154] 程虹,陈川.制造业质量竞争力理论分析与模型构建[J].管理学报,2015,12(11):1695-1702.

[155] 程翔,杨小娟,张峰.区域经济高质量发展与科技金融政策的协调研究[J].中国软科学,2020(S01):115-124.

[156] 戴翔.中国制造业出口内涵服务价值演进及因素决定[J].经济研究,2016,51(09):44-57+174.

[157] 戴翔,李洲,张雨.服务投入来源差异、制造业服务化与价值链攀升[J].财经研究,2019,45(05):30-43.

[158] 单元媛,赵玉林.国外产业融合若干理论问题研究进展[J].经济评论,2012(5):152-160.

[159] 邓于君.服务业内部结构演进规律与中国服务业结构优化策略研究[M].北京:经济科学出版社,2014.

[160] 邓洲.制造业与服务业融合发展的历史逻辑、现实意义与路径探索[J].北京工业大学学报(社会科学版),2019,19(4):61-69.

[161] 杜传忠,王鑫,刘忠京.制造业与生产性服务业耦合协同能提高经济

圈竞争力吗? ——基于京津冀与长三角两大经济圈的比较[J].产业
经济研究,2013(6):19-28.

[162] 段杰.生产性服务业发展与区域经济增长研究[M].北京:清华大学
出版社,2014.

[163] 范爱军,杨丽.模块化对分工演进的影响——基于贝克尔—墨菲模型
的解释[J].中国工业经济,2006(12):67-73.

[164] 范剑平,向书坚.我国消费结构升级与产业结构升级的两个时间差
[J].管理世界,1994(06):129-132+214-215.

[165] 冯泰文.生产性服务业的发展对制造业效率的影响——以交易成本
和制造成本为中介变量[J].数量经济技术经济研究,2009,26(03):
56-65.

[166] 弗里德里希·恩格斯,卡尔·马克思.马克思恩格斯选集第1-4卷
[M].北京:人民出版社,2012.

[167] 傅为忠,金敏,刘芳芳.工业4.0背景下我国高技术服务业与装备制
造业融合发展及效应评价研究——基于AHP-信息熵耦联评价模型
[J].工业技术经济,2017,36(12):90-98.

[168] 高觉民,李晓慧.生产性服务业与制造业的互动机理:理论与实证
[J].中国工业经济,2011(6):151-160.

[169] 高翔,袁凯华.中国企业制造业服务化水平的测度及演变分析[J].数
量经济技术经济研究,2020(11):3-22.

[170] 高智,鲁志国.产业融合对装备制造业创新效率的影响——基于装备
制造业与高技术服务业融合发展的视角[J].当代经济研究,2019
(8):71-81.

[171] 龚勤林.论产业链构建与城乡统筹发展[J].经济学家,2004(3):
121-123.

[172] 工信部赛迪智库工业经济研究所"工业发展质量"课题组.中国工业
发展质量区域排行榜[J].中国工业评论,2016(7):34-46.

[173] 顾乃华,毕斗斗,任旺兵.生产服务业与制造业互动发展:文献综述
[J].经济学家,2006(6):36-41.

[174] 郭朝先.产业融合创新与制造业高质量发展[J].北京工业大学学报
(社会科学版),2019,19(4):49-60.

[175] 郭克莎.加强对工业增长质量的研究[J].宏观经济,1996(12):8-10.

[176] 郭莉,苏敬勤,徐大伟.基于哈肯模型的产业生态系统演化机制研究
[J].中国软科学,2005(11):156-160.

[177] 哈肯.协同学讲座[M].陕西:陕西科学技术出版社,1987.

[178] 韩霞,吴玥乐.价值链重构视角下航空制造业服务化发展模式分析[J].中国软科学,2018,(3):166-173.

[179] 何伟.中国区域经济发展质量综合评价[J].中南财经政法大学学报,2013(4):49-56+160.

[180] 何向武,周文泳.创新生态系统序参量与演化关系——以我国医药制造业为例[J].科技与经济,2019,32(3):31-35.

[181] 贺正楚,曹德,吴艳.中国制造业发展质量与国际竞争力的互动路径[J].当代财经,2018(11):88-99.

[182] 贺正楚,吴艳,蒋佳林,陈一鸣.生产服务业与战略性新兴产业互动与融合关系的推演、评价及测度[J].中国软科学,2013(5):129-143.

[183] 侯兵,周晓倩.长三角地区文化产业与旅游产业融合态势测度与评价[J].经济地理,2015,35(11):211-217.

[184] 胡汉辉,邢华.产业融合理论以及对我国发展信息产业的启示[J].中国工业经济,2003(2):23-29.

[185] 胡晓鹏.从分工到模块化:经济系统演进的思考[J].中国工业经济,2004(09):5-11.

[186] 胡晓鹏,李庆科.生产性服务业与制造业共生关系研究——对苏、浙、沪投入产出表的动态比较[J].数量经济技术经济研究,2009,26(2):33-46.

[187] 胡永佳.从分工角度看产业融合的实质[J].理论前沿,2007(8):30-31.

[188] 黄群慧,贺俊.中国制造业的核心能力、功能定位与发展战略——兼评《中国制造2025》[J].中国工业经济,2015(6):5-17.

[189] 黄永春,郑江淮,杨以文,祝吕静.中国"去工业化"与美国"再工业化"冲突之谜解析——来自服务业与制造业交互外部性的分析[J].中国工业经济,2013(03):7-19.

[190] 贾根良,刘书瀚.生产性服务业:构建中国制造业国家价值链的关键[J].学术月刊,2012,30(12):60-67.

[191] 贾勇,李冬姝,田也壮.生产性服务业演化研究——基于产业互动的研究视角[J].中国软科学,2011(S1):180-186.

[192] 简兆权,伍卓深.制造业服务化的路径选择研究——基于微笑曲线理论的观点[J].科学学与科学技术管理,2011,12(32):137-142.

[193] 姜博,马胜利,唐晓华.产业融合对中国装备制造业创新效率的影响:

结构嵌入的调节作用[J]. 科技进步与对策,2019(9):77-86.

[194] 江静,刘志彪,于明超. 生产者服务业发展与制造业效率提升:基于地区和行业面板数据的经验分析[J]. 世界经济,2007(08):52-62.

[195] 江小国,何建波,方蕾. 制造业高质量发展水平测度、区域差异与提升路径[J]. 上海经济研究,2019(7):70-78.

[196] 江小涓,李辉. 服务业与中国经济:相关性和加快增长的潜力[J]. 经济研究,2004(1):4-15.

[197] 解季非. 制造企业服务化路径选择研究[J]. 中国管理科学,2018,26(12):135-145.

[198] 金培. 关于"高质量发展"的经济学研究[J]. 中国工业经济,2018(4):5-18.

[199] 康晓娟,杨冬民. 基于泰尔指数法的中国能源消费区域差异分析[J]. 资源科学,2010,32(3):485-490.

[200] 李柏洲,罗小芳,苏屹. 企业产学研合作原始创新系统的演化机制[J]. 哈尔滨工程大学学报,2014,35(5):654-660.

[201] 春梅. 中国制造业发展质量的评价及其影响因素分析——来自制造业行业面板数据的实证[J]. 经济问题,2019(8):44-53.

[202] 李廉水,程中华,刘军. 中国制造业"新型化"及其评价研究[J]. 中国工业经济,2015(2):63-75.

[203] 李廉水,周勇. 中国制造业"新型化"状况实证分析——基于我国30个地区制造业评价研究[J]. 管理世界,2005(6):76-88.

[204] 李金华. 中国先进制造业的发展现实与未来路径思考[J]. 人文杂志,2020(01):22-32.

[205] 李琳. 区域经济协同发展的动态评估、驱动机制及模式选择[M]. 北京:社会科学文献出版社,2016.

[206] 李琳,曹璨. 基于投影寻踪法的湖南区域经济发展质量评价[J]. 湖南大学学报(社会科学版),2019,(3):48-58.

[207] 李琳,刘凯. 区域异质性视角下制造业服务化与制造业全要素生产率研究[J]. 科技进步与对策,2018,35(23):66-74.

[208] 李琳,刘莹. 中国区域经济协同发展的驱动因素——基于哈肯模型的分阶段实证研究[J]. 地理研究,2014,33(9):1603-1616.

[209] 李琳,罗瑶. 中国产业融合对制造业创新效率的影响研究[J]. 区域经济评论,2019(1):84-94.

[210] 李玲,陶锋,杨亚平. 中国工业增长质量的区域差异研究——基于绿

色全要素生产率的收敛分析[J].经济经纬,2013(4):10-15.

[211] 李宁,王玉婧,韩同银.生产性服务业与制造业协同发展机理研究——基于产业、空间、企业活动多维视角[J].技术经济与管理研究,2018(7):124-128.

[212] 李庆雪.区域装备制造业与生产性服务业互动融合运行机制研究[D].哈尔滨理工大学,2018.

[213] 李天柱,刘小琴,李潇潇.对当前"制造业服务化"研究的若干理论辨析[J].中国科技论坛,2018,(6):75-82.

[214] 厉无畏,王慧敏.产业发展的趋势研判与理性思考[J].中国工业经济,2002(4):5-11.

[215] 李文秀,夏杰长.基于自主创新的制造业与服务业融合:机理与路径[J].南京大学学报,2012(2):60-67.

[216] 李新宁.生产性服务业与制造业融合:动态体系与治理模式[J].上海经济,2018(2):21-32.

[217] 李晓钟,陈涵乐,张小蒂.信息产业与制造业融合的绩效研究——基于浙江省的数据[J].中国软科学,2017(1):22-30.

[218] 李晓钟,黄蓉.工业4.0背景下我国纺织产业竞争力提升研究——基于纺织产业与电子信息产业融合视角[J].中国软科学,2018(2):21-31.

[219] 连南杰.制造业服务化提升产业价值链[J].中国工业评论,2015(11):24-31.

[220] 刘斌,魏倩,吕越,祝坤福.制造业服务化与价值链升级[J].经济研究,2016(3):151-162.

[221] 刘纯彬,杨仁发.基于产业融合的我国生产性服务业发展研究[J].经济问题探索,2011,32(9):69-73.

[222] 刘继国,李江帆.国外制造业服务化问题研究综述[J].经济学家,2007(3):119-126.

[223] 刘明宇,芮明杰等.生产性服务价值链嵌入与制造业升级的协同演进关系研究[J].中国工业经济,2010,27(8):66-75.

[224] 刘诗白.改变中国命运的伟大战略决策(下)——论中国构建社会主义市场经济的改革[J].经济学家,2008(5):5-11.

[225] 刘伟丽,陈勇.中国制造业的产业质量阶梯研究[J].中国工业经济,2012(11):58-70.

[226] 刘奕,夏杰长,李垚.生产性服务业集聚与制造业升级[J].中国工业

经济,2017(7):24-42.

[227] 罗军.服务化发展与制造业全球价值链地位——影响机制与门槛效应[J].当代财经,2018,408(11):102-112.

[228] 罗珉.大型企业的模块化:内容、意义与方法[J].中国工业经济,2005(03):68-75.

[229] 罗文,徐光瑞.中国工业发展质量研究[J].中国软科学,2013(01):50-60.

[230] 罗志如等.当代西方经济学说(下册)[M].北京:北京大学出版社,1996.

[231] 吕铁,刘丹.我国制造业高质量发展的基本思路与举措[J].农村.农业.农民(B版),2019(5):29-31.

[232] 吕越,李小萌,吕云龙.全球价值链中的制造业服务化与企业全要素生产率[J].南开经济研究,2017(3):88-110.

[233] 吕正.论提高工业增长质量[J].中国工业经济,1995(12):5-10.

[234] 吕政.中国生产性服务业发展的战略选择——基于产业互动的研究视角中国工业经济,2006(8):5-12.

[235] 马健.产业融合理论研究评述[J].经济学动态,2002(5):78-81.

[236] 马书琴,李卓昇.我国信息化与工业化深度融合的影响因素及变化机制分析[J].情报科学,2020(06):38-43.

[237] 马宗国,曹璐.制造企业高质量发展评价指标体系构建与测度——2015—2018年1881家上市公司数据分析[J].科技进步与对策,2020(17):126-133.

[238] 迈克尔·波特.国家竞争优势[M].北京:华夏出版社,2002.

[239] 孟广文,杨开忠,朱福林等.中国海南:从经济特区到综合复合型自由贸易港的嬗变[J].地理研究,2018,37(12):2363-2382.

[240] 倪鹏飞,肖宇.服务业融合与高质量发展:表现形式、国际比较及政策建议[J].学习与探索,2019(6):107-117.

[241] 彭国华.中国地区收入差距、全要素生产率及其收敛分析[J].经济研究,2005(9):19-29.

[242] 彭树涛,李鹏飞.中国制造业发展质量评价及提升路径[J].中国特色社会主义研究,2018(5):34-40+54.

[243] 綦良群,蔡渊渊,王成东.GVC下中国装备制造业与生产性服务业融合影响因素研究[J].科技进步与对策,2017,34(14):92-97.

[244] 綦良群,高文鞠.区域产业融合与装备制造业绩效提升[J].中国科技

论坛,2019(10):59-70.

[245] 綦良群,何宇.装备制造业与生产性服务业互动融合演进模型及演进特征研究[J].科技进步与对策,2017,34(10):53-59.

[246] 綦良群,赵龙双.基于产品价值链的生产性服务业与装备制造业的融合研究[J].工业技术经济,2013,43(12):118-124.

[247] 曲立,王璐,季恒永.中国区域制造业高质量发展测度分析[J].数量经济技术经济研究,2021(09):45-61.

[248] 任保平.新时代高质量发展的政治经济学理论逻辑及其现实性[J].人文杂志,2018(2):26-34.

[249] 任保平,文丰安.新时代中国高质量发展的判断标准、决定因素与实现途径[J].改革,2018(04):5-16.

[250] 任佩瑜,张莉,宋勇.基于复杂性科学的管理熵、管理耗散结构理论及其在企业组织与决策中的作用[J].管理世界,2001(6):142-147.

[251] 芮明杰,刘明宇.论产业链整合[M].上海:复旦大学出版社,2006.

[252] 芮明杰,刘明宇.网络状产业链的知识整合研究[J].中国工业经济,2006(1):49-55.

[253] 沈飞,吴解生.知识密集型服务业推进制造业攀升全球价值链的机制与路径研究[J].科技与经济,2019,32(4):101-105.

[254] 沈桂龙.产业融合及其对产业组织的影响[J].上海经济研究,2008(8):38-43.

[255] 史丹,李鹏.中国工业70年发展质量演进及其现状评价[J].中国工业经济,2019(9):5-23.

[256] 宋明顺,张霞,易荣华等.经济发展质量评价体系研究及应用[J].经济学家.2015(2):35-43.

[257] 孙畅,郭元晞.我国高端服务业与先进制造业的动态匹配发展:空间分异及动力机制[J].经济问题探索,2020(01):178-190.

[258] 谭洪波.生产者服务业与制造业的空间集聚:基于贸易成本的研究[J].世界经济,2015,38(3):171-192.

[259] 谭清美,陈静.信息化对制造业升级的影响机制研究——中国城市面板数据分析[J].科技进步与对策,2016,33(20):55-62.

[260] 唐晓华,张欣珏,李阳.中国制造业与生产性服务业动态协调发展实证研究[J].经济研究,2018,53(3):79-93.

[261] 陶长琪,周璇.产业融合下的产业结构优化升级效应分析——基于信息产业与制造业耦联的实证研究[J].产业经济研究,2015(3):

21-31.

[262] 童洁,张旭梅,但斌.制造业与生产性服务业融合发展的模式与策略研究[J].软科学,2010,24(2):75-78.

[263] 王成东.区域产业融合与产业研发效率提升——基于 SFA 和中国 30 省市的实证研究[J].中国软科学,2017(10):94-103.

[264] 王小波,李婧雯.中国制造业服务化水平及影响因素分析[J].湘潭大学学报(哲学社会科学版),2016,40(5):53-60.

[265] 王晓晓、杨丽.生产性创意服务业与制造业融合的产业升级效应分析——对整体和分行业的中介效应检验[J].产经评论,2019(3):34-44.

[266] 王雄飞,李香菊.高质量发展动力变革与财税体制改革的深化[J].改革,2018(6):80-88.

[267] 魏后凯,吴利学.中国地区工业竞争力评价[J].中国工业经济,2002(11):54-62.

[268] 魏敏,李书昊.新时代中国经济高质量发展水平的测度研究[J].数量经济技术经济研究,2018,35(11):3-20.

[269] 温诺·托马斯等.增长的质量[M].北京:中国财经出版社,2001.

[270] 吴金明,邵昶.产业链形成机制研究——"4+4+4"模型[J].中国工业经济,2006(4):36-43.

[271] 吴彤.自组织方法论研究[M].北京:清华大学出版社,2001.

[272] 肖挺,刘华.中国服务业制造化的产业绩效分析[J].软科学,2013,27(8):15-19.

[273] 谢康,肖静华,周先波,乌家培.中国工业化与信息化融合质量:理论与实证[J].经济研究,2012,47(01):4-16+30.

[274] 徐振鑫,莫长炜,陈其林.制造业服务化:我国制造业升级的一个现实性选择[J].经济学家,2016(09):59-67.

[275] 许冰,聂云霞.制造业高质量发展指标体系构建与评价研究[J].技术经济与管理研究,2021(09):119-123.

[276] 许和连,成丽红,孙天阳.制造业投入服务化对企业出口国内增加值的提升效应——基于中国制造业微观企业的经验研究[J].中国工业经济,2017(10):62-80.

[277] 杨沫,朱美丽,尹婷婷.中国省域经济高质量发展评价及不平衡测算研究[J].产业经济评论,2021(05):5-21.

[278] 杨仁发,刘纯彬.生产性服务业与制造业融合背景的产业升级[J].改

革,2011(1):40-46.

[279] 杨仁发.生产性服务业发展、制造业竞争力与产业融合[D].南开大学,2013.

[280] 杨汝岱.中国制造业企业全要素生产率研究[J].经济研究,2015,50(2):61-74.

[281] 叶芳羽,单汨源.中国制造业高质量发展研究[J].财务与金融,2019(2):65-70+40.

[282] 于斌斌.生产性服务业集聚能提高制造业生产率吗?——基于行业、地区和城市异质性视角的分析[J].南开经济研究,2017(2):112-132.

[283] 余东华,李捷,孙婷.供给侧改革背景下中国制造业"高新化"研究[J].中国经济问题研究,2017(1):97-107.

[284] 余东华.制造业高质量发展的内涵、路径与动力机制[J].产业经济评论,2020(1):13-32.

[285] 郁义鸿.产业链类型与产业链效率基准[J].中国工业经济,2005(11):35-42.

[286] 约瑟夫·熊彼特.经济发展理论[M].北京:商务印书馆,1991.

[287] 张丹宁,陈阳.中国装备制造业发展水平及模式研究[J].数量经济技术经济研究,2014,31(7):99-114.

[288] 张虎,韩爱华.制造业与生产性服务业耦合能否促进空间协调——基于285个城市数据的检验[J].统计研究,2019,36(1):39-50.

[289] 张军扩,侯永志,刘培林.高质量发展的目标要求和战略路径[J].管理世界,2019(7):1-7.

[290] 张丽洋,田应奎.经济高质量发展的多维评价指标体系构建[J].中国统计,2019(6):7-9.

[291] 张维今,李凯.装备制造业与生产性服务业融合水平测度及效率研究[J].中国软科学,2015,30(S):379-387.

[292] 张文会,乔宝华.构建我国制造业高质量发展指标体系的几点思考[J].工业经济论坛,2018(4):27-32.

[293] 张耀武,张平.经济高质量发展的逻辑、测度与治理[J].经济研究,2021(01):26-42.

[294] 张玉利,白峰.基于耗散理论的众创空间演进与优化研究[J].科学学与科学技术管理,2017,38(1):22-29.

[295] 植草益.信息通讯业的产业融合[J].中国工业经济,2001(2):

24-27.

[296] 周振华.产业融合:产业发展及经济增长的新动力[J].中国工业经济,2003(4):46-52.

[297] 周振华.信息化与产业融合[M].上海:上海人民出版社,2003.

[298] 朱瑞博.价值模块整合与产业融合[J].中国工业经济,2003,(8):24-31.

图书在版编目(CIP)数据

"两业"融合与中国制造业高质量发展/李琳著.—上海:上海三联书店,2023.8
ISBN 978－7－5426－8207－9

Ⅰ.①两… Ⅱ.①李… Ⅲ.①制造工业－产业发展－研究－中国 Ⅳ.①F426.4

中国国家版本馆 CIP 数据核字(2023)第 157678 号

"两业"融合与中国制造业高质量发展

著　者 / 李　琳

责任编辑 / 郑秀艳
装帧设计 / 一本好书
监　制 / 姚　军
责任校对 / 王凌霄

出版发行 / 上海三联书店
　　　　　(200030)中国上海市漕溪北路 331 号 A 座 6 楼
邮　箱 / sdxsanlian@sina.com
邮购电话 / 021－22895540
印　刷 / 上海惠敦印务科技有限公司

版　次 / 2023 年 8 月第 1 版
印　次 / 2023 年 8 月第 1 次印刷
开　本 / 710 mm×1000 mm　1/16
字　数 / 340 千字
印　张 / 19.25
书　号 / ISBN 978－7－5426－8207－9/F·898
定　价 / 88.00 元

敬启读者,如发现本书有印装质量问题,请与印刷厂联系 021－63779028